嘉戎語文法研究

長野　泰彦

汲古書院

2018

A Reference Grammar of
the rGyalrong Language — Bhola Dialect

Yasuhiko Nagano

Kyuko Shoin Tokyo

2018

はじめに

　小著は嘉戎（ギャロン：WT rgyal rong）語莫拉（ボラ：WT bho la）方言の記述文法である。嘉戎語は中国四川省西北部に話されるチベット・ビルマ系の言語で、複数の下位言語群の特徴を兼ね備え、系統関係の橋渡し役を演じる繋聯言語のひとつと見做されている。現代の繋聯言語は類型的に多様であるが、同時に様々なレベルで古態をも保っていることが多く、それらの言語記述はチベット・ビルマ祖語の再構に不可欠と考えられている。

　嘉戎は歴史的・文化的にチベットとの関係が深く、特に宗教の面でポン教の一大シェルターであったことやチベット仏教教理の偉大な学者を多数輩出したことも手伝って、多くの文語チベット語形式を借用し、接辞を含めそれらを口語として受け入れた。このため、嘉戎語はチベット語の古い層を代表していると考えられたことがあった。

　しかしながら、Wolfenden（1929, 1936）以来記述が積み重ねられてきた結果、上に述べたチベット語との直接的な系統関係は否定された一方、チベット・ビルマ祖語と比較できるほど古い語彙形式や形態統辞論的手続きを保持していることとともに、高度に発達した人称接辞（及びその agreement）体系など後代の innovation と考えるべきものも少なくないことが明らかになった。また、系統関係についても、嘉戎語はチベット語とではなく、羌系諸語と共通の祖語をシェアするとの考え方が一般的になってきている。

　これらの議論にとって中核的な研究は基礎語彙の比較と動詞構造の形態統辞論的解析である。前者は歴史言語学研究で一般的に行われる方法であるが、後者は嘉戎語研究にとって特徴的と言える。幾つもの接辞が生産的に働き、動詞句の文法的意味が精緻に特定される。そこには、極

ii　　はじめに

めて複雑ではあるが、入念に練られた統辞論的ルールが機能しており、それが同時にチベット・ビルマ祖語段階の統辞論を考える上でも有用な鍵となる。先行研究の多くが動詞構造の分析に当てられてきたのはこのためである。

筆者はかつて 1980 年にギャロン・ジャンブム（WT rgyal rong rgyal 'bum）氏を発話協力者としてカトマンドゥ市で行った同氏の話す卓克基（チョクツェ：WT lcog rtse）方言の集中的調査をもとに、動詞構造の研究を上梓した（Nagano 1984, 2003）。動詞句の構造を接辞の階層性と意味を絡めて解析した初めての業績として一定の意味があったと思うが、データ量が限られていたこと、同氏がその直後に故地へ帰り、追試ができぬうちに帰らぬ人となったこと、当時未開放だった嘉戎地域での現地調査は望むべくもなかったこと、などの事情から、その分析と解釈は行き届かないままであった。その後、1989 年に阿壩藏族羌族自治州の州都、馬尓康以東までは外国人が入領できるようになったが、調査を行う上では実務面の困難が伴った。

このような状況を踏まえ、前掲書を全面的に改訂する準備を始めようとしていたところ、当時国立民族学博物館のポン教研究プロジェクトを通じて関係のあったポン教学問寺ティテンノルブツェ僧院（カトマンドゥ市）に 3 名の嘉戎出身の僧が遊学していることが分かった。2 名は莫拉（卓克基の西 8 km）、1 名は梭磨（ソマン：卓克基の東 17 km）から来ており、native speaker として理想的だった。以前調査した卓克基方言と質的に類似していると思われる莫拉方言をシェーラプ・レクデン（WT shes rab legs ldan）師について調査することとし、1998 年以来毎夏数週間の調査を継続している。同師は 2002 年勉学を終えて莫拉に戻った後も、所属する莫拉寺学僧共々断続的な調査に協力している。

現在嘉戎語の置かれた状況は厳しい。1956 年の民族識別の際、彼らは文化的に、特に宗教面でチベット文化にアイデンティティーを求めやすいことから、「藏族」であることを選択した。「羌族ではない」との意識が強く、独立した「嘉戎族」も検討されたと聞くが、小規模な少数民

族となるリスクを避けて「藏族」の一部となることを選んだのである。かくして、少数民族としての「嘉戎族」は誕生しなかった。また、独自の文字も持っていない。嘉戎語をチベット文字で表記する方法が何種類か提案され、実践されたが、定着しなかった。このため、嘉戎語での学校教育は行われず、公共の場でのコミュニケーションは専ら漢語で、嘉戎語は家庭内或いは狭い村落内でのみ話される状態になっている。特に若年層では、嘉戎語が話せず、漢語のみの人が増えて、結局家庭内でも親が漢語を使わざるを得ない状況がしばしば見られる。この言語の複雑さや漢語の圧倒的な社会的・経済的優位を考えると、流れとしては理解できるのだが、歴史的所産として難解ではあっても美しい嘉戎語の話し手が近年激減しつつあるのは大変残念であるし、一般に言語の多様性が失われることは人間の文化にとって大きな損失である。研究協力者諸賢も嘉戎の言語や文化の現状を深く憂慮され、近い将来消滅の危機に瀕する可能性も考慮して、この言語の記録を、音声を含め、後世に伝えたいと考えている。

　断続的ではあるが長期に亘る記述調査が可能になった結果、データの精緻化が実現したが、一方でここ 30 年間言語類型論研究は長足の進歩を遂げ、今も新しい観点や理論が提唱されつつある。動詞句の構造や各接辞の機能の特定には類型論研究の成果を援用する必要があり、本書では近年のモノグラフは勿論、できる限り新しい類型論的知見を取り入れて分析を行った。最先端の類型論理論を駆使したとは言い切れないが、多様な例を掲げることで一種のレファランスグラマーを目指したつもりである。そのための一助として、基礎語彙と例文集 2 種（音声データを含む）をも収録した。また、*Acta Linguistica Hafniensia* の礬みに倣い、註は一切付けていない。

　小著が嘉戎語研究とチベット・ビルマ諸語の歴史研究に少しでも貢献するところがあるとすれば、これに過ぎる欣びはない。

2018 年　卯月

長野　泰彦

目　次

はじめに　i

目　次　v

Table of Contents　xix

略号表　xxii

地図　xxv

1. 序　論 — 3

1.1　地域の概況 — 3

1.2　歴史 — 5

1.3　方言 — 10

1.4　研究小史 — 11

1.4.1　B. H. Hodgson — 12

1.4.2　S. N. Wolfenden — 12

1.4.3　J. H. Edgar — 13

1.4.4　Wen Yu（聞宥）— 13

1.4.5　Kin P'eng（金鵬）et al. — 13

1.4.6　Chang Kun（張琨）と Betty Shefts Chang — 14

1.4.7　瞿靄堂（Qu Aitang）と林向荣（Lin Xiangrong）— 14

1.4.8　最近の研究 — 15

1.4.9　文献による研究 — 15

vi 目 次

1.5 チベット・ビルマ系諸語の下位分類と系統 ———— 16

1.5.1 R. Shafer の分類 ……………………………………… 16

1.5.2 P. Benedict の分類 ……………………………………… 17

1.5.3 西田龍雄の分類 ……………………………………… 17

1.5.4 羅常培・傳懋勣の分類 ………………………………… 18

1.5.5 孫宏開の分類 ……………………………………… 18

1.5.6 戴慶厦の分類 ……………………………………… 18

1.5.7 J. A. Matisoff の分類 ………………………………… 18

1.5.8 羌語支の下位分類 …………………………………… 19

2. 音 論 —————————————————— 21

2.1 音節構造 —————————————————— 21

2.2 子音音素 —————————————————— 21

2.2.1 借用語に現れる音素 ………………………………… 24

2.2.2 介音 ……………………………………… 25

2.2.3 鼻音化要素 ……………………………………… 25

2.2.4 末子音 ……………………………………… 26

2.3 母音音素 —————————————————— 27

2.4 声調 —————————————————————— 27

3. 形態統辞論 ————————————————— 29

3.1 名詞 —————————————————————— 29

3.1.1 名詞と修飾語句との統語関係 ⋯⋯⋯⋯⋯⋯⋯⋯⋯⋯⋯⋯ 30

3.1.2 名詞化の標識 ⋯⋯⋯⋯⋯⋯⋯⋯⋯⋯⋯⋯⋯⋯⋯⋯⋯⋯⋯ 31

3.1.2.1 ʔa- + 方向接辞　31

3.1.2.2 to- + 動詞不定形　31

3.1.2.3 sɐ- + 動詞語幹　31

3.1.2.4 kə- + 用言の語幹　32

3.1.2.5 3s:GEN- 動詞不定形 + DEF　32

3.1.2.6 DIR-NOM- 語幹 + DEF　33

3.1.2.7 動詞不定形 + -ke　33

3.1.2.8 tə- + 動詞語幹　33

3.1.2.9 -tə と -ke　34

3.1.3 性と数の標識 ⋯⋯⋯⋯⋯⋯⋯⋯⋯⋯⋯⋯⋯⋯⋯⋯⋯⋯⋯ 34

3.1.4 Animacy の区別 ⋯⋯⋯⋯⋯⋯⋯⋯⋯⋯⋯⋯⋯⋯⋯⋯⋯ 34

3.1.5 関係節を作る wu- ⋯⋯⋯⋯⋯⋯⋯⋯⋯⋯⋯⋯⋯⋯⋯⋯ 35

3.1.6 類別詞 ⋯⋯⋯⋯⋯⋯⋯⋯⋯⋯⋯⋯⋯⋯⋯⋯⋯⋯⋯⋯⋯ 36

3.2 代名詞 ———————————————————————— 37

3.2.1 人称代名詞 ⋯⋯⋯⋯⋯⋯⋯⋯⋯⋯⋯⋯⋯⋯⋯⋯⋯⋯⋯ 37

3.2.1.1 所有形 (1)　38

3.2.1.2 所有形 (2)　40

3.2.1.3 所有の強調　40

3.2.1.4 属格の表現　40

3.2.1.5 その他の所有表現　42

3.2.2 指示代名詞 ⋯⋯⋯⋯⋯⋯⋯⋯⋯⋯⋯⋯⋯⋯⋯⋯⋯⋯⋯ 42

3.2.3 疑問詞 ⋯⋯⋯⋯⋯⋯⋯⋯⋯⋯⋯⋯⋯⋯⋯⋯⋯⋯⋯⋯⋯ 42

viii 目 次

3.3 形容詞 ——————————————————————44

3.3.1 形容詞の標識 ·······44

3.3.2 語幹の反復 ·······44

3.3.3 比較級と最上級 ·······44

3.3.4 修飾 ·······45

3.3.5 複合形容詞 ·······45

3.3.6 述語としての形容詞 ·······46

3.4 動詞と動詞句 ——————————————————47

3.4.1 文と動詞句 ·······48

3.4.1.1 絶対時制 50

3.4.2 P1：ムード標識 ·······50

3.4.2.1 否定の標識 51

3.4.2.1.1 自動詞構文における否定 53

3.4.2.1.2 他動詞構文における否定 55

3.4.2.1.3 形容詞の否定 60

3.4.2.1.4 ǰa- と ǰi- の出現分布 61

3.4.2.1.5 ǰa- と ǰi- の来源 62

3.4.2.1.6 助動詞の否定 63

3.4.2.1.6.1 助動詞 ra 64

3.4.2.1.6.2 助動詞 čha 65

3.4.2.1.6.3 助動詞 tso 65

3.4.2.1.6.4 助動詞 yok 66

3.4.2.1.6.5 助動詞 lo 66

3.4.2.1.6.6 助動詞 rño 67

3.4.2.2 禁止の標識 ... 67

3.4.2.3 条件の標識 ... 68

3.4.2.4 疑問の標識 ... 69

3.4.2.5 命令の標識 ... 70

3.4.2.6 Irrealis の標識 ... 71

3.4.3 P2：テンス・アスペクト標識 ... 73

3.4.3.1 テンス標識：方向接辞 ... 73

3.4.3.1.1 方向接辞 to- と no ... 76

3.4.3.1.2 方向接辞 ko- と nə- ... 81

3.4.3.1.3 方向接辞 ro- と ri- ... 82

3.4.3.1.4 方向接辞 yi- ... 85

3.4.3.1.4.1 方向接辞 yi- の変種 ya- ... 86

3.4.3.2 アスペクト標識 ... 86

3.4.3.2.1 非過去の未完了標識 ... 86

3.4.3.2.2 過去の進行標識 ... 87

3.4.3.2.3 過去の非完結相標識 ... 88

3.4.4 P3：エビデンシャル標識 ... 89

3.4.5 P4-S1：人称標識 ... 90

3.4.5.1 自動詞文における人称標識 ... 90

3.4.5.2 他動詞文における人称標識 ... 93

3.4.5.2.1 他動詞文における人称接辞の出現パタン ... 93

3.4.5.2.2 出現パタンのまとめ ... 101

3.4.5.3 人称接辞 S1 の役割 ... 103

3.4.5.3.1 丁寧な命令 ... 103

3.4.5.3.2 勧誘 ... 103

3.4.6 P5：態（Voice）及び動作の様態を示す接辞 ... 104

x　目　次

3.4.6.1　副詞的接辞 wə　104

3.4.6.2　使役を示す接辞　105

3.4.6.2.1　sə-　106

3.4.6.2.2　šə-　110

3.4.6.2.3　rə-　111

3.4.6.2.4　wa-　112

3.4.6.2.5　P5 接辞の組み合わせ　113

3.4.6.3　相互動作を示す ṅə-　114

3.4.6.4　反復動作を示す ra- と na-　115

3.4.6.5　意志で制御しがたい動作を示す mə-　115

3.4.6.6　再帰を表す nə-　117

3.4.6.7　適用態（applicative）を表す na-　117

3.4.6.8　判断の転換を表す nɐ-　123

3.4.6.9　非人称を表す ṅə-　125

3.4.6.10　動作者が特定されない行為の様態を表す ṅu-　126

3.4.7　接尾辞 -s　127

3.4.8　前接辞の語彙化　128

3.5　判定詞　130

3.5.1　ṅos と mak　132

3.5.2　文 + ṅos/mak　134

3.5.3　ṅos/mak の代動詞的用法　135

3.5.4　形容詞（句）または副詞（句）+ ṅos/mak　137

3.6　助動詞　138

3.6.1　存在の助動詞　138

3.6.1.1　存在の助動詞 ɴdo　139

3.6.1.2　存在の助動詞 noto　　　　　　　　　　　　　142

　　3.6.2　能力を表す助動詞⑴ čha　　　　　　　　　　　　　143

　　3.6.3　能力を表す助動詞⑵ spa　　　　　　　　　　　　　144

　　3.6.4　充足を表す助動詞　　　　　　　　　　　　　　　　144

　　3.6.5　必要・義務を表す助動詞 ra　　　　　　　　　　　　146

　　3.6.6　「用意ができている、許可、快諾」を表す助動詞 khut　148

　　3.6.7　許可を表す助動詞 yok　　　　　　　　　　　　　　152

　　3.6.8　終了「…し終える」を表す助動詞 səyok　　　　　　153

　　3.6.9　終了「…し終わる」を表す助動詞 kšin　　　　　　　153

　　3.6.10　経験「…したことがある」を表す助動詞⑴ noɴdos　154

　　3.6.11　経験「…したことがある」を表す助動詞⑵ rño　　　155

　　3.6.12　時間的な幅「…する時間がある」を表す助動詞 -tso　156

　　3.6.13　切迫した未来「まさに…しようとする」を表す助動詞 -lo　157

　　3.6.14　過剰「…すぎる」を表す助動詞 -(z)dor　　　　　　157

3.7　数　詞　　　　　　　　　　　　　　　　　　　　　159

　3.7.1　基本的数詞　　　　　　　　　　　　　　　　　　　159

　3.7.2　序数　　　　　　　　　　　　　　　　　　　　　　160

　3.7.3　月の名称　　　　　　　　　　　　　　　　　　　　160

　3.7.4　「…倍」　　　　　　　　　　　　　　　　　　　　160

　3.7.5　分数　　　　　　　　　　　　　　　　　　　　　　160

　3.7.6　パーセント　　　　　　　　　　　　　　　　　　　161

　3.7.7　「半分」と「回」　　　　　　　　　　　　　　　　161

　3.7.8　双数と複数　　　　　　　　　　　　　　　　　　　161

3.8 助詞 163

3.8.1 格助詞 163

3.8.1.1 場所格助詞 163

3.8.1.1.1 -y(i) 163

3.8.1.1.2 -s 164

3.8.1.1.3 w-əčep／w-əčey 164

3.8.1.2 奪格（具格）助詞 164

3.8.1.2.1 奪格・具格助詞 -s 164

3.8.1.2.2 奪格助詞 -ne／-nəne 165

3.8.1.2.3 奪格助詞 -stas 165

3.8.1.3 所有を表す助詞 -y 165

3.8.1.4 新情報を導く助詞 -kə 166

3.8.2 否定の助詞 167

3.8.3 疑問の助詞 168

3.8.3.1 P1 に立つ例 168

3.8.3.2 判定詞または存在の助動詞の前に立つ例 169

3.8.3.3 文末に立つ例 170

3.8.4 接続助詞 170

3.8.4.1 nəru「と」 170

3.8.4.2 wu「の」 170

3.8.4.3 tsə「も」 171

3.8.4.4 tsə「と」 172

3.8.4.5 zə「…たら」（mə と対応して） 172

3.8.4.6 či「…なら」 172

3.8.4.7 ji「…ても」 173

xiii

3.8.4.8 ci「…なのに」 173

3.8.4.9 məru「か、または」 174

3.8.4.10 ren「けれども」 174

3.8.4.11 ren「…してから、…して」 175

3.8.4.12 ren「…ので」 175

3.8.4.13 kor「…だが、しかし」 175

3.8.4.14 khoz「…しながら」 176

3.8.4.15 LKV+-y「たとえ…でも」 177

3.8.4.16 wapsey「だけでなく」 177

3.8.4.17 w-əčhes「…だから、ので」 177

3.8.5 終助詞 ………………………………………………………… 178

3.9 副詞 —————————————————————————— 179

3.9.1 様態の副詞 ………………………………………………… 179

3.9.1.1 lewur「急に、突然」 179

3.9.1.2 kəṅanak(=tsə)「早く」 179

3.9.1.3 kəksal(=ke)「はっきりと、明確に」 179

3.9.1.4 kətak=tsə「はっきりと、明確に」 179

3.9.1.5 wugras「はっきりと、明確に」 180

3.9.1.6 lelas「ゆっくり」 180

3.9.1.7 ʔa-las (yo)「ゆっくり＞さようなら」 180

3.9.1.8 kərgɛkərgi「互いに」 180

3.9.1.9 tazus「こっそり」 181

3.9.1.10 čiktak「はっきりと、明確に」 181

3.9.1.11 raṅpas「故意に、特に」 181

3.9.2 程度の副詞 …………………………………………………… 181

xiv 目 次

3.9.2.1 wasto(t)「とても」 181

3.9.2.2 kəmča(=jə)「大変、沢山、とても」 182

3.9.2.3 kətsitsi(=ke) / kə-məne「少し」 182

3.9.2.4 kəzok「少し」 182

3.9.2.5 kəšur「少し」 182

3.9.2.6 thapčha「少し」 182

3.9.2.7 kəčet「全く」 183

3.9.2.8 waɴḍoɴḍo「本当 (に)、精確 (に)」 183

3.9.2.9 kəmamo(=tə)「非常に」 183

3.9.2.10 wuphak kte「大体」 183

3.9.2.11 ke「【発話全体の語気を和らげる副詞】ひとつ、ちょっと」 184

3.9.3 量の副詞 ……………………………………………… 184

3.9.3.1 wastot kəmča「たっぷり」 184

3.9.3.2 wuphak kte「大体」 185

3.9.3.3 wupso「おおよそ」 185

3.9.3.4 maǰu「もう」 185

3.9.3.5 žə「もう」 185

3.9.4 時を表す副詞 ……………………………………… 185

3.9.4.1 šuǰe「今、ちょっと前から」 185

3.9.4.2 məsñi「今日」 186

3.9.4.3 sosñi「明日」 186

3.9.4.4 saɴdi「あさって」 186

3.9.4.5 khəɴdi「しあさって」 186

3.9.4.6 khəməɴdi「4 日後」 186

3.9.4.7 rjaməɴdi「5 日後」 186

3.9.4.8 məšer「昨日」 186

3.9.4.9 mišesñi「昨日」 187

3.9.4.10 mišeṭi「おととい」 187

3.9.4.11 bašṭi「何日か前」 187

3.9.4.12 kəscɐ꞊y「かなり前、昔、長く」 187

3.9.4.13 basñi「何ヶ月か前」 187

3.9.4.14 bisñiso「昨今」 187

3.9.4.15 təmor「晩、夜」 187

3.9.4.16 piy「今迄、未だ」 188

3.9.5 空間を表す副詞・副詞句 ………………… 188

3.9.5.1 sce「ここに、こちらへ」 189

3.9.5.2 toto、nono、roro、rere、kuku、didi「あちらへ」 189

3.9.5.3 副詞句を形成する手続き 189

3.9.6 テンス・アスペクトの副詞 ………………… 190

3.9.6.1 zgak「丁度」 190

3.9.6.2 šimomo「今」 190

3.9.6.3 thamtham「今、最近、これから」 191

3.9.6.4 štəṭe「これから」 191

3.9.6.5 maǰu「再び、また」 191

3.9.6.6 kəkəčhen「しばしば」 192

3.9.6.7 wəɴkhu꞊y「後で」 192

3.9.6.8 kəṅanak「直ちに、一度に」 192

3.9.6.9 wuɴphroɴphro「順に」 192

3.9.6.10 stoṅsñi「いつも」 192

3.9.6.11 šot「いつも」 193

xvi 目 次

3.9.7 文・述語修飾副詞 ………………………………… 193

3.9.7.1 kə(ṅa)sto「まっすぐに」 193

3.9.7.2 kətəpa「一緒に」 193

3.9.7.3 wuscerscer「ひとり（で）」 193

3.9.7.4 kəskokayi「一生懸命（に）」 194

3.9.7.5 wulali=ɟə「勤勉に」 194

3.9.8 陳述の副詞 ………………………………………… 194

3.9.8.1 ṭhikci 〜 ṭhik「おそらく」 194

3.9.8.2 (wu)deɴbey「決して…ない」 195

3.9.8.3 wurčhi「なんとか、是非」 195

3.9.8.4 wupər「もし、仮に」 196

3.10 接続詞 ——————————————————————— 197

3.10.1 (nə)noṅoy「しかし」 ……………………………… 197

3.10.2 wučhes「ですから」 ……………………………… 197

3.10.3 məru「或いは」 …………………………………… 198

3.11 感嘆詞 ——————————————————————— 199

3.11.1 ale ………………………………………………… 199

3.11.2 aka ………………………………………………… 199

3.11.3 aha ………………………………………………… 199

3.11.4 ayo ………………………………………………… 199

3.11.5 otsi ………………………………………………… 199

3.11.6 wei ………………………………………………… 199

3.11.7 wa ………………………………………………… 199

xvii

4．単 文 ———————————— 201

4.1 基本的な構造と語順 ———————————— 201

4.2 疑 問 ———————————— 204

4.3 命 令 ———————————— 206

4.3.1 丁寧な命令 ……………………… 206

4.3.2 3 人称に対する命令：希求法 ……………… 207

4.4 能 格 ———————————— 208

4.5 否 定 ———————————— 213

4.5.1 希求法における否定 ……………… 214

4.5.2 禁止 ……………………… 214

5．複 文 ———————————— 215

5.1 補足節 ———————————— 215

5.1.1 文 + (補足節の boundary を示す) -tə … 215

5.1.2 疑問・命令・引用表現の補足節 ………… 216

5.2 副詞節 ———————————— 218

5.2.1 時を表す副詞節 ……………… 218

5.2.2 理由・原因を表す副詞節 ……………… 219

5.2.2.1 w-əčhes によって表現される例 219

5.2.2.2 ren によって表現される例 220

5.2.3 条件などを表す副詞節 ……………… 221

5.2.3.1 mə-VP(=zə) による表現 221

xviii 目 次

5.2.3.2 mə-VP 以外の形式で条件を表す例　222

5.2.4 逆接を表す副詞節 ‥‥‥‥‥‥‥‥‥‥ 223

5.2.5 様態を表す副詞節 ‥‥‥‥‥‥‥‥‥‥ 223

5.3 連体節 ———————————————— 224

5.4 並列節 ———————————————— 224

6. 文 献 ——————————————————— 227

7. 基礎語彙 —————————————————— 239

7.1 基礎語彙索引（日本語：語彙番号）————— 299

7.2 基礎語彙索引（英語：語彙番号）—————— 326

8. 参考資料 —————————————————— 351

8.1 200 例文 ———————————————— 353

8.2 日常表現 260 ——————————————— 378

あとがき　411

索 引　415

　事項索引　417

　　日本語　417

　　英語・チベット語　444

　嘉戎語形態索引　449

付録（CD-ROM）：音声データ 8.1 及び 8.2

Table of Contents

Prologue   i

Table of Contents   v

Abbreviations   xxii

Maps   xxv

1. Introduction ———————————————— 3

   1.1 rGyalrong people and their language area——— 3

   1.2 Sketch of history ———————————— 5

   1.3 Dialects ——————————————— 10

   1.4 Previous works—————————————— 11

   1.5 Sub-grouping of Tibeto-Burman languages and
       rGyalrong's genetic position ———————— 16

2. Phonology ————————————————— 21

   2.1 Syllable structure ————————————— 21

   2.2 Consonants ————————————————— 21

   2.3 Vowels ——————————————————— 27

   2.4 Tones ——————————————————— 27

3. Morphosyntax ————————————— 29

   3.1 Nouns ——————————————————— 29

   3.2 Pronouns ————————————————— 37

   3.3 Adjectives ————————————————— 44

xx   Table of Contents

3.4 Verbs and verb-phrases —————————————— 47

3.5 Linking verbs ——————————————————— 130

3.6 Auxiliary verbs —————————————————— 138

3.7 Numerals ————————————————————— 159

3.8 Particles —————————————————————— 163

3.9 Adverbs —————————————————————— 179

3.10 Conjunctives ———————————————————— 197

3.11 Interjections ———————————————————— 199

4. Simple sentences ———————————————————— 201

4.1 Basic structures and word-order ———————— 201

4.2 Questions ————————————————————— 204

4.3 Imperatives ———————————————————— 206

4.4 Ergativity ———————————————————— 208

4.5 Negation ————————————————————— 213

5. Complex sentences ——————————————————— 215

5.1 Supplementary clause————————————————— 215

5.2 Adverbial clause ————————————————— 218

5.3 Adnominal clause———————————————————— 224

5.4 Parallel clause ——————————————————— 224

6. References————————————————————————— 227

7. Basic words ————————————————————————— 239

7.1 Index to basic words (Japanese : Gloss number) — 299

7.2 Index to basic words (English : Gloss number) — 326

8. Illustrative sentences — 351

8.1 200 basic sentences — 353

8.2 260 Daily expressions — 378

Epilogue   411

Index   415

　　Subject index to the Japanese entries   417

　　Subject index to the English and Tibetan entries   444

　　Index to the rGyalrong morphs   449

Supplement (CD-ROM, which contains the recorded sounds of sentences in 8.1 and 8.2)

略号表

1	1人称：first person
2	2人称：second person
3	3人称：third person
agt	動作者：agent
d	双数：dual
ex	存在：existence
n	名詞：noun
neg	否定：negative
p	複数：plural
ptt	被動作者：patient
s	単数：singular
v	動詞：verb
vi	自動詞：intransitive verb
vt	他動詞：transitive verb
<	<A で A 由来：originated from the right
>	行為が左から右へ向かう：action going from left to right
{ }	基底形：underlying form
ABL	奪格：ablative
ABT	絶対時制：absolute tense
ADVR	副詞を形成する助詞：adverbializer
ALA	動作者非特定：agentless action
APP	適用態：applicative
ATT	語気を和らげる副詞：attenuant
AUX	助動詞：auxiliary verb
CAUS	使役：causative
Chin.	中国語：Chinese
CLS	類別詞：classifier
COMP	比較級：comparative
COND	条件マーク：conditional

CONJ	接続詞：conjunction	
DAT	与格：dative	
DEF	定（じょう）：definite	
DIF	直接情報：direct information	
DIR	方向接辞：directive/direction marker	
ERG	能格：ergative	
EST	判断転換態：estimative	
EVI	エビデンシャル：evidential	
FOC	焦点化マーク：focus marker	
GEN	属格：genitive	
HON	敬語：honorifics	
IDEF	不定（ふじょう）：indefinite	
IMP	命令：imperative	
IMPS	非人称：impersonal	
INF	不定形：infinitive	
INS	具格：instrumental	
INT	感嘆詞：interjection	
INV	逆行態：inverse	
IRR	非真実：irrealis	
LKV	判定詞：linking verb	
LOC	場所格：locative	
NEG	否定：negative	
NIF	新情報：new information	
NOM	名詞化標識：nominalizer	
Non1	非1人称：non-first person	
NonV	非意志的：non-volitional	
NP	名詞句：noun phrase	
OPT	希求法：optative	
P	前接辞：prefix	
PFV	完了：perfective	
POSS	所有：possessive	

PPP	（後置）助詞	postpositional particle
PROG	進行態	progressive
PROH	禁止	prohibitive
PST	過去	past
Q	疑問	question
RCP	相互動作	reciprocal action
REF	再帰形	reflexive
REP	反復動作	repetitive act
S	接尾辞	suffix
SFP	終助詞	sentence-final particle
ST	シナ・チベット	Sino-Tibetan
TB	チベット・ビルマ	Tibeto-Burman
VP	動詞句	verb phrase
VPS	視点切替	view-pivot switcher
WT	チベット文語（ワイリー方式によるローマ字転写）	Written Tibetan
-	形態の区切り	morpheme boundary
=	Clitic が後続することのマーク	constituent boundary one degree higher than '-'

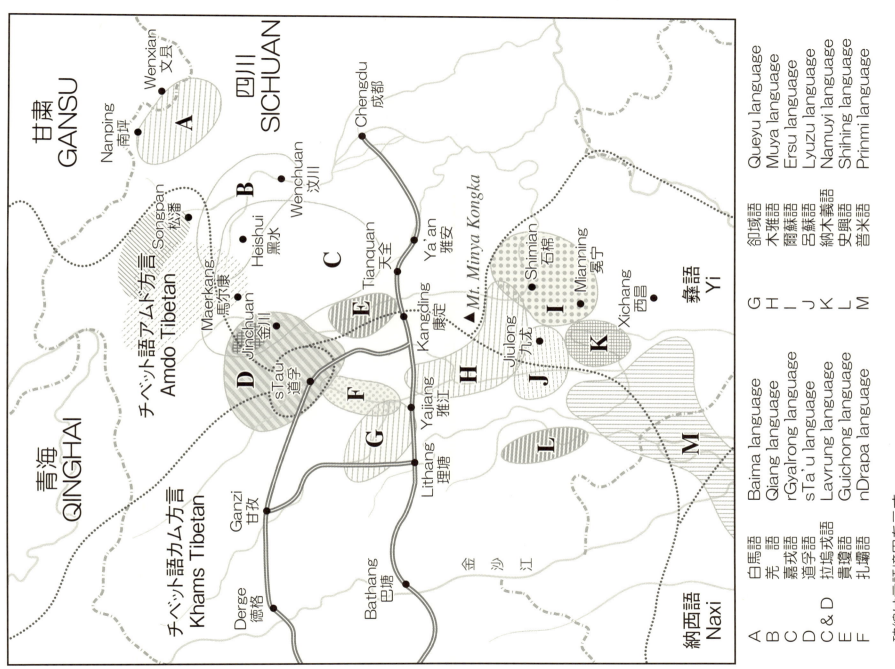

[地図1] 嘉戎に関連する言語が分布する地域
©Y. Nagano 2013

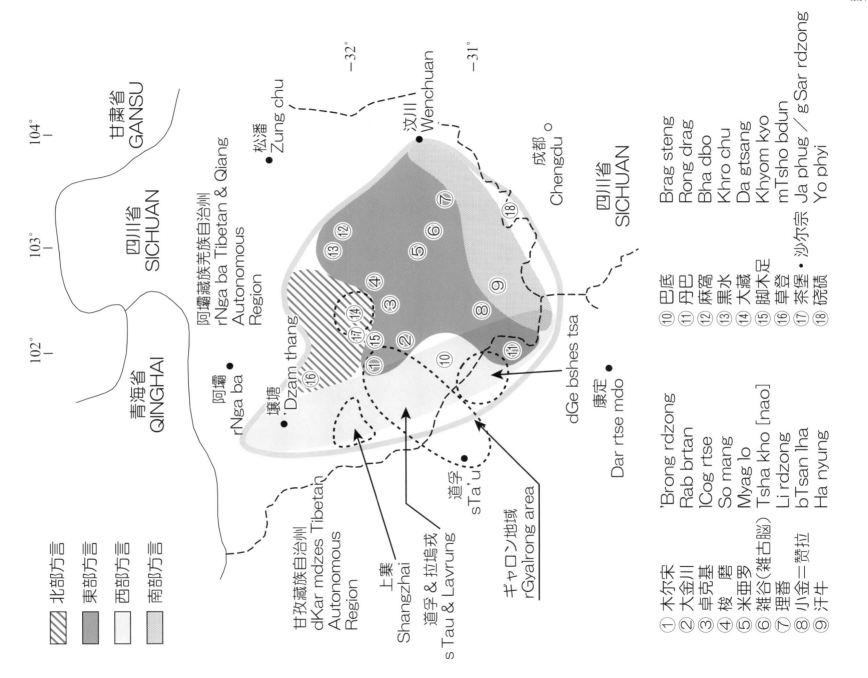

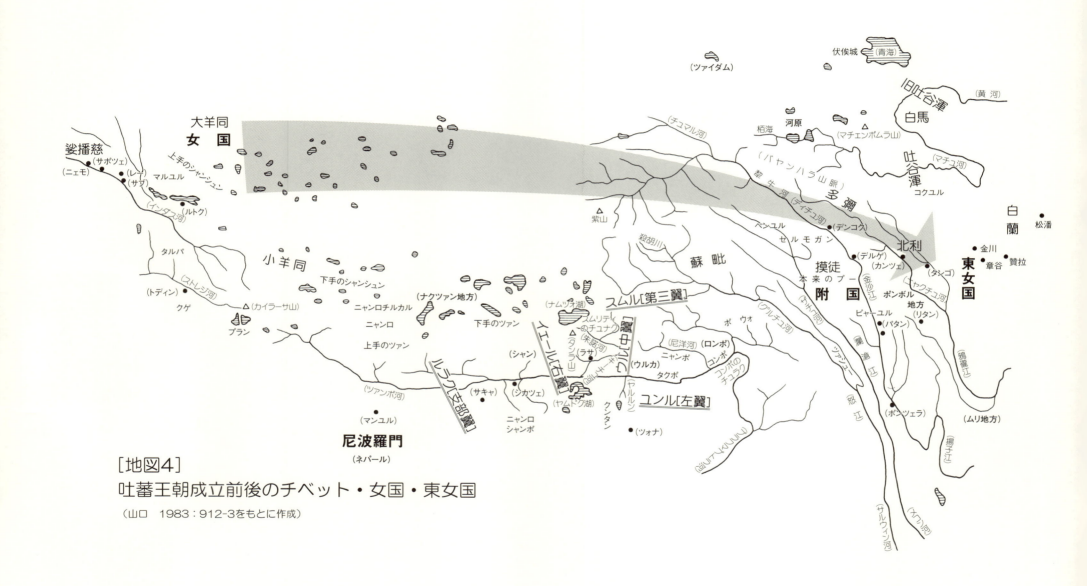

[地図4]
吐蕃王朝成立前後のチベット・女国・東女国
（山口　1983：912-3をもとに作成）

嘉戎語文法研究

1. 序　論

1.1　地域の概況

　嘉戎語が話される地域は中国四川省西北部に位置し、現在の行政区画上では茂県・若尔蓋県・九寨溝県を除く阿壩藏族羌族自治州全域に一致する（【地図2】参照）。甘孜藏族自治州康定県・道孚県・丹巴県・雅江県・新龙県及び雅安市宝興県の一部も含まれる。阿壩藏族羌族自治州の岷江流域では羌語と、松潘～阿壩ライン以北ではチベット語アムド方言と、分布が重なる。

　地理的には青藏高原から四川盆地西部にかけて高度が下がって行く山岳地帯にあたり、おおむね標高 1500 ～ 2900 メートルの中間山地帯である。しかし、岷江、梭磨河、大金川、小金川、抚边河、杜柯河などの中規模河川が削る谷は険しい V 字谷になっており、古来通行が困難であった。嘉戎の人々は自分たちの土地を説明するとき、掌を広げ、指が山に、その間が谷間（河と人の居住区域）に当たるというが、実際移動してみるとこのことを実感する。

　このような地形の特性も手伝って、経済的にも政治的にも比較的長期に亘って（少なくとも明初まで）嘉戎は中国の中央勢力からもチベット勢力からもある程度は距離を置くことができた。一方、文化的には女国の東漸と吐蕃王朝の成立に深く関わったこともあり、宗教文化のシェルターとしての役割が当初からあった。特に吐蕃王朝はじめ多くの仏教勢力が遠ざけようとしたポン教寺院や信徒らの受け皿であり、ムルド（WT dMu rdo）山をはじめとする聖地が複数ある。また、14 世紀頃の新しいポン教再編成期には復興運動の中心地となっており、ポン教大蔵経経

4   1.1 地域の概況

部・論部の編纂や新しいシャンシュン語の再建は嘉戎の地で行われた。

　吐蕃王朝が吐谷渾を攻める過程で嘉戎のリーダー達はチベットに対して恭順の態度を示すようになったが、その後は中央チベットの政治的空白や明の対異民族支配が比較的緩かったこともあって、ある種の安定状態が続く。しかし、明末から徐々に中国側からの働きかけが強くなり、遂に清朝では「土司」制度に組み込まれることとなった。いわば清朝とチベットからの二重支配状態に陥る。このことが大きな不満要素となって金川戦争が起き、敗戦によって清朝によるより厳しい支配が決定的になった。と同時に、ポン教寺院や信徒集団がゲル派に改宗させられる事態となり、数万の人々が犠牲になったと伝えられている。

　なお、嘉戎（ギャロン：中国語ピンインで jiarong）という名称はチベット語 rGyal mo Tsha ba rong の略称で、他称である。嘉戎を嘉絨と書くこともある。

　次節で触れるが、この名称は本来金川を中心とし、梭磨を東端とする rGyal mo rong「女王の谷」と、雑谷を中心とする Tsha ba rong を併せた呼び方である。このうち、ツァワロンを「暑（熱）い谷」と解釈する説（van Driem 2001）がある。雑谷は梭磨などと比べるとやや高度が下がるが、金川や丹壩とほぼ同じであるし、特に暑いわけではない。WT tsha ba には「暑い、熱い、尖っている、険しい」の他に「暖かい」の意（たとえば Y. R. Chao〈1940〉*Love Songs of the Sixth Dalai Lama*, p.25）もあることから、後者の意で考える方が妥当かと思われる。ツァワロンという地名はチベット文化域には他にもあるし、640 – 643 年に若いチベット王グンソン・グンツェンと唐から降嫁した文成公主の過ごした場所がカムの tsha shod（おそらく Tsha ba rong のこと）であったこととも整合性がとれると思われる。

1.2 歴史

嘉戎の人々の間に広く行われる伝承では、

> 『その昔西チベットにシャンシュン（WT zhang zhung）とい
> う国があり、女王が支配していた。シャンシュンは高度な文明
> を持ち、その影響はチベット北部と北インドにまで及んでいた。
> 国が栄えるにつれ、人々の生活を支える自然環境に無理が生じ
> た。女王はある日「東へ行け。豊かな土地がある」との託宣を
> 受け、シャンシュンの王族達は様々の職人集団と共に青藏高原
> の北辺を通って大渡河に至った。そこを本拠地としてさらに東
> に進み、原住民を同化して落ち着いた。そこを rGyal mo rong
> 「女王の谷」と呼んだ。』

と言い、それが自分たちの出自だと考えている。伝承の伝える流れはご
く一部については正しいのだが、全体的に見るとそれほど単純ではない。
　嘉戎は独自の文字を持たなかったから、自分たちの正史を残さなかっ
た。従って、我々は中国側の資料とチベット側の資料を突き合わせつつ
嘉戎の歴史を再構成する必要がある。尤も仮にそのようにして歴史が分
かったとしても、嘉戎人の祖先が誰であり、何が現在の嘉戎語の基底を
形成したのか、嘉戎語の実態はどうだったのかを推量するのはさらに厄
介な作業である。
　明代以前には漢籍に「嘉戎」という固有名詞は出現しない。明末清初
以降は、嘉戎の地で何が起こったかが多くの漢籍によって概略辿ること
ができるが、その段階では今我々が観察する嘉戎語は既に成立していた
はずである。
　一方、チベット語資料には吐蕃王朝成立や吐蕃の吐谷渾攻略に絡
む関係者ないし地名として rGyal mo rong の名が見える。たとえば、

6   1.2 歴史

Padma thang yig や *Deb ther rgya mtsho* に「ティソン・デツェンの代
に Vairocana が追放された」土地として、また「宰相ガル・トンツェン
が唐朝廷からの帰り道、唐のリエゾンオフィサーを撒いて姿を消した」
場所として rgyal rong の名が明記されている。7-8 世紀のことである。
小稿が問題とするのは女国が東遷を始めたと思われる 3 世紀頃から吐蕃
王朝期までで、そこで嘉戎語の生成と関わることとして何が起きたのか
を検討してみたい。

　伝承に言うシャンシュン国は漢籍で言う「女国」にあたり、【地図 4】
の最も西にある。伝承に則して言えば、この女国が東遷して「東女国」
となったのである。ただ、漢籍が「東女国」を 2 種類記録していること
は注意を要する。『隋書』や『西域記』巻 4 婆羅吸摩補羅国の条に言う「東
女国」は今のインド・ラダク地方に相当し、今我々が議論している四川
省の「東女国」は『旧唐書』巻 97 に 7 世紀中葉のこととして「東女国
西羌之別種。以西海中復有女国故称東女焉。俗以女為王。東与茂州党項
接、東南与雅州接界、隔羅女及白狼夷」と記している国であり、『新唐書』
にも同様のことが書かれている。

　では、この東女国の中味はどうか？出自を軸に見ると、大小金川を
中心とする西部（rGyal mo rong）と、雑谷を中心とする東部（Tsha
ba rong）に分かれる。西部は女国からの migration であり、東部は白
蘭またはスムパ族のラン（rLangs）氏を中心とする集団であった。こ
のふたつを併せて rGyal mo Tsha ba rong と言い、さらに略して rGyal
rong と言う。

　「女国からの migration」と言ったが、これは女国を形成していた有力
な sBrang 氏だけではなく、それと姻戚関係を持つ古代チベットの四大
氏族のうち sTong（= Phya）氏と dMu 氏並びにこれらが通婚した結果
生じた諸族を指す。これら複数の混淆した氏族集団が 3－4 世紀頃東遷
したのである。東遷の理由は定かでないが、当初は Khams stod へ、そ
して次に金川方面（おそらく章谷近辺）へ移動したと思われる。なお、
rGyal mo rong の土地に金川など「金」の意を帯した Gyim shod（gyim

は漢語の「金」、shod はチベット語で「地域、川辺」）などの地名が散見され、そこの人々を gser po「金の人」と呼ばせているが、これは女国の枢軸たる姓 sBrang がサンスクリット語 suvarṇa「金」から母音を落とした形であることと関連がある。

　四大氏族、sBrang 氏、吐蕃王国の核となるヤルルン家は sBrang 氏等が東遷する頃には既に通婚関係があったと考えられることから、これら複数の混淆した氏族集団のリンガフランカは、おそらく文語チベット語成立以前の口語チベット語だったと推察される。sBrang 氏がシャンシュン語を保持していた可能性はゼロではないが、現在の嘉戎語とシャンシュン語との間に見られる対応はきわめて限定的である。一方で、現在の嘉戎語とチベット文語との対応も借用で説明できる。したがって、狭義の rGyal mo rong で話されていた言語が現在の嘉戎語の基底となったとは考えにくい。

　一方、白蘭の素性については漢籍の記すところが圧倒的に多い。まず、『北史』巻 96 に「白蘭者羌之別種也、其地東北接吐谷渾、西北利摸徒」とあり、また、『新唐書』西域伝には「又有白蘭羌、吐蕃謂之丁零」とあって、民族的に「羌」であることを匂わせる。ただ、漢人は牧畜を生業とする人を「羌」と呼ぶことが多く、漢代にはチベット人も羌と言われていたから、これらの記事から直ちに白蘭が今我々の認識する狭義の羌族であるとは言えない。他方、チベット人がこれを「丁零」と認識していたとあるが、これはチベット人が白蘭羌を hor と呼んでいたことを知った上での記述かもしれない。いずれにせよ、sBrang 氏や吐蕃王朝を支えた諸族の言語とは異なることは容易に想像できる。

　山口（1969, 1971）は「白蘭は参狼種である」と断定している。「参狼」は「参 スムパ sum pa」の「狼 ラン rlangs」である。確かに、山口の論じたとおり、白蘭と参狼は居住地が重なっていた、或いはごく接近していたのだろう。だが、蘭は lan、狼は lang であって、この末子音の対立は漢語史を通じて一貫しているので、直ちに白蘭と参狼をイコールで結ぶことには無理を憶える。むしろ敦煌文献でも「スムパのラン氏」の

存在が確認できるから、それを素直に Tsha ba rong の支配者と見れば
こと足りると考える。敦煌文献では「スムパ」は 'Bal 氏、rLangs 氏、
Kam 氏を言うことが確かめられている。また、異民族の存在を言う表
現として「セ・アシャ、ドン・ミニャク、トン・スムパ」があるが、こ
の記述から四大氏族の dSe 氏の外側に吐谷渾、lDong 氏の外側に党項、
sTong 氏の外側にスムパがいる、と読める。sTong 氏は早くから女国の
sBrang 氏と姻戚関係を築き、同時にスムパを同化する政策を採った筈
である。ディグム・ツェンポの誕生によってヤルルン家の外戚（zhang
po）となった sBrang 氏は rLangs 氏と共に東女国を経営することにな
るのだが、吐蕃王朝成立時には既に Sum pa rLangs kyi Gyim shod「ス
ムパ・ランの金の国」という言い方が生まれているのは、嘉戎語の形成
にヒントを与えてくれると思う。また、先に挙げた『旧唐書』巻 97 の
記事を見ても「'Phan po rLangs 氏が Ko 氏を配下に sBrang 氏の女王
のパトロンとして茂州の西や雅州西北を支配していた」ことが読み取れ
る。Ko 氏とはおそらく雑谷の「谷」、白狗の「狗」、或いは Liu（1944）
の言う「戈」と対応すると思われる。また、19 世紀に書かれたチベッ
ト語文献にも kho/mgo/sgo/rgo がツァワロンの先住民族であったと記
されている。

　前節の史料から、ツァワロンを本拠としていた筈の rLangs 氏が 7 世
紀には早くも Gyim shod（金川を中心とする rGyal mo rong）をも併せ
て統治する状況が映し出されていることになる。つまり、sTong 氏が大
小金川に移って（5 世紀頃）東女国を作るが、ツァワロンに既に君臨し
ていた rLangs 氏をチベット化した。言い換えれば、急速に rLangs 氏
を東女国化し、そこをギェルモロンと呼ばせ、その人を gser po「金の
人」、土地を gyim shod「金の国」と呼ばせたのである。sBrang 氏（ま
たは sTong 氏）と rLangs 氏が具体的にどのような姻戚関係を結んだか
についての記録はないが、当時の対ヤルルン家ないし対吐谷渾政策と
の関係上緊密な同盟関係または（東女国の）共同経営関係があったに
違いない。その過程で rLangs 氏が sBrang 氏或いは sTong 氏に同化さ

れたとみるのがチベット研究者から見ると自然かもしれないが、逆に
Sum pa rLangs kyi Gyim shod という言い方の裏には、Gyim shod（金
川を中心とする sBrang 氏の rGyal mo rong）がツァワロンと共に既に
rLangs 氏に同化され、その言語（漢籍の内容をそのまま受け入れるな
ら「羌系の言語」）を受け入れていたとも読めるのである。では、具体
的に「羌系の言語」とはどの民族の言語か？私は今のところ、例えば白
狗羌ではないかと考えている。白狗羌とは、「白蘭白狗羌竝遣使入貢　（中
略）　以白狗羌地置維恭二州」（『通鑑』唐記 6）とあるように、'Phan
po rLangs に内属する白い「狗」であり、この末裔である Tsha k(h)o
氏（≒ Tsha ba rong の ko ＞地名としての「雜谷」）が Liu の言う ko「戈
（＝ gia-rung）」であり、嘉戎人の祖であると推測する。14 世紀に編ま
れたポン教の古記録集成 *rLangs poti bse ru*（刊本は Byang chub rgyal
mtshan ed., 1986）にもこれを裏付けると思われる記述があるのだが、
ko/kho の綴りのぶれがあるのが難点である。

　しかし、嘉戎語の基礎語彙（特に用言）がシャンシュン語やチベット
語との対応が高い確率では現れず、むしろ（狭義の羌語ではなく）羌語
支に属する諸語またはその祖語と一定の対応を示す事実はこれをサポー
トするものかもしれない。

　明代以降の歴史については、文献に挙げたとおり、陳（1999）はじめ、
中国から幾つかの優れた論考が発表されている。ただ、これらは主とし
て漢語文献によるもので、チベット語資料や嘉戎語（をチベット文字で
表記した）資料を考証したものではない。嘉戎には今もチベット文字で
書かれた嘉戎語の契約文書、行政文書、宗教文書などが民家や寺に残さ
れており、組織的な収集と整備・読解とともにその歴史学的・民族学的
調査研究が待たれる。近年それを目指したプロジェクトが阿壩藏族羌族
自治州人民政府・北京大学・中央民族大学が中心となって動き出したと
聞いている。成果を期待したい。

1.3 方言

　伝統的には 18 の方言があると言われる。この 18 という数字は、明代に整備され始め、清朝で確立した土司の数から来ている。「土司」とは中国の王朝が隣接する異民族の支配者に対して授ける官職の総称であり、その異民族が一国を為さずに中国王朝と直接関係を持つ場合に、多くはその軍事的指導者に授けられる称号である。嘉戎では「王」(WT rgyal po) と呼ばれていた 18 名のローカルな指導者がこれに任命されていた。18 名の王の間に上下関係はなかったが、金川戦争以後卓克基の王がまとめ役と (清朝からは) 見做されていた。卓克基の言葉が嘉戎語の標準語だと考える嘉戎人が多いのはこのためである。その領土ごとに言葉が異なるので、18 の方言があると言われてきたのである。(参考までに清末段階での土司は次の通りである：穆坪、瓦寺、小金川、大金川、沃日、綽斯甲、雑谷、梭磨、卓克基、松崗、党壩、巴底、巴旺、丹東、明正、魚通、沈辺、冷辺、天全。)

　しかし、言語学的には林 (1993) に従い、基本的に 3 つの方言を認めれば充分である。まず北部方言であるが、ダツァン (大藏 WT da tshang)、トバ (康山 WT stod pa)、ゾンウル (日部 WT rdzong 'bur) やツォプドゥン (草登 WT mtsho bdun) を中心とする地域で、話者数は約 1 万である。西部方言はザムタン (壤塘 WT 'dzam thang) とタンパ (丹壩 WT rong brag) を中心とし、5 万の話し手がいる。東部方言は相対的に広い地域に広がり、チョクツェ (卓克基 WT lcog rtse)、バルカム＝マルカン (馬尔康 WT 'bar khams)、ソマン (梭磨 WT so mang) を中心に、南に下ってツァコ (雑谷〔脳〕WT bkra shis gling)、リシェン (理県 WT lis rdzong)、ツェンラ (小金川 WT btsan lha)、西にラプテン (大金川 WT rab brtan)、東にトチュ (黒水 WT khro chu)、マウォ (麻窩 WT bha dbo) などが含まれる。また、ずっ

と南に下って雅安市宝興の磽磧（WT yo phyi）も東部方言である。8万の話者がいると推定される。

　北部方言は口蓋垂音が存在するのが特徴的である。また、Prins（2011）は南部方言を立て、声調の存在をそのマークとしている。筆者は嘉戎語に弁別特徴としての高さアクセントを認めていないが、巴底（WT brag steng）や丹壩（WT rong drag）などに一部高さアクセントらしき現象が観察されることは研究協力者からの報告で承知しているので、南部方言を立てる可能性は否定しない。このため、方言分布図【地図3】では便宜上東西南北の4方言を図示してある。

　分類の軸として口蓋垂音や声調の存在を立てられる場合は別として、今迄の方言研究は偶々研究者が記述できた方言データをもとに、子音結合のあり方、語彙形式の対応、形態手続きの特徴などの比較の上にできあがった結果であり、当初から「方言」分類という観点から調査が行われたわけではないし、各方言の均質な記述資料が調っているわけでもない。この状況を改善し、歴史研究にも耐えうる記述資料を蓄積するため、著者は2009-2012年度科学研究費補助金「ギャロン系諸言語の緊急国際共同調査研究」を得て、組織的な方言調査を実施した。当時成都を拠点として研究を続けていたMarielle Prins博士の協力を得て、81地点の方言調査を共通の語彙リストと200例文により調査し、その成果を、音声を含め、国立民族学博物館データベースとして公表している。その名称はrGyalrongic Languages Databaseで、URLはhttp://htq.minpaku.ac.jp/databases/rGyalrong/である。現在、より充実したデータベースのための補充調査を行っている。

1.4　研究小史

　嘉戎語のチベット・ビルマ系諸語における歴史的位置づけは確定していない。また、民族移動が頻繁に起こったことから、印欧語族で言う系

12   1.4 研究小史

統樹は描けない。本節では嘉戎語研究の流れを概観し、さらに次節（1.5）
においてその中で下位分類がどのように行われたか、それと関連して歴
史的相関関係がどのように提唱されてきたのかを紹介しておきたい。

1.4.1 B. H. Hodgson

　このチベット・ビルマ諸語研究の草分けとでも言うべき学者は、19 世
紀中葉の英印政庁の影響下にあった諸言語の語彙を蒐集することに注力
した。その範囲はインド、ネパール、チベット、西南中国に及んだ。限
られた数ではあるが、彼が嘉戎語の語彙を記録した最初の言語学者かと
思われる。彼はまた代名詞化を含む統語論にも言及していて、類型とし
ての pronominalization の提唱者と言える。

1.4.2 S. N. Wolfenden

　Hodgson 以後、von Rosthorn（1897）や Laufer（1914）らにより、
嘉戎語のデータは蓄積されていったが、それらをベースに嘉戎語の位置
づけをより正確に行おうとしたのが Wolfenden である。彼は Wolfenden
（1929：141-143）で「嘉戎語 te- と ka- は WT とだけではなく、アオ・
ナガ語などと比較できる」とし、Laufer の見解に対しては「このチベッ
ト語方言をその語彙形式から《最も古代的》と認定するには別の条件を
要する」と批判して、安易に嘉戎語を WT の古層と結びつけることを
警戒している。彼の最大の貢献は、幾つかの語幹要素が、嘉戎、トリプ
ラ、ガロ、ナガ諸語において対応関係を示すことを指摘した点にある。
従前の研究が専ら WT との対応に目が向いていたのに対し、チベット・
ビルマ諸語全体の脈絡で嘉戎語を位置づけようとした論考の嚆矢と言え
る。
　1936 年の業績はダージリンで行ったフィールドワークに基づくモノ
グラフで、この言語の時制、使役、人称接辞などを詳しく記述している。

1.4.3 J. H. Edgar

　文法記述はないが、この時点で最も豊富な語彙を収集したのが Edgar である。彼は綽斯甲（khro skyabs）出身のポン教僧について 1600 余りの語彙を集め、学僧の書く嘉戎語のチベット文字転写を参考にローマ字転写を試みた。嘉戎語音声がチベット文字体系で完全に写せるわけではないから、厳密な音声観察の結果とは言えないが、嘉戎の native の解釈・聴覚印象を通してみた成果として興味深い。

1.4.4 Wen Yu（聞宥）

　Wolfenden に刺激を受け、聞宥は雑古脳東南の村 Paslok でのフィールドワークに基づき、方向接辞と人称接辞に焦点を当てた記述を残している。彼は PTB での方向接辞の reflex が嘉戎語と羌語に残されていることを立証しようとした。両言語の比較から、t- が「上」、n- が「下」、d- が「後ろ」を示す点で共通しており、これらが PTB に遡りうると主張している。人称接辞については本稿で言う S1 接辞についてのみ言及し、P4 についての記述はない。

1.4.5 Kin P'eng（金鵬）et al.

　金鵬には 2 つの論考があるが、Kin P'eng et al. 1957/1958 の方がまとまった梭磨方言の文法概要となっている。他のモノグラフと最も異なるのは「方向接辞が過去を表すときその接辞は低い声調で、未来を表すときは高い声調で現れる」としている点である。

1.4.6 Chang Kun（張琨）と Betty Shefts Chang

このカップルは *A Manual of Spoken Tibetan*（1964）の著者として高名だが、張琨の業績の始まりはむしろ嘉戎語と羌語のフィールドワークに基づくモノグラフで、1940 年代に華西協合大学との協働で行った四川省での調査がベースとなっている。Chang（1968）は馬尓康東方の子達方言の音韻記述、Chang & Chang（1975）は音韻比較に基づく歴史研究である。金鵬が行った嘉戎語梭磨方言のチベット語及び中国語との語彙対応の比率をもとに、チベット – 嘉戎祖語の措定を前提として、それがどのようにチベット語と嘉戎語に分岐していったのかを跡づける試みである。

張琨らのアイディアは基本的に当時有力だった嘉戎語と WT の同源論であり、それが同時に嘉戎の人々の（言語と民族双方にかかる）アイデンティティーにもなっていた。しかしながら、金鵬の統計資料には多くの文化語彙が含まれ、基礎語彙や用言の割合が低いので、WT との近さが際立つ結果になっている。このことは張琨自身気づいており、彼は筆者の学位審査委員のひとりだったが、その p.c. において「むしろトゥルン語、レプチャ語、ティディム・チン語などとの関連を強調すべきだった」と述べている。

1.4.7 瞿靄堂（Qu Aitang）と林向栄（Lin Xiangrong）

1982 年の国際シナ・チベット言語学会（北京）でこの 2 名の学者によってなされた研究発表と配付資料は、近年の中国国内での嘉戎語研究の火付け役となった。瞿も林も Kin P'eng et al.（1957/58）の共同研究者であり、それぞれに改訂された成果を出している。瞿は pronominalization の仕組みを詳細に解析し、林は語構成に関する記述を提示した。

林は嘉戎語卓克基方言の native speaker であり、1993 年には世界初のまとまった記述文法を発表した。

1.4.8 最近の研究

1990 年後半から孫天心、林幼青、Guillaume Jacques（＝向柏霖）、Marielle Prins、黄布凡らによる研究が相次いだ。孫天心と林幼青は卓克基及び草登方言を子細に観察し、幾つかの優れた指摘をしているほか、方言分類に関しても独自の仮説を提唱している。

向柏霖（2008）と M. Prins（2011, 2016）はそれぞれ茶堡方言と脚木足方言のモノグラフで、特に Prins（2016）は文法記述のひとつのスタンダードとなっている。また、向は最新の類型理論を駆使して接辞の役割を定義し直すなど斬新な指摘が目立つ。

黄布凡（2007）はラヴルン語の記述研究で、直接嘉戎語を扱ってはいないが、嘉戎語の系統を考える上で重要な指摘がある。

1.4.9 文献による研究

明の時代、朝廷にもたらされる文書の翻訳や使節との交渉などのため、四夷館と會同館が設けられた。四夷館での譯字生の教育のためのテキストが乙種本「華夷譯語」、會同館で使われた通訳養成のための語彙集が丙種本「華夷譯語」である。清朝・乾隆帝の頃、四川・雲南・西康の少数民族言語の調査が行われ、そのチベット系諸語の記録がいわゆる丁種本西番譯語として残っている。

このうち四川省のチベット系諸語を扱った資料は「川番譯語」と言われ、そのうちの 3 番目のもの「川三」は嘉戎語を記録したものである。扱う地域として「四川松潘鎮、松茂道、威茂協右營、直隷茂州汶川縣、保縣、各所轄西番内、除協標左營管轄茂州屬之靜州、隴木、岳希、牟托、沙壩、水草坪、竹木坎、長寧等處番民有語無字不造外、所有協標右營管

轄汶、保兩縣屬之瓦寺、雜谷、梭磨、竹克箕、大小金川、沃日等、西番字語皆同。照依奉頒字書門類次序、譯繕如左」とあり、嘉戎語を記録したことは分かるのだが、嘉戎地域の主な地名を挙げているだけで、具体的な調査地点は特定できない。今後この文献に掲載される語彙と 1.3 に挙げたデータベースの方言資料とを慎重に突き合わせる必要がある。

なお、西田は 1970 年に始まる一連の『華夷譯語』研究で、「川番譯語」の存在を指摘している。筆者を代表者とする科学研究費補助金による調査研究でも本文献には注意を払っており、池田（2012）に経緯と語彙比較の例が挙がっている。

1.5 チベット・ビルマ系諸語の下位分類と系統

印欧語族では各下位言語群相互の歴史関係が明確であり、いわゆる「系統樹」が提示されている。これに対し、ごく最近まで民族移動や接触が頻繁に起きていた TB 系諸語の場合、それらの歴史関係を系統樹で表現することは不可能に近い。しかし、伝統的な類型や基本的語彙の比較などを用いて TB 諸語の下位分類は行われており、これがある程度まで系統関係を窺う手立てとなっている。以下にその主たるものを示し、そこで嘉戎語がどのような位置づけを与えられてきたのかを見てゆきたい。

1.5.1 R. Shafer の分類

最も古く TB 諸語を独立した語群として認知したのは S. Konov & G.A. Grierson の *Linguistic Survey of India*（1909）であるが、それをより厳密に下位分類したのが Shafer（1966）である。彼はシナ・チベット語族のもとに、Sinitic、Daic、Bodic、Burmic、Baric、Karenic の言語群を認め、嘉戎語は Bodic division の下、Bodish section のもとに Bodish branch（チベット語）と並んで Rgyarong branch と位置づけられている。

1.5.2 P. Benedict の分類

　厳密な系統樹は書けない現状を踏まえ、TB 諸語の相関関係を表す図によって各言語グループの関連を示したのが Benedict（1972）である。カチン（景頗）語の繋聯性を前面に押し出した理解として注目すべきものと思われる。

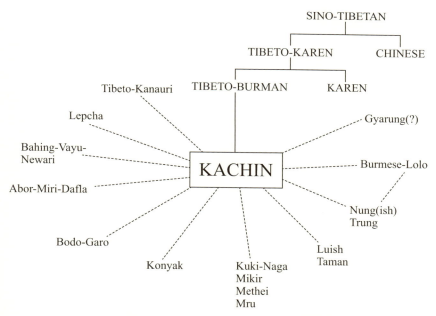

図1　Benedict（1972）による TB 諸語相関図

1.5.3 西田龍雄の分類

　西田（1986）ではチベット・ビルマ語派のもとに、チベット語群、羌語群、ロロ・ビルマ・トゥルン語群、チン語群、ボド・ナガ語群、北アッサム語群があり、嘉戎語はチベット群に分類される。しかし、西田（1989）ではチベット語群と羌語群のいずれに属するのかが明示されていない。

1.5.4 羅常培・傅懋勣の分類

中国国内で最も早く分類を示したもので、藏緬語族の下に藏語支、彝語支、緬語支、景頗語支を置き、嘉戎語は藏語、羌語、普米語、怒語と共に藏語支に分類されている。

1.5.5 孫宏開の分類

孫（1982）で早くも嘉戎語を羌語支に位置づけており、中国における歴史・民族認識として嘉戎は羌と深い関係にあることを窺わせる。孫（1988）では藏緬語族の下に藏語支、羌語支、彝語支、緬語支、景頗語支を置き、嘉戎語は羌語、普米語、木雅語、西夏語と共に羌語支に分類されている。

孫（2001, 2016）では、上記の議論をさらに精密化し、嘉戎語と羌語の特に文法上の親近性を明確に示している。

1.5.6 戴慶厦の分類

戴（1989）は藏緬語族を北部と南部とに分け、北部をさらに嘉戎・独龍語支、僜語支、藏語支、景頗語支に分類する。嘉戎・独龍語支は嘉戎語組、羌語組、独龍語組からなるとする。南部は彝緬語支、白語支、土家語支に分かれる。地域的な分布を考慮した分類であるが、嘉戎語の位置づけに関しては最も穏健な立場かと思われる。

1.5.7 J. A. Matisoff の分類

Matisoff（1991）では、TB 諸語は Kamarupan、Himalayish、Qiangic、Kachinic、Lolo-Burmese、Baic、Karenic に分類されている。これは概

ね地理的な分布と一致しており、嘉戎語は Qiangic（四川）に含まれる。
　Matisoff（2003）では上記の分類と Benedict（1972）を統合的に考え、図2のように相関関係を書き直している。カレン語とカチン（景頗）語はもはや特別な位置を占めない。Benedict（1972）にあった「Gyarung (?)」は消えているが、地理的に見て Qiangic に含まれると思われる。STEDT の language coding では Tangut-Qiang 語支の下、Gyarong 語群に分類されている。

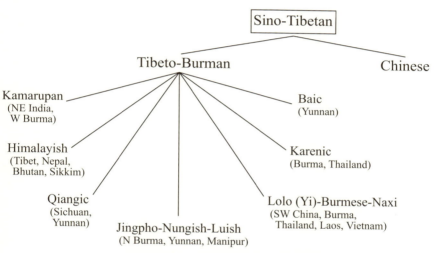

図2　Matisoff（2003）による ST 諸語分類

1.5.8　羌語支の下位分類

　嘉戎語が Qiangic であるとの前提のもとにその言語グループを下位分類する試みは孫（1982, 1988）で明確になっているので繰り返さないが、それとはやや異なる角度からのグルーピングが Ikeda（2007:23）に示されている。それはいわば「地理分布から見た類型の近い言語」を束ねたもので、系統樹を意図したものではない。
　それによると、羌語支は羌組、嘉戎組、扎壩組、木雅組、爾蘇組、普

20 1.5 チベット・ビルマ系諸語の下位分類と系統

米組に分類され、嘉戎組には嘉戎語、拉塢戎語、道孚語が含まれる。西夏語は木雅組に分類されるが、白馬語は分類が保留されている。類型地理を念頭に置いた慎重な下位分類である。

2．音　論

2.1　音節構造

　嘉戎語ボラ方言の音節構造は一般に（C_1）C_i（G）V（C_f）（C_2）であり、括弧で括った部分はオプションである。C_1 に立ちうるのは 2.2 に示す p-, t-, k-, r-, l-, s-, š-, m-, n- である。このうち、p-, t-, k-, s-, š- は有声の C_i の前で有声化する。2.2 に掲げる ɦ を除くすべての子音が C_i に立ちうる。V は母音。G は介音であり、-r-, -l-, -w-, -y- の 4 種ある。C_f は -p, -t, -k, -ʔ, -č, -s, -ɦ, -m, -n, -ṅ, -ñ, -l, -r, -w, -y のいずれかである。C_2 は s または 3.4.5.1 及び 3.4.5.2.2 に示した人称接辞 S1 であり、n、ṅ、ñ、nč、č、w、y のいずれかである。

2.2　子音音素

　子音要素に次の 35 種を認める。

p ph b	t th d		ṭ ṭh ḍ		k kh g ʔ
	ts tsh dz	č čh ǰ		c ch j	
	s z	š ž			h ɦ
m	n		ñ	ṅ	
	r				
w	l		y		

上に掲げる子音音素につき説明し、主として語頭に立つ例を挙げる。

22 2.2 子音音素

/p ph b/ は両唇破裂音で、[p pʰ b]。

(tə-) pok	「腹」
(tə-) phep	「腿」
(kə-) buk	「孤独である」

/t th d/ は歯茎破裂音で、[t tʰ d]。

(ka-) tor	「撒き散らす」
(ka-) tho?	「尋ねる」
(kə-) di	「重い」

/ṭ ṭh ḍ/ はそり舌破裂音で、[ṭ ṭʰ ḍ]。

ṭəla	「道」
kəṭok	「6」
(tə-) sṭe	「汗」
ṭha	「茶」
ḍaməɴḍə	「色々」 <WT

/k kh g/ は軟口蓋破裂音で、[k kʰ g]。

(ka-) ki	「買う」
khorlo	「輪」
(tə-) go	「馬鹿」

/?/ は声門閉鎖音で、[?]。

| ?a | 「IRR マーク」 |

/ts tsh dz/ は歯茎破擦音で、[ts tsʰ ʣ]。

(ka-) tsəri	「結ぶ」
(kə-) tshok	「(鳥が) 止まる」
dzərnu	「キノコ」

/č čh ǰ/ は後部歯茎破擦音で、[ʧ ʧʰ ʤ]。

| kə-səcolo | 「混ぜる」 |
| ka-čhe | 「行く」 |

jiǰok	「魚」

/c ch j/ は歯茎硬口蓋破擦音で、[tɕ tɕʰ dʑ]。

硬口蓋破裂音 [c cʰ ɟ] がこの異音として現れることがある。[cç cçʰ ɟj] と記述するモノグラフもある。

kəci	「どこ」
(ka-)chop	「壊す」
jeꞋchɐ	「飾り」

/s z/ は歯茎摩擦音で、[s z]。

(kə-) səso	「生きている」
təza	「男」

/š ž/ は後部歯茎摩擦音で、[ʃ ʒ]。

šərpa	「斧」→ rpa は [ʂpa] または [ʅpa]
(ka-) žu	「告訴する」

/h/ は無声声門摩擦音で、[h]。

hembe	「貪欲な」
hata	「あちらの上の方向または場所」

/m/ は有声両唇鼻音で、[m]。

mo	「母」
mak	「否定の判定詞」

/n/ は有声歯茎鼻音で、[n]。

(te)no	「草」
noto	「存在の助動詞」

/ñ/ は有声硬口蓋鼻音で、[ɲ]。

kəñis	「2」

/ṅ/ は有声軟口蓋鼻音で、[ŋ]。

ṅa	「私」

24   2.2 子音音素

/r/ は有声歯茎ふるえ音 [r] だが、若年層では弾き音 [ɾ]。

　　ra　　　　　　　　「必要である」

/w/ は有声両唇接近音で、[w]。

　　(kə-)we　　　　　「来る」

/l/ は有声歯茎側面接近音で、[l]。

　　(ta-)lok　　　　　「巣」

/y/ は有声硬口蓋接近音で、[j]。

　　ya　　　　　　　　「姉」

　上記の他に、鼻音化要素として /N/ がある。これは閉鎖音と破擦音の前に立って、それらを鼻音化する。なお、/N-/ は両唇破裂音の前に立つとき [m-] となる。

2.2.1 借用語に現れる音素

　前節で述べたもののほか、/K͡y/（k, kʰ, g が口蓋化した音）、/f v/（唇歯摩擦音）及び /ɬ/（無声歯茎側面接近音）が Ci に立ちうるが、これらはチベット語または中国語からの借用語にのみ現れる。たとえば、

skyoktsa「柄杓」<WT skyogs

khyaṅ「土壁」<WT gyang

khyuṅ「鳳凰」<WT khyung

gyagar「インド」<WT rgya gar

ɬasa「ラサ」<WT lha sa → WT lh- クラスターに由来する語が嘉戎
　　語で用いられる場合、常に [ɬ] が現れるとは限らない。たとえば、
　　WT lha mo「ハモ（女性の名）」は [hamo] や [lamo] のように発音
　　されることが多い。

feyči「飛行機」<Chin. 飞机→若い話し手は [f-] だが、やや年配の話
　　し手では [ɸ-] が現れる。

2.2.2 介音

CiG の組み合わせとその例は下記の通りである。

pr- ：ka-pri 「裁断する」

py- ：kə-mpya「暖かい」

phr- ：ka-phro「膨らます」

phy- ：ka-phyis「拭く」

bl- ：tabli「年齢」

br- ：thebra「スコップ」、bruṅ「野生のヤク」

by- ：kə-mbyoʔ「すべすべした」

kr- ：skra「篩」、koɴkri kə-pa「鼾をかく」

ky- ：skyoktsa「柄杓」<WT skyogs

khy- ：khyaṅ「土壁」<WT gyang

　　　　khyuṅ「鳳凰」<WT khyung

gy   ：gyagar「インド」<WT rgya gar

khr- ：kə-ɴkhruṅ「丈夫な」、khri「米」

gl- ：təɴgle「嘘」、kə-zglat「沈む」

gr- ：təgrɐ「敵」、tələ ka-zgril「縄をなう」、tsəɴgri「星」

sw- ：təswa「歯」

sl- ：ʈəla kə-slot「道に迷う」、tapše kə-nəslik「大便が出る」

sr- ：kə-ṅasrak「恥ずかしい」、təsram「根」、təsri「梁」

rw- ：kə-ṅarwok「こぼす」、gərwɐ「松」、ka-rwa「穴を掘る」

ry- ：pəryɐ「100」、wuryat「8」

2.2.3 鼻音化要素

鼻音化要素 ɴ- が接頭する例は次の通りである。

teɴtok　　　　「嘴」

26　2.2 子音音素

kə-ɴtap 「平滑な」

ka-ɴthen 「引く」

ka-səɳɖiɴdit 「繋ぐ」

ka-ɴchok 「凹む」

koɴkri kə-pa 「鼾をかく」

kə-ɴkhruṅ 「丈夫な」

təɴgle 「嘘」

kə-raɴtsik 「切る」

kə-ɴtship 「慌てる」

kə-ɴtshəp 「顕著である」

ɴtshamṭi ka-žu 「挨拶する」

ka-ɴdzaṅ 「気をつける」

ka-ɴčar 「絞る」

ka-ɴčhe 「選ぶ」

jeɴčhɐ 「飾り」

ǰiɴǰak ka-lat 「泳ぐ」

ka-səɳɖiɴdit 「繋ぐ」

2.2.4 末子音

　末子音要素は -p, -t, -k, -ʔ, -ɦ, -č, -s, -m, -n, -ñ, -ṅ, -l, -r, -w, -y である。次節に述べる母音要素と末子音要素の組み合わせは、ɐʔ、ɐñ、əʔ、əñ を除き、全て存在する。

2.3 母音音素

母音として /a, i, u, e, o, ə, ɐ/ の 7 種を認める。

	前舌	中舌	後舌
狭	i		u
半狭	e	ə	o
広	a	ɐ	

通常、/i/ は音声的に [ɪ]、/e/ は [ɛ]、/u/ は [ɯ] である。また、長短の区別は弁別的でない。

2.4 声調

嘉戎語に声調は基本的にはない。林向栄 (1989) や戴 & 厳木初 (1990) に声調を認める記述があるが、筆者の情報提供者によれば、それらの例はすべて同音異義語である。林や戴 & 厳木初に挙げられた例のうち、声調に関して留意すべき本方言のデータとして次のペアを掲げる。

kə^{22} čor^{44} 「狭い」: kə^{22} čor^{52} 「酸っぱい」

ka^{23} rma^{55} 「眠る」: ka^{22} rma^{42} 「馬鶏＝キジの一種」

kə^{23} yam^{55} 「太陽」: kə^{23} yam^{53} 「広い」

ta^{23} mɲam^{55}「聾」 : tɐ^{23} mɲam^{52}「疼痛」

tɐ^{23} ro^{55} 「族長」: ta^{2} roʔ^{43} 「胸」

ta^{23} wu^{55} 「氆子」: tɐ^{23} wu^{44} 「祖父」

上から 4 例目までは、高降調のピッチが弁別的に働いているように見えるが、他の例には当てはまらない。このことから、現段階で嘉戎語に

28　2.4 声調

声調があるとは考えないが、高降調のピッチの対立に声調発生の兆しが覗われるとの解釈も可能で、今後の変化や他の方言での同様の現象に注意を払う必要がある。なお、ka^{22} rma^{42} は WT rma bya「クジャク」からの借用と思われる。

　また、3.4.3.1［表2］に示す非過去の方向接辞はやや高いピッチで発音される傾向がある。但し、金鵬（1957/58）の言う意味での高さの対立は認められない。

3. 形態統辞論

3.1 名詞

　嘉戎語の名詞が前接辞によってマークされることは古いモノグラフの段階から指摘されてきた。先行研究の結果をまとめると、tə- または ta- を前接する名詞、kh- または k- をとる名詞、前接要素のない名詞、の3タイプがあることが分かる。

　では、これらの分布はどのように説明されうるだろうか？音論で説明できない点が多く、意味的な解釈を加えざるを得ないと思われる。最も近年のまとまったモノグラフ (Prins 2011) によれば、キョムキョ方言では、tə- は話し手にとって心理的に近縁である名詞に、ta- は近縁でないものに接頭し、k- は哺乳動物に、kh- は非哺乳動物に対して使われる。前接辞をとらないものに関する説明はない。また、Sun (1998: 112) は草登方言について、tə- は多くの身体名称に、q- が動植物の名称に現れることを指摘している。

　Prins や Sun の見解は Sino-Tibetan レベルの歴史を考える上で魅力的だが、具体的な例を検討すると必ずしもうまく説明できない。たとえば、「父」は ta-pɐ だが、「母」は tə-mo、「息子」は tə-za、「娘」は tə-mi である。父だけが非近縁性を示す ta- でマークされているが、これを親族構造から証明することは難しい。一方、身体名称には tə- が見られるが、莫拉方言では、tə-ko「頭」に対して ta-ko-rñe「髪の毛」、tə-rna「耳」に対して ta-mbo「聾」のように、身体名称そのものには tə- が、そこから派生する事柄やものには ta- が接頭することが多い。また、筆者のデータでは、tə- の頻度が極めて高い。

30 3.1 名詞

　k- と kh- に関して Prins(2011:138) は従前公刊されているデータと異なる例を多数挙げているが、たとえば Prins が挙げている kh-əna 'dog' は哺乳動物である。

　出現頻度の高い接辞 tə- について触れておく。tə- は名詞の前に置かれるとき、「強調されない 1 」を示す。たとえば、tə-pa「 1 年」、tə-lpek「 1 片」、など。

　tərmi は通常このままで「一人の人」を表すが、「人ひとり」のように 1 人であることを強調したいときは tərmi tə-rgɐ となる。同様に təpak は「豚」で、数を指定しない限り 1 匹であるが、特に「 1 匹の豚」と言いたい場合は pak tə-rgɐ となる。なお、「 3 匹の豚」は təpak kəsam である。

　借用語には tə- は接頭しない。

3.1.1 名詞と修飾語句との統語関係

　名詞と修飾語句との統語関係は次の通り記述できる。

「この傘」	štə w-ədek {これ 3s:GEN- 傘}
「 2 つの部屋」	kho kəñis {部屋 2つ}
「これらの 4 つのペン」	štə wu-sñəwə kəwdi
	{これ 3s:GEN- ペン 4 }
「大きなテント」	sɐr (kə-)kte {テント 大きい}
「この美味しい粥」	štə w-əpepe kə-mem
	{これ 3s:GEN- 粥 INF- 美味しい}
「 3 人の可愛い女の子」	təmi kəsnaṅa kəsam {娘 可愛い 3 }
「これらの 3 本の黒い鉛筆」	štə wu-žasñu kə-nɐk kəsam
	{これ 3s:GEN- 鉛筆 INF- 黒い 3 }
「値段の安い店」	wukhoṅ kə-nbat wu-tshoɴkhaṅ
	{値段 INF- 安い 3s:GEN- 店}

「医者である私の兄」 ṅa ṅ-əya smenba {1s 1s:GEN- 兄 医者}

「これよりも美味しいモモ」 štə w-əke=y kə-mem w-əbu {これ 3s:
GEN-より =LOC INF-美味しい 3s:GEN-モモ}

3.1.2 名詞化の標識

3.1.2.1 ʔa-＋方向接辞

ʔa- は方向接辞（間接経験・非現認→ 3.4.3.1 参照）に前接してそれら
を名詞化する。この ʔa- は近称を表す。IRR の標識とは関係がない。

to-「上へ」 vs. **ʔa-ta**「上（の方向）」
no-「下へ」 vs. **ʔa-na**「下（の方向）」

これに対し、ha- は方向接辞について遠称の方向を示す。たとえば、
hata は「あちらの上の方向または場所」を指す。

3.1.2.2 to-＋動詞不定形

to- が動詞不定形に前接すると、その動詞が示す意味上の被動作者を
表す。たとえば、ka-žu「告訴する」に対し、**to-ka-žu** は「被告人」である。

3.1.2.3 sɐ-＋動詞語幹

sɐ- は動詞語幹に前接して、「…をする場所または道具」を表す。

ka-top「叩く」 ： **sɐ-top**「叩くもの」
tascor ka-lat「手紙を書く」 ： tascor **sɐ-lat**
「手紙を書くもの＝紙またはペン」
ka-mǰup「眠る」 ： **sɐ-mǰup**「寝室」
ka-mot「飲む」 ： čhɐ **sɐ-mot**「酒場 {酒 飲む場所}」
kə-ñi「滞在する」 ： **sɐ-ñi**「宿」

ka-lat「…する」に対して sɐ-lat「…する場所」を表す例としては、

32   3.1 名詞

(001) təsčiʔ **sɐ**-lat   yoṅtsha ka-čis   ṅos.
　　　 小便　場所 - する ヨンツァ INF- 言う LKV
　　　 「小便をするところをヨンツァと言います」

があり、また、ka-ɴphar「売る」に対して sɐ-ɴphar「売る場所」を
表す例として、次の文がある。

(002) pyiao   **sɐ**-ɴphar   kəci ṅos.
　　　 切符（<Chin. 票 ） 場所 - 売る　どこ LKV
　　　 「切符売り場はどこですか？」

3.1.2.4 **kə-** ＋用言の語幹

kə- は用言の語幹に接頭して「…する（…である）人（こと）」を示す。
たとえば、

ka-pa「…する」　　　　　　 : **kə**-pa「…する人」
ka-šmo「盗む」　　　　　　 : **kə**-šmo「盗人」
khorlo ka-lat「車を運転する」 : khorlo **kə**-lat「運転手」
ka-nəɴgo「病む」　　　　　 : **kə**-nəɴgo「病人」
ka-ši「死ぬ」　　　　　　　 : **kə**-ši「死者」
ka-nəñamkhi「痩せる」　　　 : **kə**-nəñamkhi「やせっぽち」
ka-mnam「平らな」　　　　 : **kə**-mnam「板」

3.1.2.5 3s:GEN- 動詞不定形＋DEF

一般に 3s:GEN-INF- 語幹 +DEF の形で「…する人（こと）」を表す。
たとえば、

ka-top「打つ」　 : **wu-ka**-top꞊tə「打つ人」
kə-čis「話す」　 : **wu-kə**-čis꞊tə「話す人、話す内容」
ka-slap「学ぶ」　 : **wu-ka**-slap꞊tə「勉強する人（こと）」

3.1.2.6 DIR-NOM- 語幹＋DEF

前項との対比で 3s:GEN- を使わず、DIR-NOM- 語幹 +DEF の形で「…する人、…こと」を表すことがある。たとえば、

(003) **yi-kə-wi꞊tə**   sonam no-ṅos.

      DIR-NOM- 来る(過去)꞊DEF ソナム EVI-LKV

      「来たのはソナムだ」

(004) wuǰo łasa꞊y   yikthal {**yi-kə-thal**}꞊tə   wastot na-hao.

      3s   ラサ ꞊LOC DIR-NOM- 行く(過去)꞊DEF とても EVI- 良い

      「彼がラサへ行ったことはとても良い＝行って良かった」

(004)thal は過去時制にのみ使われる語幹である。また、hao「好」は中国語からの借用。なお、{ } 内は基底形を示す。

3.1.2.7 動詞不定形＋-ke

-ke が動詞不定形に接尾して「…する人」を示すことがある。この -ke は本来「1つ」を示す IDEF であり、nominalizer の機能を持つ。たとえば、

(005) čoktsi w-ərka꞊y   tepat ka-tɐ꞊**ke**   noto.

      机   3s:GEN- 上 ꞊LOC 花   INF- 置く ꞊IDEF（1つ）AUXex

      「机に花を飾っている人がいます」

3.1.2.8 tə-＋動詞語幹

生産的ではないが、tə- が ka- または kə- に替わって動詞語幹に前接し、「…すること」を表すことがある。たとえば、

kə-mtsi「住む」 : **tə**-mtsi「生活」

ka-šmo「盗む」 : **tə**-šmo「盗み」

tə-šmo に対し、Wei(1999) は ṅ-əšmo {1s:GEN- 盗み}「私のものを盗むこと」の例を挙げているが、莫拉方言では今のところ類例を見いだせ

34   3.1 名詞

ていない。

3.1.2.9 -tə と -ke

　定（definite）の名詞化標識 -tə と不定（indefinite）の名詞化標識 -ke についてここで説明しておきたい。-tə は「その…」、-ke は「或る〜ひとつの…」を表し、体言に接尾するほか、動詞句や用言不定形にに接尾して NP boundary を明示しうる。-tə は 3.2.2 に示す不定指示代名詞と同源だが、同じ機能を持つ WT -de との関係は分からない。-ke は本来数詞である。

3.1.3　性と数の標識

　名詞の性を表す文法的範疇は基本的にはないが、-za（<təza「男、息子」）や -mi（<təmi「女、娘」）によって区別する語彙もある。自然の性別をチベット語からの借用 -pho（男 、オス）と -mo（女、メス）によって示すことがある。

　また、təza や təmi をそのまま用いて、smeɴba **təza**「男性の医者」や smeɴba **təmi**「女医」のような表現もある。

　名詞の数は ɴǰis（双数）、ñe（複数）及び yo（複数）でマークされる。3.7.8 も参照されたい。

　縮小標識は -puʔ「< 子供」で、たとえば、təza゠**puʔ**「少年 < 男 ゠子供」、məza゠**puʔ**「少女 < 娘 ゠子供」。-tsi「小さい」が用いられることもある。たとえば、wabli (kə-)**tsi**「若者」。

3.1.4　Animacy の区別

　名詞が生物の場合はその数が動詞や助動詞に反映されるが、非生物の場合は対応しない。たとえば、

3.1.5 関係節を作る wu- 35

(006) ṅa ṅ-əya kəwdi ɴdo-ñ.
　　　1s 1s:GEN- 姉 ‘4’ AUXex-p
　　　「私は姉が4人います」

(007) sosñi təkros kəñis ɴdo.
　　　明日　会議　‘2’ AUXex
　　　「明日会議が2つあります」

3.1.5 関係節を作る **wu-**

関係節の一般的構造は動詞不定形または文 +**wu-** 名詞（または **w-ə** 名詞）で、wu-/w- は「（そ）の」である（3.2.1.1 参照）。

(008) təpuʔ ka-ɴdza ma-na-rga-w **w-əndza**
　　　子供　INF- 食べる NEG-APP- 好き -3 3s:GEN- 食物
　　　「子供が食べたくない食べ物」

(009) məšer pheɴdzokhaṅ **w-əɴgu=y** to-na-mčara-ṅ
　　　昨日　図書館　　　　3s:GEN- 中 =LOC PST-APP- 読む -1s
　　　w-ətha
　　　3s:GEN- 本
　　　「昨日図書館で私が読んだ本」

(010) məšer to-ki-ṅ **w-ətha=tə** nəpšin {nə-pšit-ṅ}.
　　　昨日　PST- 買う -1s 3s:GEN- 本 =DEF PST- 失う -1s
　　　「私は昨日買った本をなくした」

例文 (010) の tə は指示詞と言うよりも、名詞句境界を示すマーカーである。WT de「それ」に同じ用法があるが、借用か否かは不明である。

(011) ma kə-wɛški **w-əbra** to-pa-w.
　　　NEG　INF- 火傷を負う 3s:GEN- 用意 IMP- する -Non1:s
　　　「火傷をしない用意をせよ＝火傷しないよう気をつけよ！」

3.1.6 類別詞

　林（1993）などを見ると、相当数の類別詞が存在したと考えられるが、現在使われる類別詞は数も頻度も限定的である。たとえば、次のようなものがある。

kəmphyar　　紙などの薄いものに関して
kəltama　　　布 1 反
kəpoti　　　　本 1 冊 （<WT）
kəbəm　　　　対をなすものに関して
kəpši　　　　　（鉛筆・筆など）…本

3.2 代名詞

3.2.1 人称代名詞

単独で用いられる人称代名詞は以下の通りである。動詞句の中に人称
接辞として現れる形（3.4.5）と所有・属格表現に現れる人称詞（3.2.1.1
及び 3.2.1.2）はいずれも人称代名詞の反映形式である。

人称	単数	双数	複数
1	ńa	čiǰo（包括形）	yiǰo（包括形）
		yiñoǰis（排除形）	yiño(yo)（排除形）
		yinǰo（排除形）	
			yo
2	nəǰo	nəǰoǰis	nəǰoyo
	nəǰi	ǰiǰo	ñiǰo
	nəyo（敬語形）		ño
3	wuyo	wuyoǰis	wuyoñe
	wuǰo	wuǰoǰis	wuǰoyo
			wuǰoñe
	ñiyoñe（敬語形）		ñiyoñe
	mə		məñe(yo)
	wumə		
	məza		

代名詞の使われ方は年齢により大きく異なる。先ず、yo、ño、mə
を単独で用いるのは年配者に限られる。より若い世代でも、中年層
以上では 2 人称に関して nəǰo、ǰiǰo、ñiǰo が、3 人称に関して wuyo、

wuyoȷis、wuȷoñe が選好される。これに対し若年層では 2 人称で nəȷo/
nəȷi、nəȷoȷis、nəȷoyo が、 3 人 称 で wuȷo/wumə、wuȷoȷis、wuȷoyo が
用いられることが多い。双数と複数マーカーが規則的であるからかと思
われる。

　3 人称単数の mə はおそらく WT mi「人」からの借用である（Cf. 林
1993: 178）。これと関連して、wumə は 3s:GEN-mə「その人」のような
語構成を持っており、比較的新しく生成された語彙と考えられる。

3.2.1.1 所有形（1）

　所有形は、tə- または ta- を前接する名詞にあっては、人称代名詞単独
形式の remnant を t- の替わりに前接させる。t- のあとの母音 ə-/a- は保
持される。

tə-mo	「母親」
ṅ-əmo	「私の母」
n-əmo	「あなたのお母さん」
w-əmo	「彼・彼女のお母さん」
y-əmo	「我々のお母さん（包括形・排除形とも）」
ñ-əmo	「あなた方・彼らのお母さん」
čh-əmo~Nȷ-əmo	「我々 2 人のお母さん」
Nȷ-əmo	「あなた方・彼ら（いずれも双数）のお母さん」
ta-ma	「仕事」
ṅ-ama	「私の仕事」
n-ama	「あなたの仕事」
w-ama	「彼・彼女の仕事」
y-ama	「我々の仕事（包括形・排除形とも）」
ñ-ama	「あなた方・彼らの仕事」
čh-ama~Nȷ-ama	「我々 2 人の仕事」
Nȷ-ama	「あなた方・彼ら（いずれも双数）の仕事」

3.2.1 人称代名詞　39

　属格表現に用いられる人称代名詞の remnant は次のようにまとめられる。

1s	ṅ-
1d	čh- または ŋǰ-
1p	y-
2s	n-
2d	ŋǰ-
2p	ñ-<n-（２人称）+y（複数）
3s	w-
3d	ŋǰ-
3p	ñ-

これを人称と数に関して書き直すと、次の通りである。

ṅ-	1s
n-	2s
w-	3s
čh-	d
ŋǰ-	(1d)/2d/3d
y-	p

　莫拉方言の高年齢の話者は双数に関し、1d と 2d/3d を区別するが、若年層では双数は常に ŋǰ- でマークされる。卓克基（チョクツェ）方言では nʤo/nʤe/nʤəs が現れる（林 1993:168-169）。また、3p が 2p と同一形式である理由は不明である。Prins の記述する脚木足（キョムキョ）方言では、2d を (nənɟo)nʤ-、2p を ɲ-、3d を wuɟonʤ-、3p を wuɟiɲ- のように分析的に区別している。

　敬語形式では、２・３人称の数を問わず、ñ- が前接する。

　また、w-əmo のような３人称の w-ə クラスターは、音声的には [wəmo] ではなく、[wumo] となる傾向がある。

40   3.2 代名詞

3.2.1.2 所有形 (2)

tə- または ta- を前接しない名詞にあっては、対応する人称代名詞の第
1音節がフルに現れる。たとえば、

wu-gatsa	「彼の鳥」
yi-khəna	「我々の犬」
nə-ɴbroʔ	「あなたの馬」
ñi-dzərnu	「あなた方のキノコ」

3.2.1.3 所有の強調

所有の観念を特に強調したいとき、あるいは、特定の所有者を明確に
言明したいときは、人称代名詞単独形式を上記の remnant 前接形式の
前に置く。

tə-pɛ	「父親」
ṅa ṅ-əpɛ	「私の父」
na n-əpɛ	「あなたのお父さん」
wuyo w-əpɛ	「彼・彼女のお父さん」
yiǰo y-əpɛ, **yo** y-əpɛ	「我々の父親（包括形・排除形とも）」
ñiǰo y-əpɛ, **yo** y-əpɛ	「あなた方のお父さん」
wuyoñe ñ-əpɛ	「彼らのお父さん」
čhiǰo ɴǰ-əpɛ	「我ら二人のお父さん」
jiǰo ɴǰ-əpɛ	「あなた方二人のお父さん」
wuyoǰis ɴǰ-əpɛ	「彼ら二人のお父さん」

3.2.1.4 属格の表現

属格表現は上記のように（特に人称と関わる場合）所有とパラレルで
あるが、3s の w(ə)- を用いると、日本語の「…の」に当たる、必ずしも「所
有」とは限らない内容を表現でき、むしろ接続助詞として扱う方が適切
な面がある。3.1.1、3.1.5 や 3.8.4.2 と重複するが、たとえば次のよ

3.2.1 人称代名詞　41

うな用法が認められる。

(012)　štə　**w**-ədek
　　　　これ 3s:GEN- 傘
　　　　「この傘」

(013)　ṅa jaroṅ **w**-ərmi　　ṅoṅ {ṅos-ṅ}.
　　　　1s 嘉戎 3s:GEN- 人 LKV-1s
　　　　「私は嘉戎の人（出身）です」

(014)　ṅa slama ka-pa-ṅ　　**w**-əžak　　　ṅos.
　　　　1s 勉強 INF- する -1s 3s:GEN- 時間 LKV
　　　　「私は勉強している最中です」

(015)　wukhoṅ kə-ɴbat　**wu**-tshoɴkhaṅ
　　　　値段　　INF- 安い 3s:GEN- 店
　　　　「値段の安い店」

(016)　yiǰo stoṅsñi khorlo **w**-əto=y　　　kə-čhe　no-ra.
　　　　1p 毎日 車　　3s:GEN- 上 =LOC INF- 行く EVI- 必要がある
　　　　「我々は毎日車で行く必要がある」

(017)　nəǰo thə **w**-əčhes　　gantok　yi-wi-n.
　　　　2s 何 3s:GEN- 故に ガントク DIR- 来る（過去）-2s
　　　　「あなたは何のためにガントクへ来たのですか？」

(018)　tham kə-šə-s　　　**w**-əke=y　　　**w**-əɴkhu=y
　　　　今　 NOM- 知る -PFV 3s:GEN- より =LOC 3s:GEN- 後 =LOC
　　　　ka-šə　　mča.
　　　　NOM- 知る 多い
　　　　「今知っていることより、後で知ることの方が多い」

(019)　sonam kə-naṅa **w**-əku=tə　　　tsheriṅ nə-ṅo.
　　　　ソナム INF- 好き 3s:GEN- おじ =DEF ツェリン EVI-LKV
　　　　「ソナムが好きな叔父はツェリンだ」

3.2.1.5 その他の所有表現

3.2.1.1 に述べた所有表現のほか、名詞または代名詞 -y(i) の形で「…の（もの）」を表すことができる。Prins はこれを free possessive pronouns と定義している（2011:120）。たとえば、ŋa-ŋəje「私のもの」全体を pronoun であると記述している。しかし、この je（＝本稿の表記では -yi）は下記（012a）に示すとおり、WT の場合と同様、本来 LOC マーカーであって、機能的には nominalizer ではあるが、代名詞と解釈すべきか否か微妙である。

(012a) štə   w-ədek꞊tə   ṅa꞊y   ṅos.

これ 3s:GEN- 傘 ꞊DEF 1s꞊LOC/POSS LKV

「この傘は私のです」

3.2.2 指示代名詞

指示代名詞には štə(t)「これ」と wətə「あれ」が区別される。štə(t) は *šətə に来源を持ち、*šə は「近い」の意。両方の代名詞に共通する -tə は不定指示代名詞である。基本は上記のふたつの区別であるが、そのふたつの間に kətə と nətə がさらに区別されることがある。nətə が「それ」にあたり、kətə は nətə よりも štə にやや近い。ただ、štə(t)・kətə・nətə・wətə がこの順で物理的・心理的な近さ・遠さを示すとは限らないし、この４つをセットとして持たない話し手もいる。

3.2.3 疑問詞

主たる疑問詞は下記の通りである。これらは動詞または助動詞の前に現れる。

sə   「誰」

thə   「何」

kərṭi 「いつ」

kəci 「どこに、どこで」

thəni 「いかにして」

thəste 「いくつ」

kətət 「どちら」

thə w-əčhes 「なぜ、何のために」

例文を挙げておく。

(020) nəǰo **sə** tə-ṅo-n.

2s　誰　2-LKV-2s

「あなたは誰ですか？」

(021) **thə** tə-pa-w.

何　2-する -Non1

「あなたは何をしますか？」

(022) wuǰo ṅa ṅ-əǰim　ᴺguːy **kərṭi** we.

3s　1s　1s:GEN-家 中 ꞊LOC いつ　来る

「彼は私の家にいつ来ますか？」

(023) wuǰo **kəci** yi-thal.

3s　どこに DIR- 行く（過去）

「彼はどこに行ったのですか？」

(024) wukhoṅ **thəste** ṅos.

値段　　いくつ LKV

「いくらですか？」

(025) ᴺdzok kə-sna꞊tə　**kətət** nə-ṅos.

COMP　INF- 良い ꞊DEF どちら EVI-LKV

「良いのはどちらですか？」

3.3 形容詞

3.3.1 形容詞の標識

形容詞は状態動詞と同様 kə- によってマークされる。kə-mbro「高い」、kə-mo「空の」、kə-čhem「細かい」、kə-ktsi「小さい」、kə-pram「白い」など。ただし、チベット語からの借用語に kə- は接頭しない。たとえば、lǰaṅku「緑の」、sarpa「新しい」には kə- は不要であるが、数詞（3.6）には kə- が接頭する。また、中国語からの借用語には、kə-hao「良い」のように、kə- が接頭することがある。

kə- と形容詞語幹の間に接辞が挿入されることがある。たとえば、kə-sə-mo「悪意ある」、kə-mə-štak「冷たい」、kə-mə-skru?「妊娠している」のように。これらの接辞の振る舞いは動詞句内でのそれと同様である。

3.3.2 語幹の反復

形容詞語幹の反復は一般に「非常に」の意を表す。kə-kte「大きい」に対して kə-**kte-kte**「大変大きい」、kə-pram「白い」に対して kə-**pra-pram**「真っ白な」、kə-mə-štak「寒い」に対して kə-**mə-šta-štak**「大変寒い」のように。語幹が子音で終わる場合は、重ねられる語幹の第 1 要素の末子音は脱落する。

3.3.3 比較級と最上級

ɴdzok と stəṅ は kə- 語幹の前に置かれ、それぞれ比較級と最上級を表す。kə-skren「長い」、ɴdzok kə-skren「より長い」、stəṅ kə-skren「最

も長い」のように。

（026）kaɴčheɴdzuṅa　　məru　mačheɴpomra　kətət　no-ɴbro.
　　　　カンチェンジュンガ　または　マチェンポムラ　どちら　EVI- 高い
　　　　「カンチェンジュンガとマチェンポムラはどちらが高いですか？」
（026a）kaɴčheɴdzuṅa　　　ɴdzok　kə-ɴbro.
　　　　カンチェンジュンガ　COMP　ABT- 高い
　　　　「カンチェンジュンガがより高いです。」

3.3.4 修飾

　形容詞が名詞を修飾するときは、形容詞は名詞の後に置かれる。
metok kə-wərne ｛花 赤い｝「赤い花」のように。

3.3.5 複合形容詞

　複合形容詞は、名詞句＋形容詞語幹または不定形、または、動詞不定
形＋形容詞不定形、の語構成をとる。たとえば、təwoʔ kə-mo「おなか
がすいている」は təwoʔ「腹」と kə-mo「空っぽである」からなる。

wusne kte	「度量」＋「大きい」	→「剛胆な」
wukhoṅ kte	「値段」＋「大きい」	→「値段が高い」
tərna bakčak	「耳」＋「ゴチャゴチャした」	→「うるさい」
semčhak kte	「欲」＋「大きい」	→「嫉妬深い」
wuri kə-mnam	「臭い」＋「臭う」	→「臭いがする」
wuskuʔ kə-thaṅ	「身体」＋「しっかりした」	→「元気である」
wure kə-ɴbat	「距離」＋「易しい」	→「近い」
wure kə-skren	「距離」＋「長い」	→「遠い」
wusem kə-tsi	「心」＋「小さい」	→「気が小さい」
wusem kə-sdək	「心」＋「寂しい」	→「悲しい」

46 3.3 形容詞

ka-pa kə-ɴbat	「すること」 ＋ 「易しい」 → 「便利な」
ka-mot kə-ɴbat	「飲むこと」 ＋ 「易しい」 → 「飲みやすい」
ka-mot kə-sakhæ	「飲むこと」 ＋ 「困難である」 → 「飲みにくい」
ka-čis kə-khut	「言うこと」 ＋ 「よろしい」 → 「従順である」

3.3.6 述語としての形容詞

形容詞が述語である場合、その用法は基本的に動詞と同じである。

(027)　ńa ń-ərtshot　kətsitsi nə-ńanak.

　　　　1s　1s:GEN- 時計 少し　　EVI- 速い

　　　　「私の時計は少し進んでいる（ようだ）」

人称と数に関しても動詞同様に振る舞う。

kə-mšor	「美しい」（不定形）
ńa mšońr {Ø-mšor-ń}	「私は美しい」
nəǰo təmšor {tə-mšor-Ø}	「あなたは美しい」
ǰiǰo təmšorɴč {tə-mšor-ɴč}	「あなた方二人は美しい」

3.4 動詞と動詞句

　Wolfenden 以来嘉戎語に注目が集まったのは、この言語が持つ複雑な動詞構造にあったと言って過言でない。これがチベット・ビルマ祖語の形態統辞法を反映するものか、あるいは後代の発展形であるのかはしばらく措くとして、この言語がチベット・ビルマ諸言語の中で持つ繋聯性を遺憾なく表現している点で魅力ある記述対象である。小稿では動詞句の一般構造とそれぞれの構成要素を詳しく記述する。

　嘉戎語の文は単文または複文である。単文は１つの動詞句（VP）を含み、その VP は必然的に VPfinal である。複文は幾つかの VPnon-final と１つの VPfinal を含む。一般的にその構造は次のように記述できる。

(028)　[（名詞句）+VPnon-final]^n（助詞）[（名詞句）+VPfinal]（判定詞または助動詞）。但し、n は 0 または 1 または 2。また、VPnon-final は kə/ka- 語幹。

VPnon-final は不定形であり、動作を表す動詞（動態動詞）語幹には ka- が、それ以外（多くは状態動詞）の語幹には kə- が前接する。

　なお、動詞は名詞から派生させることができる。たとえば、3.3.1 に挙げた kə-mə-skruʔ「妊娠している」は、təskruʔ「身体」の名詞を示す前接辞 tə- を状態動詞を表す前接辞 kə- に差し替え、それと語幹の間に意志統御不能を示す mə- を挿入した形である。

　また、生産的に働く接辞を組み合わせ、動詞から動詞を派生させることもできる。たとえば、

kə-zdar「怖い」（状態動詞）

ka-zdar「恐れる」（動態動詞）

ka-sə-zdar「誰かをして恐れさせる」

kə-nə-scar「誰かを脅かす」、のように。

48   3.4 動詞と動詞句

名詞について「…する」の意を表す補助動詞に ka-pa、ka-lat、kə-ta
の３種がある。たとえば、

tshoṅ **ka-pa**	「商売をする」
thu **ka-pa**	「呪いを掛ける」
tama **ka-pa**	「仕事をする」
gomba **ka-pa**	「寺を建てる」
teṅhwa **ka-lat**	「電話する」
kəkor **kə-ta**	「助ける」

3.4.1 文と動詞句

以下の記述は主として単文と VPfinal の形態構造を扱う。VPfinal は
次のような一般構造を持ち、これが１語をなす。

(029)　VPfinal → P1-P2-P3-P4-P5- 語幹 -(s)-S1

P1 は「ムード」標識であり、事態や相手に対する話し手の態度や判
断を導く形式である。疑問（3.8.3 参照）、命令（3.4.3.1 方向接辞【非過去】
参照）、禁止（3.4.2.2 及び 3.8.2 参照）、否定（3.4.2.1 及び 3.4.2.2 参照）、
仮定（3.9.8 参照）、希求（3.4.2.6、4.3.2、4.5.1 参照）などが含まれる。

P2 は「テンス・アスペクト標識」であり、事態の時を、発話時を基
準として規定するという意味での Past/Non-Past の区別と、動詞の表す
動きの諸様相を指定する。Past/Non-Past の区別には方向接辞が重要な
役割を担う（3.4.3 参照）。なお、方向接辞は記述的にはテンス標識であ
るが、歴史的には本来アスペクト標識であったと思われ、たとえば例文
(450) に見られるように、「明日雨が降ったとしても」という未来の事
象に対して過去を示す方向接辞 no- が現れる。このような場合には、語
釈上 PFV と解釈する。

アスペクトに関しては現在の未完了、過去の進行、過去の未完了など
を示す（3.4.3.2 参照）。

P3 は「エビデンシャル」標識で、嘉戎語が鋭敏な情報の直接性・間接性や発話内容の意外性（mirativity）などはここで表現される（3.4.4参照）。

P4 は人称接辞で、S1 とペアをなす。動作者、被動作者、ゴール、経験者、受益者などの一致（agreement）を指定する（3.4.5 参照）。

P5 は動作の様態を示す副詞的標識で、様態を指定する他に動詞化や他動詞化の手続きを含む。ヴォイス（voice）に関わる（3.4.6 参照）。

(s) は動詞語幹につく単一の派生的接尾辞で、過程動詞（process verb: Cf. チェイフ 1974:102-4）にのみ現れ、かつ、完了標識である。

語幹は単一の形式である。林（2000）と Prins（2011）では過去・非過去が異なる語幹形式（異なる母音や？の有無）として現れるとしているが、その差違を予測或いは記述できる規則性は見いだせない。林（1993）はそれを記述していないし、莫拉方言でもその区別はなく、現在の協力者はそれらの例は同一の形式だと言う。筆者のデータから強いて挙げるとすれば、「借りる」の Non-Past は ka-rṅa であるのに対し、Past は ka-rṅe である。また、「来る」の Non-Past は kə-we であるのに対し、Past は kə-wi となる、といった例がある。しかし、この語幹の母音を説明できる規則性は他の動詞に関してはないし、林と Prins の挙げる例にもあてはまらない。

なお、thal「行く」、pi「着く」のように、過去時制にのみ現れる語幹形式があり、これは一種の suppletion と見なすべきかと思われる。「行く」の意で時制にかかわらず出現しうる語幹は čhe であり、「着く」の意で Non-Past に出現する語幹は məNdə である。

これら P1 から (s) に至る接辞の出現順は規則的である。

このように嘉戎語の動詞句は複雑な形を示すが、最も単純な VPfinal は ṅa tama pa-ṅ.（1s 仕事 する -1s）「私は仕事をします」のように VPfinal → Ø-Ø-Ø-Ø-Ø- 語幹 -S1 の形を取るものである。

接頭辞の順序の規則性を成り立たせているのはそれら接頭辞の意味的機能とクラスである。それらは次のようにまとめられる。

形態的要素	機能	意味のクラス
P1	話し手の判断	疑問、否定など
P2	テンス	Past/Non-Past
	アスペクト	動きの様相
	動作の方向	場所
P3	直接か間接か	認識の直接性
	発話への再認識	
P4	誰が誰（何）に	人称
P5	動作の様態	副詞的、Voice

　この並び方の観察から、語幹から離れるほどその意味は抽象的であり、逆に近いほど具体的と言えよう。

3.4.1.1 絶対時制

　前節のような仕組みで説明できない時間にかかる事象として「絶対時制」があり、形式としては動詞不定詞が用いられる。基本的には普遍的な事実を述べる場合に用いられる。

(030)　ɬasa=stas gyaNtse　　w-əčep　　　　ṭəla mə-kə-skren.
　　　　ラサ =ABL ギャンツェ 3s:GEN- まで　道　Q-ABT- 遠い
　　　　「ラサからギャンツェまで遠いですか？」

また、日常的・規則的になっている習慣を述べる場合にも使われる。

(031)　šuǰe tərtshot thəste ka-we.
　　　　今　時計　幾つ　ABT- 来る
　　　　「今何時ですか？」

3.4.2 P1：ムード標識

　P1 ムード標識には、疑問標識、否定標識、禁止標識、条件標識、命

令標識、Irrealis（=IRR: 現実にはそうなっていない状況を示す）標識、が含まれる。

3.4.2.1　否定の標識

否定の助詞として3種を区別する。**ma-** は非過去の否定、**ǰa-** と **ǰi-** は過去の否定に用いられる。**ǰa-** と **ǰi** の出現分布は主動詞の volitionality と関連があり、意志性が強いほど **ǰa-** の出現率が高い。禁止には常に **ǰi-** が現れ、また、否定の希求には常に **ʔa-ǰi-** が使われる。

(032)　wuǰo tsay to-ki-w=ren,　　məza　　tshoɴkhaṅ **ma-**čhe.
　　　　3s　野菜 PST- 買う -3= ので 3s（女性）店　　　　NEG- 行く
　　　　「彼が野菜を買ったので、彼女は店に行かない」

(033)　wuǰo tsay to-ki-w=ren　　　məza　　tshoɴkhaṅ **ǰa-**čhe.
　　　　3s　野菜 PST- 買う -3= ので 3s（女性）店　　　　NEG- 行く
　　　　「彼が野菜を買ったので、彼女は店に行かなかった」

(034)　štə　thə kə-ṅos　kə-mak　　**ǰi-**čis.
　　　　これ 何　NOM-LKV NOM-LKVneg NEG- 言う
　　　　「これが何であるのかないのか言わなかった」

(035)　sce　**ǰi-**ro-n.
　　　　ここ NEG 来る -2s
　　　　「ここに来るな！」

(036)　təmu **ʔa-ǰi-**lat.
　　　　雨　　IRR-NEG- 降る
　　　　「雨が降らないように」

以上が概略であるが、これは比較的最近の innovation を経た姿であり、従前のモノグラフには見られなかった形式である。その点を考慮しつつ、詳述しよう。

従前のモノグラフでは、否定は一貫して助辞 **ma-** により示される。たとえば、卓克基（チョクツェ）方言の包括的文法を著した林 (1993)

52   3.4　動詞と動詞句

は「嘉戎語においては否定の副詞が主として動詞または形容詞を修飾し、否定または禁止を表す」と述べている。林が記述する副詞とは ma(mɐ) 及び mə で、前者が「…しない意志」を示すのに対し、後者は「まだ…し終わっていない」ことと禁止を表す。林の示す例を挙げよう（林 1993: 312–313）。

ŋa ma ki-ŋ.	私は買わない。
mə mɐ zə-u.	彼は食べない。
no mɐ tə-pə-u.	あなたは（それを）しない。
ta-pu mɐ mʃor.	その子はかわいくない。
ŋa mə pɐŋ.	私はそれをし終わっていない。
wəjo mə za-u.	彼はまだ食べていない。
ŋa mə to-m.	私は彼を殴ってはいない。
ŋa mə mʃor.	私は美しくなかった。
no mə tə-zə-u.	食べるな。
no mə tə-lɐt.	打つな。

　1985 年に亡くなった、長野（1984）までの協力者は同じ卓克基方言の話し手で、林（1993）と矛盾しないシステムをもっていた。Nagano（2003）に書いた通り、「否定は常に ma- によって表され、VPfinal、VPnon-final または助動詞の直前に置かれる」のである。このことは林（1993）及び Nagano（2003）以前に他の方言を記述したモノグラフにも共通していた。ところが、1985 年以降現地調査が可能になると、より若い世代では ma- 以外に、ʝa- と ʝi- という異なる否定辞が併存することが明らかになった。最も新しいまとまったモノグラフである Prins（2011）が記述した脚木足（キョムキョ）方言においても、ma-、mə-、ʝi- が挙げられている。

　では、**ma-**、**ʝa-**、**ʝi-** はどのように生起し、どのような分布を示すのか？その生起の仕方を整理し、ある程度の分布の条件の見通しを示すことと

3.4.2 P1：ムード標識　53

したい。一般的傾向として、**ja-** と **ji-** は過去／完了とともに現れ、**ma-**
は非過去／未完了と共起する。

3.4.2.1.1　自動詞構文における否定

次の例が **ja-/ji-** と **ma-** の典型的なコントラストを示すように思われる。

(033)　wuǰo tsay to-ki-w=ren　　　məza　　tshoɴkhaṅ **ja**-čhe.
　　　　3s　野菜 PST- 買う -3= ので 3s（女性）店　　　　NEG- 行く
　　　　「彼が野菜を買ったので、彼女は店に行かなかった」

(032)　wuǰo tsay to-ki-w=ren,　　　məza　　tshoɴkhaṅ **ma**-čhe.
　　　　3s　野菜 PST- 買う -3= ので 3s（女性）店　　　　NEG- 行く
　　　　「彼が野菜を買ったので、彼女は店に行かない」

(033) では **ja-** が、(032) では **ma-** が現れ、過去・非過去の区別を示
している。**ja-**čhe を **ji-**čhe とすることは文法的に可能であるが、その場
合は「彼が野菜を買ったことが彼女をして強制的に店に行かしめない」
特殊な環境なり条件があるときに限られる。

次の 3 文も対照をよく示している。

(037)　wuǰo w-ərjap　　nə-sar　　w-əɴkhu=y,　　maǰumaǰu čhɐ
　　　　3s　　3s:GEN- 嫁 PST- 引く 3s:GEN- 後 =LOC しばしば　酒
　　　　sɐmuy {sɐ-mot=y} **ja**-čhe.
　　　　場所 - 飲む =LOC　　NEG- 行く
　　　　「彼は結婚してからというもの、しばしば酒場へ行くことはな
　　　　かった」

(038)　wuǰo wərjap　　nə-sar　　w-əɴkhu=y,　　čhɐ sɐmuy {sɐ-mot=y}
　　　　3s　　3s:GEN- 嫁 PST- 引く 3s:GEN- 後 =LOC 酒　　場所 - 飲む =LOC
　　　　ja-to-čhe.
　　　　NEG-PST- 行く
　　　　「彼は結婚して以来、決して酒場へ行かなかった（酒場へ行く
　　　　習慣を止めた）」

54   3.4 動詞と動詞句

(039)   wuǰo w-ərjap   nə-sar   w-əɴkhu=y,   čhɐ sɐmuy {sɐ-mot=y}
        3s   3s:GEN-嫁 PST-引く 3s:GEN-後=LOC 酒 場所-飲む=LOC

        ma-na-čhe.
        NEG-PROG-行く

        「彼は結婚した後、酒場へ行っていなかった（習慣として）」

ǰa-/ǰi-/ma- の区別という点では (032) (033) の区別と大差はない。
(037) は「足繁く酒場へ行くことは控えた」ことを示し、(038) は「酒
場へ行く習慣そのものを放擲した」のである。(038) **ǰa-to-čhe** の -to- は
方向接辞で、本来「上へ」を表す。英語の to finish up や to eat up の
ように「…し終える、…し切る」ことを示す up に平行する表現で、こ
の場合「酒場へ行くのをキッパリと止めた」の意と思われる。3 例とも
彼の意志に基づく行為であるから、**ji-** は現れない。

(040)   wuǰo kuru?   ziṅkey {ziṅkam=y} ǰikthal {**ǰa**-yi-kə-thal}=tə
        3s   チベット 地域=LOC   NEG-DIR-3s-行く(過去)=DEF

        thakčhot nə-ṅo.
        確か   EVI-LKV

        「彼がチベットに行かなかったことは確かだ」

この例文では表層形式として ji- が出現しているように見えるが、この
基底形は {ji-kə-thal} ではなく、{**ǰa**-yi-kə-thal} と考えるべきである。な
ぜならば、動詞 thal は通常一般的な移動を表す方向接辞 yi- を要求する
からである。kə- は 3 人称接辞であるがオプションであり、yi-thal も文
法的である。

(041)   wuǰo w-əmñak **ja**-mǰup   w-əčhes,   təmño no-pa-w.
        3s   3s:GEN-眼 NEG-閉じる 3s:GEN-せいで ショー PST-見る-3

        「彼は眠れなかったので、そのショーをみた」

3.4.2 P1：ムード標識　55

(042)　wuǰo w-əmñak **ma**-mǰup　　w-əčhes,　　　təmño pa-w.

　　　3s　 3s:GEN- 眼 NEG- 閉じる 3s:GEN- せいで ショー　見る -3

　　　「彼は眠れないので、そのショーをみるだろう」

　(tə-) mñak mǰup「眠る」は「眼 - 閉じる」という語構成なので、上
の文ともに見かけ上他動詞構文のように見える。しかし、(tə-) mñak
mǰup は一体として自動詞として振る舞う。「眼を閉じる」という他動詞
としての意味を表現する時は mǰup の前に CAUS マーカーをおかなけれ
ばならない。

　下の例は自然現象の否定に **ji**- が現れる例である。

(043)　wuǰoyo təmñama wastot ǰupa {ǰa-wu-pa} nə-mak.

　　　3p　　　耕作　　　よく　　NEG-3p>3- する　　EVI-LKVneg

　　　pewa təmu kəmča **ji**-lat.

　　　今年　雨　　沢山　　NEG- 降る

　　　「彼らがよく農作業をしなかったのではない。今年は雨がたく
　　　さん降らなかったのだ」

3.4.2.1.2 他動詞構文における否定

　基本的には ǰa-/ji-/ma- の区別は自動詞構文と同様である。その例と
して下記の 3 グループを挙げる。

(044)　wuǰo tama ko-pa= či,　　čhiṭe **ǰa**-lat.

　　　3s　 仕事　PST- する = 時 車　　NEG- 打つ

　　　「仕事をしていた時、彼は車を運転しなかった」

(044a)　wuǰo tama pa-w=či,　　čhiṭe **ma**-lat.

　　　3s　　仕事　する -3= 時 車　　NEG- 打つ

　　　「仕事をする時、彼は車を運転しない」

(044b)　wuǰo tama pa-w=či,　　čhiṭe **ma**-nə-lat.

　　　3s　　仕事　する -3= 時 車　　NEG-PROG- 打つ

　　　「仕事をする時、（通常）彼は車を運転していない」

56　3.4　動詞と動詞句

(045)　wuǰo tama ǰa-pa-w꞊ren,　　wuŋgra
　　　　3s　　仕事　NEG-する-3꞊ので　賃金

　　　　munadət {**ma**-wu-na-dət}.
　　　　NEG-3p>3-PROG-渡す
　　　　「彼は仕事をしなかったので、（彼らは）彼に給料を支払って
　　　　いなかった」

(045a)　wuǰo tama ǰa-pa-w꞊ren,　　wuŋgra mudət {**ma**-wu-dət}.
　　　　3s　　仕事　NEG-する-3꞊ので　賃金　　NEG-3p>3-渡す
　　　　「彼は働かなかったので、（彼らは）彼に給料を支払わないだろう」

(045b)　wuǰo tama ǰa-pa-w꞊ren,　　wuŋgra judət {**ǰa**-wu-dət}.
　　　　3s　　仕事　NEG-する-3꞊ので　賃金　　NEG-3p>3-渡す
　　　　「彼は働かなかったので、（彼らは）彼に給料を支払わなかった」

(045c)　wuǰo tama ma-pa-w꞊ren,　　wuŋgra mudət {**ma**-wu-dət}.
　　　　3s　　仕事　NEG-する-3꞊ので　賃金　　NEG-3p>3-払う
　　　　「彼は働かないので、（彼らは）彼に給料を支払わないだろう」

(046)　wuǰoyo štə　w-əǰim　　nuŋphar {no-wu-ŋphar}
　　　　3p　　　これ　3s:GEN-家　PST-3-売る

　　　　ju-ŋphar {**ǰa**-wu-ŋphar}　　nutho? {nə-wu-tho?}.
　　　　NEG-3-売る　　　　　　　　PST-3-尋ねる
　　　　「彼らはこの家を売ったのか売らなかったのか尋ねた」

(046a)　wuǰoyo štə　w-əǰim　　ka-ŋphar **ma**-ŋphar nutho? {nə-wu-tho?}.
　　　　3p　　　これ　3s:GEN-家　INF-売る　NEG-売る　PST-3-尋ねる
　　　　「彼らはこの家を売るのか売らないのか尋ねた」

　これらの例における **ja**-/**ma**- の分布は単純であって、インフォーマン
トはこれらのいずれにも **ji**- の出現を認めなかった。しかしながら、動
詞によっては下記のようなバリエーションがありうる。

(047)　wuǰo gyagar꞊y　no-we　no-ṅo꞊y,　ṅa ǰa-mto-ṅ.
　　　　3s　　インド꞊LOC PST-来る EVI-LKV꞊LOC 1s　NEG-会う-1s

「既に彼はインドに着いているのに、私は彼に会っていない」

(047a) wuǰo gyagar=y   no-we   no-ṅo=y,   ṅa **ma**-wardo-ṅ.

　　　3s　　インド =LOC PST- 来る EVI-LKV=LOC 1s　NEG- 会う -1s

　　　「既に彼がインドに着いていても、私は会わない」

発話協力者によれば、(047a) で **ma**-wardo-ṅ でなく、**ma**-mto-ṅ にすることは理論的には可能だが、意図的に「会う」ことを示すのに mto は不適切である。また、(047) における **ǰa**- に替えて、**ǰi**- を置くことは可能である。たとえば、

(048)　wuǰo w-əǰim　　Ngu=y ma-kə-ñi　　**ǰi**-mto-ṅ.

　　　3s　　3s:GEN- 家 中 =LOC NEG-INF- 居る NEG- 見る -1s

　　　「私は彼が家にいないのを見たことがない」

(049)　štə　w-ərmi　　kəci no-ṅo=y　　**ǰi**-mto-ṅ.

　　　これ 3s:GEN- 人 どこ EVI-LKV=LOC NEG- 見る -1s

　　　「私はこの人をどこでも見かけなかった」

(050)　məza thə-ke=tsə　**ǰa**-mto-w.

　　　彼女　何 -1 つ = も　NEG- 見る -3

　　　「彼女は何ひとつとして見なかった」

(047)～(050) を対比して見ると、ǰa- と ǰi- の分布のありようには volitionality が関係していると思われる。では、より判断性・感覚性の高い動詞ではどのようになるのだろうか？

(051)　wuǰo sə w-əǰim　　Ngu=y no-ñi-s　　　　jikšəṅ {**ǰi**-kə-šə-ṅ}.

　　　3s　　誰 3s:GEN- 家 中 =LOC PST-滞在する-PFV NEG-1- 知る -1s

　　　「彼が誰の家に泊まったのか私は知らなかった」

(051a)　wuǰo sə w-əǰim　　Ngu=y kə-ñi-tə　　　makšəṅ {**ma**-kə-šə-ṅ}.

　　　3s　　誰 3s:GEN-家 中=LOC INF-滞在する=DEF NEG-1- 知る -1s

　　　「彼が誰の家に泊まるのか私は知らない」

58   3.4 動詞と動詞句

(052)   wu-toɴdak   mə-nə-(tə-)šə-w?
         3s:GEN- 意味(<WT) Q-PST-(2-) 知る -2s>3
         「その意味が分かりましたか？」

(052a) ǰikšəṅ {ǰi-kə-šə-ṅ}.
         NEG-1- 知る -1s
         「分かりませんでした」

(053)   wuǰo kupa w-əskat   ma-šə-w=tə   ṅa ǰikšəṅ {ǰi-kə-šə-ṅ}.
         3s   中国 3s:GEN- 言語 NEG- 知る -3=DEF 1s NEG-1- 知る -1s
         「彼が中国語を知らないことを私は知らなかった」

šə「知る」という動詞は完了では基本的に ǰi- を要求する。この動詞は他動詞ではあるが、代名詞化パタンから判断すると、(052a) のみが他動詞構文で、他は自動詞パタンである。čis「言う」という動詞もまた完了において ǰi- をとる動詞である。たとえば、

(054)   wuǰoyo kupa=y   kə-čhe-ñ   kə-ṅos   kə-mak ǰi-čis.
         3p   中国 =LOC 3- 行く -3p   NOM-LKV NOM-LKV NEG- 言う
         「彼らは中国へ行くのか否かを言わなかった」

(054a) wuǰoyo kupa=y   kə-čhe-ñ   kə-ṅos   kə-mak ma-čis.
         3p   中国 =LOC 3- 行く -3p   NOM-LKV NOM-LKV NEG- 言う
         「彼らは中国へ行くのか否かを言わないだろう」

(055)   wuǰoyo štə thə kə-ṅos   kə-mak   ǰi-čis.
         3p   これ 何 NOM-LKV NOM-LKVneg NEG- 言う
         「これが何であるのか何でないのかを彼らは言わなかった」

(055a) wuǰoyo štə thə kə-ṅos   kə-mak   ma-nə-čis.
         3p   これ 何 NOM-LKV NOM-LKVneg NEG-DIF- 言う
         「これは何であるのかを彼らは言わないだろう」

次の３グループの例文は ǰa-/ǰi-/ma- の対比をよく示しているとおもわれる。

3.4.2 P1：ムード標識　59

(056) wuǰo sce ma-we=tə ǰi-səso-ṅ.

3s　ここ NEG- 来る =DEF NEG- 覚える -1s

「私は彼がここに来ないとは思わなかった」

(056a) wuǰo sce ma-we=tə ma-nɐ-səso-ṅ.

3s　ここ NEG- 来る =DEF NEG-EST- 覚える -1s

「私は彼がここに来ないとは思わない」

(057) wuǰoyo kor mupay {ma-wu-pa-y} ǰi-səso-ṅ.

3p　助け NEG-3>1- する -1p　NEG- 思う -1s

「私は彼らが我々を助けてくれないとは思わなかった」

(057a) wuǰoyo kor mupay {ma-wu-pa-y} ma-nɐ-səso-ṅ.

3p　助け NEG-3>1- する -1p　NEG-EST 思う -1s

「私は彼らが我々を助けてくれないとは思わない」

(058) štə w-əma kə-ra kə-mak=tə ǰa-səso-w.

これ 3s:GEN- 仕事 INF- 必要だ INF-LKV=DEF NEG- 思う -3

「彼はこの仕事が重要でないと思っていなかった」

(058a) štə w-əma kə-ra kə-mak=tə ma-nɐ-səso-w.

これ 3s:GEN- 仕事 INF- 必要だ INF-LKV=DEF NEG-EST- 思う -3

「彼はこの仕事が重要でないと思っていない」

(059) wuǰo w-ərjap kə-sar ǰi-səso nə-ṅo=y,

3s　3s:GEN- 嫁 INF- 引く NEG- 考える EVI-LKV=LOC

wu-pɐma-ǰis wu-sə-sar nə-ṅo.

3s:GEN- 両親 -d 3p>3-CAUS- 引く EVI-LKV

「彼が結婚を考えなかったとしても、両親が結婚させるだろう」

(059a) wuǰo w-ərjap kə-sar ǰa-nɐ-səso nə-ṅo=y,

3s　3s:GEN- 嫁 INF- 引く NEG-EST- 考える EVI-LKV=LOC

wu-pɐma-ǰis wu-sə-sar nə-ṅo.

彼の - 両親 -d 3p>3-CAUS- 引く EVI-LKV

「彼が結婚を望まなかったとしても、両親が結婚させるだろう」

60　3.4　動詞と動詞句

(059b) wuǰo　w-ərjap　kə-sar　**ma-nɐ-səso**　nə-ṅo꞊y,

　　　3s　3s:GEN- 嫁　INF- 引く　NEG-EST- 考える　EVI-LKV꞊LOC

　　　wu-pɐma-ǰis　wu-sə-sar　　nə-ṅo.

　　　彼の - 両親 -d　3p>3-CAUS- 引く　EVI-LKV

　　　「彼が結婚を望まないとしても、両親が結婚させるだろう」

同一の語幹 səso- に対し、ǰi- と ǰa- いずれもが生起している。səso- は volitionality に関して幾つかのグレードを含む動詞であり、「記憶している」＞「考える」＞「見なす」＞「夢見る」＞「望む」をカバーする。上の例から判断すると、volitionality の低い「記憶している」に近ければ ǰi- が、「望む」に意味的に近ければ ǰa- が現れる傾向がある。(059)(059a) を比較すると、この対比が明確になる。(056)〜(056b) の語幹に EST マーカー nɐ- があるものとないものが観察されるが、これも volitionality の強さと関連があると思われる。また、代名詞化にかかる接辞のパタンは、(058a)〜(059b) の 5 文のみ他動詞型で、(056)〜(056a) は自動詞型である。

3.4.2.1.3　形容詞の否定

(060)　tham žimpa-yo ñi-loto **ǰa-sna.**

　　　　今　　農民 -p　　3p- 生産　NEG- 良い

　　　　「このところ農民の生産はよくなかった」

(060a)　tham žimpa-yo ñi-loto **ma-nə-sna.**

　　　　今　　農民 -p　　3p- 生産　NEG-DIF- 良い

　　　　「このところ農民の生産はよくない」

(061)　yiño tama **ǰi**kskoy {ǰi-kə-skos-y}꞊tə žuṅ꞊kə　yiṭhul nə-pa-w.

　　　　1p　仕事　NEG-1- 勤勉だ -1p꞊DEF　　政府 ꞊ERG 罰　　PST- する -3s

　　　　「我々の仕事が勤勉でなかったことに政府が罰を与えた」

(061a)　yiño tama **ma**kskoy {ma-kə-skos-y}꞊tə žuṅ꞊kə　yiṭhul pa-w.

　　　　1p　仕事　NEG-1- 勤勉だ -1p꞊DEF　　政府 ꞊ERG 罰する -3s

　　　　「我々の仕事が勤勉でないことに政府が罰を与えるであろう」

3.4.2 P1：ムード標識　61

　今のところ、形容詞の過去の否定において **ja-** および **ji-** との共起関係に関して明快な分析は示しがたい。

3.4.2.1.4 **ja-** と **ji-** の出現分布

　(059) 以下の例から、動詞の volitionality が **ja-** と **ji-** の出現分布を決定する要因であることが分かる。下記の例文がその明確な証左である。

(062)　wuǰo ka-we 　makčha {ma-kə-čha} mak.　　ma-we 　no-ṅos.
　　　 3s　 INF- 来る NEG-3- できる　　　　　 LKVneg　 NEG- 来る EVI-LKV
　　　「彼は来られないのではない。来ないのだ」

(063)　wuǰo ka-we 　ǰikčha {ǰi-kə-čha} nə-mak.　ǰa-we 　　no-ṅos.
　　　 3s　 INF- 来る NEG-3- できる　　　　 EVI-LKVneg　NEG- 来る EVI-LKV
　　　「彼は来られなかったのではない。(意図して)来なかったのだ」

(064)　wuǰo ǰi-we 　　nə-mak. ǰa-we 　no-ṅos.
　　　 3s　 NEG- 来る EVI-LKV　NEG- 来る EVI-LKV
　　　「彼は (単に) 来なかったのではない。(意図的に) 来なかったのだ」

　ji- と **ja-** は専ら過去／完了の否定に用いられるため、(063)(064) 中で「来る」の語幹は wi でなくてもよい。

　以下の 2 例も同様の対比を示す。

(065)　wuǰo khri=zə 　kə-mak 　ǰi-Ndza-w.
　　　 3s　 米 = より 　NOM-LKV NEG- 食べる -Non1
　　　「彼は米飯でないものは食べなかった」

(066)　wuǰo khri=zə 　kə-mak 　ǰa-Ndza-w.
　　　 3s　 米 = より 　NOM-LKV NEG- 食べる -3
　　　「彼は米飯でないものは (意図的に) 食べなかった」

　(065) は彼の意志または好き嫌いによって食べなかったのであるのに対し、(066) は何らかの理由・事情により意図的に食べなかったのである。

　以上の論点をまとめれば、次のようになる。

　① 　嘉戎語莫拉方言には **ja-**/**ji-**/**ma-** 3 種の否定辞がある。

62 3.4 動詞と動詞句

② **ma-** は非過去 / 未完了の否定、**ǰa-/ǰi-** は過去 / 完了の否定に用いられる。林 (1993) の言う mə- が ǰa- と ǰi- に相当する。

③ **ǰa-** と **ǰi-** の出現分布は主動詞の volitionality と関連があり、その度合いが強いほど、**ǰa-** の出現率が高い。

④ 禁止には常に ǰi- が用いられる。

⑤ 否定の希求には常に、IRR マークの **ʔa-** を接頭した形、**ʔa-ǰi-** が用いられる。

3.4.2.1.5 ǰa- と ǰi- の来源

Wolfenden 以来、従前のモノグラフには **ǰa-/ǰi-** に関する記述はない。にもかかわらず、発話協力者の両親の世代（現在 70 歳台半ば）ではこの接辞を頻繁に使用するように急速に変化したことから推測すると、

⑴ 規範的な同方言においては否定辞は **ma-** のみであったが、Past 否定辞の口語形式としては **ǰa-/ǰi-** が既に存在していた、

⑵ 否定辞 **ma-** は疑問詞 mə- と紛らわしいため、その cohesion を避けるために別の音形式を採用した、あるいは、

⑶ 林 (1993) の記述では ma- が未完了の否定、mə- が完了の否定を表すが、この区別の混乱を避けるために **ǰa-/ǰi-** を採用した、

という説明ないし解釈が考えられる。やや異なる共時的説明として Prins は、ma- が Non-Past を、ǰi- が Past Perfective を、mə- が禁止をそれぞれ示す、としている（Prins 2011: 485–486）。しかし、その歴史的来源については不明のままである。

TB 諸語における否定辞には mV- と tV- の 2 系統がある。多くの TB 言語ではいずれかの否定辞がドミナントで、他方が remnant として保存されている。嘉戎語にもそれがあって、tV- が何らかの歴史的変遷を経て **ǰa-** という形で具現したことはありうる。鈴木 (2017) はカム・チベット語において否定辞 /ka-/ が疑問語 /ˊka-/「どこ」に由来する可能性を述べているが、否定辞が疑問詞に来源を持つとすれば、嘉戎語の **ǰa-/ǰi-** が WT ci- または ji-「なに、どれ」と関連がありうることも考慮に入れ

3.4.2 P1：ムード標識　63

る必要があろう。しかし、なぜ **ja-/ji-** が Past 或いは Perfective の否定
に用いられるようになったかについては分からない。

　他の TB 言語を見ても、羌語など隣接する言語には **ja-/ji-** が否定辞
として出現する例はないが、ガロ語では ja- が否定辞として機能する。
Burling（1961: 18）にその記述があり、-ja- または -gi-ja- が動詞句内に
接中または接尾して否定を表す。さらに、**ku-ja-** が「未だ…していない」
あるいは単純に過去の否定を表す。特に後者の例はこの否定辞の来源を
考える上で重要であり、嘉戎語の他方言ともども今後精査を期したい。

　もうひとつの問題として、出現の度合いはきわめて低いが、**ja-/ji-/
ma-** 3 種の他に **ʔa-** が否定の助詞として現れる例がある。

(067)　nəjo ʔa-ṅə-nak=tsə　　meNkor mə-Ndə.
　　　　2s　　NEG-IMPS- 急ぐ =と　汽車　　　NonV- 行く
　　　　「あなたは急がないと、汽車が出ます」

これは現代口語チベット語に見られる ˉ'a-yiN「まさか、そんなことは
ないでしょう！」の ˉ'a に酷似しているが、借用は考えにくい。むしろ、
「否定の希求」に IRR マークである ʔa- が現れることとパラレルと見る
べきかと思われる。嘉戎語の他方言に類例はないが、TB 諸語の否定辞
には *mV- と *tV- の 2 系統が存在することを考慮すると、この ʔa- は
*tV-（鈴木 2017 の仮説が検証されれば *kV- も）が何らかの変遷を経た
結果と推量することも可能である。

3.4.2.1.6 助動詞の否定

　ma が Non-Past に、**ja-** および **ji-** が Past に現れることは一般的傾向
として認められるが、前項と同様、過去の否定での助動詞と **ja-** および
ji- との共起関係については明確な分布を示すのは困難である。ただ、
主動詞の意味、他動詞性ないし volitionality と連関していることは窺わ
れる。以下にその用例を挙げておく。

64   3.4 動詞と動詞句

3.4.2.1.6.1 助動詞 ra

助動詞の ra「必要がある」は **ma-**、**ǰa-**、**ǰi-** と共起できる。

(068)   domor   təmu   kəmča   no-lat   w-əčhes,   təmña=y təǰi

        昨年   雨   沢山   PST- 降る 3s:GEN- ので 畑 =LOC   水

        ka-lat   ǰa-ra.

        INF- 打つ NEG-AUX

        「昨年雨がよく降ったので、畑を灌漑する必要がなかった」

(068a) domor təmu kəmča no-lat   w-əčhes,   təmña=y təǰi

        昨年   雨   沢山   PST- 降る 3s:GEN- ので 畑 =LOC   水

        ka-lat   **ma**-ra.

        INF- 打つ NEG-AUX

        「昨年雨がよく降ったので、畑を灌漑する必要がない」

(068b) domor təmu kəmča no-lat   w-əčhes,   təmña=y təǰi

        昨年   雨   沢山   PST- 降る 3s:GEN- ので 畑 =LOC   水

        ka-lat   **ma**-nə-ra.

        INF- 打つ NEG-DIF-AUX

        「昨年雨がよく降ったので、畑を灌漑する必要がない（経験上 そう判断している）」

(069)   žuṅ ñi-ᴎbe=y   thəl kəmča ka-dət   **ǰi**-ra

        政府 3p:GEN- ため =LOC 税   沢山   INF- 与える NEG-AUX

        no-ṅo=y,   wu-ziᴎkam yargyes   kə-kte   to-čhe.

        EVI-LKV=LOC 3s:GEN- 国   発展(<WT) INF- 大きい PST- 行く

        「政府に重税を払う必要がなかったけれども、国は大発展した」

(070)   wuǰoyo ñi-šamdu **ǰi**-ra   no-ṅo=y   tuki {to-wu-ki}.

        3p   3p:GEN- 銃 NEG-AUX EVI-LKV= のに PST-3- 買う

        「彼等は銃を買う必要がないのに、買った」

(068) では **ǰa-** が、(069) では **ǰi-** が現れる。強いて言えば、「灌漑する」

の方が「税を払う」よりもより volitionality が高いと認識されていると
いうことなのかもしれない。(070) は主動詞を欠く構造で、この場合は
ji- の出現率が高い。

3.4.2.1.6.2 助動詞 **čha**

　助動詞 **čha**「…することができる」も **ma-**、**ja-** および **ji-** と共起しうる。
下記の例から見る限り、Past では主動詞が他動詞であれば **ja-**、自動詞
であれば **ji-**、という分布がひとつの解釈として考えられる。

(071)　kuɳṭen　　loto ka-sə-sna　　**ja-čha.**
　　　　コミューン 生産 INF-CAUS- 良い NEG-AUX
　　　　「その集団は生産をよくすることができなかった」

(071a)　kuɳṭen　　loto ka-sə-sna　　**ma-čha.**
　　　　コミューン 生産 INF-CAUS- 良い NEG-AUX
　　　　「その集団は生産をよくすることができないだろう」

(071b)　kuɳṭen　　loto ka-sə-sna　　**ma-nə-čha.**
　　　　コミューン 生産 INF-CAUS- 良い NEG-DIF-AUX
　　　　「その集団は生産をよくすることができない（ことが経験上推
　　　　測される）」

(072)　ṅa loptey {lopṭa=y} ka-čhe　　**ji-čha-ṅ.**
　　　　1s 学校 =LOC　　　　INF- 行く NEG-AUX-1s
　　　　「私は学校へ行くことができなかった」

3.4.2.1.6.3 助動詞 **tso**

　助動詞 **tso**「…する時間がある」は Non-Past では **ma**、Past では **ji-**
が接頭しうる。たとえば、

(073)　ṅa loptey {lopṭa=y} ka-čhe　　**ji-tso-ṅ.**
　　　　1s 学校 =LOC　　　　INF- 行く NEG-AUX-1s
　　　　「私は学校へ行く暇がなかった」

66   3.4 動詞と動詞句

(074)   kə-nəNdza **ma**-tso-ṅ.
         INF- 食べる NEG-AUX-1s
         「私は食べる時間がない」

(075)   kə-nəNdza **ǰi**-tso-ṅ.
         INF- 食べる NEG-AUX-1s
         「私は食べる時間がなかった」

3.4.2.1.6.4 助動詞 yok

助動詞 yok「…してよい」には、ǰa- および ǰi の現れる例はなく、Non-Past の例のみである。

(076)   ṅa təǰim w-əNgu=y   ka-Ngo   mə-yok.
         1s 家   3s:GEN- 中 =LOC INF-(上流へ) 行く Q-AUX
         「家の中に入ってもいいですか？」

(076a) ka-we   **ma**-yok.
        INF- 来る NEG-AUX
        「来るのはだめだ」

3.4.2.1.6.5 助動詞 lo

助動詞 lo「まさに…しようとする」は Non-Past では ma、Past では ǰa- が接頭しうる。ǰi- が接頭する例はない。

(077)   wuǰoǰis ǰim Ngu=y kə-čwat   **ǰa**-lo.
         3d   家   中 =LOC INF- 帰宅する NEG-AUX
         「彼ら 2 人は帰宅しようとしていたのではない」

(077a) wuǰoǰis ǰim Ngu=y kə-čwat   **ma**-lo.
        3d   家   中 =LOC INF- 帰宅する NEG-AUX
        「彼ら 2 人は帰宅しようとしているのではない」

3.4.2.1.6.6 助動詞 rño

助動詞 rño「…したことがある」には ja-/ji-/ma- いずれも接頭しうるが、意味の面で Non-Past の構文をとるのが一般的であり、結果として ma- が圧倒的に多い。

(078) ṅa gyagar=y   ka-če   nə-rño-ṅ   no-ṅo=y,
　　　 1s インド =LOC INF- 行く PST-AUX-1s EVI-LKV=LOC

　　　 nɐčey kəmča ka-ñi   **ma**-rño-ṅ.
　　　 期間　沢山　 INF- 滞在する NEG-AUX-1s

　　　「私はインドへ行ったことがあるが、長く滞在したことはない」

(079) wuǰo kuruʔ   ziṅkay {ziṅkam=y} ka-če   **ma**-rño-w.
　　　 3s 　チベット 地域 =LOC　　　　 INF- 行く NEG-AUX-Non1

　　　「彼はチベットへ行ったことがない」

(078)(079) に対し、

(078a) ṅa gyagar=y ka-če nə-rño-ṅ no-ṅo=y, nɐčey kəmča
　　　　ka-ñi **ji**-rño-ṅ.

(079a) wuǰo kuruʔ zinka=y ka-če **ja**-rño-w.

の 2 文は文法的であるが、「過去のある時点以前に…したことはなかった」の意になる。また、**ji**- と **ja**- の出現は人称の違いであるとインフォーマントは説明するが、平行例は多くない。

3.4.2.2 禁止の標識

禁止は常に **ji**- によって接頭される。**ma**- が出現することはない。

(080) sce   ro-we-n.
　　　 ここ DIR- 来る -2s

　　　「ここへ来い」

(080a) sce   **ji**-we-n.
　　　　ここ NEG- 来る -2s

68   3.4 動詞と動詞句

「ここへ来るな」

(080b)　sce　**ǰi-ɴbi-n.**
　　　　ここ ɴᴇɢ- 来る（ʜᴏɴ）-2s
　　　　「ここへいらっしゃらないでください」

(081)　ka-pši　　**ǰi-pa-w.**
　　　　ɪɴғ- 歌う　ɴᴇɢ- する -2s
　　　　「歌うな」

(082)　wuǰo mə-nə-ɴɢo=zə,　　　　　　tama ǰi-sə-pa-w.
　　　　3s　　Q-NonV- 病気である = なら 仕事　ɴᴇɢ-ᴄᴀᴜs- する -Non1
　　　　「彼は病気なら、働かせるな」

3.4.2.3 条件の標識

「もし / 仮に（…なら）」「たとえ（…であっても）」を示す標識で、**mə-** である。

(083)　nəǰo štə(t)　**mə-tə-ɴdza-w**　　　tə-nə-ɴɢo-n.
　　　　2s　　これ　　ᴄᴏɴᴅ-2s- 食べる -Non1 2s-NonV- 病む -2s
　　　　「もしこれを食べたら、あなたは病気になるでしょう」

(084)　šimomo yiǰo saɴtsam **mə-ku-ta-y,**　　makmə
　　　　今　　　1p　国境　　ᴄᴏɴᴅ-ᴅɪʀ- 行く -p 兵士
　　　　kupǰay {kə-wu-pǰa-y}.
　　　　ᴅɪʀ-3>1- 捕まえる -1p
　　　　「もし今国境に行ったら、兵士が我々を逮捕するでしょう」

(085)　təmu **mə-nə-rtsi**　　no-ṅo-y,　　ṅa ka-čhe　ṅ-əsem
　　　　天気　ᴄᴏɴᴅ-ᴇᴠɪ- 良い ᴇᴠɪ-ʟᴋᴠ=ʟᴏᴄ 1s　ɪɴғ- 行く　1s:ɢᴇɴ- 気持
　　　　ma-na-we.
　　　　ɴᴇɢ-ᴅɪʀ- 来る
　　　　「天気が良くても、私は行く気が起きません」

3.4.2 P1 ムード標識　69

(086)　poṅyi **mə**-no-me-s꞊zə,　　　təkros ka-pa　　w-əžak

　　　金　　COND-EVI-AUX-PFV꞊たら　会合　INF- する 3s:GEN- 時間

　　　no-ɴdo꞊y,　kəɴgon me.

　　　EVI-AUX꞊LOC 意味　　AUXneg

　　　「金がないなら、集まる時間があっても、意味がない」

(087)　kə-we　　**mə**-no-ɴdo-s꞊zə　　　　ṅa kəṅanak

　　　NOM- 来る COND-EVI-AUX-PFV꞊たら　1s　速く

　　　kusəmtsoṅ {ka-wu-sə-mtso-ṅ}.

　　　IMP-INV-CAUS- 分かる -1s

　　　「もし来る人がいたら、私にすぐ知らせてくれ」

3.4.2.4　疑問の標識

　疑問は **mə** により示される。**mə**- は VP の P1 の位置あるいは判定詞の前に現れ、VP の内容に関する疑問を発する。**mərə** という別の助詞が P1 の位置ではなく、文末に置かれ、文全体の内容を疑問の対象とすることがある。後者については「単文」の節で述べる。

(088)　wuǰo sosñi kə-če **mə**-ṅo.

　　　3s　　明日　3- 行く Q-LKV

　　　「彼は明日行きますか？」

(089)　nəǰo sosñi łasa꞊y　　**mə**-tə-če-n.

　　　2s　　明日　ラサ ꞊LOC Q-2- 行く -2s

　　　「あなたは明日ラサに行くのですか？」

　mə- が VP 内の P1 の位置に立ち、VP 末尾に付く助詞 -**zə** と対応して「…かどうか」を表す名詞節を形成することがある。

(090)　šubren nəči　　**mə**kəyməndəs {mə-kə-yi-məndə-s}꞊**zə**

　　　今　　　あそこに Q-NOM-PFV- 着く -PFV꞊ か（否か）

ma-šə-ṅ.

NEG- 知る -1s

「いまそこに着いているかどうか知りません」

　この構成は 5.2.3.1 に述べる事象と酷似しているが、副詞節を形成する訳ではないので、ここに別に扱う。

3.4.2.5 命令の標識

　VP の P1 の位置に方向接辞（過去）（3.4.3.1【表1】参照）が現れ、動詞語幹と S1（人称接辞）がそれに続く。たとえば、

(080)　sce　　**ro**-we-n.

　　　　ここに IMP- 来る -2s

　　　　「ここに来い」

のように。**ro-** は「山の方へ」を示す。人称の agreement が起きるのは S1 だけで、P4 には何も現れない。

(080x)　*sce　　ro-tə-we-n.

　　　　ここに IMP-2- 来る -2s

は非文法的である。但し、命令文ではないが、

(091)　nəjo sce　　ma-tə-we-n.

　　　　2s　ここに NEG-2- 来る -2s

　　　　「お前はここに来ない！」

のような禁止もどきの文を作ると、tə- 語幹 -n のような agreement が起きる。

　(080) に対する通常の否定命令（禁止）は、

(035)　sce　　**ǰi-ro**-n.

　　　　ここに PROH- 来る -2s

　　　　「ここに来るな！」

3.4.2 P1 ムード標識　71

である。

　ǰi- については 3.4.2.2 と 4.5.2 を、丁寧な命令については 4.3.1 を参照されたい。

3.4.2.6 Irrealis の標識

　実現されていない状況を明示するのに用いられる接辞 ʔa- で、VP の P1 の位置、または判定詞及び助動詞の前に立つ。

(092)　nəǰo sonam ʔa-to-tə-thoʔ-n.

　　　2s　ソナム　IRR-IMP-2- 尋ねる -2s

　　　「ソナムに尋ねたら（いいのに）」

(093)　kalzaṅ tərjap ʔakəsar {ʔa-kə-sar-Ø}.

　　　ケサン　嫁　　IRR-3- 引く -Non1

　　　「ケサンが結婚すればなあ！」

(094)　sonam teɴhwa ʔa-kə-lat-w.

　　　ソナム　電話　　IRR-3- 打つ -Non1

　　　「ソナムが電話を掛けてくれたらなあ」

(095)　kakšar kə-ɴbat　　　　ʔa-na-ṅos.

　　　試験　　INF- 容易である IRR-EVI-LKV.

　　　「試験が易しいように！」

(096)　sosñi kənəna ʔa-na-ṅos.

　　　明日　休み　　IRR-EVI-LKV

　　　「明日が休みであるように！」

(097)　kakšar wastot ʔa-na-čha-ṅ.

　　　試験　　うまく　IRR-EVI- できる -1s

　　　「試験がうまくできるように！」

(098)　n-əṭi ʔa-na-ṅasto.

　　　2- 前　IRR-EVI- まっすぐ

　　　「あなたの未来が堅実であるように」

72　3.4 動詞と動詞句

(099) n-əngo n-əmṅam ʔa-na-me.
　　　 2- 病気 2- 怪我　　IRR-EVI-AUXneg
　　　「(あなたの) 病気と怪我がないように」

ʔa-na(-ṅos) はほとんど「…あれかし」「…あってくれれば良いのに」のような熟した表現として用いられる。

ʔa-ta-VP (判定詞) či や **ʔa-na-VP** (判定詞) či の形で、実際には起こらなかったことを仮定する下記のような表現も可能である。

(100) ṅa ṅə-poṅyi　 kə-ndo　 ʔa-ta-ṅos=či,　 štət w-əkuk ki-ṅ.
　　　 1s 1s:GEN-お金 NOM-AUX IRR-PFV-LKV=なら これ 3s:GEN-本 買う-1s
　　　「もしお金があったら、この本を買います」

ここから否定の希求「…でなければいいのに」「…しないように」も生成することができ、**ʔa-ji-** 語幹、で表される。**ʔa-** は IRR マーク、**ji-** は否定 (完了) のマークである。これが方向接辞に接頭して名詞化する ʔa と同源なのか、PTB 段階で否定を表す形態と同源なのかは未詳である。また、禁止と同様 ma- は出現しない。

(101) wujo mə-nə-ngo=zə,　　　　　　　 tama ʔa-ji-pa-w.
　　　 3s　　COND-NonV- 病気である = なら 仕事　IRR-NEG- する -3
　　　「彼は病気なら、働かない方がいいのに」

(102) wujo łasa=y　　 ʔa-ji-čhe.
　　　 3s　 ラサ =LOC IRR-NEG- 行く
　　　「彼がラサに行かないように」

(036) təmu ʔa-ji-lat.
　　　 雨　　IRR-NEG- 降る
　　　「雨が降らないように」

(103) kalzaṅ tərjap ʔajiksar {ʔa-ji-kə-sar-Ø}.
　　　 ケサン 嫁　　IRR-NEG-3- 引く -Non1
　　　「ケサンが結婚しないように！」

上記の例で「これから雨が降らない」ことを期待するのに ji という完了の否定が使われていることはこの言語のアスペクトを考える上で興味深い。

3.4.3 P2：テンス・アスペクト標識

3.4.3.1 テンス標識：方向接辞

P2 のスロットに方向接辞が置かれると過去を、ゼロだと非過去を表す。嘉戎語は一般に動作がどの方角へ向けてなされるのかに関してセンシティヴであるが、区別の仕方は方言や年齢層によって差異がある。著者が 1980 年にこの言語を調査した時の情報提供者は、

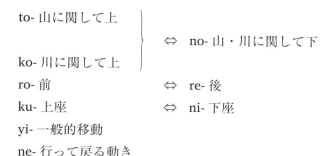

のような接辞システムを用いていたが、現在では社会的状況の変化もあり、嘉戎語東部方言では、若干の母音の差異はあるものの、【表1】に記述する接辞がほぼ共通しているように思われる。

スラッシュの前の形式は動詞の表す動作や状態を直接的に経験したか認識している場合に用いられる。そのような認識がないか、未確認・伝聞・知識情報による場合はスラッシュの後の形式が用いられる。P1 位置（ムード標識）に現れる命令を示すシグナルはスラッシュの前の形式と同一である。なお、これらの接辞には対応する副詞と動詞（該当する方向へ「行く」の意）があるので、それらも下表に示す。

74   3.4 動詞と動詞句

	方向接辞	動詞不定形	副詞
上	**to-/ta-**	ka-tho	(s)to
下	**no-/na-**	ka-ǰə	na
山の方へ	**ro-/ra-**	ka-ro	ro
川の方へ	**ri-**	ka-ri	re
上流へ	**ko-/ka-**	ka-ŋgo	(s)ku
下流へ	**nə-**	ka-ɴdə	nu
一般的移動	**yi-**	(ya-)	

【表1】基本的な方向接辞・動詞不定形・副詞

　何らかの事情で非過去・現在の文でその動詞の意味が向く方向を特に
示す必要がある場合は、上表の動詞や副詞を用いるか、【表2】の接辞
を動詞語幹の前に置く。2.4で触れた通り、【表2】に示す接辞はやや
高いピッチで現れる傾向がある。

上	**(to-)**
下	**na-**
山の方へ	**(ro-)**
川の方へ	**re-**
上流へ	**ku-～kə-**
下流へ	**di-～nə-**
一般的移動	**yi-**

但し、（to-）と（ro-）は頻度が低い。

【表2】非過去・現在で用いられる方向接辞

　方向接辞（DIR）が方向とともにPastを表すとき、インタリニアの語
釈ではPSTと表記し、非過去・現在で動作の方向を表すときはDIRと
表記する。

　単純な例を挙げよう。

3.4.3 P2：テンス・アスペクト標識　75

(104)　nəĵo tərjap təsarn {Ø-tə-sar-n} mə-ṅos.

　　　　2s　　嫁　　2-引く-2s　　　　Q-LKV

　　　　「あなたは結婚する（嫁をもらう）のですか？」

(105)　nəĵo tərjap nətsarn {nə-tə-sar-n} mə-ṅos.

　　　　2s　　嫁　　PST-2-引く-2s　　　Q-LKV

　　　　「あなたはお嫁さんをもらったのですか？」

(106)　ṅa dən {Ø-dət-ṅ}.

　　　　1s　Ø-与える-1s

　　　　「私は与える」

(107)　ṅa nədən {nə-dət-ṅ}.

　　　　1s　PST-与える-1s

　　　　「私は与えた」

(108)　ṅa ṅ-əmñak ro {Ø-ro}.

　　　　1s　1s-眼　　目を覚ます

　　　　「私は目を覚ます」

(109)　ṅa ṅ-əmñak nəros {nə-ro-s}.

　　　　1s　1s-眼　　PST-目を覚ます-PFV

　　　　「私は目を覚ました」

(110)　kəčet wastot nə-kə-sko-s.

　　　　全部　とても　PST-3p-親切である-PFV

　　　　「皆とても親切でした」

　接辞 nə- は本来「下流へ」を意味する接辞だが、一般的に過去を示す
方向接辞である。方向接辞と動詞の意味が結びつく直接的な論理性はな
いが、中立的な過去を指定する接辞は動詞ごとにほぼ定まっており、後
に述べるとおり語彙化する傾向も見られる。

　上表の動詞が示す方向であるが、情報提供者の居住地によって若干の
差異が生じうる。情報提供者の住む莫拉（ボラ）は阿壩州の州都、馬尔
康の西3kmに位置する。東から西へ流れる梭磨河の北岸にあるが、この

76   3.4 動詞と動詞句

流域は耕作できる範囲が限られることから、伝統的な集落はほぼ北岸に集中している。背後の山は北に当たることから ka-ro「山の方へ行く」が「北へ行く」、反対に ka-ri「川の方へ行く」が「南に行く」を意味する。また、ka-Ndə「下流へ行く」が「西へ行く」を、ka-Ngo「上流へ行く」が「東へ行く」を表すことがある。kə-tho と kə-jə は純然と垂直方向の移動を意味する。

なお、P2 のスロットに方向接辞が置かれると基本的には自動的に過去を表し【表1】、方向接辞が置かれなければ（無標であれば）非過去となる。もし未来または現在の行為のなされる方向を示す必要がある場合、上表の副詞を VP の前に置くか、あまり頻度は高くないが、【表2】方向接辞（非過去）が現れる。

なお、(106)(107)で基底形が {Ø-dət-ṅ} であるのに、/dən/ が現れている点は注を要する。基本的に [t-ṅ] クラスターが [n] として出現するルールは東部方言にはほぼ共通しており、たとえば林が記述する卓克基方言でも、[t-ṅ] クラスターが [n] となることが指摘されている（林 1993:68,73）。

3.4.3.1.1 方向接辞 to- と no

次の2文を比較してみよう。

(111)　wuyojis tothaNč {to-thal-Nč}.

　　　　3d　　　PST- 行く（過去）-3d

　　　　「彼ら二人は（山に）登った」

(112)　wuyojis nothaNč {no-thal-Nč}.

　　　　3d　　　PST- 行く（過去）-3d

　　　　「彼ら二人は降りた」

「山の方へ」「川の方へ」を示す接辞は別にあるのだが、「登る」「降りる」のように明確に上下運動を伴うときは to- と no- を用いる。また、「上」と「下」は物理的な高さで区別されている場合とそうでない場合

がある。鉄道の上り・下りと似ていて、社会的・文化的な価値の認識の仕方によって決まる面がある。また、過去時制では「行く」「登る」「降りる」は共通の語幹 thal を持ち、yi-thal、to-thal、no-thal のように方向接辞で区別される。thal は過去にのみ出現する語幹で、非過去語幹はそれぞれ čhe「行く」（非過去・過去とも）、tho「上がる」、jə「下がる」である。

to- と no- の出現は比較的固定されている。動詞の表す意味から普通「上」を含意するものとして、rwas「起きる」、mphat「吐く」、kte「育つ、大きくなる」などがあるが、これらは多くの場合 to- を伴う。また「仕上げる、すっかり…する」の意を含むものも to- を要求する。たとえば、səyok「…し終える」、pka「一杯になる」、pram「乾く」、pa「集める、作る」など。英語に to eat up、to write up、to finish up などの表現があるが、同様の事象のように思われる。

方向接辞は意味が中立の動詞にその動作の方向を与えるか、動詞の意味によって無標の用法が固定しているか、のいずれかの場合が多い。しかし、特に有標の接辞を置くことによってその状況が特定されたり、特殊な意味を醸成できるなどの興味深い例がある。たとえば、

(113) ṅa məsthit nopšin {no-pšit-ṅ}.
　　　 1s 唾　　　 PST- 唾を吐く -1s
　　　「私は唾を吐いた」

(114) ṅa məsthit topšin {to-pšit-ṅ}.
　　　 1s 唾　　　 PST- 唾を吐く -1s
　　　「私は唾を吐いた」

のような例がある。（113）には no- が現れており、これが無標の用法である。普通唾は下に向かって吐くものだからだ。これに対し、（114）では唾は「上に向かって」吐かれたのである。当然唾は自分の顔に落ちるから、「天に向かって唾を吐くような傲慢なことをした」「自業自得」という意味で使われる。

78   3.4 動詞と動詞句

もうひとつ例を挙げよう。

(115)　ṅa ṅ-əNgla točheṅ {to-čhe-ṅ}.
　　　　1s 1s- 歩み PST- 行く -1s
　　　　「私は歩いた」

(116)　ṅa ṅ-əNgla nočheṅ {no-čhe-ṅ}.
　　　　1s 1s- 歩み PST- 行く -1s
　　　　「私は（慎重に）歩いた」

これは「上に向かって歩く」と「下に向かって歩く」の対比ではない。
「歩く」の場合 (115) のように to- が前接されるのが無標の表現である。
それに対して、(116) では no- が前接している。これは歩みそのものに
より重い注意が払われていることを示唆しており、「一歩一歩注意して
歩いた」ということである。

　動詞の表す意味が必然的に「上へ」と連動する例として次の４つがあ
る。

(117)　totərwasñ {to-tə-rwas-ñ} mə-ṅo?
　　　　PST-2- 起きる -2p　　　　　Q-LKV
　　　　「（あなた方は）起きたか？」

(118)　ñiyoñe to-kte.
　　　　3s(HON) PST- 大きい
　　　　「あの方は大きくなられた」

(119)　ñiǰo toməmphañ {to-mə-mphat-ñ}.
　　　　2p   PST-NonV- 吐く -2p
　　　　「あなた方は吐いた」

(120)　ṅa toməskhim {to-mə-skhip-ṅ}.
　　　　1s PST-NonV- 吸う -1s
　　　　「私は吸った」

これに対し、動作としての *no-tərwasñ、*no-kte、*no-məmphañ、

3.4.3 P2：テンス・アスペクト標識　79

*no-məskhim は形式としてあり得るが、実際には生起しない。

　この逆に、動詞の持つ意味がもともと「下へ」の意を含む例として次の 7 文を挙げる。

(121)　wuyo nomǰit {**no**-mǰit}.

　　　　3s　　PST- 落ちる

　　　　「彼は落ちた」

(122)　təǰi norkow {**no**-rko-w}.

　　　　水　PST- 注ぐ -3s

　　　　「彼は水を注いだ」

(123)　ñiǰo notərtsuñ {**no**-tə-rtsu-ñ} mə-ṅo.

　　　　2p　PST-2- 搗く -2p　　　　　　Q-LKV

　　　　「あなた方は搗いたのか？」

(124)　chiǰo khedu=gə notuwč {**no**-tuw-č}.

　　　　1d　　穴 =FOC　　PST- 開ける -1d

　　　　「我々 2 人は穴を開けた」

(125)　ṅa ka-waɴdzor　　　nolan {**no**-lat-ṅ}.

　　　　1s　NOM-（臼で）挽く PST- 打つ -1s

　　　　「私は臼を挽いた」

(126)　ñiyoñe łasa=s　　　noñis {**no**-ñi-s}.

　　　　3s(HON) ラサ =LOC PST- 住む -PFV

　　　　「あの方はラサにお住まいになった」

(127)　kadza **no**-cu.

　　　　草　　PST- 育つ

　　　　「草が育った」

(126) の場合、語幹 ñi は「落ち着く、腰を据える」の意を含み、英語の settle down とパラレルである。(127) は前のグループの (118) と対照するとおもしろい。(118) は人が大きくなるのだから、その動きは上に向かい、**to**- が出現する。これに対し、(127) の語幹 cu は「根が太る」

80　3.4 動詞と動詞句

という育ち方を指すらしく、**no-**「下へ」が現れる。

　動詞の意味が「完遂する」の意を伴う場合、**to-** が現れることが多い。たとえば、

(128)　yiǰo tosəyowy {**to**-səyok-y}.

　　　　1p　　PST- 終える -1p

　　　　「我々は（仕事を）終えた」

(129)　ṅa təǰim꞊ke **to**-pa-ṅ.

　　　　1s　家 ꞊IDEF　PST- 作る -1s

　　　　「私は家を建てた」

(130)　mə totəpkañ {**to**-tə-pka-ñ}.

　　　　Q　　PST-2- 一杯になる -2p

　　　　「あなた方は満腹になりましたか？」

また、次のような対照も見られる。

(131)　nəǰo štə　wu-smen tə-Ndza-w w-əNkhu꞊y,　　kəzok

　　　　2s　　これ 3s:GEN- 薬 2- 食べる -2 3s:GEN- 後 ꞊LOC 少し

　　　　mə-**nə**-tə-ptshe-n.

　　　　Q-PST-2- 治る -2s

　　　　「この薬を飲んで、少し治りましたか？」

(132)　**no**-ptshe-ṅ.

　　　　PST（下へ）- 治る -1s

　　　　「治りました」

(133)　**to**-ptshe-ṅ.

　　　　PST（上へ）- 治る -1s

　　　　「すっかり治りました」

　(131) の問いに対し、(132) が無標の回答であり、(133) は **to-** を接頭させて「治りきった（…）」の意を表している。

3.4.3.1.2 方向接辞 ko- と nə-

(134) jǐǰo tham kotəponč {ko-tə-po-nč} mə-ńos?

2d　今　PST-2- 来る -2d　　　　Q-LKV

「おまえたち、今川上に来たのか？」

「下流へ」を示す nə- は、例文（105）にあるとおり、一般に Past を示す接辞として頻繁に使われる。「下流方向へ行く」ことを特に強調したいときは、これに対応する動詞（3.4.3.1 の表を参照）が使われることが多い。たとえば、

(135) ńa soǰe comco　　ka-Ndə　　　　　　　　　ńos.

1s　来年　キョムキョ　INF-（下流方向へ）行く　LKV

「私は来年キョムキョへ行くつもりです」

キョムキョ（脚木足）は莫拉から見て西側（梭磨河の下流）に位置するため、ka-Ndə が使われる。

3.4.3.1 で、かつて ku- と ni- がチョクツェ（卓克基）方言で「上座」「下座」を示す方向接辞として機能していたことを述べた。莫拉方言での ko- と nə- がこれに対応する。現在では「上座」「下座」の意味で使われることはなくなり、示す方向は「上流」「下流」に差し替わっている。嘉戎の家の中で広くて汎用性のある部屋（居間）には囲炉裏があり、柴は西からくべる。そこが下座で、反対側が上座となる。従って客人の背中は東を向くことになる。次の 2 文を比較してみよう。

(136) təzder nə-pya-ń.

皿　　PST- 引く -1s

「私は皿を下座の方へ引いた」

(137) təzder koṭań {ko-ṭak-ń}.

皿　　PST- 押す -1s

「私は皿を上座の方へ押した」

82   3.4 動詞と動詞句

(136) は東から西へ引いたのであり、(137) は西から東へ押したのである。前に述べたとおり、「上流へ」「下流へ」は卓克基や莫拉では絶対方向としては「西→東」「東→西」にそれぞれ一致するので、結果的に発話内容に矛盾はないことになる。

3.4.3.1.3 方向接辞 ro- と ri-

両接辞は生産的に働く。その例として、

(138)   mə gyagar=nəne nənayas {nə-na-ya-s} mə-ṅo.
　　　　3s　インド = から　PST-APP- 帰る -PFV　　　Q-LKV
　　　　「彼はインドから帰って来ているのか？」

この文 (138) では適用態接辞 na- が現れて中立的な叙述になっているが、

(139)   mə repkoṅ=nəne rinayas {ri-na-ya-s} mə-ṅo.

あるいは、

(139a)   mə repkoṅ=nəne ririyas {ri-ri-ya-s} mə-ṅo.

とすると、「川の方向へ」＝「青海省同仁から莫拉の方向へ」＝「北から南へ」彼が帰ってきたことを指定する。また、

(139b)   mə gyagar=nəne ronayas {ro-na-ya-s} mə-ṅo.

あるいは、

(139c)   mə gyagar=nəne roroyas {ro-ro-ya-s} mə-ṅo.

とすると、「山の方向へ」＝「インドから莫拉の方向へ」＝「南から北へ」彼が帰ってきたことを示唆することになる。

　物理的に「山の方」と「川の方」を示すほかに、「土司の館（町の中心部）の方へ」vs.「郊外へ」あるいは「駒を進める」vs.「退却する」の対比で用いられることがある。

3.4.3 P2：テンス・アスペクト標識　83

(140)　wuyoñe rokthalñ {**ro**-kə-thal-ñ}.

　　　　3p　　　　DIR-3- 行く（過去）-3p

　　　　「彼らは前進した」

(141)　wuyoñe rikthalñ {**ri**-kə-thal-ñ}.

　　　　3p　　　　DIR-3- 行く（過去）-3p

　　　　「彼らは退却した」

ro-「山の方へ」と **ri**-「川の方へ」の区別が「前に」「後ろに」の対比に転化した例も多い。たとえば、

(142)　ṅa roṭaṅ {**ro**-ṭak-ṅ}.

　　　　1s　PST- 押す -1s

　　　　「私は（前へ）押した」

(142a)　ṅa riṭaṅ {**ri**-ṭak-ṅ}.

　　　　1s　PST- 押す -1s

　　　　「私は（後ろに）押しやった」

また、

(143)　wuyoñe ṅa ṅ-ərpak riwɴtheṅ {**ri**-wu-ɴthen-ṅ}.

　　　　3p　　　　1s　1s- 肩　　PST-3>1- 引く -1s

(143a)　wuyoñe ṅa ṅ-ərpak rowɴtheṅ {**ro**-wu-ɴthen-ṅ}.

　　　　3p　　　　1s　1s- 肩　　PST-3>1- 引く -1s

　上記2文はいずれも「彼らは私の肩を引いた」の意であるが、動作者と被動作者の位置関係が異なる。(143) の場合は、私と彼らは対面していて、私の肩は彼らの方向へ引かれたのである。これに対し、(143a) では、私は彼らの背後におり、彼らは手を伸ばして私の肩を前方に引いたのである。

　次の例では **ri**- があることから店の設えや私と店の人との位置関係が分かる。

84   3.4 動詞と動詞句

(144) štə(t) wu-rni꞊tə   ke   ridənñ {ri-dət-ñ}.
       これ 3s:GEN- 赤い ꞊DEF ATT IMP- 与える -2p(HON)
       「その赤いのをください」

　店で私と売り手は対面しており、品物はおそらく売り手の背後にうず
たかく積まれている。その品物の中から赤いのをこちらに（川の方向に）
下ろしてくれ、と頼んでいると推測される。なお、nətə「それ」や wətə「あ
れ」ではなく štə(t)「これ」が用いられていることから、その品物が売
り手と買い手双方にとって speech circle の中にあると認識されている
ことが分かる。また、VP 末尾に 2p の接辞が使われているので、丁寧な
命令（依頼）であることも了解される。
　この接辞に対応する動詞形（ka-ro, ka-ri）が口承文学の語りだけでな
く、日常の会話でもよく観察される。

(145) ńa sosñi roṅ {Ø-ro-ṅ}.
       1s 明日 Ø- 山方向に行く -1s
       「私は明日山へ登るだろう」

(146) wuyo nə-ri   ńos.
       3s   PST- 山を下りる LKV
       「彼は山を下りた」

　もうひとつ ro が特殊な意味を担う動詞語幹として用いられる例があ
る。一般的移動を示す接辞 yi- とともに現れ、「水を汲む」の意になる。
この場合、yi- は語彙化されており、yiro を語幹と認める方が適切である。

(147) ńa təji yiro-ṅ {Ø-yiro-ṅ}.
       1s 水   Ø- 汲む -1s
       「私は水を汲む」

(148) ńa təji ñiroṅ {nə-yiro-ṅ}.
       1s 水   PST- 汲む -1s
       「私は水を汲んだ」

3.4.3 P2：テンス・アスペクト標識　85

（148）の例で、yi- の前に Past を示す方向接辞 nə- が出現しているこ
とからも、yi- が語彙化された語幹の一部と見なすのが妥当であること
が分かる。

3.4.3.1.4　方向接辞 yi-

一般的移動を表す yi- は特定の方向を示す必要のない場合の「行く」「来
る」といった動詞に常に接頭する。

（149）　wuyo　yikthal {**yi**-kə-thal-Ø}　ṅos.

　　　　3s　　DIR-3- 行く（過去）-Ø　　LKV

　　　　「彼は行った／去った」

（150）　kərṭi　yitənbiṅč {**yi**-tə-Nbi-Nč}　mə-ṅo?

　　　　いつ　PST-2- 来る -2d　　　　Q-LKV

　　　　「あなた方おふたりはいついらっしゃったのですか？」

kə-Nbi は kə-we「来る」に対する敬語形である。
複合語幹の一部として用いられる例がある。次の2文を比較しよう。

（151）　nəšis {nə-Ø-ši-s-Ø}.

　　　　PST- 死ぬ -PFV

　　　　「彼／彼女は死んだ」

（152）　ñišis {nə-Ø-**yi**ši-s-Ø}.

　　　　PST-3- 逝く -PFV-3

　　　　「彼／彼女は亡くなった」

（152）では yi-ši が複合語幹となり、丁寧・婉曲表現となっている。
1980 年当時の情報提供者はこの underlying form を {nə-Ø-yiši-s-Ø} で
はなく、{ni-Ø-ši-s-Ø} と考えていた。彼によれば、**ni**- は下座を表し、
3.4.3.1.2 で述べたとおり卓克基から見た場合の絶対方位としては「西へ」
を意味する。つまり西方浄土へ旅立ったということであろう。いずれの
解釈を取るかはわたり音の評価によって変わってくる。

複合語幹の一部としての **yi**- には他に **yi**-mər「忘れる」、**yi**-dzum「集

86   3.4 動詞と動詞句

まる」などがある。

(153)   ṅa yiməṅ {yimər-ṅ}.

　　　　　1s　忘れる -1s

　　　　　「私は忘れるだろう／忘れそうだ」

(154)   tərmi tokəydzum {to-kə-yidzum}.

　　　　　人　　　PST-3p- 集まる

　　　　　「人が集まった」

(155)   ṅa tərmi tosəydzuṅ {to-sə-yidzum-ṅ}.

　　　　　1s 人　　　PST-CAUS- 集まる -1s>3

　　　　　「私は人を集めた」

3.4.3.1.4.1 方向接辞 yi- の変種 ya-

　過去の一般的移動をマークする接辞で、ほとんど「行く」「来る」に
しか接頭しない。「来る」に関しては yi- と自由変異をなすが、「行く」
に関しては yi-thal は可能だが、*ya-thal は不可。また **ya-**čhe は可だが、
*yi-čhe は不可である、などの語彙的制限がある。また、yi- は「行って
戻ってくる動き」を含意するが、**ya-** は一方向の動きしか表さない。

3.4.3.2 アスペクト標識

　アスペクトを指定する接辞はテンス標識と同じスロットを占め、非過
去の未完了（現在）、過去の進行、過去の非完結相、の3種を区別する。

3.4.3.2.1 非過去の未完了標識

　非過去の未完了（現在進行）を示すのは、**kə-**（1人称と2人称）と
nə-（3人称）である。ṅa- は2人称と3人称に関してやや時間的に長
い動作に対して現れる。

(156)   nəǰo thə kəpaw {kə-pa-w}.

　　　　　2s　何　PROG- する -2s

　　　　　「あなたは何をしているのですか？」

3.4.3 P2：テンス・アスペクト標識　87

(157) šuje **kə**-nəNdza-ṅ.

今　　PROG- 食べる -1s

「私は今食べています」

(158) tascor mə-**kə**-pa-w.

手紙　　Q-PROG- する -Non1

「手紙を書いているのですか？」

(159) zowa kəmča šamdu nuki {**nə**-wu-ki-Ø}.

労働者 沢山　　短銃　　PROG-3>3- 買う -3p

「多くの労働者が短銃を買っている」

(160) wujo paoṭi kənəmčara {kə-nəmčara} wu-pso　　**ṅa**-nəNdza.

3s　　新聞　INF- 読む　　　　　　　　3s:GEN- 様子 PROG- 食べる

「彼は新聞を読むようにして食べています」

(161) zowa-yo təjim kərgɐ ṅupa {**ṅa**-wu-pa}.

職人 -p　　家　　1つ　PROG-3- 作る

「職人たちが家を 1 軒建てている」

(162) wujo kə-nə-Ngo　　　w-əčhes　　smenkhaṅ **ṅa**-ñi.

3s　　INF-NonV- 病む 3s:GEN- ので 病院　　　　PROG- 滞在する

「彼は病気なので、病院にいます」

3.4.3.2.2 過去の進行標識

過去の進行を指定するのは **na**- である。

(163) wujo w-əpɐ-ma　　w-əčhes　　wastot **na**-pa-w.

3s　　3s:GEN- 父 - 母 3s:GEN- ために とても　PROG- する -3s

「彼は両親のためにとても（良く）していた」

3.4.3.2.3 過去の非完結相標識

過去の非完結相は **to-** で表される。

(164)　wuǰo tama topaw {**to**-pa-w} zakein yikthal {yi-kə-thal-Ø}.

　　　　3s　仕事　PST- する -3s　　食堂　PST-3- 行く（過去）-3

　　　　「彼は仕事をして、食堂へ行った」

(165)　makmi-yo chumpo topkas {**to**-pka-s} ɬasey {ɬasa꞊y}

　　　　兵士 -p　　キュンポ PST- 征服する -PFV ラサ ꞊LOC

　　　　yipi {yi-pi}.

　　　　DIR- 着く（過去）

　　　　「兵士たちはキュンポを抑えて、ラサに着いた」

この接辞の出現頻度は低く、多くの場合、時間的前後関係を明示できる語を用いて2つの句または節を接続し、その前の句・節には一般の方向接辞または不定形が現れる。たとえば、(164) に対して、

(164a) wuǰo tama **to**paw　　　w-əNkhu꞊y　　　zakein

　　　　3s　仕事　PST- する -3s 3s:GEN- 後 ꞊LOC 食堂

　　　　yikthal {yi-kə-thal-Ø}.

　　　　DIR-3- 行く（過去）-3

　　　　「彼は仕事した後で、食堂へ行った」

また、(165) に対して

(165a) makmi-yo chumpo kə-na-pkas　　　w-əčhes

　　　　兵士 -p　　キュンポ NOM-APP- 征服する 3sg.GEN- て

　　　　ɬase꞊y　　yi-pi.

　　　　ラサ ꞊LOC DIR- 着く（過去）

　　　　「兵士たちはキュンポを抑えて、ラサに着いた」

のような表現の方が一般的である。

3.4.4 P3：エビデンシャル標識

　ここに言うエビデンシャル標識に3種ある。話者が直接経験あるいは発見した信頼すべき情報を示すマークは no- である。nə- は no- より現認性がずっと低く、間接情報を含む新しい情報である場合が多い。この接辞は LKV にも直接接頭しうる。次の3文を比較してみよう。

(166)　štə　wu-pakši　　kə-mem.
　　　　これ　3s:GEN- リンゴ　ABT- 美味しい

(167)　štə　wu-pakši　　**no**-mem.
　　　　これ　3s:GEN- リンゴ　EVI- 美味しい

(167a)　štə　wu-pakši　　**nə**-mem.
　　　　これ　3s:GEN- リンゴ　EVI- 美味しい

　邦訳はいずれも「このリンゴは美味しい」であるが、(166) は客観的事実として美味しいことを言っているのに対し、(167) は自分が現に今直接経験として現に認識している情報であることを示すが、(167a) は間接情報であるか、または意外な情報であることをも示唆する。個人差があるが、

(167b)　štə wu-pakši **na**-mem.

　を認め、(167) と (167a) の中間の現認性を表す話者も存在する。但し、現在の発話協力者はそれを梭磨方言と認識している。

　陳述の LKV との組み合わせでも (167a) と同様のニュアンスを表しうる。

(168)　wuǰo łasa=y　　yikthal {yi-kə-thal-Ø} mə-**nə**-ńo.
　　　　3s　　ラサ =LOC DIR-3- 行く（過去）-3　　Q-EVI-LKV

　彼がラサに行ったことの真偽を「本当にそうなのか？」と尋ねている表現である。

3.4.5 P4-S1：人称標識

P4 と S1 はペアをなし、動作者、被動作者、ゴール、経験者、受益者とそれらの組み合わせの一致（agreement）を指定する。

3.4.5.1 自動詞文における人称標識

「到着する」「死ぬ」について、人称と数の組み合わせを検討する。

「到着する」

非過去語幹 Ndə（通常 məNdəのように自動的動作を示す P5接辞 mə-と共起する）

1s	**kə-məNdə-ṅ**
2s	**tə-məNdə-n**
3s	**kə-məNdə**
1d	**kə-məNdə-č**
2d	**tə-məNdə-Nč**
3d	**kə-məNdə-Nč**
1p	**kə-məNdə-y**
2p	**tə-məNdə-ñ**
3p	**kə-məNdə-ñ**

過去語幹 pi

1s	yi-pi-ṅ
2s	yik-pi-**n** {yi-kə-pi-n}
3s	yi-pi
1d	yi-pi-**č**
2d	yi-pi-**Nč**
3d	yik-pi-**Nč** {yi-kə-pi-Nč}
1p	yik-pi-**y**
2p	yik-pi-**ñ**

3p   yik-pi

「死ぬ」

語幹 ši

1s   **kə-ši-ṅ**

2s   **tə-ši-n**

3s   **(kə-)ši**

1d   **(kə-)ši-č**

2d   **tə-ši-ɴč**

3d   **kə-ši**

1p   **kə-ši-y**

2p   **tə-ši-ñ**

3p   **kə-ši**

これらのデータから、次の接辞セットが帰納される。

	P4	S1
1s	（**kə-**）	**-ṅ**
1d	（**kə-**）	**-č**
1p	（**kə-**）	**-y**
2s	**tə-**	**-n**
2d	**tə-**	**-ɴč**
2p	**tə-**	**-ñ**
3s	（**kə-**）	**-Ø**
3d	**kə-**	**-Ø** または **-ɴč**
3p	**kə-**	**-Ø** または **-ñ**

　S1 接辞の形態を見ると、1 人称と 2 人称については、それらが独立の人称代名詞に来源を求めうることが分かる。

1s   -ṅ < ṅa

1d   -č < čhiǰo

92   3.4 動詞と動詞句

1p   -y < yo

2s   -n < nəǰo

2d   -nč < nəǰoǰis

2p   -ñ < ño

　1人称を特徴づけるのは -ṅ、2人称を特徴づけるのは -n である。一方、双数をマークするのは -č、複数をマークするのは -y であって、2d と 2p はその組み合わせということになる。

　3人称の S1 標識は基本的にゼロである。

　これらのことから、

① 自動詞文における S1 接辞は動作者に一致する、

② S1 での3人称がゼロであることは普遍的傾向と矛盾しないが、d と p に関して数に一致する動詞がある、

③ P4 での tə- は2人称の、kə- は非2人称の標識と仮設できる、

といったことが帰納される。

　ただ、上記のまとめに合致しない例が少数ながら存在する。

(169)　štə　wu-rgoɴbaˌtə　kəmkhas kəmča kə-ɴdo-ynˌke　nə-ṅos.
　　　　これ 3s:GEN- 寺 ˌDEF 大学者　　沢山　　INF-AUX-ynˌIDEF EVI-LKV
　　　「この寺は大学者が沢山いる（寺）です」

　kə-ɴdo-yn の部分は kə-ɴdo-ñ となるはずである。そもそも ñ は n-y クラスターであり、2人称を特徴づける n と複数を特徴づける y が連なったものである。この連なりが音位転換した形式が現れている訳である。他動詞構文では動作者が2人称複数のとき ñ に変わって -yn が生起する例がある（3.9.1.9 参照）ので、主題が2人称であればあり得る接辞形式ではあるのだが、本例では主題が 3p なので説明がつかない。Prins (2011:322) によると、キョムキョ方言では自動詞文 2p と 3p に、他動詞文で 1>2p、2p>3、3>2p、3p>3 のとき -yn が出現する。林（1993:218）の記述する方言は卓克基（チョクツェ）であり、莫拉の東5kmに位置していて、ほぼ等質の方言と思われるが、本稿と同じ形式を記述している。

-ñ は本来 -n-y であり、-nč は -n-čh であって、「2 人称＋数」の構成を示しているのだが、これらの構成が後の innovation であるのか、-ñ に関して言えば、-n-y と -y-n の出現に何らかの条件づけがあるのかは記述レベルでは不明である。これらの不一致が方言差によるものか、歴史的変化なのか、等々に関してはなお精査を要する。

3.4.5.2 他動詞文における人称標識

他動詞文での人称接辞のあり方は基本的に動作者と被動作者（またはゴール、受益者）を示す agreement が起こり、「誰が誰を／誰に／誰のために」が指定される。

3.4.5.2.1 他動詞文における人称接辞の出現パタン

Agreement のあり方とそれらの例を提示し、比較の便宜のため、金鵬 et al.（1958）と林向栄（1993）が掲げた語彙についてもデータを提示する。記述の様式は次の通りとする。

たとえば、「与える」の語幹は wu- であり、「おまえは私に（何かを）くれるだろう」は nəǰo ńa ku-wu-ṅ. であるが、これを動作者（agt）＞被動作者（ptt）、ゴール（goal）、受益者（bnf）などを行の左端に出し、

2s>1s　　nəǰo ńa ku {kə-wu}-wu-ṅ.

のように表記する。また、基底形も {　} 内に示し、行の右端に抽出される人称接辞の組み合わせパタンを挙げる。

「叱る」語幹 nəsṅo

agt>ptt	文	人称接辞のパタン P4-R-S1（R は語幹）
1s>2s	ńa nəǰo tənəsṅon {tə-nəsṅo-n}.	**tə** R **n**
1p>2s	yiño nəǰo tənəsṅon {tə-nəsṅo-n}.	**tə** R **n**
1d>2s	yiñoǰis nəǰo tənəsṅon {tə-nəsṅo-n}.	**tə** R **n**
1s>2p	ńa nəǰoyo tənəsṅoñ {tə-nəsṅo-ñ}.	**tə** R **ñ**

1p>2p	yiñoyo nəǰoyo tənəsṅoñ {tə-nəsṅo-ñ}.	tə R ñ
1d>2p	yiñoǰis nəǰoyo tənəsṅoñ {tə-nəsṅo-ñ}.	tə R ñ
1s>2d	ṅa nəǰoǰis tənəsṅonč {tə-nəsṅo-nč}.	tə R nč
1p>2d	yiǰoyo nəǰoǰis tənəsṅonč {tə-nəsṅo-nč}.	tə R nč
1d>2d	yiñoǰis nəǰoǰis tənəsṅonč {tə-nəsṅo-nč}.	tə R nč
3p>1s	wuǰoyo ṅa wunəsṅoṅ {wu-nəsṅo-ṅ}.	wu R ṅ
3d>1s	wuǰoǰis ṅa wunəsṅoṅ {wu-nəsṅo-ṅ}.	wu R ṅ
3s>1p	wuǰo yiño wunəsṅoy {wu-nəsṅo-y}.	wu R y
3p>1p	wuǰoyo yiño wunəsṅoy {wu-nəsṅo-y}.	wu R y
3d>1p	wuǰoǰis yiño wunəsṅoy {wu-nəsṅo-y}.	wu R y
3s>1d	wuǰo yiñoǰis wunəsṅoč {wu-nəsṅo-č}.	wu R č
3p>1d	wuǰoyo yiñoǰis wunəsṅoč {wu-nəsṅo-č}.	wu R č
3d>1d	wuǰoǰis yiñoǰis wunəsṅoč {wu-nəsṅo-č}.	wu R č
1s>3s	ṅa wuǰo nəsṅo-ṅ.	Ø R ṅ
1s>3p	ṅa wəǰoyo nəsṅo-ṅ.	Ø R ṅ
1s>3d	ṅa wuǰoǰis nəsṅo-ṅ.	Ø R ṅ
1p>3s	yiño wuǰo nəsṅo-y.	Ø R y
1p>3p	yiño wuǰoyo nəsṅo-y.	Ø R y
1p>3d	yiño wuǰoǰis nəsṅo-y.	Ø R y
1d>3s	yiñoǰis wuǰo nəsṅo-č.	Ø R č
1d>3p	yiñoǰis wuǰoyo nəsṅo-č.	Ø R č
1d>3d	yiñoǰis wuǰoyo nəsṅo-č.	Ø R č
3s>3s	wuǰo wumə nəsṅo-w.	Ø R w
3s>3p	wuǰo wuməyo nəsṅo-w.	Ø R w
3s>3d	wuǰo wuməǰis nəsṅo-w.	Ø R w
3p>3s	wuǰoyo wumə wu-nəsṅo.	wu R Ø
3p>3p	wuǰoyo wumə wu-nəsṅo.	wu R Ø
3p>3d	wuǰoyo wuməǰis wu-nəsṅo.	wu R Ø
3d>3s	wuǰoǰis wumə wu-nəsṅo.	wu R Ø

3.4.5 P4-S1：人称標識　95

3d>3p	wuǰoǰis wuməyo wu-nəsṅo.	**wu** R Ø
3d>3d	wuǰoǰis məñeǰis wu-nəsṅo.	**wu** R Ø
2p>3s	nəǰoyo wuǰo tənəsṅoñ {tə-nəsṅo-ñ}.	**tə** R ñ
2p>3d	nəǰoyo wuǰoǰis tənəsṅoñ {tə-nəsṅo-ñ}.	**tə** R ñ
2p>3p	nəǰoyo wuǰoyo tənəsṅoñ {tə-nəsṅo-ñ}.	**tə** R ñ
2s>3s	nəǰo wuǰo tənəsṅow {tə-nəsṅo-w}.	**tə** R w
2s>3p	nəǰo wuǰoyo tənəsṅow {tə-nəsṅo-w}.	**tə** R w
2s>3d	nəǰo wuǰoǰis tənəsṅow {tə-nəsṅo-w}.	**tə** R w
2d>3s	nəǰoǰis wuǰo tənəsṅoNč {tə-nəsṅo-Nč}.	**tə** R Nč
2d>3p	nəǰoǰis wuǰoyo tənəsṅoNč {tə-nəsṅo-Nč}.	**tə** R Nč
2d>3d	nəǰoǰis wuǰoǰis tənəsṅoNč {tə-nəsṅo-Nč}.	**tə** R Nč
2s>1s	nəǰo ṅa kunəsṅoṅ {kə-wu-nəsṅo-ṅ}.	**ku** R ṅ
2s>1d	nəǰo yiñoǰis kunəsṅoč {kə-wu-nəsṅo-č}.	**ku** R č
2s>1p	nəǰo yiñoyo kunəsṅoy {kə-wu-nəsṅo-y}.	**ku** R y
2d>1s	nəǰoǰis ṅa kunəsṅoṅ {kə-wu-nəsṅo-ṅ}.	**ku** R ṅ
2d>1d	nəǰoǰis yiñoǰis kunəsṅoč {kə-wu-nəsṅo-č}.	**ku** R č
2d>1p	nəǰoǰis yiñoyo kunəsṅoy {kə-wu-nəsṅo-y}.	**ku** R y
2p>1s	nəǰoyo ṅa kunəsṅoṅ {kə-wu-nəsṅo-ṅ}.	**ku** R ṅ
2p>1d	nəǰoyo yiñoǰis kunəsṅoč {kə-wu-nəsṅo-č}.	**ku** R č
2p>1p	nəǰoyo yiñoyo kunəsṅoy {kə-wu-nəsṅo-y}.	**ku** R y
3s>2s	wuǰo nəǰo tunəsṅon {tə-wu-nəsṅo-n}.	**tu** R n
3s>2d	wuǰo nəǰoǰis tunəsṅoNč {tə-wu-nəsṅo-Nč}.	**tu** R Nč
3s>2p	wuǰo nəǰoyo tunəsṅoñ {tə-wu-nəsṅo-ñ}.	**tu** R ñ
3d>2s	wuǰoǰis nəǰo tunəsṅon {tə-wu-nəsṅo-n}.	**tu** R n
3d>2d	wuǰoǰis nəǰoǰis tunəsṅoNč {tə-wu-nəsṅo-Nč}.	**tu** R Nč
3d>2p	wuǰoǰis nəǰoyo tunəsṅoñ {tə-wu-nəsṅo-ñ}.	**tu** R ñ
3p>2s	wuǰoyo nəǰo tunəsṅon {tə-wu-nəsṅo-n}.	**tu** R n
3p>2d	wuǰoyo nəǰoǰis tunəsṅoNč {tə-wu-nəsṅo-Nč}.	**tu** R Nč
3p>2p	wuǰoyo nəǰoyo tunəsṅoñ {tə-wu-nəsṅo-ñ}.	**tu** R ñ

96　3.4 動詞と動詞句

　被動作者に最も劇的な変化をもたらす「殺す」（語幹 sat）の例でも
上記のパタンは当てはまる。

1s>3s	ṅa wuǰo san {sat-ṅ}.	**Ø** R ṅ
1s>3p	ṅa wuǰoyo san {sat-ṅ}.	**Ø** R ṅ
1d>3s	yiǰoǰis wuǰo sač {sat-č}.	**Ø** R č
1p>3s	yiǰo wuǰo say {sat-y}.	**Ø** R y
2d>3s	nəǰoǰis wuǰo təsanč {tə-sat-ɴč}.	**tə** R ɴč
2p>3s	nəǰoyo wuǰo təsañ {tə-sat-ñ}.	**tə** R ñ

次に「与える」を検討しよう。語幹は wu- である。

agt>bnf	文	人称接辞のパタン P4-R-S1（R は語幹）
1s>2s	ṅa nəǰo tə-wu-n.	**tə** R n
1p>2s	yiño nəǰo tə-wu-n.	**tə** R n
1d>2s	yiñoǰis nəǰo tə-wu-n.	**tə** R n
1s>2p	ṅa nəǰoyo tə-wu-ñ.	**tə** R ñ
1p>2p	yiñoyo nəǰoyo tə-wu-ñ.	**tə** R ñ
1d>2p	yiñoǰis nəǰoyo tə-wu-ñ.	**tə** R ñ
1s>2d	ṅa nəǰoǰis tə-wu-ɴč	**tə** R ɴč
1p>2d	yiǰoyo tə-wu-ɴč.	**tə** R ɴč
1d>2d	yiñoǰis nəǰoǰis tə-wu-ɴč.	**tə** R ɴč
3p>1s	wuǰoyo ṅa wu-wu-ṅ.	**wu** R ṅ
3d>1s	wuǰoǰis ṅa wu-wu-ṅ.	**wu** R ṅ
3s>1p	wuǰo yiño wu-wu-y.	**wu** R y
3p>1p	wuǰoyo yiño wu-wu-y.	**wu** R y
3d>1p	wuǰoǰis yiño wu-wu-y.	**wu** R y
3s>1d	wuǰo yiñoǰis wu-wu-č.	**wu** R č
3p>1d	wuǰoyo yiñoǰis wu-wu-č.	**wu** R č
3d>1d	wuǰoǰis yiñoǰis wu-wu-č.	**wu** R č

3.4.5 P4-S1：人称標識　97

1s>3s	ṅa wuǰo wu-ṅ.	Ø	R	ṅ
1s>3p	ṅa wəǰoyo wu-ṅ.	Ø	R	ṅ
1s>3d	ṅa wuǰoǰis wu-ṅ.	Ø	R	ṅ
1p>3s	yiño wuǰo wu-y.	Ø	R	y
1p>3p	yiño wuǰoyo wu-y.	Ø	R	y
1p>3d	yiño wuǰoǰis wu-y.	Ø	R	y
1d>3s	yiñoǰis wuǰo wu-č.	Ø	R	č
1d>3p	yiñoǰis wuǰoyo wu-č.	Ø	R	č
1d>3d	yiñoǰis wuǰoyo wu-č.	Ø	R	č
3s>3s	wuǰo wumə wu-w.	Ø	R	w
3s>3p	wuǰo wuməyo wu-w.	Ø	R	w
3s>3d	wuǰo wuməǰis wu-w.	Ø	R	w
3p>3s	wuǰoyo wumə wu-wu.	wu	R	Ø
3p>3p	wuǰoyo wumə wu-wu.	wu	R	Ø
3p>3d	wuǰoyo wuməǰis wu-wu.	wu	R	Ø
3d>3s	wuǰoǰis wumə wu-wu.	wu	R	Ø
3d>3p	wuǰoǰis wuməyo wu-wu.	wu	R	Ø
3d>3d	wuǰoǰis mə ̌neǰis wu-wu.	wu	R	Ø
2p>3s	nəǰoyo wuǰo tə-wu-ñ.	tə	R	ñ
2p>3d	nəǰoyo wuǰoǰis tə-wu-ñ.	tə	R	ñ
2p>3p	nəǰoyo wuǰoyo tə-wu-ñ.	tə	R	ñ
2s>3s	nəǰo wuǰo tə-wu-w.	tə	R	w
2s>3p	nəǰo wuǰoyo nu tə-wu-w.	tə	R	w
2s>3d	nəǰo wuǰoǰis nu tə-wu-w.	tə	R	w
2d>3s	nəǰoǰis wuǰo nu tə-wu-ɴč.	tə	R	ɴč
2d>3p	nəǰoǰis wuǰoyo tə-wu-ñ.	tə	R	ñ
2d>3d	nəǰoǰis wuǰoǰis tə-wu-ɴč.	tə	R	ɴč
2s>1s	nəǰo ṅa ku {kə-wu}-wu-ṅ.	ku	R	ṅ
2s>1d	nəǰo yiñoǰis ku {kə-wu}-wu- č.	ku	R	č

2s>1p	nəǰo yiñoyo ku {kə-wu}-wu-y.	**ku** R **y**
2d>1s	nəǰoǰis ṅa ku {kə-wu}-wu-ṅ.	**ku** R **ṅ**
2d>1d	nəǰoǰis yiñoǰis ku {kə-wu}-wu-č.	**ku** R **č**
2d>1p	nəǰoǰis yiñoyo ku {kə-wu}-wu-y.	**ku** R **y**
2p>1s	nəǰoyo ṅa ku {kə-wu}-wu-ṅ.	**ku** R **ṅ**
2p>1d	nəǰoyo yiñoǰis ku {kə-wu}-wu-č.	**ku** R **č**
2p>1p	nəǰoyo yiñoyo ku {kə-wu}-wu-y.	**ku** R **y**
3s>2s	wuǰo nəǰo tu {tə-wu}-wu-n.	**tu** R N
3s>2d	wuǰo nəǰoǰis tu {tə-wu}-wu-Nč.	**tu** R Nč
3s>2p	wuǰo nəǰoyo tu {tə-wu}-wu-ñ.	**tu** R **ñ**
3d>2s	wuǰoǰis nəǰo tu {tə-wu}-wu-n.	**tu** R n
3d>2d	wuǰoǰis nəǰoǰis tu {tə-wu}-wu-Nč.	**tu** R Nč
3d>2p	wuǰoǰis nəǰoyo tu {tə-wu}-wu-ñ.	**tu** R **ñ**
3p>2s	wuǰoyo nəǰo tu {tə-wu}-wu-n.	**tu** R n
3p>2d	wuǰoyo nəǰoǰis tu {tə-wu}-wu-Nč.	**tu** R Nč
3p>2p	wuǰoyo nəǰoyo tu {tə-wu}-wu-ñ.	**tu** R **ñ**

類似の語義を持つ「供給する」（語幹 Nbi）も同様のパタンを示す。

3s>2s	wuǰo nəǰo tu {tə-wu}-Nbə-n.	**tu** R n
3p>2s	wuǰoyo nəǰo tu {tə-wu}-Nbə-n.	**tu** R n
3d>2s	wuǰoǰis nəǰo tu {tə-wu}-Nbə-n.	**tu** R n
3s>2p	wuǰo nəǰoyo tu {tə-wu}-Nbə-ñ.	**tu** R **ñ**
3p>2p	wuǰoyo nəǰoyo tu {tə-wu}-Nbə-ñ.	**tu** R **ñ**
3d>2p	wuǰoǰis nəǰoyo tu {tə-wu}-Nbə-ñ.	**tu** R **ñ**
3s>2d	wuǰo nəǰoǰis tu {tə-wu}-Nbə-Nč.	**tu** R Nč
3p>2d	wuǰoyo nəǰoǰis tu {tə-wu}-Nbə-Nč.	**tu** R Nč
3d>2d	wuǰoǰis nəǰoǰis tu {tə-wu}-Nbə-Nč.	**tu** R Nč
2s>3s	nəǰo wuǰo təNbiw {tə-Nbə-w}.	**tə** R **w**
2s>3p	nəǰo wuǰoyo təNbiw {tə-Nbə-w}.	**tə** R **w**

3.4.5 P4-S1：人称標識　99

2s>3d	nəǰo wuǰoǰis təɴbiw {tə-ɴbə-w}.	**tə R w**
2p>3s	nəǰoyo wuǰo təɴbiñ {tə-ɴbə-ñ}.	**tə R ñ**
2p>3p	nəǰoyo wuǰoyo təɴbiñ {tə-ɴbə-ñ}.	**tə R ñ**
2p>3d	nəǰoyo wuǰoǰis təɴbiñ {tə-ɴbə-w}.	**tə R ñ**
2d>3s	nəǰoǰis wuǰo təɴbiɴč {tə-ɴbə-ɴč}.	**tə R ɴč**
2d>3p	nəǰoǰis wuǰoyo təɴbiɴč {tə-ɴbə-ɴč}.	**tə R ɴč**
2d>3d	nəǰoǰis wuǰoǰis təɴbiɴč {tə-ɴbə-ɴč}.	**tə R ɴč**

また、agt>goal の意味関係を生じる「送る」（語幹 sco）も次のような一致を示す。

2s>1s	nəǰo ṅa ku {kə-wu} scoṅ {sco-ṅ}.	**ku R ṅ**
2p>1s	nəǰoyo ṅa ku {kə-wu} scoṅ {sco-ṅ}.	**ku R ṅ**
2d>1s	nəǰoǰis ṅa ku {kə-wu} scoṅ {sco-ṅ}.	**ku R ṅ**
2s>1p	nəǰo yiño ku {kə-wu} scoy {sco-y}.	**ku R y**
2p>1p	nəǰoyo yiñoǰis ku {kə-wu} scoy {sco-y}.	**ku R y**
2d>1p	nəǰoǰis yiñoyo ku {kə-wu} scoy {sco-y}.	**ku R y**
2s>1d	nəǰo yiñoǰis ku {kə-wu} scoč {sco-č}.	**ku R č**
2p>1d	nəǰoyo yiñoǰis ku {kə-wu} scoč {sco-č}.	**ku R č**
2d>1d	nəǰoǰis yiñoǰis ku {kə-wu} scoč {sco-č}.	**ku R č**

「…が好きである」語幹 naṅa

agt>ptt 等　文		人称接辞のパタン P4-R-S1（R は語幹）
1s>2s	ṅa nəǰo tə-naṅa-n.	**tə R n**
1p>2s	yiño nəǰo tə-naṅa-n.	**tə R n**
1d>2s	yiñoǰis nəǰo tə-naṅa-n.	**tə R n**
1s>2p	ṅa nəǰoyo tə-naṅa-ñ.	**tə R ñ**
1p>2p	yiñoyo nəǰoyo tə-naṅa-ñ.	**tə R ñ**

100　3.4 動詞と動詞句

3p>1s	wuǰoyo ṅa wu-naṅa-ṅ.	**wu** R ṅ
3d>1s	wuǰoǰis ṅa wu-naṅa-ṅ.	**wu** R ṅ
3s>1p	wuǰo yiño wu-naṅa-y.	**wu** R y
3p>1p	wuǰoyo yiño wu-naṅa-y.	**wu** R y
3d>1p	wuǰoǰis yiño wu-naṅa-y.	**wu** R y
3s>1d	wuǰo yiñoǰis wu-naṅa-č.	**wu** R č
3p>1d	wuǰoyo yiñoǰis wu-naṅa-č.	**wu** R č
3d>1d	wuǰoǰis yiñoǰis wu-naṅa-č.	**wu** R č
1s>3s	ṅa wuǰo naṅa-ṅ.	Ø R ṅ
1s>3p	ṅa wəǰoyo naṅa-ṅ.	Ø R ṅ
1s>3d	ṅa wuǰoǰis naṅa-ṅ.	Ø R ṅ
1p>3s	yiño wuǰo naṅa-y.	Ø R y
1p>3p	yiño wuǰoyo naṅa-y.	Ø R y
1p>3d	yiño wuǰoǰis naṅa-y.	Ø R y
1d>3s	yiñoǰis wuǰo naṅa-č.	Ø R č
1d>3p	yiñoǰis wuǰoyo naṅa-č.	Ø R č
1d>3d	yiñoǰis wuǰoyo naṅa-č.	Ø R č
3s>3s	wuǰo wumə naṅa-w.	Ø R w
3s>3p	wuǰo wuməyo naṅa-w.	Ø R w
3s>3d	wuǰo wuməǰis naṅa-w.	Ø R w
3p>3s	wuǰoyo wumə wu-naṅa.	**wu** R Ø
3p>3p	wuǰoyo wumə wu-naṅa.	**wu** R Ø
3p>3d	wuǰoyo wuməǰis wu-naṅa.	**wu** R Ø
3d>3s	wuǰoǰis wumə wu-naṅa.	**wu** R Ø
3d>3p	wuǰoǰis wuməyo wu-naṅa.	**wu** R Ø
3d>3d	wuǰoǰis məñeǰis wu}-naṅa.	**wu** R Ø
2p>3s	nəǰoyo wuǰo tə-naṅa-ṅ.	**tə** R ñ
2p>3d	nəǰoyo wuǰoǰis tə-naṅa-ṅ.	**tə** R ñ
2p>3p	nəǰoyo wuǰoyo tə-naṅa-ñ.	**tə** R ñ

3.4.5 P4-S1：人称標識　101

2s>3s	nəǰo wuǰo tə-naṅa-w.	**tə** R **w**
2s>3p	nəǰo wuǰoyo tə-naṅa-w.	**tə** R **w**
2s>3d	nəǰo wuǰoǰis tə-naṅa-w.	**tə** R **w**
2d>3s	nəǰoǰis wuǰo tə-naṅa-ɴč.	**tə** R **ɴč**
2d>3p	nəǰoǰis wuǰoyo tə-naṅa-ɴč.	**tə** R **ɴč**
2d>3d	nəǰoǰis wuǰoǰis tə-naṅa-ɴč.	**tə** R **ɴč**
2s>1s	nəǰo ṅa ku-naṅa-ṅ.	**ku** R **ṅ**
2s>1d	nəǰo yiñoǰis ku-naṅa-č.	**ku** R **č**
2s>1p	nəǰo yiñoyo ku-naṅa-y.	**ku** R **y**
2d>1s	nəǰoǰis ṅa ku-naṅa-ṅ.	**ku** R **ṅ**
2d>1d	nəǰoǰis yiñoǰis ku-naṅa-č.	**ku** R **č**
2d>1p	nəǰoǰis yiñoyo ku-naṅa-y.	**ku** R **y**
2p>1s	nəǰoyo ṅa ku-naṅa-ṅ.	**ku** R **ṅ**
2p>1d	nəǰoyo yiñoǰis ku-naṅa-č.	**ku** R **č**
2p>1p	nəǰoyo yiñoyo ku-naṅa-y.	**ku** R **y**
3s>2s	wuǰo nəǰo tu-naṅa-n.	**tu** R **n**
3s>2d	wuǰo nəǰoǰis tu-naṅa-ɴč.	**tu** R **ɴč**
3s>2p	wuǰo nəǰoyo tu-naṅa-ñ	**tu** R **ñ**
3d>2s	wuǰoǰis nəǰo tu-naṅa-n.	**tu** R **n**
3d>2d	wuǰoǰis nəǰoǰis tu-naṅa-ɴč.	**tu** R **ɴč**
3d>2p	wuǰoǰis nəǰoyo tu-naṅa-ñ.	**tu** R **ñ**
3p>2s	wuǰoyo nəǰo tu-naṅa-n.	**tu** R **n**
3p>2d	wuǰoyo nəǰoǰis tu-naṅa-ɴč.	**tu** R **ɴč**
3p>2p	wuǰoyo nəǰoyo tu-naṅa-ñ.	**tu** R **ñ**

3.4.5.2.2 出現パタンのまとめ

　これらのデータから他動詞文における人称接辞のセット P4－S1 は次のように現れていることが分かる。

102 3.4 動詞と動詞句

【表3】

ptt/bnf/goal \ agt	1	2	3
1s		ku−ṅ	wu−ṅ
1d		ku−č	wu−č
1p		ku−y	wu−y
2s	tə−n		tu−n
2d	tə−ɴč		tu−ɴč
2p	tə−ñ		tu−ñ

なお、ku は {kə-wu}、tu は {tə-wu} が基底形である。

【表4】

ptt/bnf/goal \ agt	1s	1d	1p	2s	2d	2p	3s	3d	3p
3	Ø−ṅ	Ø−č	Ø−y	tə−w	tə−ɴč	tə−ñ	Ø−w	wu−Ø	wu−Ø

【表3】からは次のことが導かれる。

① wu は inverse prefix であり、動作が２人称＞１人称、３人称＞２
人称、３人称＞１人称のように及ぶとき義務的に現れる。

② P4 接辞は、 ２＞１ の場合 {kə-wu}、 ３＞２ の場合 {tə-wu}、1>2
の場合 {tə-Ø}、3>1 の場合 {Ø-wu} のように基底形を措定できる
ので、①の ɪɴᴠ 接辞 wu の役割を考えると、その内部構造は [ptt-ɪɴᴠ]
になっている。

③ このことから、kə- は１人称マーク、tə- は２人称マークとしてよい。
Bauman（1975:123-150）によれば、 １人称代名詞として #ka の形
式を持つ TB 諸語は多々見られる。

④ S1 に現れる接辞は、数も含め、独立の人称代名詞の remnant であ
り、1s>3 の場合の一致を除き、被動作者に一致する。

⑤ 従って、P4、S1 いずれも被動作者等を反映している。

　一方、【表4】のデータからは、「ptt 等が3人称である場合、動作者の如何にかかわらず、自動詞と同様、数を含め、動作者に一致する」ことが帰納される。

3.4.5.3　人称接辞 S1 の役割

　人称接辞は常に P4–S1 の組み合わせで機能するが、S1 のみが担う役割が2つある。

3.4.5.3.1　丁寧な命令

　命令文では、VP の P1 の位置に方向接辞（過去）が現れ、動詞語幹と S1（人称接辞）がそれに続く。敬語表現ないし丁寧な命令を作るには、VP 内部で S1 を 2s ではなく、2p とする方法で、これが最も一般的である。

(080)　sce　　ro-we-n.
　　　　ここに　IMP- 来る -2s
　　　　「ここに来い」

(080c)　sce　　ro-we-ñ.
　　　　ここに　IMP- 来る -2p
　　　　「ここに来て下さい」

丁寧な命令の詳細は、4.3 を参照されたい。

3.4.5.3.2　勧誘

「勧誘」は S1 に現れる人称接辞で表現され、1d と 1p が立ちうる。

(170)　ka-če-y.
　　　　IMP- 行く -p
　　　　「行きましょう」

(171)　ma-če-y.
　　　　NEG- 行く -p
　　　　「行かないでおきましょう」

104　3.4 動詞と動詞句

(172)　čhijo čhe-**č**.

　　　　1d　　行く -d

(173)　čhijo čhe-**y**.

　　　　1d　　行く -p

(173a)　čhijo ma-čhe-**y**.

　　　　1d　　NEG- 行く -p

　(170)(171) では「行く人」が複数であろうことは -y があることから推測できるが、overt な形では動作者は明示されていない。一方、(173) と (173a) では čhijo が動作者として明示されているのに S1 に複数マークが現れている。本来は (172) のように双数マークであるべきだが、莫拉方言では動作者が双数であっても、S1 の人称接辞が -p で対応する例が幾つかある。これらの例から、「勧誘」は基本的に複数対応が無標であり、特に双数であることを示したい場合にのみ、(172) のように -č が S1 に現れる、と解釈したい。

3.4.6 P5：態 (Voice) 及び動作の様態を示す接辞

　P5 は動詞語幹に最も近い位置に現れ、動作の様態を示す接辞群である。これには相互動作、連続動作、自動的（あるいは意志による制御不能の）動作、使役などが含まれ、態 (voice) を表す副詞的接辞と定義できる。

3.4.6.1 副詞的接辞 wə

　Voice そのものを表すとは言えない副詞的接辞 **wə**- が、P5 の位置に現れ、「動詞の表す状態に向かいつつある、もうすぐそうなりそうだ」の意を表すことがある。たとえば、

(174)　tərtshot kəsam kəwməndə {kə-**wə**-məndə}.

　　　　時計　　3　　　DIR-VPS- 到達する

3.4.6 P5：態（Voice）及び動作の様態を示す接辞　105

「もうすぐ 3 時だ」

(175)　wuǰo yiwmǝndǝ {yi-**wǝ**-mǝndǝ}.

　　　3s　　DIR-VPS- 到達する

　　　「彼は到着しようとしている」

　この -**wǝ**- は ka-we「来る」に来源を求めることができると思われ、
Prins（2011:449-451）も「towards の意」と記述している。Prins はこ
の接辞に対立する -ʃi-「away from」を挙げ、katʃʰi「行く」に来源があ
るとしているが、莫拉方言では -ʃi- に対応する形式は見いだせていない。
なお、Prins（ibid.）はこれらの接辞を viewpoint をスイッチするもの
と位置づけ、人称接辞 P4 と態を表す接辞 P5 の間に現れるとしている。

3.4.6.2　使役を示す接辞

　使役を示す接辞には sǝ-、šǝ-、rǝ-、wa- の 4 種がある。このうち、sǝ-
と šǝ- は TB 祖語に来源を求めることができ、rǝ- と wa- についても他の
TB 諸語に同源と思われる形態を見いだせる。これら生産的な接辞の他、
より古い時代に既に動詞語幹に語彙化したものもある。

　生産的接辞を記述する前に語幹レベルでの自他の区別に触れておく。
基本的には本来生産的接辞だった P5 接辞が母音要素を失い、語幹の一
部として振る舞うようになっているものがある。その逆に、意味を明確
化するために語彙化した接辞に母音を挿入して脱語彙化（して生産性を
回復）したり、接辞が語彙化した語幹の前にさらに別の接辞を置く過程
も見られる。この接辞の母音要素消滅と挿入の過程はチベット・ビルマ
系諸語に共通して広く起こった事象であると推察できる。

s-jur	「変える」	:	N-jur	「変わる」
s-khor	「廻す」	:	N-kor	「廻る」
s-krǝ	「巻く」	:	N-krǝ	「巻かれた状態になる」
s-roṅ	「見せる」	:	Ø-roṅ	「見える」
r-was	「起こす」	:	Ø-was	「起きる」

106　3.4 動詞と動詞句

r-to > r-do	「会う」	:	m-to	「見える」
k-tsum	「つぶる」	:	N-/m-ǰup	「閉じる」
k-ram	「乾かす」	:	Ø-ram	「乾く」
p-ram	「乾かす」	:	Ø-ram	「乾く」
(ka-)tuw	「開ける」	:	(kə-)ṅə-tow	「開く」
(ka-)čat	「閉める」	:	(kə-)ṅə-čat	「（戸が）閉まる」

3.4.6.2.1 sə-

　この接頭辞は使役マークとして最も頻繁に用いられるもので、自他を区別する。

(176)　bišer tərmi tokəydzum {to-kə-yidzum-Ø}.
　　　　昨日　人　　PST-3p- 集まる -3
　　　　「昨日人々が集まった」

(177)　ṅa bišer tərmi tosəydzuṅ {to-**sə**-yidzum-ṅ}.
　　　　1s 昨日　人　　PST-CAUS- 集まる -1s
　　　　「私は昨日人を集めた」

　上の例文中、to- は「過去の非完結相」を表す。また、yi-dzum の yi- は本来一般的移動を示す方向接辞であるが、語幹に同化している。

(178)　ñiǰo ñ-əmñak ro　　mə-ṅos?
　　　　2p　2p:GEN- 眼 起きる Q-LKV
　　　　「起きますか？」

(179)　ṅa təpuʔ w-əmñak nəsəroṅ{nə-**sə**-ro-ṅ}.
　　　　1s 子供　3s:GEN- 眼 PST-CAUS- 起きる -1s
　　　　「私はその子を起こした」

　(179) の nə- は本来「下流へ」を表す方向接辞だが、この接辞は一般に過去を示す。

3.4.6 P5：態（Voice）及び動作の様態を示す接辞　107

(180)　štə　w-əṭha　w-əŋgu=y　　　tadok toṅəcolo {to-ṅə-colo}
　　　　これ 3s:GEN- 茶 3s:GEN- 中 =LOC 毒　　DIR-IMPS- 混ざる

noto.
AUX
「この茶には毒が混じっている」

(181)　štə　wu-smen　təǰi　w-əŋgu=y　　　tosəcolow {to-**sə**-colo-w}.
　　　　これ 3s:GEN- 薬 水　3s:GEN- 中 =LOC IMP-CAUS- 混ざる -2s
「この薬を水に混ぜよ」

(180)(181) では ṅə-colo が sə-colo に差し替わることにより使役
が表現される。ṅə-colo の ṅə- も本来動作の様態を示す P5 接辞だが、
unitary root ではないので、sə- が出現するとそれとは共起しない。

(182)　štə　w-ətasi　kə-gurgur　　　　noto.
　　　　これ 3s:GEN- 棒 INF- 曲がっている　AUX
「この棒は曲がっている」

(182a)　ṅa tətasi **sə**-gurgur.
　　　　1s 棒　　CAUS- 曲がっている
「私は棒を曲げよう」

(183)　ṅa nə-chɐ-ṅ.
　　　　1s REF- 酔う -1s
「私は酔いそうだ」

(184)　wuyo=kə tərmi=tə to-**sə**-chɐ-w.
　　　　3s=ERG　男 =DEF　PST-CAUS- 酔う -3s
「彼はその男を酔わせた」

sə-kšot のようにやや込み入った歴史を抱える語彙もある。これはも
ともと kšot「習う」に CAUS が接頭した形だが、「習わせる」の意では
なく、「教える」を意味する。そして現在では kšot が「習う」の意味で
単独で使われることがなくなり、səkšot だけが sə- が語彙化した形で残っ
ている。現在「習う」の意味で単独で使われるのは ka-slap である。

108 3.4 動詞と動詞句

次に sə- が「…をして～せしめる」の意での使役に転換する例を検討
する。

(185) ṅa ṅ-əŋɐ   wan {wat-ṅ}.
       1s 1s:GEN- 着物 着る -1s
       「私は（自分の）着物を着よう」

(186) ṅa təpuʔ w-əŋɐ   səwan {sə-wat-ṅ}.
       1s 子供 3s:GEN- 着物 CAUS- 着る -1s
       「私は子供に（彼の）着物を着せよう」

(187) ṅa(=kə) təpuʔ w-əŋɐ   ṅ-apya səwan {sə-wat-ṅ}.
       1s(=NIF) 子供 3s:GEN- 着物 1s- 妻   CAUS- 着る -1s
       「私は家内をしてその子に（彼の）着物を着用せしめよう」

(188) ṅa ṅ-əŋɐ   nə-tɐ-ṅ.
       1s 1s:GEN- 着物 PST- 脱ぐ -1s
       「私は着物を脱いだ」

(189) ṅa w-əŋɐ   nə-sə-tɐ-ṅ.
       1s 3s:GEN- 着物 PST-CAUS- 脱ぐ -1s
       「私は彼の着物を脱がせた」

(190) ṅa(=kə) w-əŋɐ   ṅ-əwos   nə-sə-tɐ-ṅ.
       1s(=NIF) 3s:GEN- 着物 1s:GEN- 使用人 PST-CAUS- 脱ぐ -1s
       「私は使用人をして彼の着物を脱衣させた」

(191) ṅa wuǰo tama kə-sə-pa   ṅos.
       1s 3s   仕事 INF-CAUS- する LKV
       「私は彼に仕事をさせよう」

(192) ṅ-əpɐ   ṅ-əwɐ   ka-sar   yusthaṅ{yi-wu-sə-thal-ṅ}.
       1s:GEN- 父 1s:GEN- 祖母 INF- 探す PST-3>1-CAUS- 行く（過去)-1s
       「父は（私に）祖母を探しに行かせた」

(193) ṅ-əpɐ   ṅa kə-mbri manusčheṅ {ma-nə-wu-sə-čhe-ṅ}.
       1s:GEN- 父 1s INF- 遊ぶ NEG-EVI-3>1-CAUS- 行く -1s

3.4.6 P5：態（Voice）及び動作の様態を示す接辞　109

「父は私を遊びに行かせてくれない」

(194)　wuǰo(=kə) tətha ṅa yi-**sə**-tsam.

　　　　3s(=NIF)　本　　1s　DIR-CAUS- 運ぶ

　　　「彼は私に本を運ばせた」

(195)　butaṅ=kə krašis　　sonam tascor na-**sə**-wu-w.

　　　　部長 =ERG タシをして ソナム 書類　　PROG-CAUS- 与える -3s

　　　「部長はタシにソナムに書類を出させようとしていた」

(196)　ṅa dawa sonam=gə　ta-**sə**-top-ṅ.

　　　　1s　ダワ　ソナム =FOC PST-CAUS- 殴る -1s

　　　「私はダワにソナムを殴らせた」

(197)　ṅa səmnor kə-Nǰip=ke　　　　nuslan {nə-wu-**sə**-lat-ṅ}.

　　　　1s　熟慮　　INF- 細かい =ADVR IMP-INV-CAUS- する -1s

　　　「じっくり考えさせて」

「…をして〜せしめる」の構文で、(186)(189)(191-193) のように主たる行為者が無標である場合と、(187)(190)(194)(195) のように ERG（NIF）でマークされる場合とがあり、2 次的行為者はいずれも無標である。このことは、このような使役表現では格標示に関しては無標が基本であり、主たる行為者を特に明示すべき場合にのみ -NIF が現れ、項の語順は専ら統語ルールによると解釈できよう。また、(196) のように「〜せしめる」行為の結果を受ける ptt が =gə によって焦点化される例がある。このような構文におけるマークの出現に関しては Prins（2011:211）の例文 No.272 のような事象と合わせ、より一層の精査が必要である。

　このような用例の他、kə-kte「大きい」に対して、kə-sə-kte「大きくする、育てる」のような例もあるが、このように sə- が形容詞とともに生産的に働く類例は少ない。また、歴史的な検討を経て、既に語彙化している sə- を見いだすこともできる。たとえば、ka-sna-skik「修繕する」の skik は単独でも「直す」の意を含んでいる。では sna は何かと言うと、「良い」の意である。ところが、実は na には本来「良い」の意があ

110 3.4 動詞と動詞句

る。つまり、sna はもともと *s-na<*sə-na「良くする」であって、「良い」
という形容詞に CAUS を表す接辞が接頭した形なのである。このような
接辞の語彙化は随所に見られる。

3.4.6.2.2 šə-

この接辞は CAUS マークである点では sə- と同じであり、おそらくそ
こからの派生形式であるが、「助けて…させる、幇助する」の意を表す。

(198)　ṅa rwas {rwas-ṅ}.

　　　1s 起きる

　　　「私は起きる」

(198a)　ṅa wuǰo sərwas {sə-rwas-ṅ}.

　　　1s 3s　CAUS- 起きる -1s

　　　「私は彼を起こす」

(198b)　ṅa wuǰo šə-rwas {šə-rwas-ṅ}.

　　　1s 3s　CAUS- 起きる -1s

　　　「私は彼が起きるのを助ける」

「借りる」「貸す」の対立を šə- で表すことができる。

(199)　ṅa poṅyi nə-rṅa-ṅ.

　　　1s お金　PST- 借りる（過去）-1s

　　　「私はお金を借りた」

(199a)　ṅa poṅyi nə-šə-rṅa-ṅ.

　　　1s お金　PST-CAUS- 借りる -1s

　　　「私はお金を貸した」

(199b)　ṅa poṅyi nə-scə-ṅ=ren　　tǎǰim to-pa-ṅ.

　　　1s お金　PST- 借りる -1s= て 家　　PST- 作る -1s

　　　「私はお金を借りて、家を建てた」

(199c)　ṅa ṅə-poṅyi　kə-ndo=tə　　ndo=kor wuǰo

　　　1s 1s:GEN- お金 INF- 有る =DEF　有る = が 3s

3.4.6 P5：態（Voice）及び動作の様態を示す接辞　111

ma-**šə**-scə-ṅ.

NEG-CAUS- 借りる -1s

「私はお金があるにはあるが、彼には貸さない」

(199d) štə　wuǰo　ka-**šə**-rṅa　　ka-ra　　　　w-əthep　　nə-ṅo.

これ 3s　INF-CAUS- 借りる INF- 必要がある 3s:GEN- 本 EVI-LKV

「これは彼に貸してやらねばならない本なのです」

「借りる」「貸す」の対立は sə- で表すのが一般的であるが、**šə**- を使うのは「貸してあげる」と言う一種の待遇表現の現れかと思われる。

šə- が特に幇助の意なしに、全く sə- と同じ CAUS としてのみ働く例もある。たとえば、pki は「隠れる」という自動詞であるが、その他動詞形は **šə**-pki であって、*sə-pki という形はない。また、**šə**-čhit「濡れる」と **šə**-lot「道に迷う」はいずれも CAUS- 形容詞の複合語幹である。但し、čhit と lot は現代語では自立的形容詞としては存在しない。

3.4.6.2.3　**rə**-

rə- が CAUS マークとして機能する例は下記の通りである。

kə-kšut	「出る」	:	kə-**rə**-kšut	「追い出す」
kə-čhak	「少ない」	:	kə-**rə**-čhak	「減らす」
təpuʔ	「子供」	:	ka-**rə**-puʔ	「出産する」
tascor	「手紙」	:	ka-**rə**-scor	「書く」
tətha	「本」	:	ka-**rə**-tha	「勉強する、学校へ行く」

もうひとつの例は kə-ram「乾く」に関わる手続きである。これに対する他動詞形には ka-kram と ka-pram があり、いずれも「乾かす」を意味するが、ka-pram は「曝涼する」の意にのみ使われる。kram にせよ pram にせよ、既に他動詞化された形なのだが、これらの語幹が単独で現れることは少なく、多くの場合、ka-**rə**-kram と ka-**rə**-pram として出現する。Prins（2011：479）にも kəraʔm 'dry' vs. karəkraʔm 'dry in the sun' が例示されている。なお、ka-wa-kram は「（乾かすために何か

112　3.4　動詞と動詞句

を）広げる」の意である。

3.4.6.2.4　wa-

　この接辞の主たる役割は形容詞と名詞を動詞化することである。たとえば、

(200)　ñiǰo təǰi **wa**-stshe-ñ　　mə-ños.
　　　　2p　水　CAUS- 熱い -2p Q-LKV
　　　　「あなた方は湯を沸かすのですか？」

(201)　ṅa towambiyaṅ {to-**wa**-mbiyas-ṅ}.
　　　　1s PST-CAUS- 跛 -1s
　　　　「わたしは跛をひいた」

(202)　w-ərjap　　　jaroṅ nə-čhe　　nowarmow {no-**wa**-rmo-w}.
　　　　3s:GEN- 奥さん 嘉戎　PST- 行く PST-CAUS- 夢 -3s
　　　　「彼は奥さんが嘉戎へ行った夢を見た」

(203)　ṅa bišer w-əpuʔ　nowardoṅ {no-**wa**-rdo-ṅ}.
　　　　1s 昨日　3s:GEN- 子 PST-CAUS- 見る -1s
　　　　「私は昨日彼の子に会った」

　(200) では stshe「熱い」を **wa**- が動詞化し、(201) では mbiyas「跛」という名詞を「跛をひく」に、(202) では rmo「夢」を「夢を見る」に転換する。(203) の rdo は「見る」の意で、mto の他動詞形と考えられる。この rdo に **wa**- が接頭されて、「見せしむる、会う」に意味が特殊化される。語の成り立ちからの説明は以上の通りだが、記述的には wardo「会う」という語彙化した語幹形式を認めた方が適切かもしれない。

　təNdzor「臼」に対して ka-**wa**Ndzor「挽く」もこの類例である。

(204)　ṅa tərgoʔ kəwaNdzorṅ {kə-**wa**Ndzor-ṅ}.
　　　　1s 穀物　PROG- 挽く -1s
　　　　「私は穀物を挽いています」

(204a)　ṅa krašis tərgoʔ kəsəwaNdzorṅ {kə-sə-**wa**Ndzor-ṅ}.

3.4.6 P5：態（Voice）及び動作の様態を示す接辞　113

　1s　タシ　穀物　PROG-CAUS- 挽く -1s

　「私はタシに大麦を挽かせています」

語彙的な対立としては、

kə-mne　　「少ない」　：　kə-**wa**-mne　　「減らす」

kə-rmuk　「消える」　：　ka-**wa**-rmuk「消す」

kə-rlak　　「消える」　：　ka-**wa**-rlak　「消す」

やや趣の異なる対立として、

　ka-**wa**-rdə「ほどける」：　ka-rda　「緩める」

がある。また、kə-skren「長い」に対し、waskren は名詞としての「長さ」、kə-**wa**-skren は「長くする」である。

　前節の rə- と本節の wa- に関し、Prins は「rə- と wa- は direct causative, sə- と šə- は indirect causative」と述べている。sə- と šə- は「…をして〜せしめる」の構文にも用いられるのに対し、rə- と wa- はそうでなく、agt の直接的他動性を前提としている。結果として rə- と wa- は語彙化されるものが多く、この仮説はある意味で当然のことを言っているとも解釈されうる。また、Sun と Jacques の説を引用する形で、「sə- が出現する文の ptt は human、rə- が出現する文の ptt は non-human」とも述べているが、これも反例が少なくない。

3.4.6.2.5 P5 接辞の組み合わせ

　原則として P1-5 の各スロットに立つ接辞はそれぞれ 1 つであるが、P5 の使役接辞（特に sə-）に限り、相互動作を示す ṅə-、再帰を示す nə- と組み合わされることがある。例えば、

ka-sat　　　　　殺す

ka-nə-sat　　　　己を殺す

ka-sə-sat　　　　（誰かをして）誰かを殺させる

ka-sə-nə-sat　　（誰かをして）その人を殺させる

114　3.4 動詞と動詞句

ka-ṅə-sat　　殺し合う

ka-sə-ṅə-sat　人々をして殺し合いをさせる

3.4.6.3 相互動作を示す ṅə-

相互動作を示すには ṅə- が用いられる。

(205)　wuyojis wutop {wu-top}.

　　　　3d　　　3d>3- 打つ

　　　　「彼ら２人は（誰かを）殴るだろう」

(206)　wuyojis　wuṅətop {wu-ṅə-top}.

　　　　3d　　　3d>3-RCP- 打つ

　　　　「彼ら２人は殴りあうだろう」

(206a)　wuyojis kərgɛkərgi nuṅətop {nə-wu-ṅə-top}.

　　　　3d　　　互いに　　PST-3d>3-RCP- 打つ

　　　　「彼ら２人は殴りあった」

次の３例では、動詞語幹そのものがもともと「互いに」の意を含んでいるため、ṅə- はオプションである。

(207)　čhijo kəci（ṅə-)wardo-č mə-ṅo.

　　　　1d　　どこ（RCP-）会う -1d Q-LKV

　　　　「我々はどこで会いましょうか？」

(208)　termi kəmča（ṅə-)yidzum-ñ.

　　　　人　　沢山　　（RCP-）集まる -3p

　　　　「沢山の人が集まるだろう」

上例の yidzum は本来 yi-（一般的移動の方向接辞）+ dzum「集まる」（<WT 'dzom）という語構成と思われるが、ṅə- との位置関係から既に yi- は語彙化されて、yidzum が語幹として機能している。

(209)　təji na-(ṅə-)colo.

　　　　水　PFV-(RCP-) 混ざる

3.4.6 P5：態（Voice）及び動作の様態を示す接辞　115

「水が混ざっている」

3.4.6.4　反復動作を示す **ra-** と **na-**

反復動作は **ra-** と **na-** により表される。

(210)　ṅa nərakhroṅ {nə-**ra**-khrok-ṅ}.

　　　1s　PST-REP- 掻く -1s

　　　「私はボリボリ掻いた」

(211)　wuǰo no-**ra**-čak.

　　　3s　　PST-REP- 踏みつける

　　　「彼はドンドンと踏みつけた」

(212)　štə　w-əkey koho=ke　məma　　　**ra**-sco-ñ.

　　　これ より　　綺麗 =ADVR【丁寧な依頼】REP- 書く -2p

　　　「これよりもっと綺麗に書いてくださいませんか」

(212) は丁寧な依頼で、2p 接辞が現れる。

もうひとつの接辞 na- については次の文が典型的である。

(213)　štə　w-ərmi-yo　(kə-)**na**-ri-ñ.

　　　これ 3s:GEN- 男 -p (3-)REP- 笑う -3p

　　　「この男どもは笑うだろう」

上の例文中 -ñ については、(169) の後の説明を参照。

3.4.6.5　意志で制御しがたい動作を示す mə-

意志で制御できない自動的動作を示すのは mə- である。mphat「吐く」は mə- を要求する典型的な例である。

(214)　ṅa toməmphan {to-**mə**-mphat-ṅ}.

　　　1s　PST-NonV- 吐く -1s

　　　「私は吐いた」

次の２つの命令文を比較すると、mə- の働きをより明確に理解できる。

116　3.4　動詞と動詞句

(215)　to-**mə**-mphat!

(216)　to-mphat!

(215) には **mə**- が現れており、これが中立の叙述である。つまり、相手は生理的欲求としての吐き気を催していて、話者は相手に「逆らわずに吐け」と言っているのである。それに対し、(216) では **mə**- がない。これは、相手は特に吐き気を催してはいないのだが、話者はたとえば相手が悪いものを食べたことを知っていて、「無理してでも吐け」と言っているのである。

形容詞の項で、kə-**mə**-štak「冷たい」、kə-**mə**-skruʔ「妊娠している」のように kə- と語幹の間に接辞が挿入される例があることは既に述べた。これらは動詞句の中で機能する接辞ではないが、意味的にはきわめて近い、あるいは同一の接辞と考える。kə-**mə**-skruʔ「妊娠している」の場合を考えてみると、これは təskruʔ「身体」の名詞を示す tə- が状態動詞を示す kə- に差し替わり、さらに **mə**- が割り込んだ結果である。つまり、「自分の身体の中に自分の意志ではコントロールできない何かがある」のが kə-**mə**-skruʔ なのである。

「動く」も **mə**- を要求する。kə-**mə**-rmot がそれで、kə-rmot の形で用いられることはほとんどなく、これは rmot の内容が身体の一部が意志で押さえることができないことを示唆すると思われ、この場合 **mə**rmot が語幹として機能していると思われる。従って、「揺らす」は kə-**šə**/sa-rmot ではなく、kə-**šə**-**mə**rmot なのである。

ka-sna (<*ka-sə-na)「良くする、治す」に対し、「治癒する、自然に治る」は kə-**mə**-na であることも、**mə**- が「自然に、自動的に」の意を表すことの証左となる。

感覚を表す動詞の中にも、mə- が unitary root の一部として現れるものがある。たとえば、

(217)　ṅa　ṅ-əNməs　namərtsap {na-**mə**-rtsap-ṅ}.

　　　1s　1s:GEN- 傷　PROG-NonV- 痛い -1s

「私は傷が痛んでいました」

「着く」kə-Ndə が **mə-** を伴うことがある。下の例文２つはともに「私は明日到着するだろう」の意であるが、(218) が中立的叙述であるのに対し、(219) は動作者の意志にかかわらず明日着くとのニュアンスがあり、状況としてはおそらく、このペースで行けば、当然明日到着するとの客観的見通しを述べている。

(218)　ṅa sosñi kəNdəṅ {kə-Ndə-ṅ}.

(219)　ṅa sosñi kəməNdəṅ {kə-**mə**Ndə-ṅ}.

3.4.6.6　再帰を表す nə-

行為が自身に及ぶ再帰形の例は以下の通りである。

(220)　ṅa kətop {kə-top-ṅ}.「私は打つ」

(220a)　ṅa kənətop {kə-**nə**-top-ṅ}.「私は自分を打つ」

(220b)　wuǰo natop {na-top-w}.「彼は打っていた」

(220c)　wuǰo nanətop {na-**nə**-top-w}.「彼は彼自身を打っていた」

この意味での派生的用法として、**nə-** が自動詞性を強める例がある。金鵬 et al.（1958:81）は kə-Ngri「崩壊する」に対して kə-**nə**-Ngri「自己崩壊する、内部から崩れる」を挙げている。

3.4.6.7　適用態（applicative）を表す na-

この位置に na- が現れると項がひとつ増える。従前単に様態を示す接辞のひとつと考えられてきたが、Jacques（2013, 2016）以来適用態の接辞と解釈する方向へ向かいつつある。

類型論で一般的に言う適用態は、動詞が「適用形」になると文法項がひとつ増える現象を指す。たとえば、バントゥー系のヘレロ語（例文語釈は原典のまま）では、

118　3.4 動詞と動詞句

(221)　omunéné wá-rand-a　　　ozombanda.

　　　parent　　SM/PAST-buy-F　clothes

　　　「親は服を買った」（米田 2009:7）

(221a) omunéné wá-rand-ér-é　　　ovánátje ozombanda.

　　　parent　　SM/PAST-buy-AP-F　children　clothes

　　　「親は子供たちのために服を買った」（米田 2009: 7）

の対立がある。適用態接辞 -ér- が出現したことと「子供たちのために」という benefactive 項が増えたこととがパラレルになっている。この現象はバントゥー諸語やマヤ・アズテック諸語に多く見られることが知られていて、増える項は benefactive や goal の場合が圧倒的に多い。Polinsky も一般的傾向として 'Applicative formation results in adding arguments other than agent and theme, and may thus be constrained by general hierarchy of semantic roles: agent > theme（patient）> goal（recipient, benefactive）> location > other' と述べている（Polinsky 2005:443）。

この一般的な用例と平行する嘉戎語の例としては、

(222)　wuǰo w-əɴḍiʔ　　w-əčhes　　　suwe ta-**na**-šmo.

　　　3s　　3s:GEN- 友人 3s:GEN- ために 大麦　　PST-APP- 盗む

　　　「彼は友達のために大麦を盗んだ（と聞いている）」

(223)　ṅa to-mərtsap.

　　　1s　PST- 痛い

　　　「私は痛かった」

(223a) ṅa ṅ-əɴməs　　　to-**na**-mərtsap.

　　　1s　1s:GEN- 傷口 PST-APP- 痛い

　　　「私は傷口が痛んだ」

(222) では「友人のために」という受益者項が増えるとともに -**na**- が現れる。(223) と (223a) を比較すると、痛いのがどこであるのか (location) が示されるとともに -**na**- が出現している。また、次のよう

3.4.6 P5：態（Voice）及び動作の様態を示す接辞　119

な例もある。

(224)　wuǰo ya-pho.

　　　　3s　　PST- 逃げる

　　　　「彼は逃げた」

(224a) wuǰo ǰimgu kə-**na**-pho　　ya-čhe.

　　　　3s　　家　　INF-APP- 逃げる PST- 行く

　　　　「彼は家を迂回して / 避けて行った」

(224a) では「家」は必ずしも theme ではなく、避ける対象なので、意味的には distal goal または location と見做しうる。kə-**na**-pho の代わりに kə-**na**-pyor が用いられる場合がある。

　しかし、嘉戎語で文法項がひとつ増えることと -**na**- の出現がパラレルに起こるのは 、その項が benefactive や goal である場合に限定されない。嘉戎語の場合、Polinsky の指摘とは逆に theme 項が増える、又は、前提とされるケースが多く、この点で典型的な適用態とは言いがたい。一方、Jacques（2013, 2016）はこの現象を逆に広義に捉え、「この接辞は vi を vt 化し、同時にその patient を導く」意味で「項がひとつ増える」としている。

　たとえば、

(225)　ṅa nəzdaṅ {nə-zdar-ṅ}.

　　　　1s　EVI- 怖がる -1s

　　　　「私は恐い」

(225a) ṅa khuṅ nənazdaṅ {nə-**na**-zdar-ṅ}.

　　　　1s　虎　　EVI-APP- 怖がる -1s

　　　　「私は虎が恐い」

(225b) ṅa wuǰo nənazdaṅ {nə-**na**-zdar-ṅ}.

　　　　1s　3s　　EVI-APP- 怖がる -1s

　　　　「私は彼を恐れています」

120　3.4 動詞と動詞句

「恐れる」対象として「虎」「彼」が明示され、同時に動詞句に **-na-**
が出現する。動詞不定形が現れても同様である。

(225c)　ṅa wuǰo kə-nəya nənazdaṅ {nə-**na**-zdar-ṅ}.

　　　　1s　3s　　INF- 戻る EVI-APP- 怖がる -1s

　　　　「私は彼が戻ってくることを恐れています」

さらに次の例では適用目的語とでも言うべきものが現れなくても、
-na- は現れる。

(226)　　ka-šmo=tə　　ma-hao　ṅos.

　　　　INF- 盗む =DEF　NEG- 良い LKV

　　　　「盗むことは悪い」

(226a)　tərmi ñi-lakčhɐ　　ka-**na**-šmo=tə　　ma-hao　ṅos.

　　　　人　　3p(HON):GEN- 物 INF-APP- 盗む =DEF　NEG- 良い LKV

　　　　「他人のものを盗むのは良くない」

(226b)　ka-**na**-šmo=tə　　ma-hao　ṅos.

　　　　INF-APP- 盗む =DEF　NEG- 良い LKV

　　　　「（ものを）盗むのは良くない」

(226a) は盗む対象物が明示されたことと **-na-** の出現が平行している
点で (225)–(225c) と同様だが、(226b) も文法的である。この場合、(226)
は一般論として「盗みは悪だ」と言っているのに対し、(226b) は何か
具体的に盗む物が念頭に置かれていさえすれば、適用目的語なしで -na-
が出現しうるということかと思われる。類似例として次のものがある。

(227)　　kəšmo=kə ṅə-poṅyi sta　　to-šmo-w.

　　　　泥棒 =ERG　1s:GEN- 金 入れ物 PST- 盗む -3

　　　　「泥棒が私の財布を盗んだ」

(228)　　ṅə-poṅyi sta　　tu**na**šmo(-ṅ) {to-wu-na-šmo(-ṅ)}.

　　　　1s:GEN- 金 入れ物　PST-INV-APP- 盗む (-1s)

　　　　「（誰かが）私の財布を盗んだ＝私は財布を盗まれた」

3.4.6 P5：態（Voice）及び動作の様態を示す接辞　121

(229)　təɳɖi khos tu-na-šmo(-ṅ) {to-wu-**na**-šmo(-ṅ)}.
　　　　皮　　鞄　　PST-INV-APP- 盗む
　　　「（誰かが）革鞄を盗んだ＝私は革鞄を盗まれた」

　上記の2例に受動態のような訳をつけたが、受動態に特有の形態統辞
手続きが存在するわけではない。
　やや変則的な例を挙げよう。saksɛ は「昼ご飯」という名詞だが、方
向接辞を伴って VP を作り、

(230)　yi-**na**-saksɛ　　　　　　　ru.
　　　　DIR-APP- 昼ご飯にする　SFP
　　　「昼ご飯にしよう／食べに行こう（や）」

とすると、その適用目的語であるはずの「昼ご飯」が（形式として存在
しないが）当然のこととして前提されているため、適用態接辞が現れる。
因みに、「午後」を saksɛɴkhu と言うが、これは sakse「昼ご飯」の ɴkhu「後」
という語構成である。
　上記と同様に適用目的語が当然のこととして前提されている時、その
theme が現れない例として「食べる」がある。

(231)　wuǰo təmñok ka-ɴdza　　wu-sem　no-we.
　　　　3s　　パン　　INF- 食べる 3s:GEN- 心 PST- 来る
　　　「彼はパンを食べたかった」

(232)　wuǰo šimomo kə-**na**-ɴdza　　ta-səyok.
　　　　3s　　今　　　INF-APP- 食べる PST- 終える
　　　「彼は（食事を）終えたところだ」

　(231) ではパンという具体的な theme が明示されるのに対し、(232)
では具体的な食べる対象は示されないが、VP に -**na**- が現れ「食事」が
前提されていることが分かる。次の例も同様である。

122　3.4 動詞と動詞句

(233)　kə-**na**-Ndza　　w-əke=y,　　　təyak ka-šci.
　　　　INF-APP- 食べる 3s:GEN- 前 =LOC 手　　IMP- 洗う
　　　　「食事の前に手を洗いなさい」

(234)　kə-**na**-Ndza　　ma-tso-ṅ.
　　　　INF-APP- 食べる NEG- 時間がある -1s
　　　　「食事をする暇がない」

これらの例の他、既に語彙化した -**na**- が幾つか確認されている。た
とえば、

(235)　ṅa čorbo to-nazoṅ {to-**na**-zok-ṅ}.
　　　　1s 皿　　 PST- 舐める -1s
　　　　「私は皿を舐めた」

(236)　khəna təNdza to-**na**zok.
　　　　犬　　 食べ物 PST- 舐める
　　　　「犬は食べ物を舐めた」

「舐める」に関して -**na**- を欠いた *ka-zok と言う形式はない。

(237)　wuǰo gyagar=ne　　nə-naya-s.
　　　　3s　　 インド =から PST- 戻る -PFV
　　　　「彼はインドから帰った」

(238)　ṅa borso ripin **naya**-ṅ.
　　　　1s 来年　日本　戻る -1s
　　　　「私は来年日本に戻ります」

(239)　ṅa wuǰo kə-naya **nayo**-ṅ.
　　　　1s 3s　　 INF- 帰る 待つ -1s
　　　　「私は彼の帰宅を待ちます」

「戻る」について -**na**- を欠いた *kə-ya、及び、「待つ」について -**na**-
を欠いた *ka-yo は存在しない。次の例も「迷う」の意味で slot や
momi が用いられるとき、-**na**- を欠いた形は存在しない。

3.4.6 P5：態（Voice）及び動作の様態を示す接辞　123

(240)　ṅa ṭəla nənaslon {nə-**na**-slot-ṅ}.

　　　1s 道　PST- 失う -1s

　　　「私は道に迷った」

(241)　ṅa nə-**na**momi-ṅ.

　　　1s PST- 分からなくなる -1s

　　　「私は道に迷った」

　また、ka-**na**-mčara「読む」も -**na**- が語彙化したものと思われる。

　これらの例から、嘉戎語は確かに適用態接辞を有するけれども、
Polinsky や Peterson の言う典型的な適用態を示しているわけではない。
むしろ、benefactive 項や goal 項と共起するとともに、theme 的な項の
存在をも暗示するシグナルとして VPfinal の中で機能していると考える
のが適切である。

3.4.6.8　判断の転換を表す nɐ-

　アラビア言語学でいう estimative に当たるもので、「…である」を「…
を～と見做す」に意味を変化させる現象を指す。図式的には S（主語）
が O（目的語）になり、E（経験者）が A（動作者）となる。Jacques (2013)
は tropative と命名しており、'very productive derivation' と言うが、
莫拉方言ではかなり限定的にしか現れない。Jacques の観察する茶堡方
言では適用態が nɯ、tropative が nɤ でマークされると言うが、莫拉方
言ではこの区別はない。今のところ発見できた例は次の通りである。

(242)　pewa pəzar nə-**s**əscit　　　　ṅos.

　　　今年　夏　　EVI- 快適である LKV

　　　「今年の夏は快適だ」

(243)　pewa pəzar **nɐ**-səscit　　　　ṅos.

　　　今年　夏　　EST- 快適である LKV

　　　「今年の夏は快適だと感じます」

scit「幸福である」、kə-səscit「すばらしい」に対し、**nɐ**-səscit「良い

124 3.4 動詞と動詞句

と感じる／思う」のような派生が認められ、Jacques（2013:10）にも類
例がある。

又、次のような対比で ɲɐ- の意味が明確になる例がある。

(244) mə no-ɴdzor.

Q   EVI- 痛い

「痛いか？」

(244a) no-ɴdzor.

EVI- 痛い

「痛いです」

(245) kəci.

どこ

「どこが？」

(245a) ṅ-əko   na-ɴdzor.

1s:GEN- 頭 APP- 痛い

「頭が痛いです」

(245b) ṅ-əko   **nɐ**-ɴdzor.

1s:GEN- 頭 EST- 痛い

「頭が痛いんだと思います」

次の２例も（245b）と同様の例かと思われる。

(246) ṅa ṅ-əko   **nɐ**-mṅam.

1s 1s:GEN- 頭 EST- 痛い

「私は頭が痛いように感じます」

(247) wuri mak-mem **nɐ**-mnəm.

臭い NEG- 良い EST- 臭いがする

「ひどい臭いがします」

(248) ṅa wuǰo tərmi thə-pso   kə-ṅos kə-**nɐ**-səmṅa-ṅ.

1s 3s   人   何 - 様である 3-LKV PROG-EST- 疑う -1s

「私は彼の人（柄）がどうであるか疑っています」

3.4.6 P5：態（Voice）及び動作の様態を示す接辞　125

これらの例が全て感覚に関わるものである点は、莫拉方言の nɐ- の機能を考える上で示唆的である。

3.4.6.9 非人称を表す ṅə-

相互動作を表す接辞と同一の形式であるが、人称との agreement を示さない例が限定的ではあるが存在する。当初相互動作として解釈していたが、次の例ではその解釈に無理があることと、人称との agreement を示さない点を考慮し、この助詞を独立のものと見なすこととする。次の4例が典型的なものである。

(249)　ʔa-ṅə-nak=tsə,　　meṉkor mə-ṉdə.
　　　　IRR-IMPS- 急ぐ = と　汽車　　　NonV- 行く
　　　　「（あなたは）急がないと、汽車が出ます」

(250)　kəmkha=y tepat=ke nə-ṅə-yok.
　　　　入り口 =LOC 花 =IDEF　EVI-IMPS- 掛ける
　　　　「入り口に花が飾ってある」

(251)　kam nə-ṅə-tuw.
　　　　戸　EVI-IMPS- 開く
　　　　「戸が開いている」

(252)　čoktsi w-ərka=y　　tepat nə-ṅə-tɐ.
　　　　机　　3s:GEN- 上 =LOC 花　　　EVI-IMPS- 置く
　　　　「机の上に花が置いてある」

次の例を検討しよう。「吐く」の語幹は mphat である。これに意志で制御しがたい動作を示す接辞 mə- を接頭させて、məmphat を unitary root とすることが多いが、その mə- の代わりに ṅə- を用いることも可能である。語釈はいずれも「私は吐く」であるが、(253) と (254) とを比較すると明白なように、(254) では行為者は私と明示されているのに、動詞句中で人称との agreement がない。これも非人称接辞の例とすることができよう。(249)～(252) 及び (254) は、動作や状況を（行為者の

126　3.4 動詞と動詞句

視点に拘わらず）遠称的に叙述しているものと理解するのが妥当であろう。

(253)　ṅa məmphan {mə-mphat-ṅ}.
　　　　1s NonV- 吐く -1s

(254)　ṅa ṅəmphat {ṅə-mphat-Ø}.
　　　　1s IMPS- 吐く -Ø

また、次の (181) で使役を示す -sə- を (180) のように -ṅə- に差し替えると、「毒が混じった状態にある」ことを明示し、人称との一致がない。

(181)　štə　wu-smen təji w-əngu꞊y　tosəcolow {to-sə-colo-w}.
　　　　これ 3s:GEN- 薬 水　の - 中 ꞊LOC IMP-CAUS- 混ざる -Non1
　　　　「この薬を水に混ぜよ」

(180)　štə　w-əṭha　w-əngu꞊y　　tadok to-ṅə-colo　　　noto.
　　　　これ 3s:GEN- 茶 3s:GEN- 中 ꞊LOC 毒　　PFV-IMPS- 混ざる AUX
　　　　「この茶には毒が混じっている」

次の例も同様である。

(255)　təji to-ṅə-colo.
　　　　水　PFV-IMPS- 混ざる
　　　　「水が混ざっている」

3.4.6.10 動作者が特定されない行為の様態を表す ṅu-

　人称・数との agreement を起こさない点で前項と酷似しているが、前項の場合動作者が明確であっても agreement を起こさない特徴があるのに対し、ṅu- は動作者が高度に一般化ないし抽象化されている。

(256)　štət wu-pso　　　　　warpi lo kəwdi-pa꞊y kəčha kərgɐ
　　　　これ 3s:GEN-ようである 法事　年 '4'-年꞊LOC　　回　　'1'
　　　　ṅu-pa.
　　　　ALA-する

「このような法事は 4 年に 1 度行う」

　Prins はこの例文を「このような法事は 4 年に 1 度行われる」と解釈して、passive の存在を認める（Prins 2011:457）。また、Jacques は agentless passive と命名している（Jacques 2016:16–17）。しかし、受動にかかる形態統辞的手続きは観察されないことから、特に passive を嘉戎語に認める必要はない。

3.4.7　接尾辞 -s

　この接尾辞は完了を表すが、他の接辞に比べると生産性は低く、原則として過程動詞の主として 2 人称と 3 人称に接尾する。なお、例文中 łasa=s と gyagar=s に現れる -s は LOC マーカーで、完了を表す -s とは関係がない。

(257)　wuǰo　łasa=s　　nokəscis {no-kə-sci-s}.

　　　　3s　　ラサ =LOC PST-3- 生まれる -PFV

　　　　「彼はラサで生まれた」

(258)　wuyoñe　gyagar=s　　nokšis {no-kə-ši-s}.

　　　　3p　　　インド =LOC PST-3- 死ぬ -PFV

　　　　「彼らはインドで死んだ」

　(257) の主題が 1 人称単数の場合 VP は no-sci-ṅ、(258) のそれが 1 人称複数の場合 VP は nək-ši-y となる。このことは人称接辞の方が接尾辞 -s よりもランクが高いことを示す。そのことは次の例からも窺える。

(257a)　nəǰo　kəci　nətəscin {nə-tə-sci-n}.

　　　　 2s　　どこ　PST-2- 生まれる -2s

　　　　 「あなたはどこで生まれたのですか」

(257b)　nəǰo　nətəsci {nə-tə-sci}=tə　kəci　ṅos.

　　　　 2s　　PST-2- 生まれる =DEF　　どこ　LKV

128　3.4　動詞と動詞句

「あなたが生まれたのはどこですか」

　助動詞の一部、たとえば kə-ra「必要である」、ɴdo「ある」、kə-čha「できる」、kə-sakhɐ「困難である」等は完了において -s を接尾し得る。たとえば、

(259)　ṅa　ka-čhe　nə-ra.
　　　　1s　INF-行く　EVI-必要がある
　　　　「私は行かねばならない」

(259a)　ṅa　ka-čhe　no-ra-s.
　　　　1s　INF-行く　PST-必要がある -PFV
　　　　「私は行かねばならなかった」

(260)　lo kəsam-pa w-əke=y　　wuǰo ǰiṅjak ka-pa　　nə-čha-s.
　　　　年 3-年　　3s:GEN-前 =LOC 3s　　泳ぎ　INF-する PST-できる -PFV
　　　　「3年前には彼は泳げました」

(261)　məšer kəkšar nə-sakhɐ-s.
　　　　昨日　　試験　　PST-困難 -PFV
　　　　「昨日の試験は難しかった」

3.4.8　前接辞の語彙化

　以上見てきたとおり、この言語では多くの接辞が生産的に機能している。また、その生産性が特定の動詞と特定の接辞の間になる意味を連関していることも見てきた。そのような過程においてある接辞は母音要素を失い、あたかも語幹の一部のように振る舞うようになっているものがある。その逆に、意味を明確化するために語彙化した接辞に母音を挿入して脱語彙化したり、接辞が語彙化した語幹の前にさらに別の接辞を置く過程も見られる。この接辞の母音要素消滅と挿入の過程はチベット・ビルマ系諸語に共通して広く起こった事象であると推察できる。文語チ

ベット語はこの典型と言えよう。

　莫拉方言で語幹として対立する自動詞と他動詞の例は 3.4.6.2 に挙げたが、他の方言ではハイフンの前に母音を挿入して、接辞が生産性を回復しつつある事象も観察される。

3.5 判定詞

　名詞と結合して述語を作る。基本形は **ṅos**、その否定形は **mak** である。動詞や形容詞は単独で述語となり得るが、名詞はそれだけでは述語にならない。ここに言う判定詞は日本語の「だ」「です」に相当する。

　3.5.1 以降に説明するとおり、これらは人称と数に関して agreement を起こすこと、また、**ṅo** の形式も文法的であることから、本来は **ṅo** が基底形であり、**ṅo-s**（-s は 3.4.7 の完了の接尾辞）と分析することも論理的にはあり得る。これらのことを根拠にこれを助動詞と位置づけることもできるのだが、名詞との結合に注目すれば次節で述べる助動詞とはやや異質であること、また、他の方言では **ṅos-ṅ** のように **ṅos** の後ろに人称接辞がつくものがあることなどから、本書では判定詞 **ṅos** を独立に立てておきたい。林（1993）ではこれに「判断動詞」という中国語文法の用語を当てている。また、印欧語の copula と解釈するのは適切ではなく、Prins（2011）の言う linking verb の方がより実態に近いと思われる。

　基本的な例を挙げよう。

(262)　wuǰo łasa w-ərmi　　ṅos.
　　　　3s　　ラサ 3s:GEN- 人 LKV
　　　　「彼はラサの人だ」

(263)　wuǰo łasa w-ərmi　　**mak.**
　　　　3s　　ラサ 3s:GEN- 人 LKVneg
　　　　「彼はラサの人ではない」

(264)　wuǰo łasa w-ərmi　　mə-ṅos.
　　　　3s　　ラサ 3s:GEN- 人 Q-LKV
　　　　「彼はラサの人ですか？」

(265) wuǰo sə ṅos.
   3s　誰 LKV
   「彼は誰ですか？」

(266) wuǰo krašis ṅos.
   3s　タシ　LKV
   「彼はタシです」

(267) štə(t) thə nə-ṅos.
   これ　何　EVI-LKV
   「これは何ですか？」

(268) štə(t) tətha nə-ṅos.
   これ　本　　EVI-LKV
   「これは本です」

(269) štə sə=y　　nə-ṅos.
   これ 誰 =POSS EVI-LKV
   「これは誰のですか」

(269a) štə　ṅa ṅə-šas　　　ṅos.
   これ 1s 1s:GEN- 所有 LKV
   「これは私のです」

(270) wuǰo kuru? kə-ṅos kə-mak=tə　　ṅa ma-šə-ṅ.
   3s　藏族　INF-LKV INF-LKVneg=DEF 1s NEG- 知る -1s
   「彼がチベット人なのかそうでないのか、私は知りません」

(271) štə kə-mak　　w-əma　　　nə-ṅos.
   これ INF-LKVneg 3s:GEN- 仕事 EVI-LKV
   「これは別の話です」

　例文 (267) 中、nə- はエビデンシャルマークだが、なくても文法的である。また、(269a) の šas は本来「属する」の意の動詞だが、ṅə が接頭して名詞化されている。3.2.1.3 に示す構造と同じである。

3.5.1 ṅos と mak

ṅos と mak は主題の人称と数に応じて活用する。そのパタンは概ね pp. 98–99 及び p. 110 表 3・表 4 による。たとえば、

(272) ṅa łasa w-ərmi　ṅoṅ {**ṅos-ṅ**}.
　　　1s ラサ 3s:GEN- 人 LKV-1s
　　　「私はラサの人（中央チベット出身者＝藏族）です」

(273) ṅa łasa w-ərmi　maṅ {**mak-ṅ**}.
　　　1s ラサ 3s:GEN- 人 LKVneg-1s
　　　「私はチベット人ではありません」

(274) nəǰo łasa w-ərmi　mətəṅon {mə-tə-**ṅos**-n}.
　　　2s　ラサ 3s:GEN- 人 Q-2s-LKV-2s
　　　「あなたはチベット人ですか？」

(275) ñiǰo łasa w-ərmi　mətəṅoñ {mə-tə-**ṅos**-ñ}.
　　　2p　ラサ 3s:GEN- 人 Q-2-LKV-2p
　　　「あなた方はチベット人ですか？」

(276) nəǰo sə təṅon {tə-**ṅos**-n}.
　　　2s　誰 2-LKV-2s
　　　「どなたですか？」

(277) məsñi tərit kə-pa　sə no-**ṅos**.
　　　今日　掃除 NOM- する 誰 EVI-LKV
　　　「今日掃除する人は誰ですか？」（kə-pa については 3.1.2.4 参照）

(278) ṅa nəṅoṅ {nə-**ṅo**-ṅ}.
　　　1s EVI-LKV-1s
　　　「私です」

(279) nəǰo łasa w-ərmi　mə-man {mə-**mak**-n}.
　　　2s　ラサ 3s:GEN- 人 Q-LKVneg-2s
　　　「あなたはチベット人ではないのですか？」

（279a）　nəjo ɬasa w-ərmi　təmak {tə-**mak**-n} mərə.

　　　　2s　ラサ 3s:GEN- 人 2-LKVneg-2s　　　　Q

　　　「あなたはチベット人ではないのですか？」

（279）（279a）はいずれも「あなたはチベット人ではないのですか？」の意であるが、（279a）の mərə は分析的には mə-rə（疑問＋終助詞）の構成となっている。rə/u は「…したらどうなるか？」「だからどうだと言うんだ」「…はどうしたんだ？」等、特殊な疑問の心理を暗示するもので、例は少ないながら存在する。この例文の場合はおそらく相手はチベット人だと思い込んでいたけれども、そうでないと言われて「それなら一体何人なの？」という気持ちを反映していると思われる。

　ここまでの例はすべて「私はチベット人だ」のように主題と判定詞の前の要素がイコールであるが、以下の例は主題が判定詞の前の語の意味する範疇に含まれる場合である。

（280）　nəjo kətət wu-ɴdziɴɖa wu-slama　tə-**ṅo**-n.

　　　　2s　どれ 3s:GEN- 学級 3s:GEN- 学生 2-LKV-2s

　　　「あなたはどのクラスの学生ですか？」

（281）　ṅa kuruʔ　　tha　　ka-slap　wu-ɴdziɴɖa　ṅo-ṅ.

　　　　1s チベット 本／字 INF- 学ぶ 3s:GEN- 学級 LKV-1s

　　　「私はチベット語を学ぶクラスです」

この論理を拡張すると、日本語の「僕はウナギだ」が可能と思われるが、今のところそれに類する例は見当たらない。

　また、この ṅos は基本的に義務的であり、「主題＋名詞」がそれだけで文を形成することはない。しかし、若年層では次のような発話が聞かれることがある。中国語との接触の影響かと推測される。

（282）　nəjo kəpa məru kuruʔ.

　　　　2s　漢族 または チベット人

　　　「あなたは漢族？それとも藏族？」

134　3.5 判定詞

(282a) ṅa kəpa.

　　　1s 漢族

　　　「私は漢族」

3.5.2 文＋ṅos/mak

ṅos と mak は文の後に置かれて、確固たる意思や「…なのです」の
ような説明的発話に用いられる。

(283)　ṅa łasa=y　　čhe-ṅ.

　　　1s ラサ=LOC 行く -1s

　　　「私はラサへ行きます」

(283a) ṅa łasa=y　　čhe-ṅ　　ṅos.

　　　1s ラサ=LOC 行く -1s LKV

　　　「私はラサへ行くのです」

(283b) ṅa łasa=y　　ka-čhe-ṅ　　　ṅos.

　　　1s ラサ=LOC NOM- 行く -1s LKV

　　　「私はラサへ行くものであります」

　(283) は最も中立的な表現であるのに対し、(283a) は「行く」強い意
志または「行く予定が確定している」事情を反映している。(283b) は
やや異なる構造で、動詞句が名詞化された構造である。以下の 3 例は
(283b) とパラレルである。

(284)　wuǰo tama kapa {ka-pa-Ø} ṅos.

　　　3s　　仕事 NOM- する -Ø　　LKV

　　　「彼は仕事をするでありましょう」

(285)　sosñi wuǰo ṭhikci kačhe {ka-čhe-Ø} ṅos.

　　　明日 3s　　多分　　NOM- 行く -Ø　　LKV

　　　「彼は明日多分行くでありましょう」

3.5.3 ṅos/mak の代動詞的用法　135

(286)　štə　kuruʔ　skat thə ka-čis　**ṅos**.
　　　これ チベット 語　何　INF- 言う　LKV
　　　「これはチベット語で何と言いますか？」

以上が Non-Past の文に ṅos と mak が接尾する例だが、Past の場合も
同様に説明的発話に用いられる。

(287)　wuǰo łasa=y　no-wi　　**ṅos**.
　　　3s　　ラサ =LOC　PST- 来る（過去）LKV
　　　「彼はラサから来たのです」

(288)　wuǰo gyagar=nəne no-wi　　nə-**mak**.
　　　3s　　インド =ABL　PST- 来る（過去）EVI-LKVneg
　　　「彼はインドから来たのではない」

(289)　wuǰo no-we　no-we　nə-**ṅos**.
　　　3s　　DIR- 来る DIR- 来る EVI-LKV
　　　「彼はしょっちゅう来るのです」

(289)no- は方向接辞であり、no-wi が単独で使われれば過去を示すが、
no-we no-we のように、DIR-NonPast 語幹が重ねられると、過去から現
在まで続いている習慣を表す。

(290)　mišesñi wuǰo yikthal {yi-kə-thal-Ø} nə-**ṅos**.
　　　昨日　　3s　　DIR-3- 行く（過去）-3s　EVI-LKV
　　　「彼は昨日行ったのです」

(291)　ṅa kuruʔ　wu-logyus ka-slap　yiwiṅ {yi-wi-ṅ}　**ṅos**.
　　　1s チベット 3s:GEN- 歴史 INF- 学ぶ DIR- 来る（過去）-1s LKV
　　　「私はチベットの歴史を学びに来たのです」

3.5.3 ṅos/mak の代動詞的用法

ṅos が日本語の「する」や英語の do と同様、代動詞として機能する

136 3.5 判定詞

ことがある。

(292) nəǰo teɴhwa to-lat   mə-ṅos.
2s   電話   PST-打つ Q-LKV
「電話をかけたのですか？」

(292a) ṅa no-ṅo-ṅ.
1s PST-LKV-1s
「掛けました」

(292b) ṅa no-maṅ {no-**mak**-ṅ}.
1s PST-LKV-1s
「掛けませんでした」

(292a)(292b) は単に「掛けた」「掛けなかった」の叙述である。(292a)
(292b) を判定詞の本来の形式、

(292c) **ṅos**.
(292d) **mak**.

とすれば、それぞれ「そうです」「ちがいます」となり、「掛けた」「掛
けなかった」を表しうる。一方、もしこれらを普通の発話にするなら、

(292e) ṅa tolan {to-lat-ṅ}.「掛けたのです」

及び

(292f) ṅa ǰilan {ǰi-lat-ṅ}.「掛けなかったのです」

となる。さらに説明的発話にするなら、文末に **ṅos**. を置けばよい。し
かし、(292a)(292b) では判定詞が活用しており、それらが ka-lat や
ka-pa（いずれも「…する」）と同様に代動詞として機能していると解釈
する。

3.5.4 形容詞（句）または副詞（句）+ ṅos/mak　137

3.5.4 形容詞（句）または副詞（句）+ ṅos/mak

ṅos と **mak** が形容詞（句）、副詞（句）などについて説明的発話に用いられる例がある。

(293)　wuǰo　to-čiš=tə　　　wastot　　　　　　　**ṅos.**

　　　3s　　PST- 言う =DEF 正しい / 尤もである LKV

　　　「彼が言ったのは尤もだ」

(294)　nəǰo　wastot　kə-kšin　　　　　tə-**ṅo**-n　lə.

　　　2s　　とても　INF- 元気である 2-LKV-2s INT

　　　「とてもお元気そうなことですね」

(295)　domor　ṅəseñi {ṅə-sɐ-ñi}=tə　　sce　**ṅos.**

　　　昨年　　1s- 場所 - 滞在する =DEF ここ LKV

　　　「去年私が滞在した場所（ホテル）はここです」

(296)　poṅyi　thəste　**ṅos.**

　　　お金　　いくつ LKV

　　　「いくらですか？」

(297)　wuyoǰis　sce　　yikwiṇč {yi-kə-wi-ṇč} gyagar=nəne

　　　3d　　　　ここ　DIR-3- 来る（過去）-3d　　インド =ABL

　　　nə-**mak.**

　　　EVI-LKVneg

　　　「彼ら 2 人がここに来たのはインドからではない」

(298)　štə　　wu-ɴbroʔ　ṅa　ṅ-əya=y　　　　　　**ṅos.**

　　　これ 3s:GEN- 馬　1s　1s:GEN- 兄弟 =POSS LKV

　　　「この馬は私の兄弟のです」

3.6 助動詞

3.6.1 存在の助動詞

存在を表す助動詞に **ndo** と **noto** の2種がある。**ndo** は話し手がその存在を心理的に近いと認識している場合に用いられる。従って、何かを所有していることは **ndo** で示される。それに対し、**noto** はその存在が話し手にとってより客観的である場合、及び、何かの存在が話し手と聞き手双方によって現にその場で確認できる場合に現れる。否定形はいずれも **me** である。次の用例が良い対照を示す。

(299) ɬasa=y   kərgu **ndo**.
　　　　ラサ =LOC ヤク　 AUX
　　　　「ラサにはヤクがいます」

(300) ɬasa=y   kərgu **noto**.
　　　　ラサ =LOC ヤク　 AUX
　　　　「ラサにはヤクがいます」

(301) ripin=y(i) kərgu **me**.
　　　　日本 =LOC ヤク　 AUXneg
　　　　「日本にはヤクがいません」

(299)は中立的な発話で、話し手はヤクなりラサなりに心理的連帯感を持っている。それに対し、(300)では、チベットを知らない聞き手に対してチベットにはヤクという動物がいるのだという事実を説明しているか、話し手も聞き手もラサにいて、ヤクの存在を双方が確認できている状況を示す。チベット語中央方言では、^yöö が近称の存在を、^yooree が遠称の存在を、^duu が存在の現認をそれぞれ示すが、嘉戎語にはそのような鼎立関係はない。

3.6.1 存在の助動詞　139

　林は noto の「to は Ndo の音変」（林 1993: 257）と述べている。音形からするとあり得る仮説だが、音変の条件は必ずしも自明ではないし、現在両者は意味的に区別されていることから、ここでは別の助動詞として記述しておく。

3.6.1.1 存在の助動詞 Ndo

Ndo と否定形 me の基本的な用法は次の通りである。

（302）　ṅa ṅə-poṅyi　　**Ndo.**
　　　　1s　1s:GEN- お金　AUX
　　　　「私はお金を持っています」

（303）　ṅa ṅə-poṅyi　　**me.**
　　　　1s　1s:GEN- お金　AUXneg
　　　　「私にはお金がありません」

（304）　nəǰo nə-poṅyi　　mə-**Ndo.**
　　　　2s　　2s:GEN- お金　Q-AUX
　　　　「お金を持っていますか？」

（305）　nəǰi nə-poṅyi　　**me**　　mərə.
　　　　2s　　2s:GEN- お金　AUXneg Q
　　　　「お金を持っていないのですか？」

（306）　nəǰo n-əpuʔ　　mə-**Ndo.**
　　　　2s　　2:GEN- 子供　Q-AUX
　　　　「お子さんはいますか？」

（307）　ṅa ṅ-əpuʔ　　kəsam **Ndo.**
　　　　1s　1s:GEN- 子供　‘3’　　AUX
　　　　「3 人います」

（308）　ṅa ṅ-əpuʔ　　**me.**
　　　　1s　1s:GEN- 子供　AUXneg
　　　　「子供はいません」

140　3.6　助動詞

(309)　nəji thə=kə **Ndo**.

　　　2s　何 =NIF AUX

　　　「何を持っていますか（＝何があるのですか）？」

(310)　nəji thə=kə **me**.

　　　2s　何 =NIF AUXneg

　　　「何がないのですか？」

(311)　nəji kərgu **Ndo** məru mbola **Ndo**.

　　　2s　ヤク　AUX　又は　牛　　AUX

　　　「ヤクを持っていますか？それとも牛を？」

(312)　somor n-əwa　　　mə-**Ndo**.

　　　明晩　2:GEN- 空き時間 Q-AUX

　　　「明晩時間がありますか？」

(313)　sosñi saksɛNkhu ṅ-əwa　　　　**Ndo**.

　　　明日　午後　　　1s:GEN- 空き時間 AUX

　　　「明日午後時間があります」

以上の例はいずれも所有を表す。以下の7例は一般的な存在を表し、且つ、近称（話者にとって心理的に近いもの）である。

(314)　łasa=y　　kərgu mə–**Ndo**.

　　　ラサ =LOC ヤク　Q-AUX

　　　「ラサにはヤクがいますか？」

(315)　łasa=y　　kərgu **me**　　mə-ṅo.

　　　ラサ =LOC ヤク　AUXneg Q-LKV

　　　「ラサにはヤクがいないのですか？」

(316)　łasa=y　　thə=kə **Ndo**.

　　　ラサ =LOC 何 =NIF AUX

　　　「ラサには何がありますか？」

(317)　sosñi təkros **Ndo**.

　　　明日　会議　AUX

「明日会議があります。」

(318) sosñi kəṅasdə **me**.
明日　集会　　AUXneg
「明日集会はありません」

(319) wuǰo tətha kəmča=ke **Ndo** no-pso.
3s　本　沢山 =ADVR AUX EVI- ようだ
「本が沢山あるようです」

(320) ǰim Ngu=y yoṅtsha mə-**Ndo**.
部屋 中 =LOC トイレ　Q-AUX
「部屋の中にトイレがありますか？」

　下の３例は、事実が現認されれば **noto** が、そうでない場合は **Ndo** が用いられるケースである。

(321) sce thə=kə **Ndo**.
ここ 何 =NIF AUX
「ここに何がありますか？」

(322) sce thə=kə **me**.
ここ 何 =NIF AUXneg
「ここに何がありませんか？」

(323) sce tshapey **Ndo** məru khəza **Ndo**.
ここ コップ　AUX 又は　ボウル AUX
「ここにコップがありますか？それともボウルがありますか？」

　これら基本的な用例の他、**Ndo** と **me** は一般の動詞として振る舞うことができ、その場合、人称や数と agreement を示す。たとえば、

(324) ṅa ǰim Ngu=y kə-**Ndo**-ṅ.
1s 家　中 =LOC 1-AUX-1s
「私は家にいます」

142　3.6 助動詞

(325)　nəǰi　n-əya　　　n-əče　　　mə-**Ndo**-n.

2s　2:GEN- 姉妹　2:GEN- 兄弟　Q-AUX-2s

「あなたには兄弟姉妹がいますか？」

(326)　ṅa　məšer　ǰim　Ngu=y　nə-**me**-ṅ.

1s　昨日　家　中 =LOC　PST-AUXneg-1s

「私は昨日家にいませんでした」

(327)　wuǰo　məšer　ǰim　Ngu=y　nə-**Ndo**-s.

3s　　昨日　家　中 =LOC　PST-AUX-PFV

「彼は昨日家にいました」

3.6.1.2 存在の助動詞 noto

Ndo に対し、**noto** はより客観的な存在（遠称）を示す。

(328)　tərmi　kəmča=y　ñi-Nbroʔ　**noto**.

人　　沢山 =LOC　3p:GEN- 馬　AUX

「多くの人が馬を持っている」

(329)　teNbos　wu-kuru　　　**noto**.

洪水　3s:GEN- 危険　AUX

「洪水の危険があります」

以下の６例は存在を現認できる場合と思われる。

(330)　sce　khəza　kte　　**noto**.

ここ　ボウル　大きい　AUX

「ここに大きなボウルがあります」

(330)　sce　khəza　kte　　mə-**noto**.

ここ　ボウル　大きい　Q-AUX

「ここに大きなボウルがありますか？」

(331)　sce　khəza　kte　　**me**.

ここ　ボウル　大きい　AUXneg

「ここに大きなボウルはありません」

3.6.2 能力を表す助動詞(1) čha　143

(332)　sce　khəza kte　　mə-nə-**me**.

　　　　ここ ボウル 大きい Q-EVI-AUXneg

　　　　「ここに大きなボウルはないのですか？」

(333)　wuyo wu-thepkuk sce=y　　**noto**.

　　　　3s　　3s:GEN- 本　　ここ =LOC AUX

　　　　「彼の本はここにあります」

(334)　kənəNgo **noto**.

　　　　病人　　　AUX

　　　　「病人がいます」

　kənəngo の基底形は {kə-nə-Ngo} で、NOM-NonV- 病む、という構成になっている。3.1.2.4 を参照。

3.6.2 能力を表す助動詞(1) čha

「…できる」は動詞不定形 + **čha** で表される。

(335)　ṅa ǰiNǰak ka-pa　　**čha-ṅ**.

　　　　1s 水泳　INF- する AUX-1s

　　　　「私は泳げます」

(336)　lo kəsam-pa w-əke=y　　　ǰiṅǰak ka-pa　　nə-**čha-ṅ**.

　　　　年 3- 年　　　3s:GEN- 前 =LOC 水泳　INF- する PST-AUX-1s

　　　　「私は 3 年前には泳げました」

(337)　poṅyi pərye təkpar se-lat　　　ka-ki　　mə-**čha**-n.

　　　　金　　100　　写真　道具 - 撮る INF- 買う Q-AUX-2s

　　　　「（あなたは）100 元で写真機が買えますか？」

(338)　wuǰo čhe　　　　kəmča=ǰə ka-mot ma-nə-**čha**.

　　　　3s　チャン (酒) 沢山 =ADVR INF- 飲む NEG-EVI-AUX

　　　　「彼はチャンを沢山は飲めません」

kəmča=ǰə の =ǰə は否定構文と共に用いられ、「沢山『は』」の『は』に

144 3.6 助動詞

当たる。おそらく接続助詞 či と同源である。例文 (493) kəčet-ɟə の -ɟə
も同様と思われる。

(339) nəǰo tənam tərtshot kəmṅo sɛrma ka-was   mə-**čha**-n.
2s   朝   時   '5' 寝床 INF- 起きる Q-AUX- 2
「朝 5 時に起きられますか？」

(340) ṅa tənam ka-was   **čha**-ṅ.
1s 朝   INF- 起きる AUX-1s
「私は起きられます」

3.6.3 能力を表す助動詞 (2) spa

「…できる、…する方法を知っている」は **spa** で表される。

(341) nəǰo łasa wu-skat   ka-pa   mə-tə-spu {tə-**spa**-w}.
2s   ラサ 3s:GEN- 言葉 INF- する Q-2s-AUX-Non1
「ラサ語が話せますか？」

(342) **spa**-ṅ.
AUX-1s
「話せます」

なお、

(335) ṅa ǰiǰak ka-pa čha-ṅ.

を、

(343) ṅa ǰiǰak ka-pa **spa**-ṅ.

とすることも可能である。

3.6.4 充足を表す助動詞

「充分である」は **rtak** で表される。上記 (263) の例文を **rtak** によっ

3.6.4 充足を表す助動詞　145

て表現するなら次のようになるが、人称・数との agreement を起こすことはない。

(344)　poṅyi pərye təkpar se-lat　　ka-ki꞊y　　　mə-**rtak**.
　　　　金　 '100' 写真　　道具 - 撮る INF- 買う ꞊LOC Q-AUX
　　　　「100 元で写真機が買えますか？ <100 元は写真機を買うのに
　　　　充分か？」

但し、時に対しては一致を示す。たとえば、

(345)　mə-no-**rtak**.
　　　　Q-PST-AUX
　　　　「足りた？」

(345a) no-**rtak**.
　　　　PST-AUX
　　　　「足りた」

(346)　ka-ki꞊y　　　mə-no-**rtak**.
　　　　INF- 買う ꞊LOC Q-PST-AUX
　　　　「買うのに足りましたか？」

(346a) ka-ki꞊y　　　ma-no-**rtak**.
　　　　INF- 買う ꞊LOC NEG-PST-AUX
　　　　「買うのに足りませんでした」

(347)　ṅa ṅə-rmə　　　ma-no-**rtak**.
　　　　1s 1s:GEN- 眠り　NEG-PST- 充分である
　　　　「私の眠りは充分ではありませんでした>よく眠れませんでした」

(346a) と (347) で NonPast の否定辞 ma- が使われている。過去の否定なら通常 ji-**rtak** であるべきだが、この場合過去を示す方向接辞 no- が語幹に前接して過去を表し、それ全体を **ma** が否定している。

146 3.6 助動詞

3.6.5 必要・義務を表す助動詞 ra

名詞 + **ra** が最も基本的な用法で、例として次の 8 文がある。

(348) wuzə mə-**ra**.

マッチ Q-AUX

「マッチが要りますか？」

(348a) **ra**.

AUX

「要ります」

(349) nəǰo thə=kə **ra**. təǰi **ra**   məru ʈha **ra**.

2s   何 =NIF AUX. 水   AUX 又は お茶 AUX

「何が要りますか？水ですか？それともお茶ですか？」

(349a) thə=ke   ma-**ra**.

何 =IDEF（1つ） NEG-AUX

「何も要りません」

(349b) ṅa ṅə-čhɐ   **ra**.

1s 1s- チャン AUX

「私はチャンが欲しい」

(350) štə ka-pa=y   thə=kə **ra**.

これ INF- 作る =LOC 何 =NIF AUX

「これを作るのに何が要りますか？」

(351) štə ka-wabde   thə=kə **ra**.

これ INF- 修理する 何 =NIF AUX

「これを修理するのに何が要りますか？」

(352) ʈha ka-pa=y   čhamduṅ **ra**.

お茶 INF- 作る =LOC 茶漉し   AUX

「お茶を淹れるのに茶漉しが要ります」

動詞不定形 + **ra** で「…する必要がある」の意を表す。

3.6.5 必要・義務を表す助動詞 ra　147

(353)　ṅa wuǰo ka-nayo nǝ-**ra**.

　　　1s　3s　INF- 待つ　EVI-AUX

　　　「私は彼を待つ必要があります」

(354)　ṅa smeɴkhaṅ ka-čhe　nǝ-**ra**.

　　　1s　病院　　　INF- 行く　EVI-AUX

　　　「私は病院へ行かねばなりません」

(355)　ka-čhe　**ra**　ru.

　　　INF- 行く　AUX　SFP

　　　「行くべきか（行かざるべきか）」

　動詞不定形 + **ra-s** で「…する必要があった」の意を表す。-s は完了を示す接尾辞である（3.4.1 参照）。

(353a)　ṅa wuǰo ka-nayo no-**ra-s**.

　　　1s　3s　INF- 待つ　PST-AUX-PFV

　　　「私は彼を待たねばなりませんでした」

(354a)　ṅa smeɴkhaṅ ka-čhe　no-**ra-s**.

　　　1s　病院　　　INF- 行く　PST-AUX-PFV

　　　「私は病院へ行かねばなりませんでした」

(356)　thǝ=ke=y　　　　　ǰa-**ra**.

　　　何 =IDEF（1つ）=LOC NEG-AUX

　　　「彼は何一つとして必要としませんでした」

　(353a)（354a）の no-ra-s は nǝ-ra-s としても文法的だが、時制を明確に区別するため no- が現れる。(356) の ǰa/ǰi は過去の否定辞で、これがあると -s は共起せず、*ǰa-ra-s とはならない。(356) -y については、例文（445）(445a) 参照。

　文 + **ra** もまた「…する必要がある」の意となる。

(357)　šimomo nǝ-sɛrama=y　　　　tǝ-čhe-n　mǝ-**ra**.

　　　今　　　2:GEN- オフィス =LOC 2- 行く -2s Q-AUX

148 3.6 助動詞

「今オフィスに行く必要がありますか？」

(357a) ma-**ra**.

NEG-AUX

「必要ありません」

(358) semdes tə-pa-w　　ma-**ra**.

心配　　2-する -Non1 NEG-AUX

「心配しなくてよい」

頻度は低いが、ra が Ndo と同様、一般動詞と同じ振る舞いをすることがある。たとえば、

(359) ṅa təpuʔ=ke no-**ra**-ṅ.

1s 子供 =IDEF EVI-AUX-1s

「私は子供が欲しい」

3.6.6 「用意ができている、許可、快諾」を表す助動詞 khut

動詞不定形 +-**khut** が基本的で、その原意は次の用例に良く現れている。

(360) təǰim kə-ñi　　ma-nə-**khut**.

家　　INF- 住む NEG-EVI-AUX

「この家は住めるようになっていない」

次のように言い換えてもよい。

(360a) təǰim kə-ñi　　kə-**khut**　　nə-mak.

家　　INF- 住む INF-AUX　　EVI-AUXneg

「この家は住める状態ではない」

3.6.6「用意ができている、許可、快諾」を表す助動詞 khut　149

許可を表す用例を掲げる。

(361)　ṅa təǰim w-əNgu=y　　　 kə-Ngo　me-**khut**.
　　　　1s 家　 3s:GEN- 中 =LOC INF- 入る Q-AUX
　　　　「家の中に入ってもいいですか？」

kə-Ngo は本来「上流へ行く」を表す動詞である。この文への答えとしては、

(361a) **khut**.　　「よろしい」
(361b) ma-**khut**.「だめです」

が通常使われるが、状況によっては、

(362)　kə-we　 ma-yok.
　　　　INF- 来る NEG-AUX
　　　　「来てはだめです」

のように、「…して（も）よい」を表す yok が現れることもある。
　許可・適当を表す他の類例として次の８文がある。

(363)　ṅa sce　kə-ñi　　 me-**khut**.
　　　　1s　ここ INF- 座る Q-AUX
　　　　「座ってもいいですか？」

(364)　sce　ṅa təkhu ka-mot　 me-**khut**.
　　　　ここ 1s　たばこ INF- 飲む Q-AUX
　　　　「ここでたばこを吸ってもいいですか？」

これに対する答えとして、(361a) **khut**.「よろしい」とすれば一般的な陳述であるが、

(365)　tə-**khut** {**khut**-n}.
　　　　2-AUX-2s

のように答えれば、「あなたは吸ってもよい」の意となる。

150　3.6　助動詞

(366) ṅa štətren čhe mə-**khut**.
　　　1s これから 行く Q-AUX
　　　「これから行ってもいい？」

(367) ṅa nəǰi n-əpse꞊y　　　čhe-ṅ　mə-**khut**.
　　　1s 2s 2:GEN- 一緒 ꞊LOC 行く -1s Q-AUX
　　　「一緒に行ってもいいですか？」

(368) nəǰo n-əǰimgu　w-əčhes　　　ka-tho　　　mə-**khut**.
　　　2s 2:GEN- 家族 3s:GEN- ついて INF- 質問する Q-AUX
　　　「家族のことを質問してもいいですか？」

(369) ṅa ka-pa　　ma-**khut**.
　　　1s INF- する NEG-AUX
　　　「私がするのはよろしくない」

(370) nətə ka-ɴdza　　ma-**khut**.
　　　それ INF- 食べる NEG-AUX
　　　「それは食べるのに適さない」

文 + khut の形式も文法的である。

(371) nəǰo ṅa ṅə-sɜrama꞊y　　kərṭi yi-we-n　　**khut**.
　　　2s 1s 1s- オフィス ꞊LOC いつ DIR- 来る -2s AUX
　　　「あなたは私のオフィスにいつ来ても構わない」

kə-čha「…することができる」とほぼ同等の意味で使われることがある。

(372) nəǰo tham somo꞊y　kə-we　　mə-**khut**.
　　　2s 今 梭磨 ꞊LOC INF- 来る Q-AUX
　　　「今、梭磨に来られますか？」

(372a) čha-ṅ.
　　　AUX-1s
　　　「行けます」

3.6.6「用意ができている、許可、快諾」を表す助動詞 khut　151

(372b)　ma-čha-ṅ.

　　　　NEG-AUX-1s

　　　　「私は行けません」

(373)　ka-pṭe　ka-čhe　　mə-**khut**.

　　　　INF- 歩く　INF- 行く　　Q-AUX

　　　　「歩いて行けますか？」

動詞不定形 +**khut** や文 +**khut** ではなく、単独で「よい、構わない」
の意で用いられることも多い。

(374)　thə no-ṅo=tsə　no-**khut**.

　　　　何　EVI-LKV= も　EVI-AUX

　　　　「何であったとしても構わない」

同様に、

(374a)　thə no-ṅo=y　　　**khut**.

　　　　何　PST-LKV=LOC　AUX

　　　　「何であったとしても構わない」

(375)　nə-**khut**.

　　　　EVI-AUX

　　　　「いいですよ」

(376)　ṅa nətə no-**khut** ma-nəsəso-ṅ.

　　　　1s それ EVI-AUX NEG- 思う -1s

　　　　「私はそれが良いとは思いません」

(377)　nətə ma-**khut**.

　　　　それ　NEG-AUX

　　　　「それはだめだ」

(378)　ṅa no-**khut** nəsəso-ṅ.

　　　　1s EVI-AUX 思う -1s

　　　　「私は（それで）よいと思います」

(379)　ṅa ma-nə-**khut** nəsəso-ṅ.

　　　1s NEG-EVI-AUX 思う -1s

　　「私は（それは）だめだと思います」

(380)　thapčha nə-**khut**.

　　　少し 　　　EVI-AUX

　　「少し OK です＝まあまあだ」

(381)　kərṭi **khut**.

　　　いつ AUX

　　「いつが（都合が）良い？」

3.6.7 許可を表す助動詞 yok

　動詞不定形＋**yok** が基本的で、その原意は次の用例に良く現れている。khut の用法と意味的に重なる部分が多い。

(382)　ṅa təǰim w-əṅgu=y 　　ka-čhe 　mə-**yok**.

　　　1s 家 　3s:GEN- 中 =LOC INF- 行く Q-AUX

　　「家に入っても良いですか？」

(362)　kə-we 　　ma-**yok**.

　　　INF- 来る NEG AUX

　　「入るのはだめです」

(364)　sce ṅa təkhu ka-mot 　mə-**yok**.

　　　ここ 1s たばこ INF- 飲む Q-AUX

　　「ここでたばこを吸ってもいいですか？」

(383)　ka-mot 　**yok**.

　　　INF- 飲む AUX

　　「吸ってもいいです」

(384)　sce 　təkpar ka-lat 　　mə-**yok**.

　　　ここ 写真 　INF- する Q-AUX

「ここで写真を撮ってもいいですか？」

3.6.8 終了「…し終える」を表す助動詞 səyok

　動詞不定形 -səyok が基本的であるが、前節の yok と異なり、活用する。また、名詞 -səyok も文法的である。これは、kə-yok「おわる」に CAUS sə が付いた形である。

(385)　nəjo ka-nəNdZa tosəyok {to-**səyok**-n}.

　　　 2s　　INF- 食べる　PST-AUX- 2

　　　「食べ（終え）ましたか？」

(385a) tosəyoṅ {to-**səyok**-ṅ}.

　　　 PST-AUX-1s

　　　「食べ（終え）ました」

(386)　tərtshot kumṅo w-əke꞊y　　　ṅa štə　w-əma

　　　 時計　　 ‘5’　　 3s:GEN 前 ꞊LOC 1s　これ　3s:GEN- 仕事

　　　 kəsəyoṅ {kə-**səyok**-ṅ} ṅo.

　　　 1-AUX-1s　　　　　　　 LKV

　　　「私は5時までにこの仕事を終えます」

3.6.9 終了「…し終わる」を表す助動詞 kšin

　動詞不定形 +(kə-)**kšin** が基本的である。また、名詞 +(kə-)**kšin** も文法的であるが、この場合 **kšin** は一般動詞と見なすべきである。

(387)　nəjo ka-nəNdZa mə-tə-**kšin**.

　　　 2s　　INF- 食べる　Q-2- 終わる

　　　「食べ終わりましたか？」

(388)　tərtshot kumṅo slama kə-**kšin**　　 ṅos.

　　　 時計　　 ‘5’　　 学校　NOM- 終わる　LKV

154 3.6 助動詞

「学校は5時に終わります」

(388a) məšer tərtshot kumṅo slama nə-kšin.
昨日 時計 ‘5’ 学校 PST-終わる
「昨日学校は5時に終わりました」

(388b) sosñi tərtshot zje slama kšin.
明日 時計 ‘10’ 学校 終わる
「明日学校は10時に終わります」

(389) wuǰo w-əma nə-kšin ren čhɐ sɐmuy {sɐ-mot=y} ya-čhe.
3s 3s:GEN-仕事 PST-AUX て 酒 場所-飲む =LOC PST-行く
「彼は仕事が終わって、酒場へ行った」

3.6.10 経験「…したことがある」を表す助動詞(1) noɴdos

経験「…したことがある」は、動詞不定形 + noɴdos により表わされる。noɴdos は no-ɴdo-s と分析される。no- は方向接辞であり、既に過去に完了した事象であることを示す。ɴdo は存在の助動詞であり、既に完了した事象が近称として認識されていることを表す。-s は完了のマークである。noɴdos は ɴdo と異なり、一般動詞としての振る舞いを見せない。noɴdos の否定形は nomes で、no-me-s と分析され、その構成は noɴdos と同じである。基本的用例として次の3文がある。

(390) nəǰo čhamdo=y ka-čhe mə-noɴdos.
2s チャムド =LOC INF-行く Q-AUX
「チャムドに行ったことがありますか?」

(390a) ka-čhe noɴdos.
INF-行く AUX
「行ったことがあります」

(390b) ka-čhe nomes.
INF-行く AUXneg

3.6.11 経験「…したことがある」を表す助動詞(2) rño 155

「行ったことがありません」

副詞的表現を伴った類例を掲げる。

(391) ṅa kəscɐ=y sonam kə-wardo **noɴdos**.

1s 昔 =LOC ソナム INF- 会う AUX

「私は昔ソナムさんに会ったことがあります」

(392) ṅa kəsam pa w-əke=y ɫasa=y ka-we **noɴdos**.

1s ‘3’ 年 3s:GEN- 前 =LOC ラサ =LOC INF- 来る AUX

「私は3年前にラサに来たことがあります」

(393) štət piy ka-ɴdza **nomes**.

これ 今まで INF- 食べる AUXneg

「私はこれを今まで食べたことがありません」

(394) nəjo gyagey {gyagar=y} ka-čhe **noɴdos**=či, gyagar

2s インド =LOC INF- 行く AUX= なら インド

w-əmu mə-šə-w.

3s:GEN- 気候 Q- 知る -Non1

「あなたはインドに行ったことがあるなら、インドの気候を
知っているでしょう？」

なお、頻度は高くないが、経験した過去がずっと遠い場合に、**noɴdos**
に変えて **naɴdos** が用いられることがある。

3.6.11 経験「…したことがある」を表す助動詞(2) rño

経験「…したことがある」を表すもうひとつの形式は、動詞不定形＋
rño である。これはチベット語からの借用の可能性があり、人称・数に
より一般動詞同様の活用をする。

(395) ṅa štət šimi ka-ɴdza ma-**rño**-ṅ.

1s これ 今迄 INF- 食べる NEG-AUX-1s

156　3.6　助動詞

「私はこれを今まで食べたことがありません」

(396)　nəǰo čhamdo꞊y　　ka-čhe　　mə-nə-tə-**rño**-n.

　　　　2s　チャムド ꞊LOC INF- 行く Q-PST-2-AUX-2s

「チャムドに行くことがありましたか？」

(397)　štə　wu-luṅba꞊y　　makmi kə-me　　　ǰa-**rño**-w.

　　　　これ 3s:GEN- 国 ꞊LOC 戦　　　INF-AUXneg　NEG-AUX-Non1

「この国では戦争がないことがなかった」

3.6.12　時間的な幅「…する時間がある」を表す助動詞 -tso

動詞不定形 + **tso** の形で「…する暇／時間がある」の意を表す。人称と時間により活用する。

(398)　məsñi tənam kə-nəndza ǰi-**tso**-s.

　　　　今日　　朝　　INF- 食べる　NEG- 時間がある -PFV

「今朝、食べる時間がなかった」

(399)　nəǰo ṅa ka-kor　　mə-**tso**-n.

　　　　2s　1s INF- 助ける Q- 暇がある -2s

「私を手伝ってくれる時間がありますか？」

(399a)　(ka-kor)　　**tso**-ṅ.

　　　　（INF- 助ける ）暇がある -1s

「あります」

(399b) ṅa piy (ka-kor)　　ma-**tso**-ṅ　　　　nə-ṅos.

　　　　1s 今　（INF- 助ける ）NEG- 時間がある -1s EVI-LKV

「私は今時間がないのです」

(399)に対する上記 2 つの回答 (399a)(399b) では括弧内はない方が普通である。

次の例では不定形が見当たらないが、「話をする」または「会う」などの動詞不定形が言外に想定されていると考えられる。

3.6.13 切迫した未来「まさに…しようとする」を表す助動詞 -lo　157

(400)　sosñi saksɛnkhu ña **tso-ṅ**.

　　　明日　午後　　　　1s　時間がある -1s

　　　「私は明日午後空いています」

但し、tso は動詞不定形を伴わずに使われることがあり、その場合は助
動詞ではなく、単純な動詞と見なすべきである。また、意味も「時間が
経過する」の意になる。たとえば、

(401)　nəǰo ǰi-tə-wardo-n　　žak kəmča to-**tso**-s.

　　　2s　　NEG-2- 会う - 1 >2s 期間 沢山　　PST- 時間が経過する -PFV

　　　「あなたと会わずに長い時間が経過した＝久しぶりですね」

(402)　nətə wu-žak=stas　　šubren zje pa to-**tso**-s.

　　　それ 3s:GEN- 時 = から 今迄　'10' 年 PST- 時間が経過する -PFV

　　　「それ以来今迄 10 年経ちました」

3.6.13　切迫した未来「まさに…しようとする」を表す助動詞 -lo

動詞不定形 -lo の形で「まさに…しようとする」の意を表す。

(403)　wuǰoǰis ǰim Ngu=y kə-cwat　　ǰa-**lo**.

　　　3d　　　家　中 =LOC INF- 帰宅する NEG-AUX

　　　「彼ら 2 人はまさに帰宅しようとしていたのではない」

3.6.14　過剰「…すぎる」を表す助動詞 -(z)dor

(NOM-) 形容詞語幹 -(**z**)**dor** の形で「…すぎる」の意を表す。-(**z**)**dor**
は動詞由来との解釈もある。

(404)　kə-ǰhi　　na-**zdor**.

　　　NOM- 甘い EVI- すぎる

　　　「甘すぎます」

(405) štə wu-stolor=tə   n-əmo   w-əšes   wa-kte

これ 3s:GEN- 着物 =DEF 2:GEN- 母 3s:GEN- にとって NOM- 大きい

mə-**dor**.

Q- すぎる

「この着物、あなたのお母さんには大きすぎますか？」

(406) wa-kte   na-**zdor**.

NOM- 大きい EVI- すぎる

「大きすぎます」

(407) wa-ktsi   na-**zdor**.

NOM- 小さい EVI- すぎる

「小さすぎます」

(408) wa-skren na-**zdor**.

NOM- 長い EVI- すぎる

「長すぎます」

(409) wa-čin   na-**zdor**.

NOM- 短い EVI- すぎる

「短かすぎます」

-(**z**)**dor** を用いずに、na- 不定形で同様の意を表すこともできる。たとえば、

(408a) na-kə-skren.「長すぎます」

(409a) na-kə-čin.　「短すぎます」

3.7 数 詞

3.7.1 基本的数詞

1   kərgɐ, kətek

2   kəñis

3   kəsam

4   kəwdi

5   kəmṅo

6   kəṭok

7   kəšñis

8   wuryat

9   kəɴgu

10   zje

11   zje tek

12   zje ñis

20   ñis zje

22   kəñis zje kəñis

100   pəryɐ

1000   stoṅtso

10000   khrətso kərgɐ または ṭhətso kərgɐ

100000   khrətso sce

100 万以上はチベット語からの借用である。

3.7.2 序数

序数は全てチベット文語（WT）からの借用である。

	嘉戎語	WT
第1の	taṅbo	dang po
第2の	ñispa	gnyis pa
第3の	səmba	gsum pa
第4の	bžəba	bzhi pa
第5の	rṅapa	lnga pa
第6の	ṭəkpa	drug pa
第7の	bdəNba	bdun pa
第8の	rjatpa	brgyad pa
第9の	rguba	dgu pa
第10の	pčupa	bcu pa

3.7.3 月の名称

月の名称は序数を要求する。たとえば2月は zlawa ñispa「月　第2の」。ちなみに「2ヶ月」は kəñis tsəla「2　月」である。

3.7.4「…倍」

「…倍」は **təlok** で表される。たとえば、「3倍」は kəsam **təlok** である。

3.7.5 分数

分数は **təšik w-əNgu=y** で表される。たとえば、

zje **təšik w-əngu꞊y** kəsam 　　「10 分の 3」

kəwdi **təšik w-əngu꞊y** kərgɐ 「4 分の 1」

3.7.6 パーセント

パーセントは **pəryɐ w-ənbe-y** XX のように表される。

(410) 　zowa-yo lakčhɐ **pəryɐ w-ənbe꞊y** 　　　zje wu-pso
　　　労働者 -p 製品 　100 　3s:GEN- 対し ꞊LOC 10 　3s:GEN- ように
　　　ka-sna 　nupa {no-wu-pa-Ø}.
　　　INF- 良い PST-3p>3- する -3p
　　　「労働者たちは製品を 10%位良く（増産）した」

ka-sna に変えて ka-skhet「高い」が使われることもある。

3.7.7 「半分」と「回」

「半分」は **wu-/tə-phak**、「回」は **kəčha** である。

(411) 　tərtshot kərgɐ **təphak** ṅos.
　　　時計 　'1' 半分 　LKV
　　　「1 時半です」

(256) 　štət wu-pso 　　warpi lo kəwdi-pa꞊y **kəčha** kərgɐ ṅu-pa.
　　　これ 3s:GEN-ような 法事 年 '4'-年꞊LOC 回 　'1' 　ALA-する
　　　「このような法事は 4 年に 1 度行う」（3.4.6.10 参照）

3.7.8 双数と複数

　双数と複数はそれぞれ (**N**)**jis** と **ñe** で示される。双数については 3.7.1 に挙げた基本的数詞の kənis を用いることも可能で、tərmi kənis と tərmi-**Njis** はともに「2 人の人」である。tərmi-**ñe** 及び tərmi-yo は「3

人以上の人」を意味する。また、これらは固有名詞とともに用いられることがある。たとえば、

sonam　　　ソナム
sonam-ɳǰis　ソナムともう一人
sonam-ñe　　ソナムと何人かの人

をそれぞれ意味する。*sonam-yo（-yo は一般的複数マーカー）は不可である。

3.8 助詞

　付属語のうち活用しないものを一括して助詞とする。文の組み立てにおける働きの違いにより、格助詞、否定の助詞、疑問の助詞、接続助詞などを個別に記述するが、上記の広い定義によるならば、この他、名詞や動詞のマーカー及び動詞句の中で機能する種々の接辞も全て助詞に分類されうる。しかし、後者の接辞群については既に触れたので、本節では重ねて記述しない。

3.8.1 格助詞

　本来嘉戎語には格助詞はなかったと考えられる。複雑な、しかし、洗練された代名詞化の仕組みにより、助詞は必要とされなかったからである。後になって、特にチベット語との接触に伴い、幾つかの助詞を発達させてきた。中には WT からの借用と思われるものもある。

3.8.1.1 場所格助詞

3.8.1.1.1 -y(i)

-y(i) は最も一般的な場所格助詞である。

(412)　bisñiso potpa　　w-ətha　　　čheṅdu꞊y təkpar wu-na-lat.
　　　　昨今　チベット 3s:GEN- 本 成都 ꞊LOC 写真　　3p-APP- 打つ
　　　　「昨今チベットの本は成都で印刷している」

-y(i) は動詞不定形に接尾して「…するために」の意を表す。

(413)　ṅa tətha ka-ki꞊y　　　kə-čhe-ṅ.
　　　　1s　本　　INF- 買う ꞊LOC 1- 行く -1s
　　　　「私は本を買いに行きます」

164　3.8 助詞

3.8.1.1.2 -s

-s も場所格助詞である。-y(i) が一般的な場所を示すのに対し、-s は
静的なニュアンスまたは動作の起点になっている場所を指す。後者の意
味は具格と重なる。

(257)　wuǰo łasa꞊s　　nokscis {no-kə-sci-s}.
　　　　3s　　ラサ ꞊LOC PST-3- 生まれる -PFV
　　　　「彼はラサで生まれました」

3.8.1.1.3 w-əčep / w-əčey

w-əčep/w-əčey は「…まで」を表す。場所と時間のいずれについて
も用いうる。

(414)　tənam꞊stas təmor **w-əčep**
　　　　朝 ꞊ABL　　夜　　3s:GEN- まで
　　　　「朝から晩まで」

(415)　wuǰo ma-we　　**w-əčep**　　ńa sce　ńi-ṅ.
　　　　3s　　NEG- 来る 3s:GEN- 迄 1s　ここ 居る -1s
　　　　「私は彼が来るまでここに居ます」

(415) の ma はフランス語文法などで言う、いわゆる「虚辞」である。

3.8.1.2 奪格(具格)助詞

3.8.1.2.1 奪格・具格助詞 -s

-s は奪格及び具格を示す。

(416)　ńa comco꞊s　　　　　　　nə-po-ṅ.
　　　　1s キョムキョ (脚木足) ꞊ABL PST- 来る -1s
　　　　「私はキョムキョから来ました」

(417)　kə-ndzor w-əyi꞊s,
　　　　INF- 痛い 3s:GEN- 理由（原因）꞊INS

「痛いとの理由により」

3.8.1.2.2 奪格助詞 -ne / -nəne

(418) kəyam šar=**ne** nə-tsok.
太陽　東 =ABL　DIR- 昇る
「太陽は東から昇る」

(419) kəscɐ=y walpo kuruʔ ziṅkam=**nəne** tshə ka-ki nə-ṅos.
昔 =LOC　ネパール　チベット　地域 =ABL　　塩　3- 買う　EVI-LKV
「昔からネパールはチベットから塩を買っています」

3.8.1.2.3 奪格助詞 -stas

「…から～まで」の組み合わせで用いられることが多い。

(030) łasa=**stas** gyaɴtse w-əčep ṭala mə-kə-skren.
ラサ =ABL　ギャンツェ　3s:GEN- まで　道　Q-ABT- 遠い
「ラサからギャンツェまで遠いですか？」

(414) tənam=**stas** təmor w-əčep
朝 =ABL　　　夜　　3s:GEN- まで
「朝から晩まで」

3.8.1.3 所有を表す助詞 -y

人称代名詞の remnant を用いる所有表現は 3.2.1.3 に述べたとおりであるが、「…の（所有）だ」を表すのに -y を用いる。本来 LOC マーカーであり、これは WT–ʾi からの借用である可能性がある。3.2.1.5 も参照されたい。

(420) štə wu-kəǰo ṅa ṅəpɐy {ṅ-əpɐ=y} ṅos.
これ　3s:GEN- 羊　1s　1s:GEN- 父 =POSS　LKV
「この羊は父のです」

166　3.8　助詞

(421)　wətə-ñ nəǰo=y ṅos.
　　　あれ -p 2s=POSS LKV
　　　「あれ（複数）はあなたのです」

(422)　štə　ṅa=y　　ṅos.
　　　これ 1s=POSS LKV
　　　「これは私のです」

(422) をより丁寧な表現とする場合は、(269a) のように -šas「所有するもの」を用いる。

(269a)　štə　ṅa ṅə-šas　　　　ṅos.
　　　これ 私 1s:GEN- 所有物 LKV
　　　「これは私のものです」

3.8.1.4　新情報を導く助詞 -kə

嘉戎語には自動詞文のいわゆる主語と他動詞文の被動作者が格標示の上で同じ扱いを受け、他動詞文の動作者が -kə によって特にマークされる手続きがある。この点で嘉戎語は能格性を持っており、-kə が能格を示す助詞であると言える。たとえば、

(423)　wuyoǰis to-thal-Nč.
　　　3d　　　 PST- 行く -3d
　　　「彼ら 2 人は登った」

(424)　štə　w-ərmi=ke=kə　　　　　štə　w-əmi=tə
　　　これ 3s:GEN= 男 =IDEF（1 つ）=ERG これ 3s:GEN- 女 =DEF
　　　no-na-mšor.
　　　PST-APP- 愛する
　　　「この男はこの女が好きだった」

(425)　štə　ǰelək kəkte=tə　　wuǰo=kə kə-yok.
　　　これ 石　　大きい =DEF 3s:ERG　3- 持ち上げる
　　　「この大きな石は彼が持ち上げるでしょう」

(426) sonam=**kə** kalzaṅ to-top.

ソナム =ERG ケサン PST- 殴る

「ソナムがケサンを殴った」

(427) ṅa ñiǰo tənasṅoñ {tə-na-sṅo-ñ}.

1s 2p 1 >2-APP- 叱る -2p

「私はあなた方を叱るでしょう」

自動詞文 (423) では動作者 wuyoǰis はゼロマークであるのに対し、他の3つの他動詞文では動作者が -**kə** でマークされている。但し、(427) のように動作者が1sである場合や動詞の意味によってはsplitを起こし、-**kə** は現れない。

しかし、(426) と次の文を比較すると -**kə** が持つより広い役割が見えてくる。

(428) sonam kalzaṅ to-top.

ソナム ケサン PST- 殴る

「ソナムはケサンを殴った」

(429) kalzaṅ sonam=**kə** to-top.

ケサン ソナム =ERG PST- 殴る

「ケサンはソナムが殴った」

これら3文のうち、(428) が無標の陳述であり、(426) は動作者が特にマークされ、(429) は「ケサンは誰が殴ったのか？」に対する答えである。このことから、-**kə** は能格マーカーであると同時に、new information を指定するマークになっていることが分かる。

本節については4.4「能格」の項も参照されたい。

3.8.2 否定の助詞

否定の助詞として3種を区別する。**ma** は非過去の否定、**ǰa** と **ǰi** は過

168　3.8 助詞

去の否定に用いられる。**ja** と **ji** の出現分布は主動詞の volitionality と関連があり、意志性が強いほど **ja** の出現率が高い。禁止には常に **ji** が現れ、また、否定の希求には常に **ʔa-ji-** が使われる。否定の詳細は 4.5 に論じる。

(032)　wuǰo tsay to-ki-w=ren,　　　　məza　　 tshoɴkhaṅ **ma**-čhe.
　　　　3s　 野菜 PST- 買う -Non1=ので 3s(女性) 店　　　　　 NEG- 行く
　　　　「彼が野菜を買ったので、彼女は店に行かない」

(033)　wuǰo tsay to-ki-w=ren　　　　　məza　　 tshoɴkhaṅ **ja**-čhe.
　　　　3s　 野菜 PST- 買う -Non1=ので 3s(女性) 店　　　　　 NEG- 行く
　　　　「彼が野菜を買ったので、彼女は店に行かなかった」

(430)　štə　thə kə-ṅos　 kə-mak　 **ji**-čis.
　　　　これ 何　NOM-LKV NOM-LKVneg NEG- 言う
　　　　「これが何であるのかないのか言わなかった」

(035)　sce　**ji**-ro-n.
　　　　ここ NEG- 来る -2s
　　　　「ここに来るな！」

(036)　təmu **ʔa-ji**-lat.
　　　　雨　　 IRR-NEG- 降る
　　　　「雨が降らないように」

3.8.3 疑問の助詞

疑問は **mə** によって表される。VP の先頭 P1 に立って、その VP の内容を訊く場合ともうひとつは文の末尾にたって、文全体の内容を訊く場合がある。文の末尾にたつとき、**mərə** の形を取ることが多い。

3.8.3.1 P1 に立つ例

VP の先頭に立つ例として、次の 5 文を挙げる。

(431)　nəǰo tascor **mə**-kə-pa-w.
　　　　2s　 手紙　 Q-PROG- する -Non1

「手紙を書いているのですか？」

(432) pojo wujo **mə**-we.

今晩 3s Q-来る

「彼は今晩来ますか？」

(433) nəjo štə wu-smen tə-ndza-w w-ənkhu꞊y

2s これ 3s:GEN-薬 2-摂る -2s 3s:GEN-後 ꞊LOC

mətəphon {**mə**-tə-phot-n}.

Q-2-すっきりする -2s

「この薬を飲んで、気分が良いですか？」

(131) nəjo štə wu-smen tə-ndza-w w-ənkhu꞊y kəzok

2s これ 3s:GEN-薬 2-摂る -2s>3 3s:GEN-後 ꞊LOC 少し

mənətəptshen {**mə**-nə-tə-ptshe-n}.

Q-PST-2-治る -2s

「あなたはこの薬を飲んでから、少し治りましたか？」

(434) nəjo təscor mənotəpaw {**mə**-no-tə-pa-w}.

2s 手紙 Q-PST-2s-書く -2s>3

「あなたは手紙を書きましたか？」

3.8.3.2 判定詞または存在の助動詞の前に立つ例

判定詞及び存在の助動詞の前に立つ例を掲げる。

(435) wujo ripin꞊nəne nənayas {nə-na-ya-s} **mə**-ṅo.

3s 日本 ꞊ABL PST-APP-帰る -PFV Q-LKV

「彼は日本から帰ってきていますか？」

(436) nəjo nə-poṅyi **mə**-ndo.

2s 2:GEN-お金 Q-AUX

「お金がありますか？」

3.8.3.3 文末に立つ例

文末に立つ例として次の2文がある。

(279a) nəǰo łasa w-ərmi təmak {tə-mak-n} mərə.
　　　 2s　ラサ　3s:GEN-人　2-LKVneg-2s　　　 Q
　　　「あなたはチベット人ではないのですか？」

(437) nəǰi nə-poṅyi me mərə.
　　　 2s　2:GEN-お金　AUXneg　Q
　　　「お金がないんですか？」

この mərə については、3.5.1（279a）下の説明を参照。

3.8.4 接続助詞

語と語、節と節を接続する助詞。

3.8.4.1 nəru「と」

(438) khəna nəru toru「犬と猫」

(439) təza nəru təmi kəñis꞊tsə noto.
　　　 男　と　女　2꞊も　AUX
　　　「男と女いずれもいます」

3.8.4.2 wu「の」

名詞+w(ə/u)+名詞の形で「…の」を表す助詞（3.2.1.4 も参照）

(440) ṅa čhamdo w-ərmi ṅo-ṅ.
　　　 1s　チャムド　3s:GEN-人　LKV-1s
　　　「私はチャムドの人（≒出身）です」

(441) ṅa slama ka-pa-ṅ w-əžak ṅos.
　　　 1s　勉強　NOM-する-1s　3s:GEN-時間　LKV

「私は勉強している最中です」

(442) štə **w-əptsa** ǰi-tə-pšit.
　　　これ 3s:GEN- 靴 NEG 2- 捨てる
　　　「この靴を捨てないで」

「の」は属格の格助詞によっても表されるが、名詞 +**w(ə/u)**＋ 名詞、或いは動詞不定形 +**w(ə/u)**＋ 名詞のように、**w(ə/u)**- を介在させることで表すのが一般的である。なお、この助詞は人称接辞の一部として現れる inverse prefix と同じ形態であり、おそらく何らかの歴史的関係があると思われる。

　また、**wu**-khoṅ thəste ṅos.（その・値段・幾つ・LKV）「値段はいくらですか？」のように、語と語を繋ぐのではなく、「値段」という名詞に接頭する形だけで現れることがある。この場合は何かのモノについての値段を問題としていることが話し手と聞き手双方に了解されているためにそのモノは言及されなくてもよいのであり、「（そのモノの）値段はいくらですか？」という含意を表現している。

　助詞としての役割ではないが、Prins は脚木足方言について、次の例を引いている。kə-ku は「買う人」だが、**wu**-kə-ku とすると、何を買うのかが当事者の間で暗黙のうちに了解されているのだと言う（Prins 2011: 341）。Prins は **wu**- を possesive prefix と定義し、接続助詞としては扱っていないし、彼女が挙げる例は莫拉方言では見いだせていないが、**wu**- が主題や目的語に関する暗黙の了解の存在を前提とする要素であることは推量できる。

3.8.4.3 tsə 「も」

(443) štə wu-stolor wukhoṅ kte wapsey wu-mdok=**tsə**
　　　これ 3s:GEN- 着物 3s:GEN- 値段 大きい 上に　　3s:GEN- 色 ＝ も
　　　ma-nə-mšor.
　　　NEG-EVI- 良い

172 3.8 助詞

　　　「この着物は値段が高いうえ、色もすてきじゃない」

(443a)　wuǰo kuruʔ　skat maǰu sokpo　skat=tsə na-slap.

　　　3s　チベット 語　また モンゴル 語 = も　PROG- 勉強する

　　　「彼はチベット語だけでなく、モンゴル語も勉強していました」

(444)　thə no-ṅo=tsə　no-khut.

　　　何　EVI-LKV= も　EVI- よろしい

　　　「何であってもよろしい」

tsə と同じように使われる助詞として -y(i) があるが、おそらく WT
yang（口語では -'ää）の借用である。たとえば、

(445)　ṅa=yi wastot nə-rəsñiṅɐ-ṅ.

　　　1s= も とても PST- うれしい -1s

　　　「私もとてもうれしかったです」

(445a)　wumi=y(i) slama mə-ṅos.

　　　3s= も　　学生　Q-LKV

　　　「彼も学生ですか？」

3.8.4.4 tsə「と」

前節と同じ音形式だが、形容詞や副詞に接尾して副詞句を形成する。
3.9.1.2、3.9.1.4、3.9.6.8 などを参照。

3.8.4.5 zə「…たら」（mə と対応して）

(446)　šimomo təmu mə-nə-lat=zə,　wuǰo wu-ɴpho=y　ma-če.

　　　今　　雨　　Q-PROG-降る =たら 3s　3s:GEN-外 =LOC NEG- 行く

　　　「もし雨が今降っていたら、彼は外へ行かないだろう」

3.8.4.6 či「…なら」

(447)　məšer təmor ṅa ša ʔa-ta-ɴdza=či　　　məsñi nəɴgo-ṅ.

　　　昨日　晩　1s 肉 IRR-PST- 食べる -1s= なら 今日　病む -1s

3.8.4 接続助詞　173

「昨晩肉を食べていたら、今日病気になっているでしょう」

(394)　nəǰo gyage-y {gyagar=y} ka-čhe　noNdos=**či**, gyagar

　　　　2s　インド =LOC　　　　INF- 行く　AUX= なら　インド

　　　　w-əmu　　mə-šə-w.

　　　　3s:GEN- 気候　Q- 知る -Non1

　　　　「インドに行ったことがあるなら、インドの気候を知っている
　　　　でしょう？」

(448)　nəǰo slama yiktəthal {yi-kə-tə-thal} ʔa-na-ṅos=**či**,　　wuǰo

　　　　2s　学校　PFV-NOM-2- 行く（過去）　IRR-EVI-LKV= なら　3s

　　　　tə-wardo-w.

　　　　2- 会う -2s>3

　　　　「もし学校へ行ったなら、彼に会うでしょう」

(449)　ṅa ṅə-poṅyi kə-Ndo　ʔa-na-ṅos=**či**,　　štə　w-əkuk　　ki-ṅ.

　　　　1s　1s- お金　NOM-AUX　IRR-EVI-LKV= なら　これ　3s:GEN- 本　買う -1s

　　　　「もしお金があれば、この本を買います」

(447)〜(449) では ʔa-ta-VP-**či** や ʔa-na-VP-**či** のように、実際には起
こらなかったことを仮定する表現になっている。

3.8.4.7　ǰi「…ても」

(450)　sosñi təmu no-lat　　ǰi-lat=**ǰi**,　　ṅa ka-čhe　ṅos.

　　　　明日　雨　　PFV- 降る　NEG- 降る = ても　1s　INF- 行く　LKV

　　　　「明日雨が降っても降らなくても、私は行きます」

3.8.4.8　ci「…なのに」

(451)　wuǰo thepkuk ǰa-nəmčara-w=**ci**,　　kə-nəmčara w-əspər

　　　　3s　本　　　NEG- 読む -Non1= のに　INF- 読む　　3s:GEN- ふり

　　　　no-pa-w.

　　　　PST- する -Non1

「彼は本を読まなかったのに、読むふりをした」

3.8.4.9 məru「か、または」

この接続助詞は後述する文末に立って疑問を表す助詞 mərə と来源は同じではないかと思われる。

(452) nəǰi kərgu **məru** mbola Ndo.
2s ヤク 又は 牛 AUX
「あなたにはヤクがありますか？それとも牛が？」

(026) kaNcheNdzuńa **məru** macheNpomra kətət no-Nbro.
カンチェンジュンガ 又は マチェンポムラ どちら EVI- 高い
「カンチェンジュンガとマチェンポムラ、どちらが高いですか」

(453) sce khəza kte (Ndo) **məru** tshapey Ndo.
ここ ボウル 大きい (AUX) または コップ AUX
「ここにボウルがありますか？それともコップがありますか？」

(454) ka-ki-ṅ **məru** ma-ki-ṅ.
INF- 買う -1s または NEG- 買う -1s
「買おうか、買うまいか？」

(455) nəǰo thə=kə ra təǰi ra **məru** ṭha ra.
2s 何 =NIF 要る 水 - 要る または 茶 - 要る
「何が欲しいですか？水ですか、それともお茶ですか？」

3.8.4.10 ren「けれども」

(456) məšer dewa no-lat=**ren**, ńa natho to-rwa-ṅ=**ren**,
昨日 雪 PST- 降る =けれども 1s ナトゥ PST- 越える -1s= て
gantok yi-wi-ṅ.
ガントク DIR- 来る（過去）-1s
「昨日雪が降ったけれども、私はナトゥ（峠）を越えて、ガントクへ来ました」

この例文では **ren** が 2 カ所に出現する。最初の **ren** は「けれども」の意であるが、 2 番目のは「…して」という順接の意である。本来は次に掲げる 2 通りの用法と同一である可能性があり、日本語で軽く文をつなぐ「…が」に相当するのかもしれない。次節を参照。

3.8.4.11 ren「…してから、…して」

(457) ṅa poṅyi na-scə-ṅ꞊**ren**　　təjim to-pa-ṅ.
　　　 1s お金　PST- 借りる -1s꞊ して 家　　PST- 作る -1s
　　　「私はお金を借りて、家を建てました」

(458) nə-məndə-n꞊**ren**　　　　kawi čišat yi-čhe-n.
　　　 PFV- 突き当たる -2s꞊ してから 左　　方角　IMP- 行く -2s
　　　「突き当たったら、左に行きなさい」

(459) ṅa štə　wu-rəyo　no-mi-ṅ꞊**ren**　　ṅ-əsem　　nə-bde.
　　　 1s これ 3s:GEN- 話 PST- 聞く -1s꞊ して 1s:GEN- 心 PST- よくなる
　　　「その話を聞いて、安心しました」

3.8.4.12 ren「…ので」

前項 3.8.4.10 のヴァリアントかと思われる。

(460) ṅa tama kəmča to-pa-ṅ꞊**ren**　　　nəspaṅ {nə-spap-ṅ}.
　　　 1s 仕事　沢山　PST- する -1s꞊ ので PST- 疲れる -1s
　　　「私は沢山仕事をしたので、疲れました」

3.8.4.13 kor「…だが、しかし」

(461) ṅa ka-čhe　ṅ-əsem no-we꞊**kor**, ṅ-əžak　me.
　　　 1s INF- 行く 1s- 心　　PST- 来る ꞊ が 1s- 時間 AUXneg
　　　「私は行くつもりになったのだが、時間がありません」

(462) ṅa nə-poṅyi kə-ndo꞊tə　　ndo꞊**kor**, wujo ma-sa-scə-ṅ.
　　　 1s 1s- 金　　INF-AUX꞊DEF AUX꞊ が　3s　　NEG-CAUS- 借りる -1s>3

176　3.8 助詞

「私は金があることはあるが、彼には貸しません」

(463)　kə-mə-štak=tə　　　nə-mə-štak=**kor**　kərok=ǰi

INF-NonV-寒い =DEF EVI-NonV-寒い =が それほど =も

ma-nə-mə-štak.

NEG-EVI-NonV-寒い

「寒いことは寒いが、それほど（ひどく）寒いわけではない」

(464)　wuǰo ṅa numtoṅ {nə-wu-mto-ṅ}=**kor**, ǰi-ka-mto

3s　　1s　PST-3>1- 見る -1s= が　　　　　NEG-NOM- 見る

w-əspər　　no-pa-w.

3s:GEN- ふり PST- する -3s

「彼は私を見たのに、見なかったふりをした」

(465)　ṅa ǰiǰok-ša kə-Ndza=tə　　　kə-Ndza-ṅ=**kor**, kəmča-ǰə

1s 魚 - 肉　NOM- 食べる =DEF 1s- 食べる -1s= が 沢山 = は

ǰi-kə-Ndza-ṅ.

NEG-1s- 食べる -1s

「私は魚を食べるには食べますが、沢山は食べませんでした」

(466)　wuǰo wu-poṅyi wastot no-mča=**kor**, kə-snəya　　w-əčhes

3s　　3s:GEN-金 とても　EVI- 多い = が INF-ケチである 3s:GEN-ので

štə　wu-phalam　　ṅa ṅə-šas　　　ma-ki-w.

これ 3s:GEN- ダイヤ 1s 1s:GEN- 所有　NEG- 買う -Non1

「彼にはお金がとても沢山あるが、ケチだから、このダイヤを
私のために（私の所有に帰するように）買わないだろう」

3.8.4.14　khoz「…しながら」

(467)　wuǰo slama ka-pa-w　　　wu-mdok　no-pa-w=**khoz**,

3s　　勉強　INF- する -Non1 3s:GEN- 様子 PST- する -Non1= しながら

tascor na-lat.

手紙　　PROG- 打つ

「彼は勉強するふりをしつつ、手紙を書いていました」

3.8.4.15 LKV＋-y 「たとえ…でも」

(468)　nəjo yithan {yi-thal-n} no-ṅo=y　toɴdak thə=ke　　　me.
　　　　2s　PFV- 行く（過去）-2　EVI-LKV=LOC 意味　何 =IDEF（1つ） AUX
　　　　「あなたが行ったとしても、何の意味もありません」

(469)　təmu mə-nə-rtsi　　　no-ṅo=y,　ṅa ka-čhe　ṅ-əsem
　　　　天気　COND-EVI- 良い　EVI-LKV=LOC 1s　INF- 行く　1s:GEN- 気持
　　　　ma-na-we.
　　　　NEG-DIR- 来る
　　　　「天気が良くても、私は行く気が起きません」

3.8.4.16 wapsey 「だけでなく」

(443)　štə　w-əstolor　wukhoṅ kte　**wapsey** wu-mdok=tsə
　　　　これ 3s:GEN- 着物 値段　　大きい 上に　　3s:GEN- 色 = も
　　　　ma-nə-mšor.
　　　　NEG-EVI- 良い
　　　　「この着物は値段が高いだけでなく、色も良くない」

3.8.4.17 w-əčhes 「…だから、ので」

(470)　nəjo kuru?　　ṅon {ṅos-n} **w-əčhes**　　kuru?　scor
　　　　2s　チベット LKV-2　　　3s:GEN-だから チベット 字
　　　　mə-šə-w.
　　　　Q-知る -Non1
　　　　「あなたはチベット人だから、チベット文字を知っていますね？」

(471)　ṅə-poṅyi　kə-me **w-əčhes**　　ka-ki　ji-čha-ṅ.
　　　　1s:GEN- お金 1-AUXneg 3s:GEN- だから INF- 買う NEG- できる -1s
　　　　「私はお金がないので、買えませんでした」

(472) štə wu-lorñen məšer nə-nəmčara-ṅ **w-əčhes,**　　　tham

これ 3s:GEN- 映画 昨日　PST- 見る -1s　3s:GEN- だから　今

ma čhe-ṅ.

neg 行く -1s

「この映画は昨日見たので、今は行きません」

(473) sosñi ṅa sɐrama=y　　kə-čhe-ṅ **w-əčhes,**　　　ṅ-əǰim

明日　1s オフィス =LOC 1- 行く -1s 3s:GEN- だから 1s:GEN- 家

NGu=y ǰi-we-n.

中 =LOC neg- 来る -2

「私は明日オフィスへ行くので、家には来ないでください」

(474) məza=tə kənəngo **w-əčhes**　　　smɛnkhaṅ ṅa-ñi.

少女 =DEF 病人　　3s:GEN- だから　病院　　　PROG- 居る

「その少女は病人なので、病院にいます」

3.8.5 終助詞

　文末に現れ、疑問、断定、確認、知らせ、感嘆、などを表す。疑問を示す **-rə**（3.8.3.3 など）や **-lu**「…かなあ」（日常表現 230 例文 2 ）、知らせ・勧誘を示す **-ru**、確認「…よ」「…ね」を示す **-yo**（日常表現 260 例文 1a）や **-ye**（日常表現 260 例文 14）、などがある。

(475) yiǰo saǰa-y　　**ru.**

1p　始める -p SFP

「始めましょうよ」

3.9 副詞

3.9.1 様態の副詞

動きの有り様を表す副詞を指す。

3.9.1.1 lɛwur「急に、突然」

(476)　yiǰo **lɛwur** nə-ṅə-wardo-y.

　　　　1p　突然　PST-RCP- 会う -1p

　　　　「我々は突然出くわした」

3.9.1.2 kəṅanak(=tsə)「早く」

(477)　wuǰo **kəṅanak**=tsə sku　thas {thal-s}.

　　　　3s　　速い = と　　　東へ 行く（過去）-PFV

　　　　「彼は急いで東へ（上流へ）去った」

3.9.1.3 kəksal(=ke)「はっきりと、明確に」

(478)　**kəksal**=ke　　　təčin {tə-čis-n}.

　　　　はっきり =ADVR　IMP- 言う -2s

　　　　「はっきり言え」

3.9.1.4 kətak=tsə「はっきりと、明確に」

(479)　**kətak**=tsə　　　način {na-čis-n}.

　　　　はっきり =ADVR　IMP- 言う -2s

　　　　「はっきり言え」

上記２例のように動詞・形容詞不定形＋ -tsə/-ke が動きの有り様を示

180　3.9 副詞

す副詞を形成する。例文 (481) lelas=tsə や (212) koho=ke も類似例である。

3.9.1.5　wugras「はっきりと、明確に」

(480)　maǰu **wugras** to-pa-w.

　　　　再度　明確に　IMP- する -Non1

　　　　「再度明確に（説明）せよ」

3.9.1.6　lelas「ゆっくり」

(481)　**lelas**=tsə　　　ke tačin {ta-čis-n}.

　　　　ゆっくり =ADVR ATT IMP- 話す -2

　　　　「ゆっくり話してください」

3.9.1.7　ʔa-las (yo)「ゆっくり＞さようなら」

次の例は前項のヴァリアントと考えられる。

(482)　**ʔa-las**　　　　**yo**.

　　　　IRR- ゆっくり　SFP

　　　　「さようなら」

去る人に対してのみ用いられる。「IRR-ゆっくり　終助詞」の語構成を
持つ。

3.9.1.8　kərgɐkərgi「互いに」

(206a)　wuyoǰis kərgɐkərgi nuṅətop {nə-wu-ṅə-top}.

　　　　3d　　　　互いに　　　PST-3d>3-RCP- 打つ

　　　　「彼ら 2 人は殴りあった」

kərgɐ '1' を重ねた語構成と思われる。

3.9.1.9 tazus「こっそり」

(483)　**tazus**　na-ɴdza-yn.
　　こっそり IMP- 食べる -2p
　　「こっそり食べろ」

3.9.1.10 čiktak「はっきりと、明確に」

(484)　thaṅhua nəsčiktak {nə-sə-**čiktak**}.
　　話　　　　IMP-CAUS- はっきりした
　　「話をはっきりさせよ」(thaṅhua<Chin. 談話)

3.9.1.11 raṅpas「故意に、特に」

(485)　wuǰo garyol **raṅpas** na-čhop.
　　3s　花瓶　故意に　PST- 壊す
　　「彼は故意にその花瓶を割った」

3.9.2 程度の副詞

3.9.2.1 wasto(t)「とても」

(486)　wuǰo w-əpɐ-ma　　w-əčhes　　**wastot** to-pa-w.
　　3s　3s:GEN- 父 - 母 3s:GEN- ために とても　PST- する -3s>3
　　「彼は両親のためにとても尽くした」

なお、wasto(t) には「至適である」の意の形容詞もある。たとえば、

(487)　wuǰo to-kə-čis=tə　　**wastot** ṅos.
　　3s　PST-3- 言う =DEF 至適　　LKV
　　「彼の言ったことは正しい」

3.9.2.2 kəmča(=ǰə)「大変、沢山、とても」

(488)　wuǰi=y thepkuk **kəmča** Ndo.
　　　　3s=LOC 本　　　沢山　　AUX
　　　　「彼は本を沢山持っている」

3.9.2.3 kətsitsi(=ke)/kə-məne「少し」

(489)　smeNkhaṅ yithaṅ {yi-thal-ṅ}=ren, smen **kətsitsi=ke**
　　　　病院　　　　DIR- 行く(過去)-1s= ので 薬　　 少し =ADVR
　　　　no-ra-ṅ.
　　　　PST- 入手する -1s
　　　　「病院へ行ったので、薬を少し手に入れました」

3.9.2.4 kəzok「少し」

(131)　nəǰo štə　wu-smen tə-Ndza-w w-əNkhu=y,　　**kəzok**
　　　　2s　これ 3s:GEN-薬 2- 摂る - 2 3s:GEN- 後 =LOC 少し
　　　　mənətəphon {mə-nə-tə-phot-n}.
　　　　Q-PST-2- 治る -2s
　　　　「この薬を飲んで、少し良くなりましたか？」

3.9.2.5 kəšur「少し」

(490)　**kəšur** kunayoṅ {ko-wu-nayo-ṅ}.
　　　　少し　　IMP-INV- 待つ -1s
　　　　「少し（私を）待て」

3.9.2.6 thapčha「少し」

(491)　**thapčha** nə-khut.
　　　　少し　　　EVI-AUX

「少し良い＝まあまあだ」

3.9.2.7 kəček「全く」

(492) təza təmi **kəček** noto.
男　　女　　全部　AUX
「男も女も全部いる」

(493) **kəček**꞊ǰə thəste ṅos?
全部꞊は　いくら　LKV
「合計でいくらですか？」

3.9.2.8 wanḍoṇḍo「本当（に）、精確（に）」

(494) wuǰo no-pšat꞊tə　　**wanḍoṇḍo** nə-mak.
3s　　PST- 説く ꞊DEF 真実である　EVI-LKVneg
「彼が説いたことは真実でない」

3.9.2.9 kəmamo(꞊tə)「非常に」

(495) sɛčha **kəmamotə** zoḍa noto.
場所　非常に　　　工場　AUX
「非常に（多くの）場所に工場がある」

3.9.2.10 wuphak kte「大体」

phak は下に見るように「半分」の意であり、それに kte「大きい」が複合されたものと考えられる。

(496) tərtshot kərgɛ **təphak**
時計　　’1’　半分
「1 時半」

(497) **wuphak kte**　　nə-khut.
半分　　　大きい EVI-AUX

「大体よろしい」

3.9.2.11 ke「【発話全体の語気を和らげる副詞】ひとつ、ちょっと」

ke は一般に VP、多くの場合命令形、の前に立って、発話全体の語気を和らげる attenuant としての機能を有する。例えば、「日常表現 260」例文（121）ta-rwas. と言えば「立て、場所を空けろ」だが、ke ta-rwas. とすると「ちょっと場所を空けてくれない？」のように、発話をソフトにする役割がある。(499) maǰu ke nuɴbyiṅ {nə-wu-ɴbyi-ṅ}. も同様で、動詞語幹そのものが既に敬語形だが、ke が加わることでさらに和らいだ発話になる。尤もこの場合 maǰu ke「もう　ひとつ」のように ke 本来の意味「1つ」も併せた結果になっている。ke は本来数詞「1つ」の意を持ち、IDEF の名詞化標識 -ke（3.1.2.9）と同源である。

この ke は、以前調査したギャロン・ジャンブム氏は一般的に VP の前に置きうるとしていたが、現在の発話協力者は命令文の前に置くことが圧倒的に多い。

品詞論としては副詞として扱うが、「1つ」が「ちょっと」の意で用いられることや「ひとつ、ちょっと」が命令意図の緩和という pragmatic な役割を担う類例は多くの言語に見いだされるのかもしれない。日本語でも「ひとつ」に「とりあえず依頼する」「流れに区切りを付け、新しい事態と見做して対応する」時に用いる例が多数ある。

3.9.3 量の副詞

程度の副詞のうち、3.9.2.3 kətsitsi/kəmәne「少し」、3.9.2.2 kəmča「沢山」などは量の副詞としても用いられる。

3.9.3.1 wastot kəmča「たっぷり」

3.9.2.1 & 3.9.2.2 参照。

3.9.3.2 **wuphak kte**「大体」

3.9.2.10 参照。

3.9.3.3 **wupso**「おおよそ」

→ (410) 参照。(256) wu-pso「…のような」と来源は同じと思われる。

3.9.3.4 **maǰu**「もう」

(498)　**maǰu** kətsitsi nə-dət.
　　　　また　少し　　IMP- 渡す
　　　　「もう少しくれ」

(499)　**maǰu** ke　　nuNbyiṅ {nə-wu-Nbyi-ṅ}.
　　　　また　ATT/ひとつ IMP-INV- 与える (HON)-1s
　　　　「もうひとつください」

3.9.3.5 **žə**「もう」

「日常表現 260」No.183 参照。

3.9.4 時を表す副詞

時を表す副詞は同時に名詞でもある。

3.9.4.1 **šuǰe**「今、ちょっと前から」

(500)　nəǰo **šuǰe** mə-tso-n.
　　　　2s　　今　　Q- 時間がある -2s
　　　　「今時間がありますか？」

(501)　**šuǰe** tərtshot thəste nə-ṅos.
　　　　今　　時計　　幾つ　EVI-LKV
　　　　「今何時ですか？」

(502) šuǰe ṅa ṅ-əɳɖi?　　kə-nəna yi-wi.
　　　今　1s 1s:GEN- 友人 INF- 休む DIR- 来る（過去）
　　　「友人が今し方休みに来ました」

(503) šuǰe　　　n-əma　　mə-ɴdo.
　　　このところ 2:GEN- 仕事 Q-AUX
　　　「このところ仕事はある？」

(502)(503) はアスペクトにかかる副詞でもあり得る。

3.9.4.2 məsñi「今日」

(504) məsñi kə-nəɴdza ǰi-tso-s.
　　　今日　INF- 食べる NEG- 暇がある -PFV
　　　「今日食べる時間がなかった」

3.9.4.3 sosñi「明日」

3.9.4.4 saɴdi「あさって」

3.9.4.5 khəɴdi「しあさって」

3.9.4.6 khəməɴdi「4 日後」

3.9.4.7 rjaməɴdi「5 日後」

3.9.4.8 məšer「昨日」

(505) məšer yikwiṅ {yi-kə-wi-ṅ} ṅos.
　　　昨日　DIR-1- 来る（過去）-1s LKV
　　　「私は昨日来たのです」

3.9.4.9 mišesñi「昨日」

(506)　**mišesñi** wuǰo ya-čhe　nə-ṅo.
　　　昨日　　3s　PST- 行く　EVI-LKV
　　　「彼は昨日行ったのです」

3.9.4.10 mišeṭi「おととい」

3.9.4.11 bašṭi「何日か前」

3.9.4.12 kəscɐ=y「かなり前、昔、長く」

(507)　**kəscɐ=y** kuruʔ　ziṅkam=y zoḍa kəmča nə-me.
　　　昔 =LOC　チベット 地域 =LOC 工場　沢山　　EVI-AUXneg
　　　「昔チベット自治区には工場が沢山はなかった」

3.9.4.13 basñi「何ヶ月か前」

3.9.4.14 bisñiso「昨今」

(508)　**bisñiso** jaroṅ təmtsi no-khut.
　　　昨今　　嘉戎　生活　　EVI- よろしい
　　　「このところ嘉戎の生活はまずまずだ」

3.9.4.15 təmor「晩、夜」

(447)　məšer **təmor** ṅa ša ʔa-ta-ɴdza-ṅ-či,　　məsñi nə-ɴgo-ṅ.
　　　昨日　晩　　1s 肉 IRR- 食べる -1s- なら 今日　　NonV- 病む -1s
　　　「昨晩肉を食べていたら、今日病気になっているでしょう」

3.9.4.16 piy「今迄、未だ」

(509) tascor **piy** ɟidən {ɟi-dət-ṅ}.
書類　未だ NEG- 与える -1s
「未だ書類を提出していません」

3.9.5 空間を表す副詞・副詞句

空間を表す副詞は同時に名詞でもある。

方向接辞は3.4.3で別に論じたが、3.4.3.1に示した独立の副詞の他、接辞(非過去)そのものに ʔa を接頭させて「方向接辞の示す方向」を示す副詞を作ることができる。たとえば、ʔa-ku は「上流へ」を示す ku に ʔa が接頭したものである。莫拉で発話がなされたとすると、「梭磨河に関して上流へ、東へ」を意味する。この ʔa- は IRR マークとは関連がない。

(510) **ʔa-ku**　　ka-nəmčara-n.
NOM- 上流 IMP- 見る -2s
「あそこを見て」

なお、「ʔa+ 方向接辞」だけでも名詞になり得るが、štə「これ」を複合させることにより名詞であることがより明確に示される。たとえば、

(511) **ʔa-to-štə**　　wu-rnamṭu　　nihon=y　kə-čhe
NOM- あれ - これ 3s:GEN- 飛行機 日本 =LOC INF- 行く
wu-rnamṭu　　ṅos.
3s:GEN- 飛行機 LKV
「あそこの飛行機は日本へ行く飛行機です」

(512) **ʔa-to-štə**　　wu-rgoNba=tə kumkhas kəmča
NOM- あれ - これ 3s:GEN- 寺 =DEF 大学者　　沢山
kə-Ndo-yn=ke　　nə-ṅos.
INF-AUX-3p=IDEF EVI-LKV

「あそこの寺は大学者が沢山いる（寺）です」

「ʔa+ 方向接辞」は近称で、「ha+ 方向接辞」は遠称である。但し、卓克基や梭磨に比べると、後者の莫拉での用例は稀少である。

3.9.5.1 sce 「ここに、こちらへ」

(513)　wuǰo **sce** no-we　　no-we　　nə-ǹos.

　　　　3s　　ここ DIR- 来る　DIR- 来る　EVI-LKV

　　　　「彼はここにいつも来るのです」→ (289) 参照。

3.9.5.2 toto、nono、roro、rere、kuku、didi 「あちらへ」

WT phar のような、一般に遠ざかる動きを示す副詞はない。方向接辞を重ねることによって、当該の方向への動きを表す。

(514)　**toto** to-we-n.

　　　　上に IMP- 来る -2s

　　　　「上がってくれ」

3.9.5.3 副詞句を形成する手続き

これらの他、「前」「後」「中」「外」「上」「下」などの名詞と対応して、「前に」「後に」「中に」「外に」「上に」「下に」などの副詞句を形成するプロセスが認められる。たとえば、təɴkhu「後ろ」は tə- が接頭する一般的名詞で、wuǰo w-əɴkhu は {3s 3:GEN- 後ろ }「彼の後ろ」を意味する派生形。これに LOC 助詞 -y を接尾させ、wuǰo w-əɴkhu=y とすると「彼の後ろに」を表す。現在ではこの表現が təɴkhu から来ていることは意識されず、w-əɴkhu=y が「…の後ろに」の意であると考えられている。これと平行する例として次のものがある。

名詞	派生名詞	副詞句
təṭi「前」	wu-ṭi「その前にあるもの」	wu-ṭi=y「…の前に」
təNkhu「後」	wu-Nkhu「その後にあるもの」	w-əNkhu=y「後に」
təNgu「中」	wu-Ngu「その中にあるもの」	w-əNgu=y「中に」
təNpho「外」	wu-Npho「その外のもの」	wu-Npho=y「外に」
tərka「上」	wu-rka「その上にあるもの」	wu-rka=y「上に」
taka「下」	wə-ka「その下にあるもの」	wə-ka=y「下に」
wačap「間」	wɐ-čap「その間にあるもの」	wɐ-čap「…の間に」
təphe「横」	wə-phe「その横のもの」	wə-phe=y「横に、近くに」
təla「真ん中」	wu-la「その真ん中にあるもの」	wu-la=y「真ん中に」

3.9.6 テンス・アスペクトの副詞

3.9.6.1 zgak「丁度」

(515) tərtshot kəwdi **zgak** ṅos.

　　　時計　　　'4'　　丁度　LKV

　　　「4 時丁度です」

3.9.6.2 šimomo「今」

(516) **šimomo** yi-məNdə-ṅ.

　　　今　　　　PST- 着く -1s

　　　「今着いたところです」

(517) ṅa **šimomo** ṭha　tomon {to-mot-ṅ}.

　　　1s　今　　　　お茶　PST- 飲む -1s

　　　「今お茶を飲んだところです」

(446) **šimomo** təmu mə-nə-lat=zə,　　　wuǰo wupši ma-če.

　　　今　　　雨　COND-PROG- 打つ =たら 3s　　外　　NEG 行く

「今雨が降っていたら、彼は外へ行かないだろう」

3.9.6.3 thamtham「今、最近、これから」

(518)　wuǰo **thamtham** kə-nəNdza nə-ṅos.
　　　3s　今　　　　　INF- 食べる EVI LKV
　　　「彼はこれから食べるところだ」

(519)　**thamtham** tərtshot təNḍit {tə-Nḍit-n} mə-ṅo.
　　　今　　　　　　時計　　2- 持つ -2s　　　　Q-LKV
　　　「時計を持っていますか？」

3.9.6.4 štəṭe「これから」

(520)　**štəṭe**　ka-saǰa　　ṅos.
　　　これから NOM- 始める LKV
　　　「これから始めます」(開会宣言)

3.9.6.5 maǰu「再び、また」

(521)　w-əNkhu=y　　**maǰu** ṅawardo-y.
　　　3s:GEN- 後 =LOC 再び　会う -1p
　　　「また会いましょう」

(522)　**maǰu** katəčin {ka-tə-čis-n}.
　　　また　IMP-2- 言う -2s
　　　「もう一度言ってください」

(523)　tərtshot kəṭok kə-məndə **maǰu** kəmṅo fən noto.
　　　時計　　‘6’　INF- 達する まだ　‘5’　　分　AUX
　　　「6 時になるのにまだ 5 分あります」

3.9.6.6 kəkəčhen「しばしば」

(524) wuǰo goNbe=y kəkəčhen we.
 3s 寺 =LOC しばしば 来る
 「彼はしばしば寺に来ます」

3.9.6.7 wəNkhu=y「後で」

(521) w-əNkhu=y maǰu ńawardo-y.
 3s:GEN- 後 =LOC 再び 会う -1p
 「また会いましょう」

3.9.6.8 kəńanak「直ちに、一度に」

(477) wuǰo kəńanak=tsə sku thas {thal-s}.
 3s 直ち =ADVR 東へ 行く(過去)-PFV
 「彼は急いで東へ（上流へ）去った」

3.9.6.9 wuNphroNphro「順に」

(525) wuNphroNphro na-ta-w.
 順に IMP- 並べる -Non1
 「順に並べなさい」

3.9.6.10 stońsñi「いつも」

(526) wuǰo stońsñi barkham no-ñi.
 3s いつも 馬尔康 EVI- 住む
 「彼はいつも馬尔康にいます」

3.9.6.11 šot「いつも」

(527) ṅa **šot** ka-nəsə nəñelwɐ.
　　　1s　いつも　NOM- 気に掛ける　ありがとう
　　　「いつも気に掛けてくれて、ありがとう」

ka-nəsə の替わりに ka-stən「気遣う」を使うこともある。

3.9.7 文・述語修飾副詞

3.9.7.1 kə(ṅa)sto「まっすぐに」

(528) **kasto** ka-čhe-n.
　　　まっすぐに　IMP- 行く -2s
　　　「まっすぐに行きなさい」

3.9.7.2 kətəpa「一緒に」

(529) čhiǰo **kətəpa** čhe-č.
　　　1d:inc　一緒に　行く -1d
　　　「一緒に行きましょう」

(530) yiǰo **kətəpa**=y yi-na-Ndza-y.
　　　1p　一緒に =LOC　DIR-APP- 食べる -p
　　　「皆で（行って）食べましょう」

3.9.7.3 wuscerscer「ひとり（で）」

(531) ṅa ṅ-ə**scerscer** čheṅduᵌy yithaṅ {yi-thal-ṅ}.
　　　1s　1s:GEN- 一人（で）　成都 =LOC　DIR- 行く（過去）-1s
　　　「私は一人で成都に行きました」

3.9.7.4 kəskokayi「一生懸命 (に)」

(532)　wuǰo ṅ-əma　　wu-ɴbe=y　　**kəskokayi** no-pa-w.

　　　　3s　1s:GEN- 仕事 3s:GEN- 対し =LOC 一生懸命　PST- する -3s

　　　　「彼は私の仕事に関して懸命にやった」

kə-sko は本来単独で「懸命である」を意味する動詞で、

(533)　wuǰoyo slama nə-**kə-sko**.

　　　　3p　　勉強　EVI-3- 懸命である

　　　　「彼らは勉強するのに懸命である」

(534)　wuǰo tama kəskokəyi ṅos.

　　　　3s　仕事　勤勉である LKV

　　　　「彼は仕事に勤勉だ」

のように用いられることもある。

3.9.7.5 wulali=ǰə「勤勉に」

(535)　wuǰo kuru?　skat **wulali=ǰə** no-slap.

　　　　3s　チベット 語　勤勉 =ADVR PST- 勉強する

　　　　「彼は勤勉にチベット語を勉強した」

3.9.8 陳述の副詞

　前節「3.9.7 文・述語修飾副詞」と重なる部分があるが、文のムード
を暗示する機能を持つ副詞として次のようなものを例示できる。

3.9.8.1 ṭhikci ～ ṭhik「おそらく」

(536)　**ṭhik**　　wuǰo hlasa w-ərmi　nə-mak.

　　　　おそらく 3s　ラサ　3s:GEN- 人 EVI-LKVneg

　　　　「おそらく彼はラサの人ではない」

3.9.8 陳述の副詞 195

(537) ṅa ṭhik ṅ-əskruʔ nə-səški.
1s おそらく 1s-身体 DIF-熱がある
「私はおそらく熱があります」

(538) saksɛ w-əke=y ṭhik piy rma-ṅ.
昼 3s:GEN-前 =LOC おそらく まだ 眠る -1s
「私はおそらく昼前までずっと眠っています」

(539) ṭhikci sosñi wuǰo kə-čhe ṅos.
多分 明日 3s 3-行く LKV
「おそらく明日彼は行くでしょう」

3.9.8.2 (wu)deɴbey「決して…ない」

(540) wudeɴbey kə-čis ma-na-rukna-w.
決して 1-言う NEG-APP-耳を傾ける -3s
「彼は全然（私の）言うことを聞かない」

(541) nəǰo nəkənəsə {nə-kə-nəsə} ṅa deɴbey
2s 2-NOM-気に掛ける 1s 決して
manaməṅ {ma-na-mər-ṅ}.
NEG-APP-忘れる -1s
「あなたが気に掛けてくれたことは、私は決して忘れません」

3.9.8.3 wurčhi「なんとか、是非」

(542) wurčhi ṅa=gə nušərṅaṅ {na-wu-šərṅa-ṅ}.
ぜひ 1s=FOC IMP-INV-貸す -1s
「是非私に貸してください」

「貸す」「借りる」で最も頻繁に使われるのは kə-scə「借りる」と kə-səscə「貸す」で、CAUS の接辞 -sə- が現れる。これと平行して、ka-šə-rṅa は「貸す」、ka-rṅa は「借りる」を意味するが、幇助の CAUS 接辞 -šə- が現れる。(199)-(199d) 参照。

196 3.9 副詞

3.9.8.4 wupər「もし、仮に」

通常 mə- が VP 内の P1 スロットに現れ、…zə と対応して「もし…なら」を表すが、特に「もし / 仮に」を強調したい場合、mə- に替えて、wupər を文頭に置く。3.4.2.3 における例文 (086)(087) も参照。

(543) **wupər** poṅyi mə-no-me-s=zə,　　　təkros ka-pa

COND　金　COND-EVI-AUX-PFV=たら　会合　INF- する

w-əžak　　　no-ndo=y,　kəngon me.

3s:GEN- 時間 EVI-AUX=LOC 意味　　AUXneg

「金がないなら、集まる時間があっても、意味がない」

(544) **wupər** kə-we　　mə-no-ndo-s=zə　　　ṅa kəṅanak

COND　NOM- 来る COND-EVI-AUX-PFV=たら 1s　速く

kusəmtsoṅ {ka-wu-sə-mtso-ṅ}.

IMP-INV-CAUS- 分かる -1s

「もし来る人がいたら、私にすぐ知らせてくれ」

3.10 接続詞

先行する文とのつながりを示す語句で、多くは文頭に現れる。但し、それらの多くは他の範疇に属する表現の転用であり、特に接続助詞との関わりが深い。

3.10.1 (nə)noṅoy「しかし」

(545)　təmu nə-rtsi　ṅos. **nənoṅoy** ma-čhe-ṅ.
　　　　天気　EVI- 良い AUX しかし　　neg- 行く -1s
　　　　「天気は良いです。でも私は行きません」

3.10.2 wučhes「ですから」

(473)　sosñi ṅa sɐrama=y　kə-čhe-ṅ　**w-əčhes**,　　　ṅ-əǰim
　　　　明日　1s 仕事場 =LOC　1- 行く -1s　3s:GEN- だから　1s:GEN- 家

　　　　NGu=y　ǰi-we-n.
　　　　方 =LOC PROH- 来る -2
　　　　「私は明日仕事場へ行くので、家の方には来ないでください」

これは接続助詞としての用法だが、この文を

(546)　sosñi ṅa sɐrame=y kə-čhe-ṅ. **wučhes** ṅ-əǰim gu=y ǰi-we-n.
　　　　「私は明日仕事場へ行きます。ですから、家の方には来ないで
　　　　ください」

とすると、接続詞としての用法となる。

3.10.3 məru「或いは」

(547) ṅa gyagar kə-ɴgo-ṅ.　**məru**　palbo=y.
　　　 1s インド 1-行く -1s 或いは ネパール =LOC
　　　「私はインドに行きます。或いはネパールへ」

3.8.4.9 と同一の形式である。

3.11 感嘆詞

3.11.1 ale
知らなかったことへの反応「へぇー」

3.11.2 aka
期待に反することへの反応「なんと！」

3.11.3 aha
同意しがたいことへの反応

3.11.4 ayo
「かなわんなあ、そんなことしなくて良いのに」

3.11.5 otsi
「それはそれは」だが、内容的にやや疑義がある場合

3.11.6 wei
「もしもし」だが、中国語からの借用

3.11.7 wa
「はい、いいです」の意で最も頻繁に用いられ、その範囲が広範に亘る。次の例が一般的な用例である。

(475) yiǰo saǰa-y   ru.
1p　始める -p SFP
「始めましょうよ」

(548) **wa.**
「いいですよ」

しかし、「それは大変」「お気の毒に」に当たる感嘆詞としても用いられる。

4．単　文

　単文に関しては、既に形態統辞法を論じた際に大部分を記述済みであり、本節ではそれを補完するに留める。

4.1　基本的な構造と語順

　嘉戎語の単文は「述語」「補足語」「修飾語」「主題」という４つの構成要素でおおむね説明できる。

　「述語」はNP+判定詞またはVP+判定詞であり、後者の場合いずれかがオプションになり得るが、どちらか１つが必ずなければならない。判定詞の振る舞いに関しては3.5に詳述した。述語には動きを示す動態述語と状態を示す状態述語がある。

　動きや状態を成り立たせるために必要な、動きや状態の主体と対象、ゴールや受益者など、述語が表す意味を補う要素を「補足語」と言う。「…が」「…を」「…に」「…の為に」等である。

　述語、特にVPの内容に付加的な情報を与えるものを連用修飾語、補足語の名詞を修飾するものを連体修飾語と言い、まとめて「修飾語」と言う。

　「AはBだ（判定詞）」「AはB（VP）する」のように「Aは」の形で文の陳述の対象を表す要素を「主題」という。主題は文に現れる場合と現れない場合がある。

　語順は、主題は多くの場合文頭に、述語が文末に置かれる。補足語と連用修飾語は主題と述語の間に現れる。補足語同士の前後関係は比較的自由であるが、「…を」を担うNPと連用修飾語はVPにより近い位置を占める。また、連体修飾語は3.1.1に示すとおり、名詞の後ろに置かれ

202   4.1 基本的な構造と語順

ることが多い。

　3.4.1 と 3.4.5 に詳しく述べたとおり、VP 内には「誰が誰を」「誰が
誰に」「誰が誰のために」等々人称間関係が逐一指定される複雑な体系
があり、また、判定詞も人称との agreement を起こすため、誤解が生
じないと判断される場合、主題、行為者、受動者等が文の中に現れない
ことが多い。

　たとえば、まず状態述語についてみると、

(549)　nəǰo łasa w-ərmi　　məṅon {mə-ṅos-n}.
　　　　2s　ラサ 3s:GEN- 人 Q-LKV-2s
　　　　「あなたはラサの人ですか？」

との問いに対し、

(272)　ṅa łasa w-ərmi　　ṅoṅ {ṅos-ṅ}.
　　　　1s　ラサ 3s:GEN- 人 LKV-1s
　　　　「私はラサの人間です」

のように答えるのが最も丁寧だが、実際の発話では ṅoṅ「そうです」の
みの方が多い。

　動態述語の場合も同様で、

(022)　wuǰo ṅa ṅ-əǰim　　NGu=y kərṭi we.
　　　　3s　　1s 1s:GEN- 家 中 =LOC いつ 来る -Ø(＝3s)
　　　　「彼は私の家にいつ来るのか？」

に対し、フルに答えようとすると、

(550)　wuǰo sosñi we.
　　　　3s　　明日　来る
　　　　「彼は明日来ます」

となるが、

(550a) sosñi we. 「明日来ます」で充分である。

いわゆる非人称構文はない。たとえば、「今日は天気がよい」は、

(551)　məsñi təmu nə-hao.
　　　　今日　　天気　EVI- 良い

が標準的だが、天気のことを話題としていることが了解されていれば、

(551a) məsñi nə-hao.
　　　　今日　EVI- 良い
　　　　「今日は（天気が）良い」

も可である。

　「主題化」は主題とする部分を文頭に出すことで実現する。たとえば、

(552)　wuǰo təbu to-ɴdza-w.
　　　　3s　　モモ　PST- 食べる -Non1
　　　　「彼はモモを食べました」

のような文を、「モモ」を主題化して

(552a) təbu wuǰo　　toɴdzaw.
(552b) təbu wuǰo꞊kə toɴdzaw.

とすることが可能で、いずれも「モモは彼が食べた」の意である。
-kə は後述する新情報マーク（この場合 ERG でもある）であるが、知覚動詞、感覚動詞などでは必ずしも新情報マークは必要でない。「食べる」もその範疇に入る。他動詞性の強い動詞の動作者に新情報マークが現れる確率が高い。

　次の例は他動詞性の強い動詞の例である。

(428)　sonam kalzaṅ to-top.
　　　　ソナム　ケサン　PST- 殴る
　　　　「ソナムはケサンを殴った」

204 4.2 疑問

(428) のケサンを主題化して文頭に置くと、ケサンが動作者となってしまうため、動作者であるソナムに新情報マーク -kə を付けて区別する。

(429) kalzaṅ sonam=kə to-top.
　　　　ケサン　ソナム =ERG PST- 殴る
　　　　「ケサンはソナムが殴った」

4.2 疑問

　疑問は **mə** または **mərə** により示される。**mə-** は VP の P1 の位置あるいは判定詞の前に現れ、VP の内容に関する疑問を発する。これに対し、**mərə** は文末に置かれ、文全体の内容を疑問の対象とする。**mərə** は **mə-rə**「Q+ 終助詞」の語構成を持つ。

　VP 内に置かれる **mə** については既に動詞句の節で詳説したので、ここではそれと **mərə** の対比を考察する。次の２つのペアではほとんど文意に差異はない。

(553)　wuǰo sosñi kə-čhe mə-ṅo.
　　　　3s　　明日　3- 行く　Q-LKV
　　　　「彼は明日行くのですか？」

(553a) wuǰo sosñi kə-čhe ṅos mərə.
　　　　3s　　明日　3- 行く　LKV Q
　　　　「彼は明日行くのですか？」

(554)　nəǰo sosñi łasa=y　　mə-tə-čhe-n.
　　　　2s　　明日　ラサ =LOC Q-2- 行く -2s
　　　　「あなたは明日ラサに行くのですか？」

(554a) nəǰo sosñi łasa=y　　tə-čhe-n　　mərə.
　　　　2s　　明日　ラサ =LOC 2- 行く -2s Q
　　　　「あなたは明日ラサに行くのですか？」

しかし、次の例では若干の差が認められる。

(555) nəjo łasa w-əskat　　ka-pa　　mətəspu {mə-tə-spa-w}.
　　　 2s　　ラサ 3s:GEN- 言葉 INF- する Q-2- 知る -Non1

(555a) nəjo łasa w-əskat　　ka-pa　　təspu {tə-spa-w} mərə.
　　　 2s　　ラサ 3s:GEN- 言葉 INF- する 2- 知る -Non1　　 Q

　いずれも「あなたはラサ語が話せますか？」の意であるが、(555) は
単に話せるか否かを問うているのに対し、(555a) は「当然話せるとは
思うが、話せない場合は何語なら話せるのか？」とのニュアンスがある。
もともと、**mərə** は「または」と同源である。
　既に否定されている文を **mə-** によって疑問文にすることはできない。
たとえば、

(556) pojo wujo ma-we.
　　　 今晩 3s　　NEG- 来る
　　　「今晩彼は来ません」

に **mə-** を用いて、

(557)　*pojo wujo **mə-**ma-we.　「今晩彼は来ませんか？」

のような疑問文を作ることはできない。mə- も ma- も P1 接辞であって、
同じスロットに２つの接辞は併存できない。このような場合は **mərə** を
用いて、

(557a) pojo wujo ma-we **mərə**.

としなければならない。
　因みに、**mərə** の rə を使って、

(557b) pojo wujo ma-we **rə**.

とすると、「今晩彼は来なかったらどうなるか？」或いは「今晩彼が来
なかったとしたって、だからどうだと言うんだ？」の意となる。

4.3 命令

4.3.1 丁寧な命令

VP の P1 の位置に 3.4.2.5 に記述した方向接辞（過去）が現れ、動詞語幹と S1（人称接辞）がそれに続くことは既に述べた。ここでは敬語表現ないし丁寧な命令を作る方法を記述する。ひとつは VP 内部で S1 を 2s ではなく、2p とする方法で、これが最も一般的である。もうひとつは **məma-** を接頭させる方法である。「ここに来てください」は次の 3 つの文があり得る。

(080c) sce　　ro-we-ñ.

　　　ここに IMP- 来る -2p

(558) sce　　**məma** tə-we-n.

　　　ここに HON　　2- 来る -2s

(559) sce　　**məma** ro-we-ñ.

　　　ここに HON　 IMP- 来る -2p

いずれも文法的だが、(559) はやや過剰との反応がある。

次の文は方向接辞（過去）＝ IMP が現れないが、məma と S1 に 2p 形が現れる例である。

(212) štə　w-əkey　　koho=ke　　**məma**　　ra-sco-ñ.

　　　これ 3s:GEN- より　綺麗 =ADVR【丁寧な依頼】REP- 書く -2p

　　　「これよりもっと綺麗に書いてくださいませんか」

さらに、少数ではあるが、語幹形式そのものを敬語形にする方法がある。ɴbi は we の敬語形である。

（560）　sce　ro-ɴbi-n.

ここ　DIR- 来る（HON）-2s

「ここへおいで下さい」

（561）　sce　　　**məma**　　　tə-**ɴbi**-n.

ここに　【丁寧な依頼】2- 来る（HON）-2s

「ここへおいで下さい」

否定の命令（禁止）に関しては 4.5.6 に詳述する。

4.3.2　3 人称に対する命令：希求法

3.4.2.6 に既に述べたとおり、3 人称に対する命令はいわゆる IRRealis マーカーによって指定される。たとえば、

（094）　sonam teɴhwa **ʔa**-kə-lat-w.

ソナム　電話　　IRR-INF- 打つ -Non1

「ソナムが電話を掛けてくれるように！」

（094a）sonam ṅə ṅ-əɴbe=y　　　　teɴhwa **ʔa**-ku-lat-w.

ソナム　1s　1s:GEN- 対する =LOC 電話　　IRR-DIR- 打つ -Non1

「ソナムが私に電話を掛けてくれるように！」

（094b）sonam ṅə ṅ-əɴbe=y　　　　teɴhwa **ʔa**-ta-lat-w.

ソナム　1s　1s:GEN- 対する =LOC 電話　　IRR-DIR- 打つ -Non1

「ソナムが私に電話を掛けてくれるように！」

（095）　kakšar kə-ɴbat　　　　**ʔa**-na-ṅos.

試験　　INF- 容易である IRR-EVI-LKV.

「試験が易しいように！」

（096）　sosñi kənəna **ʔa**-na-ṅos.

明日　休み　　IRR LKV

「明日が休みであるように！」

(097) kakšar wastot ʔa-nə-čha-ṅ.

試験　うまく　IRR-PFV-できる-1s

「試験がうまくできるように！」

(098) n-əṭi ʔa-na-ṅasto.

2-前　IRR-EVI-まっすぐ

「あなたの未来が堅実であるように」

(562) sonam teɴhwa ʔa-ǰi-lat-w.

ソナム　電話　IRR-NEG-打つ-Non1

「ソナムが電話を掛けないように！」

(562a) sonam ṅə ṅ-əɴbe=y　　teɴhwa ʔa-ǰi-lat-w.

ソナム　1s　1s:GEN-対する=LOC 電話　IRR-NEG-打つ-Non1

「ソナムが私に電話を掛けないように！」

(032) təmu ʔa-ǰi-lat.

雨　IRR-NEG-打つ／降る

「雨が降らないように！」

(099) n-əɴgo　　n-əmṅam　ʔa-na-me.

2s:GEN-病気 2s:GEN-怪我 IRR-EVI-AUXneg

「（あなたの）病気と怪我がないように」

　(032)(562) のような否定の希求については、3.4.2.6、3.8.2、4.5.1 も参照されたい。

　(094a) と (094b) の違いは (094a) の場合、ソナムは私よりも東の方向 にいるのに対し、(094b) では特に方角を指示する情報がない。

4.4　能格

　自動詞文のいわゆる主語と他動詞文の被動作者が格の上で同じ扱い を受け、他動詞文の動作者が -kə によって特にマークされる形態統辞法 が存在する点で、嘉戎語は能格性を持っていると言われてきた。また、

その出現に split が認められることも事実である。金鵬（1949: 274-275）
や Bauman（1975: 249）は、嘉戎語を split-ergative 型に分類し、「主格
と対格のマークを持つ」とさえ述べている。先ず従前の考え方を概観し
てその妥当性を検討してみよう。最も単純な自動詞文と他動詞文につい
て。

(423)　wuyojis to-thal-Nč .

　　　　3d　　　　DIR- 行く（過去)-3d

　　　　「彼ら２人は登った」

(127)　kadza no-cu .

　　　　草　　　PST- 育つ

　　　　「草が育った」

(563)　nəjo꞊kə čhijo kunasŅoč {ku-na-sŅo-č} .

　　　　2s꞊ERG　1d　　2>1-APP- 叱る -1d

　　　　「あなたは我々２人を叱るだろう」

(564)　ŋa nəjo tənasŅon {tə-na-sŅo-n} .

　　　　1s　2s　　1>2-APP- 叱る -2s

　　　　「私はあなたを叱るでしょう」

　（423）（127）において wuyojis と kadza はØマークであり、（563）では
動作者が -kə でマークされ、被動作者には標識がつかない。この３例
から -kə が能格を示す助詞である可能性があるが、しかし、（564）には
-kə が現れない。別の動詞ではどうか？ wu「与える」でチェックして
みよう。

(565)　nəjo čhijo kuwuč {ku-wu-č} .

　　　　2s　1d　　2>1- 与える -1d

　　　　「あなたは（何かを）我々２人にくれるだろう」

(566)　ŋa wujo wu-ŋ .

　　　　1s　3s　　与える -1s

　　　　「私は（何かを）彼にやるだろう」

210　4.4　能格

　（565）（566）いずれの場合も動作者は無標である。この2文と（563）
（564）の違いは（565）（566）にはゴールまたは受益者が示され、被動作
者は現れていないという点である。このことから、-kəはERGマーカー
であり、文中にptt.があるときは常に生起するが、動作者が1sの時は
現れない、と暫定的に仮説されうる。

　上記の例ではパラメータが全て人称代名詞だった。これを変えた場合
も検討してみよう。

（424）　štə　w-ərmi=kə　　štə　w-əmi=tə
　　　　これ 3s:GEN- 男 =ERG これ 3s:GEN- 女 =DEF
　　　　no-na-mšor.
　　　　PST-APP- 愛する
　　　　「この男はこの女が好きだった」

（567）　wuǰo štə　ǰelək kakte=tə　　kə-yok.
　　　　3s　　これ 石　　大きい =DEF 3- 掛ける
　　　　「彼はこの大きな石を持ち上げるでしょう」

（425）　štə　ǰelək kakte=tə　　wuǰo=kə kə-yok.
　　　　これ 石　　大きい =DEF 3s=ERG　　3- 掛ける
　　　　「この大きな石は彼が持ち上げるでしょう」

（568）　norbu dawa tutop {to-wu-top-w}.
　　　　ノルブ ダワ　 PST-3>3- 殴る -3s>3
　　　　「ノルブはダワを殴った」

（568a）norbu=kə　 dawa tutop {to-wu-top-w}.
　　　　ノルブ =ERG ダワ　 PST-3>3- 殴る -3s>3
　　　　「ノルブがダワを殴った」

（568b）dawa norbu=kə　 tutop {to-wu-top-w}.
　　　　ダワ　 ノルブ =ERG PST-3>3- 殴る -3s>3
　　　　「ダワはノルブが殴った」

（569）　wuǰoyo təǰim=gə tupa {to-wu-pa}.

　　　　3p　　　家 =FOC　PST-3p- 作る

　　「彼らは家を建てました」

（570）　wuǰo khəna=gə ṅa ṅ-ənbre　　nənthun {nə-Nthun-w}.

　　　　3s　　犬 =FOC　1s 1s:GEN- 方向　PST- 見せる -3s

　　「彼は私に向かって犬を見せてくれた」

これらの言語事実から、

①　嘉戎語は能格性を有し、文中に overt ptt があるとき動作者は -kə
　　でマークされる、

②　1 人称単数の動作者は常に無標である（＝この点で split の様相
　　を呈する）、

と結論づけてよいように見える。

　しかし、（565）（566）、（567）（425）、（568）（568a）（568b）をそれぞれ比
較すると、今迄に仮設したことからは、嘉戎語が能格性を有することは
言えても、-kə の機能を十分に説明しているとは言えないことが分かる。
（568）（568a）（568b）を例にして検証しよう。

　（568）が最も中立的な叙述である。ノルブは他動詞文の動作者である
にもかかわらず、-kə は生起していない。（568a）は「誰がダワを殴った
のか？」に対する答え、（568b）は「ダワは誰が殴ったのか？」あるい
は「ダワはどうしたのか？～ダワに何が起きたのか？」に対する答えで
あり、ダワは主題化されている。（568）が存在し、且つ中立的陳述であ
る以上、他動詞文の動作者を特にマークする仕組みを持つ点で嘉戎語に
能格性を認めることは可能であるが、同時にそれが本質的・本来的に能
格的であるか否かは疑わしい。

　次に考察すべきは（569）と（570）である。これら 2 文では動作者に
-kə が接尾せず、家と犬の方に -gə が接尾している。この -gə の来源は
IDEF マーカー -ke「1 つ」であるが、低調で発音され、「家」と「犬」
が焦点化されている。このことから上の①②に加え、

212　4.4 能格

③　受動者が -gə によって焦点を当てられると、能格標識 -kə は現れ
　　ない、

をルールとして仮説できそうである。但し、これに関する例は少なく、
確たるものとは言えない。

　では、この -kə は何の標識であるのか？私はこれを「新情報マーカー」
と定義したい。「新情報」はチェイフ（1974）の言う new information
と同じで、日本語の「ゾウは鼻が長い」の「が」がマークするものに相
当する。また、Prins（2011）の言う prominence marker に近い。本来
嘉戎語は動詞句の内部にきわめて複雑な接辞の仕組みを持ち、能格を必
要としない。にもかかわらず、一見能格助詞と見まがう形式を持つに至っ
たのはチベット語能格マーカー（-gyis）との接触によると考える。そ
のチベット語にしても、そもそも能格性を欠いていたのであるが、サン
スクリット語の仏教文献を翻訳する際、チベット語に存在しなかった受
動態を表現するために属格助詞 -gyi と具格助詞 -s を組み合わせて -gyis
という新しい助詞を創出したのである。また、具格「…を用いて」の意
に -kə が使われることがあるが、これも WT -gyis の用法を援用したも
のと考える。

　Prins（2011: 211）は次の例を挙げ、

pakʃu kə lhamo pkraʃis　nə-mbuʔ-w．（例文番号 272）
apple　PR lHa.mo bKra.shis DIR-give-3s
An apple is what lHa-mo gave bKra-shis.

"Exampe(272) has a topicalised object which is also marked for
focus." と解説している。筆者の調査した限りでは、莫拉方言では、焦
点の当たる斜格名詞は -gə でマークされ、NIF マーカー -kə が現れるこ
とはない。

(542)　**wurčhi ṅa=gə　na-wu-šərṅa-ṅ.**
　　　ぜひ　　1s=FOC IMP-INV- 貸す -1s

「是非私に貸してください」

の例があるのみである。

但し、発話協力者によれば、梭磨以東の方言では topicalised object に -kə を接尾させて「取り立てる」用法が一般的とのことで、Prins の記述した脚木足方言もそれに類するものと思われる。

冒頭に指摘したように、金鵬（1949: 274-275）や Bauman（1975: 249）は嘉戎語を split-ergative 型に分類し、「主格 -kə と対格 -ko のマークを持つ」と述べている。彼らが依拠した例文は（イタリックは筆者：訳は原文のまま）、

t'i *ko* təpau.	"Que fais-tu?"
nyi sei *ko* təzɪᴇ.	"Qui accusez-vous?"
nyi t'i ji ts'ong *ko* təpau.	"Quel métier allez-vous faire?"
nyi sei *ko* təsɪᴇʀ.	"Qui cherchez-vous?"
nyaja t'i *ko* təched.	"Que tenez-vous à la main?"（金鵬 ibid.）

の5文であるが、これらは全て疑問文で、-ko は常に疑問詞に接尾し、且つ、主格 -kə と対格 -ko は共起していない。このことから嘉戎語雑古方言に、彼らの言う split-ergative が認められるとは結論しがたい。むしろこの -ko は Prins（2011）の言う topicalised object マーカー -kə であり、これと ERG マーカーは共起しないと考えるのが自然ではないだろうか？

4.5 否定

一般的な否定の仕組みは既に3.4.2.1 に詳述した。ここでは希求法における否定と禁止についてのみ触れる。

4.5.1 希求法における否定

否定の希求「…でなければいいのに」「…しないように」は ʔa-ji- 語幹で表される。ʔa- は IRR である。例文については 3.4.2.6 に掲げたとおりである。

この IRR マークが方向接辞に接頭して名詞化する ʔa と同源なのか、PTB 段階で否定を表す形態と同源なのかは未詳である。また、禁止と同様 ma- は出現しない。

4.5.2 禁止

禁止は常に ji- によって接頭される。ma- が出現することはない。例文については、3.4.2.2 及び (080a) から (082) を参照されたい。

5. 複 文

5.1 補足節

5.1.1 文＋（補足節の boundary を示す）-tə

文＋（補足節の boundary を示す）-tə の形で名詞相当表現とするのが規範的である。たとえば、

(571)　tsheriṅ　sonam　kətə w-əǰim　　 NGU=y
　　　　ツェリン ソナム　そこ 3s:GEN- 家 中 =LOC

　　　　yikthal {yi-kə-thal}=tə nə-mto-w.
　　　　DIR-3- 行く（過去）=DEF　PST- 見る -3s

　　　　「ツェリンはソナムがその家に入ったのを見た」

(572)　nəǰo dzati kə-naṅa-w=tə　　　　ṅa šə-ṅ.
　　　　2s　桃　INF- 好き -Non1=DEF 1s 知る -1s

　　　　「私はあなたは桃が好きなことを知っています」

(573)　štət w-əscor　　sə no-lat=tə　　　　nə-sə-šə.
　　　　これ 3s:GEN- 手紙 誰 PST- 打つ =DEF EVI-CAUS- 知る

　　　　「この手紙を誰が書いたかはわかっている（＜知らされた状態
　　　　になっている）」

(574)　kə-ra=tə　　　　　　　kərṭi thə nə-kə-pso-s
　　　　INF- 必要である =DEF いつ 何　PST-NOM- よう -PFV

　　　　təčin {tə-čis-n}=tə ṅos.
　　　　2- 言う -2s=DEF　　LKV

216 5.1 補足節

「大事なのはいつ何がどのようであったのかをあなたが話すことである」

しかし、この言語では補足節を句で表現することも多い。たとえば、

(575) ṅa nəǰo kə-nəya-n=tə nənazdaṅ {nə-na-zdar-ṅ}.
　　　1s 2s 　NOM- 戻る -2s=DEF EVI-APP- 恐れる -1s
　　　「私は君が戻ってくることを恐れています」

は完全に文法的だが、次の表現の方を選好する。

(575a) ṅa nəǰo kə-nəya nənazdaṅ {nə-na-zdar-ṅ}.
　　　 1s 2s 　INF- 戻る EVI-APP- 恐れる -1s

5.1.2 疑問・命令・引用表現の補足節

疑問・命令・引用表現の補足節では、補足節の boundary を示す -tə は出現しない。

(576) butaṅ=kə kalsaṅ w-əNbe=y tascor kəṅənak
　　　部長 =ERG ケサン 3s:GEN- 対し =LOC 書類 　早く
　　　ta-dət na-čis.
　　　IMP- 渡す PST- 言う
　　　「部長はケサンに書類をすぐに出せと言った」

(577) təkros mə-no-Ndut ṅa ʔa-na-šə-ṅ.
　　　会合 　Q-PST- 具合が良い 1s IRR-EVI- 知る -1s
　　　「話し合いがうまくいったかを知りたいのだが」

(577a) təkros no-Ndut ǰi-Ndut ṅa ʔa-na-šə-ṅ.
　　　 会合 　PST- 具合が良い NEG- 具合が良い 1s IRR-EVI- 知る -1s
　　　 「話し合いがうまくいったかいかなかったかを知りたいのだが」

(578) nəǰo štə kəča wu-Ntshok mə-ṅari-n ṅa
　　　2s 　これ 今回 　3s:GEN- 会合 Q- 出席する -2s 1s

5.1.2 疑問・命令・引用表現の補足節　217

tusəmtsoṅ {ta-wu-sə-mtso-ṅ}.
IMP-INV-CAUS- 分かる -1s
「この会合に出席するかを知らせてくれ」

(579) čiNtsha ṅa nətət w-əsñi　thə natpuw {na-tə-pa-w}
警察　1s それ 3s:GEN- 日 何　PST-2- する -Non1
nəthoṅ {nə-tho?-ṅ}.
PST- 尋ねる -1s
「警察は私にその日私が何をしたか尋ねた」

(580) nəči　ṅa təǰim w-əNgu=y　　tərmi nə-me
その時 1s 部屋 3s:GEN- 中 =LOC 人　　EVI-AUXneg
ta-səso-ṅ.
PST- 思う -1s
「その時部屋には誰もいないと思いました」

(581) butaṅ=kə tsheriṅ　šuǰe yi-nəya-n　na-čis.
部長 =ERG ツェリン 直ぐ IMP- 戻る -2s PST- 言う
「部長はツェリンにすぐ帰れと命じた」

(582) sonam ṅa pəyis čhe-ṅ　na-čis.
ソナム 1s 直ぐ 行く -1s PST- 言う
「ソナムは『私はすぐ行きます』と言った」

(583) tsheriṅ　sosñi n-əǰim Ngu=y　čhe-ṅ　na-čis.
ツェリン 明日　2- 家　中 =LOC 行く -1s PST- 言う
「ツェリンは『私は明日あなたの家に行きます』と言った」

(583a) tsheriṅ　sosñi ṅ-əǰim Ngu=y　we　na-čis.
ツェリン 明日　1s- 家　中 =LOC 来る PST- 言う
「ツェリンは明日私の家に来ると言った」

(584) gowe ṅa ṅ-əNgər　　kəzok Ndo na-čis.
長　1s 1s:GEN- 責任 少し　AUX PST- 言う
「長は自分の責任が少しあると言った」

218　5.2 副詞節

(585)　tsheriṅ　sonam kəšmo ṅos na-čis.
　　　　ツェリン ソナム 盗人　　LKV PST- 言う
　　　　「ツェリンはソナムが盗人だと言った」

(586)　ṅa ḍolma təngle no-pa-w　　　ta-səso-ṅ.
　　　　1s ドルマ 嘘　　PST- する -Non1 PST- 思う -1s
　　　　「私はドルマが嘘をついたと思った」

(587)　nəjo ripin w-ərmi　　kə-sko　　ṅos mə-nɐ-səso-w.
　　　　2s　日本　3s:GEN- 人 INF- 勤勉な LKV Q-EST- 思う -Non1
　　　　「日本人を勤勉だと思いますか？」

5.2　副詞節

主として述語を修飾し、時、条件、理由などを表す。

5.2.1　時を表す副詞節

(588)　ṅa zjo-pṭok parmi wəžay {w-əžak=y} ḍolma kəšñis parmi=
　　　　1s ‘10’-‘5’ 歳　　3s:GEN- 時 =LOC　　ドルマ ‘7’　　歳 =
　　　　zə ǰi-wi.
　　　　も NEG- 来る (過去)
　　　　「私が 16 歳のとき、ドルマは 7 歳に達していなかった」

(589)　šuǰe kuṅčoṭe nokšun {no-kšut-ṅ}=ren təmu kte
　　　　直ぐ バス　 PST- 出る -1s= 時　　　雨　　大きい
　　　　no-lat.
　　　　PST- 降る
　　　　「バスを降りたとたん、すごい雨が降ってきた」

5.2.2 理由・原因を表す副詞節

5.2.2.1 w-əčhes によって表現される例

(590)　tsheriṅ　to-nə-čhɛmba　　**w-əčhes,**
　　　　ツェリン　PST-NonV- 風邪を引く　3s:GEN- なので
　　　　slamakhaṅ　ǰa-we.
　　　　学校　　　　NEG- 来る
　　　　「ツェリンは風邪を引いたので、学校に来なかった」

　čhɛmba はチベット語からの借用で、本来名詞だが、嘉戎語では動詞としても用いられる。名詞として使われる場合は次のようになる。

(590a)　tsheriṅ　kəzok　čhɛmba　**w-əčhes**　　　slopṭa=y
　　　　ツェリン　少し　　風邪　　3s:GEN- なので　学校 =LOC
　　　　ǰa-čhe.
　　　　NEG- 行く
　　　　「ツェリンは風邪気味だったので、学校に行かなかった」

(591)　sonam　semdes　ci　　**w-əčhes**　　　ka-rwas
　　　　ソナム　心配　　大きい　3s:GEN- なので　INF- 起き上がる
　　　　ǰa-ta-čha.
　　　　NEG-DIR- できる
　　　　「ソナムは心配する余り、起き上がれなかった」

(592)　wužak　scɐ=y　kə-məɴdə　ra　　　**w-əčhes**
　　　　時間　　前 =LOC INF- 着く　必要がある　3s:GEN- なので
　　　　yiǰo　kəṅanak　čhe-y.
　　　　1p　速く　　行く -p
　　　　「時間前に着かなければならないから、速く行こう」

5.2.2.2 ren によって表現される例

(593) nəǰo kərəyo kukəkoṅ {ku-kəkor-ṅ}=**ren**　tshoṅ
　　　2s　話　　2>1- 助けること -1s= ので　　商売

　　　wastot no-khut.
　　　とても PST- 良い
　　　「君が口添えしてくれたので、商売がうまくいった」

(594) wuǰo nəwɐ ta-pa-w=**ren**　　ṅa tərmi kəñis
　　　3s　辞任　PST- する -3= ので 1s 人　　'2'

　　　w-əma　　pa-ṅ　　no-ra.
　　　3s:GEN- 仕事　する -1s PST- 必要がある
　　　「彼が辞めたので、私は2人分の仕事をせねばならなかった」

(595) wužak scɐ=y　kə-məNdƏ no-ra=**ren**　　　yiǰo
　　　時間　前 =LOC INF- 着く　EVI- 必要がある = ので 1p

　　　kəṅanak čhe-y.
　　　速く　　行く -p
　　　「時間前に着かなければならないから、速く行こう」

(596) nəǰi nə-skruʔ kəmča ma-nə-hao=**ren**　　　kəzok
　　　2s　2- 身体　大いに　NEG-EVI- 良好である = から 少し

　　　to-ptse-w.
　　　IMP- 身体を治す -Non1
　　　「余り身体が丈夫でないのだから、少し自重しなさい」

(597) sce　nə-wučikak=**ren**　yiǰo ma-wučikak
　　　ここ EVI- うるさい = ので 1p　NEG- うるさい

　　　wusɐñiy {wu-sɐ-ñi=y} ka-čhe-y.
　　　3s:GEN- 場所 - 居る =LOC IMP- 行く -p
　　　「ここはうるさいから、うるさくない場所へ行こう」

(598) ṅa yi-wi-ṅ꞊**ren**　　**no-khut.**

　　1s　DIR- 来る（過去）-1s꞊ から　EVI- 大丈夫

　　「私が来たから、もう大丈夫です」

5.2.3　条件などを表す副詞節

5.2.3.1　mə-VP(꞊zə) による表現

　mə- が VP の P1 の位置に立ち、しばしばオプションとしての zə と対応する構成を持つ副詞節で、次の例が典型的である。

(599) ṅa ṅ-əžak　　**mə-no-Ndo-s꞊zə**

　　1s　1s:GEN- 時間　COND-EVI-AUX-PFV꞊…なら

　　yintshoṅ {yi-Ntshok-ṅ}.

　　DIR- 集まる -1s

　　「時間があったら参加します」

(600) štə(t) w-əma　　**mə-nə-kšin꞊zə**　　　kəšur

　　これ　3s:GEN- 仕事　COND-PST- 終わる ꞊たら　少し

　　ta-nəna-n.

　　IMP- 休む -2s

　　「この仕事が終わったら、少し休みなさい」

「もし／仮に」を強調したい場合、wupər を文頭に置く。

(601) **wupər** poṅyi **mə-no-me-s꞊zə**　　　　kəṅasdə ka-pa

　　COND　金　　COND-EVI-AUXneg-PFV꞊…なら 会合　　INF- する

　　w-əžak　　no-Ndo꞊y,　kəngon me.

　　3s:GEN- 時間　EVI-AUX꞊LOC 意味　　　AUXneg

　　「金がないなら、会合をもつ時間があっても、意味がない」

222　5.2 副詞節

(544)　**wupər** kə-we　　**mə-no-Ndo-s꞊zə**　　　　　ṅa kənanak
　　　　COND　NOM- 来る COND-PST-AUX-PFV꞊たら 1s　速く
　　　　kusəmtsoṅ {ka-wu-sə-mtso-ṅ}.
　　　　IMP-INV-CAUS- 分かる -1s
　　　　「もし来る人がいたら、私にすぐ知らせてくれ」

下記のように zə が対応しない文も文法的である。

(602)　tsheriṅ　ka-čhe **mə-no-ṅos**　　ṅa ma-čhe-ṅ.
　　　　ツェリン 3- 行く　COND-EVI-AUX 1s　NEG- 行く -1s
　　　　「ツェリンが行くなら、私は行かない」

(603)　wuǰo **mə-no-Ndo-s**　　　ṅa təntshok ma-ṅəri-ṅ.
　　　　3s　　COND-EVI-AUX-PFV 1s　会　　　　NEG- 参加する -1s
　　　　「彼がいる限り、私は会には入らない」

ka-ṅəri は「関係する、参加する」を表す動詞だが、本来は ka-ṅə-ri {INF-RCP-結ぶ} と分析しうる。

5.2.3.2 mə-VP 以外の形式で条件を表す例

(604)　wupər nətə wu-smen ʔa-tə-Ndza-w꞊zə　　　　šubren
　　　　COND　あれ 3s:GEN- 薬 IRR-2- 食べる -Non1꞊たら 今
　　　　ṭhik maǰu ñe-n.
　　　　多分 また　病む -2s
　　　　「あの薬をのんでいたら、あなたは今頃余計病んでいただろう」

この用法は 3.8.4.5 に述べた「**mə** と対応する -**zə**」のヴァリアントと思われる。文頭の **wupər** と対応している点で、VP 内の **mə** と対応する -**zə** と異なる。

ren が条件を表す場合がある。

(605)　wuǰo wu-poṅyi kətsitsi꞊ke to-Ndor꞊ren　　šo
　　　　3s　　3s:GEN- 金 少し　　　PST- 入手する ꞊と 博打

5.2.4 逆接を表す副詞節　223

nə-lat.

PST- 打つ

「彼は少しでも金が入ったら、博打を打った」

5.2.4　逆接を表す副詞節

節 + kor によって表されるのが一般的である。

(606)　štə　w-ətha　　kəñis čha no-nəmčara-ṅ꞊kor　　hay

　　　これ 3s:GEN- 本 2　　　回　PST- 読む -1s꞊ けれども 今も

　　　wučhɐ ma-nəra-ṅ.

　　　理解　　NEG- 分かる -1s

　　　「この本は 2 度読んだが、今でも理解できていない」

(607)　wamčes-čha to-ñačhes꞊kor　　　　wučhɐ ma-nəra-w.

　　　沢山 - 回　　　PST- 説明する ꞊ けれども 理解　　NEG- 分かる -3s

　　　「何度も説明したけれども、彼は理解していない」

(608)　wuǰo štət wu-toɴdak　no-šə-w꞊kor　　　ka-šapki-w.

　　　3s　　これ 3s:GEN- 意味 PST- 知る -3꞊ のに　PST- 隠す -3s

　　　「彼はそのことを知っていたのに、隠していた」

(609)　wuǰo wu-poṅyi no-mča꞊kor　　　wastot nə-snəya-w.

　　　3s　　3s:GEN- 金 EVI- 多い ꞊ のに　とても　EVI- ケチ -3s

　　　「彼は金持ちなのに、とてもケチだ」

5.2.5　様態を表す副詞節

(610)　ṅa tokčiṅ {to-kə-čis-ṅ} **wu-pso**　　　to-pa-w.

　　　1s PST-NOM- 言う -1s　3s:GEN- ように IMP- する -Non1

　　　「私が言ったとおりにしてくれ」

5.3 連体節

3.1.5 に述べたとおり、この一般的構造は動詞不定形または文 +wu-名詞（または w-ə 名詞）で、w- は 3s:GEN「(そ)の」である。

(008)　təpuʔ ka-ɴdza　　ma-nə-rga-w　　　w-əɴdza
　　　　子供　INF- 食べる　NEG-EVI- 好き -Non1 3s:GEN- 食物
　　　　「子供が食べたくない食べ物」

(009)　məšer pheɴdzokhaṅ w-əɴguːy　　　to-na-mčara-ṅ
　　　　昨日　　図書館　　　　3s:GEN- 中 =LOC PST-APP- 読む -1s
　　　　w-ətha
　　　　3s:GEN- 本
　　　　「昨日図書館で読んだ本」

(010)　məšer to-ki-ṅ　　　w-ətha=tə　　　　nəpšin {nə-pšit-ṅ}.
　　　　昨日　PST- 買う -1s 3s:GEN- 本 =DEF PST- 失う -1s
　　　　「昨日買った本をなくした」

(611)　tsheriṅ　kə-naṅa wu-slapən=tə　　sonam nə-ṅo.
　　　　ツェリン INF- 好き 3s:GEN- 先生 =DEF ソナム　EVI-LKV
　　　　「ツェリンが好きな先生はソナムだ」

5.4 並列節

主節と対等に並ぶ節を言い、多くの場合、順接的関係または対照の関係では節が単純に並ぶのに対し、逆説的関係では何らかの接続助詞が間に現れる。

(612)　tsheriṅ　khapži naṅa-w sonam rimo naṅa-w.
　　　　ツェリン 音楽　　好き -3s ソナム　絵　　好き -3s

「ツェリンは音楽が好きで、ソナムは絵が好きだ」

(613) tsheriṅ rtsis mkhas kuru? skay {skat=y}
ツェリン 計算 長けている チベット 語 =LOC

na-mkhas.
EVI- 長けている

「ツェリンは暦の計算も得意だし、チベット語もよくできる」

(614) tsheriṅ=kə wuyaṅ no-pa-w sonam=kə wutshik
ツェリン =NIF 曲 PST- 作る -Non1 ソナム =NIF 詩

no-zgrə.
PST- 音にする

「ツェリンが作曲し、ソナムが詞を作った」

(615) tsheriṅ ja-wi sonam ya-wi.
ツェリン NEG- 来る（過去）ソナム PST- 来る（過去）

「ツェリンは来なくて、ソナムは来た」

(616) tsheriṅ slamakhaṅ ja-če jim Ngu=y no-Nbri.
ツェリン 学校 NEG- 行く 家 中 =LOC PST- 遊ぶ

「ツェリンは学校へ行かずに、家で遊んでいた」

(617) tewa ji-lat təmu no-lat.
雪 NEG- 打つ 雨 PST- 打つ

「雪は降らず、雨が降った」

(618) yikwi {yi-kə-wi}=tə tsheriṅ nə-mak sonam no-ṅos.
PFV-3- 来る（過去）=DEF ツェリン EVI-LKVneg ソナム EVI-LKV

「来たのはツェリンではなく、ソナムだった」

以下は何らかの助詞が現れる例である。

(619) sonam tətha ja-nəmčara-w=ren kərətha ya-če.
ソナム 本 NEG- 見る -3= から/まま 学校 PST- 行く

「ソナムは予習をしないで登校した」

226 5.4 並列節

(620) tama kəscɛ to-kə-čis   w-əsik   ǰa-ṅə-pa=
　　　仕事　前に　PST-NOM-言う 3s:GEN-通りに NEG-IMPS-する=

　　　ren taro-yo   semdes nupa {nə-wu-pa}.
　　　から 関係する人-p 心配   PST-3p-する

　　　「ことが以前言っていたように運ばなくて、関係者は心配した」

(621) tsheriṅ   to-nəna=kor sonam ǰa-nəna.
　　　ツェリン PST-休む=が ソナム NEG-休む

　　　「ツェリンは休んだが、ソナムは休まなかった」

(622) kənəna wəžay {w-əžak=y} khabži=ke kə-ruk   nə deɴyin=ke
　　　休み 3s:GEN-時=LOC   音楽=IDEF ABT-聴く と 映画=IDEF

　　　kə-namño.
　　　ABT-見る

　　　「暇なときは音楽を聴いたり、映画を見たりします」

6. 文 献

阿坝州政协文史和学习委员会 (2008)『嘉绒藏族简况』马尔康:政协阿坝州委员会.

——— (2010)『金川史料専輯』(上)(中) 马尔康:政协阿坝州委员会.

——— (2010) rGyal rong dmangs khrod kyi rtsis yig phyogs bsgrigs. 阿坝州文史第二十九辑. 马尔康:政协阿坝州委员会.

阿坝州藏族历史文化古籍研究协会编(2017)『嘉绒藏族历史文化丛书』10vols.成都:四川民族出版社.

阿坝藏族自治州概况编写組 (1985)『阿坝藏族自治州概况』成都:四川民族出版社.

白湾・华尔登 (2009)『嘉绒藏族的历史明镜』成都:四川民族出版社.

Bauman, James J. (1975) *Pronouns and Pronominal Morphology in Tibeto-Burman*. Ph.D. dissertation, University of California, Berkeley.

Baxter, William H. (1992) *A Handbook of Old Chinese Phonology*. Berlin:Mouton de Gruyter.

Benedict, Paul K. (1972) *Sino-Tibetan:A Conspectus*. Cambridge:Cambridge University Press.

——— (1991) A note on Proto-Sino-Tibetan-level morphosyntax. *Linguistics of the Tibeto-Burman Area* 14(1):137-141.

Burnett, David (2014) *rGyalrong——conservation and change*. Raleigh:Lulu Publishing Service.

Byang chub rgyal mtshan (ed.) (1986) *rLangs kyi poti bse ru rgyas pa*. Lhasa:Bod ljongs mi dmangs dpe skrun khang.

曾现江 (2011) 数字崇拜与文化象征:对"嘉絨十八土司"歷史文化内涵的探討.『西藏研究』2011(3):41-49.

チェイフ, W. L. (1974)『意味と言語構造』東京:大修館書店.

Chang Kun (1967) A comparative study of the southern Ch'iang dialects. *Monumenta Serica* 26:422-444.

——— (1968) The phonology of a Gyarong dialect. *Bulletin of the Institute of*

228

History and Philology（*Academia Sinica*）38：261-275.

Chang Kun and Betty Shefts Chang（1975）Gyarong historical phonology. *Bulletin of the Institute of History and Philology*（*Academia Sinica*）42(4)：623-765.

陳慶英（1999）明代甘青川藏族地区的政治述略. 『西藏研究』1999(2)：28-37.

Chirkova, Katia（2012）The Qiangic subgroup from an areal perspective：A case study of the languages of Muli, *Language and Linguistics* 13(1)：133-170.

Coblin, Weldon South（1976）Notes on the Tibetan verbal morphology. *T'oung Pao* 62(1-3):45-70.

───（1986）*A Sinologist's Handlist of Sino-Tibetan Lexical Comparisons*. Nettetal：Steyler Verlag.

戴庆厦（1989）关于我国藏緬語系属分類問題. 『雲南民族学院学報』3.

───（1990）『藏缅语族语言研究』昆明：云南民族出版社.

───（1998）『藏缅语族语言研究』（二）昆明：云南民族出版社.

───（2006）『藏缅语族语言研究』（四）北京：中央民族大学出版社.

戴庆厦 et al.（1991）『藏缅语十五种』北京：燕山出版社.

戴庆厦&严木初（1990）『嘉戎语梭磨话有没有声調？』Handout at the 23rd International Conference of Sino-Tibetan Languages and Linguistics, Beijing.

DeLancey, Scott（1980）*Deictic Categories in the Tibeto-Burman Verb*. Ph.D dissertation, Indiana University.

───（1989）Verb agreement in Proto-Tibeto-Burman. *Bulletin of the School of Oriental and African Studies*, University of London LII. 2：315-333.

van Driem, George（1993）The Proto-Tibeto-Burman verbal agreement system. *Bulletin of the School of Oriental and African Studies*, University of London LVI. 2：292-334.

───（2001）*Languages of the Himalayas*. Leiden：Brill.

Edgar, J. Huston（1932）The Giarung language. *Journal of West China Border Research Society* 5（supp.）

───（1934）Language changes in west China. *Journal of West China*

Border Research Society 6：258-262.

Evans, Jonathan（2001）*Introduction to Qiang Lexicon and Phonology*. Tokyo：Tokyo University of Foreign Studies.

傅懋勣（ed.）（1986）『中国民族语言论文集』成都：四川民族出版社.

Gatehouse, David（2011）*Qiang peopes and languages of Sìchuān's Ethnic Corridor*. http://sichuanzoulang.com.

Gates, Jesse（2011）*One and some in rGyalrongic：exegeting the imperfections*. Term paper, Canada Institute of Linguistics.

Hodgson, Brian Houghton（1849）On the aborigines of the eastern frontier. *Journal of the Asiatic Society of Bengal* 18：238-246.

—— （1850）On the aborigines of the north-east frontier. *Journal of the Asiatic Society of Bengal* 19：309-316.

—— （1853）Sifan and Horsok vacabularies. *Journal of the Asiatic Society of Bengal* 22：117-151.

謝豊帆（1999）『嘉戎語四土話卓克基方言音韻學的理論諸面向』MA thesis at the National Tsing Hua University.

黄布凡（2007）『拉坞戎话研究』北京：民族出版社.

黄良荣&孙宏开（2002）『汉嘉戎词典』北京：民族出版社.

Ikeda, Takumi（2007）Exploring the Mu-nya people and their language. *ZINBUN* 39：19-79.

池田巧（2012）『《嘉戎譯語》概説』第45回国際シナ・チベット言語学会発表資料（シンガポール：南洋科学技術大学）.

岩尾一史（2016）ドルポ考.『内陸アジア言語の研究』31：1-19.

—— （2018印刷中）『古代チベット帝国の国家と軍制』Chap.1.

Jacques, Guillaume（See also Xiàng Bólín 向柏霖）（2004）*Phonologie et morphologie du japhug（rGyalrong）*. Ph.D. dissertation, University of Paris. http://tel.archives-ouvertes.fr/tel-00138568/en.

—— （2009）Zhangzhung and Qiangic languages. Yasuhiko Nagano（ed.）*Issues in Tibeto-Burman Historical Linguistics*, pp. 121-130. Osaka：National Museum of Ethnology.

—— （2010a）The inverse in Japhug Rgyalrong. *Language and Linguistics* 11(1)：127-157.

—— (2010b) The origin of the reflexive prefix in Rgyalrong languages. *BSOAS* 73(2) : 261-268.

—— (2012a) Agreement morphology : the case of Rgyalrongic and Kiranti. *Language and Linguistics* 13 (1) : 83-116.

—— (2012b) Argument demotion in Japhug Rgyalrong. K. Haude & G. Authier (eds.) *Ergativity, Valency and Voice*, pp. 199-226. Berlin : Mouton de Gruyter.

—— (2013) Applicative and tropative derivations in Japhug Rgyalrong. *Linguistics of the Tibeto-Burman Area* 36(2) : 1-13.

—— (2014) Clause linking in Japhug Rgyalrong. *Linguistics of the Tibeto-Burman Area* 37(2) : 263-327.

—— (2015) The spontaneous-autobenefactive prefix in Japhug Rgyalrong. *Linguistics of the Tibeto-Burman Area* 38(2) : 271-191.

—— (2016a) Subjects, objects and relativizations in Japhug. *Journal of Chinese Linguistics* 44(1) : 1-28.

—— (2016b) *Grammaticalization in Japhug Gyalrongic languages*. www. academia.edu/23037903/Grammaticalization_in_Japhug_and_Gyalrongic languages.

Jeong, Youngmi (2007) *Applicatives*. Amsterdam : John Benjamins.

Karmay, Samten G. (1996) The cult of Mount Murdo in rGyal-rong. *Kailash* 18(I - II) : 1-16.

—— (1998) *The Arrow and the Spindle*. Kathmandu : Mandala Book Point.

—— (2005) *The Arrow and the Spindle*. Vol II. Kathmandu : Mandala Publications.

—— (2005) *Feast of the Morning Light*. Osaka : National Museum of Ethnology.

Karmay, Samten G. and Yasuhiko Nagano (eds.) (2002) *The Call of the Blue Cuckoo*. Osaka : National Museum of Ethnology.

Kin P'eng (金鵬) (1949) Étude sur le Jyarung. *Han Hiue* 3 : 211-310.

金鵬 et al. (1957/1958) 嘉戎語梭磨話的語音和形态.『語言研究』2 : 123-152, 3 : 71-108.

金鵬（2002）『金鵬民族研究文集』北京：民族出版社.

LaPolla, Randy J. (1992) On the dating and nature of verb agreement in Tibeto-Burman. *Bulletin of the School of Oriental and African Studies, University of London* LV. 2：298-315.

——— (2017) Qiang. Thurgood, Graham and Randy J. LaPolla (eds.) *The Sino-Tibetan Languages*, pp. 773-789. London and New York： Routledge.

Laufer, B. (1914) Bird divination among the Tibetans. *T'oung Pao* ser. 2 15： 1-110.

李范文 & 林向荣（1981）試論嘉戎与道孚語的関係.『西夏研究学術討論会論文』No. 39.

李濤 & 李興友（1995）『嘉絨藏族研究資料叢編』成都：四川藏学研究所.

林向荣（1983）嘉戎语构词法研究.『民族语文』1983(3)：47-58.

——— (1988) 嘉戎语馬尔康卓克基话音系『语言研究』1988(2)：168-189.

——— (1989) 关于嘉戎语的声調问题.『中央民族学院学報』1989(5)：64-68.

——— (1993)『嘉戎语研究』成都：四川民族出版社.

林幼青（2000）『嘉戎語卓克基話動詞的時、體、與模態之屈折形態』MA thesis at the National Tsing Hua University.

——— (2003) Tense and aspect morphology in the Zhuōkèjī rGyalrong verb, in *Cahiers de Linguistique-Asie orientale* 32(3)：245-286.

——— (2009) *Units in Zhuòkèjì rGyalrong Discourse：Prosody and Grammar.* Ph.D. dissertation, Santa Barbara：University of California.

Liu, En-lan (1944) Tribes of Lifan county in Northwest Szechwan. *Journal of the West China Border Research Society* vol. XV, Series A：1-10.

刘光坤（1998）『麻窝羌语研究』成都：四川民族出版社.

羅常培 & 傅懋勣（1954）国内少数民族語言文字的概況.『中国語文』3.

馬學良 & 戴慶厦（1992）『漢藏語概説』北京：北京大学出版社.

馬學良 et al.（1993）『藏緬語新论』北京：中央民族学院出版社.

马尔康县政协文史工作組（1986）『马尔康县文史資料』第一輯（四土历史部分）. 马尔康：中国人民政治协商会议马尔康县委员会.

茂汶羌族自治县概況编写組（1985）『茂汶羌族自治县概況』成都：四川民族出版社.

Matisoff, James A. (1991) Sino-Tibetan Linguistics : Present state and future prospects. *Annual Review of Anthropology* 20 : 469-504.

―――― (1994) Watch out for number ONE: Jingpho ŋāi 'I' and ləŋâi 'one'. *Linguistics of the Tibeto-Burman Area* 17(1): 155-165.

―――― (2003) *Handbook of Proto-Tibeto-Burman.* Berkeley : University of California Press.

Monsier, Patrick (1983) *Lexique et Phonologie du Gyarong de Tsenla.* Thesis for Doctrat de Troisième Cycle, École des Hautes Études en Sciences Sociales.

長野　泰彦 (1978a) *Preliminary remarks to rGyarong dialectology.* Handout at the 11th International Conference of Sino-Tibetan Languages and Linguistics, Tucson.

―――― (1978b) *A note to the rGyarong Tsangla body part terms.* Term paper at the University of California, Berkeley.

―――― (1979a) A historical study of rGyarong initials and prefixes. *Linguistics of the Tibeto-Burman Area* 4(2) : 44-67.

―――― (1979b) A historical study of rGyarong rhymes. *Linguistics of the Tibeto-Burman Area* 5(1) : 37-47.

―――― (1984a) *A Historical Study of the rGyarong Verb System.* Tokyo : Seishido.

―――― (1984b) ギャロン語の方向接辞. 『季刊人類学』15(3) : 1-52.

―――― (2001) 嘉戎語の基本構造.『国立民族学博物館研究報告』26(1):131-164.

―――― (2003) Cogtse Gyarong. in : Graham Thurgood and Randy J. LaPolla (eds) *The Sino-Tibetan Languages*, pp. 469-489. London & New York : Routledge.

―――― (2003) Preliminary remarks on Gyarong negation particles. in : Bradley, D. et al. (eds.) *Language Variation* pp. 159-172. *Pacific Linguistics* No. 555. Canberra : Australian National University.

―――― (2008) A preliminary note to the Gyarong color terms. *Revue d'Études Tibétaines* 14 : 99-106.

―――― (2009) Zhangzhung and Gyarong. Yasuhiko Nagano (ed.) *Issues in Tibeto-Burman Historical Linguistics*, pp. 131-150. Osaka : National

Museum of Ethnology.

Nagano, Yasuhiko and Samten G. Karmay (eds.) (2008) *A Lexicon of Zhangzhung and Bonpo Terms*. Senri Ethnological Reports 76. Osaka： National Museum of Ethnology.

Nagano, Yasuhiko and Marielle Prins (eds.) (2013) *The rGyalrongic Languages Database*. National Museum of Ethnology Database at： http://htq.minpaku.ac.jp/databases/rGyalrong/.

阿旺措成 et al. (2003) *rGyal rong zhib 'jug dpyad yig phyogs bsrigs*. 北京：中国藏学出版社.

Ngag dbang Tshul khrims (＝阿旺措成) (2009) *rGyal rong dmangs khrod gtam tshogs*. 北京：民族出版社.

Nishi, Yoshio & Yasuhiko Nagano (2001) A general review of the Zhangzhung studies. Nagano, Y. and Randy LaPolla (eds.) *New Research on Zhangzhung and Related Himalayan Languages*, pp. 1-30. Osaka： National Museum of Ethnology.

西田龍雄 (1970)『西番館譯語の研究』京都：松香堂.

―― (1973)『多續譯語の研究』京都：松香堂.

―― (1986) チベット語の変遷と文字. 長野泰彦 & 立川武蔵 (編)『チベットの言語と文化』pp. 108-169. 東京：冬樹社.

―― (1989) チベット・ビルマ語派. 河野六郎 et al. (編)『言語学大事典』vol. 2 pp. 791-822. 東京：三省堂.

―― (1993) 川西走廊言語. 河野六郎 et al. (編)『言語学大事典』vol. 5 pp. 197-198. 東京：三省堂.

西田龍雄 & 孫宏開 (1990)『白馬譯語の研究』京都：松香堂.

Peterson, David A. (2007) *Applicative Constructions*. Oxford：Oxford University Press.

Polinsky, Maria (2005) Applicative Constructions. Haspelmath, M. et al. (eds.) *The World Atlas of Language Structures*, pp. 442-443. Oxford：Oxford University Press.

Prins, Marielle (2011) *A Web of Relations. A grammar of rGyalrong Jiǎomùzú (Kyom-kyo) Dialects*. Ph.D. dissertation at Leiden University.

―― (2016) *A Grammar of rGyalrong, Jiǎomùzú (Kyom-kyo) Dialects*.

234

Leiden：Brill.

瞿霭堂（1983）嘉戎語动词的人称范畴.『民族语文』1983⑷：31-34.

——（1984）嘉戎语概况.『民族语文』1984⑵：67-80.

——（1990）嘉戎语的方言.『民族语文』1990⑷：1-8.

雀丹（1995）『嘉绒藏族史志』北京：民族出版社.

Rosthorn, A. von（1897）Vokabularfragmente ost-tibetischer Dialekte.
    Zeitschrift der Deutschen Morgenländischen Gesellschaft 55：524-533.

Shafer, Robert（1955）Classification of the Sino-Tibetan languages. *Word* 11⑴：
    94-111.

——（1966）*Introduction to Sino-Tibetan*（Part I）Wiesbaden：Otto
    Harrassowitz.

Shirai, Satoko（2009）Directional prefixes in nDrapa and neighboring
    languages. in Yasuhiko Nagano（ed.）*Issues in Tibeto-Burman
    Historical Linguistics.* pp. 7-20. Osaka：National Museum of
    Ethnology.

——（2010）*Directive affixes in nDapa, rGyalrong and the surrounding
    languages.* Handout at the Tibeto-Burman Linguistics Seminar 22 at
    Kobe City University of Foreign Studies.

孙宏开（1982）羌語支属問題初探. 《民族語文》編集部（編）『民族語文研究文集』
    pp. 189-224. 西寧：青海民族出版社.

——（1988）試論中国境内藏緬語的譜系分類. *Languages and History in
    East Asia：Festschrift for Tatsuo Nishida on the occasion of his 60th
    birthday.* pp. 61-73. 京都：松香堂.

——（1990）Languages of the Ethnic Corridor in Western Sichuan.
    Linguistics of the Tibeto-Burman Area 13⑴：1-31.

——（2000a）Parallelisms in the verb morphology of Sìdàbà rGyalrong and
    Lavrung in rGyalrongic. *Language and Linguistics* 1⑴：161-190.

——（2000b）Stem alternations in Púxī Verb Inflection：Toward validating
    the rGyalrongic subgroup in Qiangic. *Language and Linguistics* 1⑵：
    211-232.

——（2001）論藏緬語族中的羌語支語言. *Language and Linguistics* 2⑴：
    157-181.

────── (2016)『藏緬語族羌語支研究』北京：中国社会科学出版社.

孙天心（1994）Caodeng rGyalrong phonology. *Linguistics of the Tibeto-Burman Area* 17 (2)：29-47.

────── (1998) Nominal morphology in Caodeng rGyalrong. *Bulletin of the Institute of History and Philology*（*Academia Sinica*）69：103-149.

────── (2000) Parallelisms in the verb morphology of Sidaba rGyalrong and Lavrung in rGyalrongic. *Language and Linguistics* 1 (1)：161-190.

────── (2004) Verb-stem variations in Showu rGyalrong. Lin, Y.-C. et al. (eds.) *Studies on Sino-Tibetan Languages* 269-296. at sinica.edu.tw/eip/FILES/publish/2007.9.19.6519716.91287595.pdf)

────── (2007) The irrealis category in rGyalrong. *Language and Linguistics* 8 (3)：797-819.

孙天心 & 林幼青（2007）*Constructional variation in rGyalrong relativization.* Handout at the International Workshop on Relative Clauses, Taipei.

孙天心 & 石丹羅（2004）草登嘉戎語的狀貌詞.『民族语文』2004 (5)：1-11.

鈴木博之（2004）*Consonant clusters of the languages in the ethnic corrdor of West Sichuan*（in Japanese）Handout at the Tibeto-Burman Linguistics Seminar 3 at Kyoto University.

────── (2010) *Numerals in Sidaba rGyalrong.* Handout at the Tibeto-Burman Linguistics Seminar 22 at Kobe City University of Foreign Studies.

────── (2017)『否定辞になった疑問語：雲南カムチベット語における「第3の否定辞」の成立背景』第41回チベット＝ビルマ言語学研究会（京都大学）配付資料.

Takahashi, Yoshiharu (2009) On the verbal affixes in West Hamalayan. Yasuhiko Nagano (ed.) *Issues in Tibeto-Burman Historical Linguistics*, pp. 21-50. Osaka：National Museum of Ethnology.

Takeuchi, Tsuguhito and Ai Nishida (2009) The present stage of deciphering Old Zhangzhung. Yasuhiko Nagano (ed.) *Issues in Tibeto-Burman Historical Linguistics*, pp. 151-165. Osaka：National Museum of Ethnology.

Thomas, Frederick W. (1948) *Nam.* Publications of the Philological Society XIV. London：Oxford University Press.

Thomas, Frederick W. (edited by T. Takeuchi, B. Quessel and Y. Nagano) (2011) *Research Notes on the Zhangzhung Language by Frederick W. Thomas at the British Library*. Senri Ethnological Reports No. 99. Osaka：National Museum of Ethnology.

Thurgood, Graham (1985) Pronouns, verb agreement systems, and the subgrouping of Tibeto-Burman. Thurgood, Graham, James A. Matisoff and David Bradley (eds.) *Linguistics of the Sino-Tibetan Area* (Pacific Linguistics Series C No. 87) pp. 376-400. Canberra：Australian National University.

赞拉 阿旺措成 (=Ngag dbang Tshul khrims) (1997) 论试嘉戎藏话中的古藏语. Handout at the Beijing Tibetology Seminar.

——— (2008)『嘉绒藏族的历史与文化』成都：四川民族出版社.

——— (2009) *Lexicon of the rGyalrong bTsanlha Dialect*. Senri Ethnological Reports No. 79. Osaka：National Museum of Ethnology.

王建民 & 赞拉 阿旺措成 (1992)『安多话与嘉戎藏话对比分析』成都：四川民族出版社.

Watters, David E. (1975) The evolution of a Tibeto-Burman pronominal verb morphology. *Linguistics of the Tibeto-Burman Area* 2 (1)：45-79.

韋介武 (1999)『卓克基嘉戎語的動詞加綴法：kə-/ka- 的對立』MA thesis at the Tsing Hua University.

Wen Yu (聞宥) (1943) Verbal directive prefixes in the Jyarong language and their Ch'iang equivalents. *Studia Serica* 3：11-20.

——— (1944) 論嘉戎語動詞之人稱尾詞. *Bulletin of Chinese Studies* 4：79-94.

Wolfenden, Stuart N. (1929) *Outlines of Tibeto-Burman Linguistic Morphology*. London：Royal Asiatic Society.

——— (1936) Notes on the Jyarong dialect of Eastern Tibet. *T'oung Pao* 32：167-204.

向柏霖 (=Guillaume Jacques) (2008)『嘉绒语研究』北京：民族出版社.

山口瑞鳳 (1969) 白蘭と Sum pa の rLaṅs 氏.『東洋学報』52 (1)：1-61.

——— (1971) 東女国と白蘭.『東洋学報』54 (3)：1-56.

——— (1983)『吐蕃王国成立史研究』東京：岩波書店.

——— (1987/1988)『チベット』(上・下) 東京：東京大学出版会.

严木初（2013）藏语和汉语对嘉戎语的影响变迁情况研究. 『国立民族学博物館研究報告』38⑴：1-16.

杨海青（2007）『嘉绒藏族历史資料译編』马尔康：阿坝州委員会.

燕松柏 & 雀丹（1993）『阿坝地区宗教史要』成都：成都地图出版社.

叶拉太（2017）「前吐蕃时期多康藏区藏系部族」『青海民族大学学报』第 4 期：68-80.

尹蔚彬（2007）『业隆拉坞戎语研究』北京：民族出版社.

米田信子（2009）ヘレロ語における適用形構文と目的語の対称性. 『アジア・アフリカの言語と言語学』4：5-37.

7．基礎語彙

人体

1	頭	təko
2	頭痛がしている	təko no-ɴdzor
3	頑固である	təko na-ɴkhriṅ
4	頭が良い	rəkpa kə-sna
5	髪の毛	tako rñe
6	毛が縮れる	təko rñe ka-skrə
7	ふけ	təkse
8	禿げた	koɴǰara
9	頭を刈る	təko rñe ka-bžar
10	髪が抜ける	təko rñe kə-phot
11	脳みそ	təwurnok
12	脳	kərnok
13	額	təmto
14	眼	təmñak
15	まゆげ	təmñak mərtsi
16	まつげ	təmñak mərtsi
17	涙	təmñak ǰi
18	涙を流す	təmñak ǰi kə-kšut
19	思わず涙が出る	təmñak ǰi kə-slik
20	目やに	təmñak pše
21	盲目 [の]	ka-lo
22	鼻	təsna
23	鼻屎	təsnam
24	鼻水が出る	wusnam ɴdzar kə-kšut
25	鼻をかむ	təsnam ka-rit
26	耳	tərna

242　人体

27	耳垢	tərna pokpok
28	耳が早い	wurna kə-saṅ
29	やかましい	tərna bakčak
30	騒々しい	wučikak
31	聾［の］	tambo
32	口	təkha
33	唇	təšnol
34	舌	təsme
35	舌を出す［挨拶］	wusme kə-sket
36	おしゃべりの	khəmče maraya
37	唖である（話ができない）	karəyo ma kə-spa
38	歯	təswa
39	犬歯	ɴdzuwi
40	唾	təməšthit
41	唾を吐く	təməšthit ka-pšit
42	よだれ	təkha ǰi
43	よだれを垂らす	wumṭi kə-kšut
44	痰	təṅar
45	息をする	təsṅo re
46	声	təskat
47	せき［咳］	tərtshos
48	咳をする	tərtshos ka-pa
49	咳払いをする	wuptsho kə-pa
50	くしゃみ	hatshiw
51	くしゃみをする	hatshiw kə-pa
52	あくび	təham
53	しゃっくりをする	təmdzi kə-kok
54	げっぷが出る	dzəgok kə-pa
55	あご	təmǰa

56	顔	təǰo
57	恥ずかしい	kə-ṅasrak
58	頬	təšo
59	こめかみ	tərna mkak
60	ひげ	təsna marñe
61	あごひげ	təmǰa šo
62	ほおひげ	təšo skor
63	頚	təmki
64	うなじ	təko ɴkhu
65	のど	təmki tshiɴgruṅ
66	呑み込む	kə-məlǰə
67	咽喉	təmñuk
68	肩	tərpak
69	肩胛骨	tərpak šerə
70	肘	təkru
71	手くび	təya mkhi
72	手	təyak
73	手の甲	təyak khu
74	手のひら	təyak pe
75	指	təyak ɴdzoɴdzo
76	爪［人の］	təyak šimdzu
77	拳	tərkut
78	胸	taro?
79	乳房	tənu
80	乳［母親の］	təlo
81	肋骨	tərnam
82	肺	tərtshos
83	心臓	tasne
84	腹	təwo?

244　人体

85	内臓	təkhok be
86	腸	təpok laǹcɐ
87	胃	təkto?
88	肝臓	təpšu
89	腎臓	təbo tam
90	臍	təpok chu
91	背中	təzgən
92	腰	təmthək
93	尻	təsop
94	大便	tərči
95	大便	təpše
96	大便する	təpše ka-lat
97	大便が出る	təpše kə-nəslik
98	便秘する	pše ka-lat ma-nəkhut
99	下痢する	kə-pšɐr
100	膀胱	təsti
101	小便	təsči?
102	小便する	təsči? ka-lat
103	便所	yoǹtsha
104	屁	təpše bo
105	痔	təšikhor
106	陰茎	təlam
107	睾丸	təlgo
108	女陰	təstu
109	腿	təphep
110	膝	təmṅa
111	脚［全体］	təme
112	臑	təme ɴbro
113	ふくらはぎ	təme wok

114	足	təme
115	跛	təmbiyas
116	身体	təskruʔ
117	死体	təmgam
118	毛	tərñe
119	- 同 -	təskruʔ warñe
120	皮	təɳḍi
121	あざ［生れつきの］	kəsci rtak
122	あざ［打身の］	təsnak
123	ほくろ	sṅɐwɐ
124	あばた	səbor
125	火傷を負う	kə-wɛški
126	膿	təspu
127	汗	təsṭe
128	垢	təstshu
129	血	təše
130	骨	šarə
131	骨髄	təpəyo
132	肉	təša
133	肉	tamtham
134	力	təkšit
135	権力	waṅčha
136	会う	ka-rto
137	会う	kə-ṅawardo
138	見える	kə-roṅ
139	見る	ka-nəmčara
140	見る	ka-namño
141	見る	ka-rdo
142	見える	kə-mto

246 衣

143	見せる	ka-sənəmčarɐ
144	- 同 -	ka-səmčarɐ
145	- 同 -	ka-sroṅ
146	世話をする	kə-nəgon
147	臭い	wuri
148	臭う	wuri kə-mnam
149	悪臭がする	wuri makmem-ke kə-nəmnam
150	良い臭いがする	wuri kəmem-ke kə-nəmnam
151	嗅ぐ	kə-nəsupsut
152	聞く［聞こうとして］	ka-ruk
153	聞える	kə-məs
154	笑う	kə-nari
155	泣く	kə-ṅuru
156	叫ぶ	kə-ṅakho
157	叫ぶ［ガヤガヤ言う］	kə-ṅawowo

衣

158	着物［着用するもの一切］	təɴgɐ
159	着物［嘉戎の上衣一般］	stolor
160	着物［チベットの平服］	təstot
161	袖	təkhula
162	穿く	ka-wat
163	被る	ka-wat
164	着る	ka-wat
165	着せる	kə-səwat
166	脱ぐ	ka-tɐ
167	裸［の］	šinener
168	帽子	tərti

169	傘	tədek
170	腰巻［女性、僧侶の］	smeyok
171	ズボン［下から穿く衣類の総称］	gosnam
172	帯	təšthək
173	襟	təmkhas čhok
174	靴	təktsa
175	底［靴など］	waka
176	…対［類別詞］	kəbəm
177	はだしの	šiməner
178	布［総称：本来綿布］	ras
179	…反［類別詞］	kəltama
180	木綿［材料としての］	ras
181	亜麻	təsa wuras
182	羊毛	smok
183	毛皮	tərco
184	皮［鞣した］	təɲɖi
185	櫛	təšot
186	指輪	sirlak
187	首飾り	təmgur
188	飾り	jeɴčhɐ
189	針	təkap
190	糸	tərə
191	縫う	ka-mkhi
192	縫いものをする	ka-ṭhop

食

193	食べ物	təɴdza
194	食料	dzaǰi

248　食

195	米	khri
196	小麦	ti
197	大麦	təkčam
198	- 同 -	suwe
199	穀物	tərgoʔ
200	モモ	təbu
201	豆	təstok zem
202	- 同 -	təstok tse
203	粉 [穀物の]	təwat
204	小麦粉	təwat
205	麦こがし	təskar
206	蕎麦	šok
207	パン	təmñok
208	いも	yaṅyu [<Chin.]
209	肉	təmtham
210	たまねぎ	ško
211	にんにく	škotam
212	野菜	təno
213	実	təši
214	果実	šiṅtok
215	リンゴ	pakši
216	モモ	dzati
217	クルミ	golo
218	種子	tərki
219	収穫	thokpat
220	魚	jǐjo
221	卵	təɴgam
222	塩	tshə
223	蜂蜜	rjɐ ɴdzɐ

224	油［食用］	kənəmar
225	脂肪	təzi
226	バター	təmar
227	チーズ	čhirwɛ
228	ちち［乳］	təlo
229	ヨーグルト	žo
230	水	təǰi
231	茶	ṭha
232	粥	pepe
233	酒［大麦から作る］	čhɛ
234	酒場	čhɛ sɛ-mot
235	焼酎［大麦等で作る］	ʔarak
236	酔う	kə-(nə-)čhɛ
237	たばこ	təkhu
238	煮る、炊く、ゆでる	ka-ska
239	煮える	kə-smən
240	焼ける	kə-wɛški
241	揚げる	ka-ksər
242	炒める	ka-ksər
243	揚がる	kə-rňo
244	沸かす	ka-wastshe
245	沸く［水］	kə-stshe
246	煎じる	kə-wastshe
247	生の	ma kə-smin
248	熟している	kə-smin
249	食べる	ka-ɴdza
250	嘗める	ka-nəzok
251	咀嚼する	ka-waňke
252	飲む	ka-mot

250 住

253	のみこむ	kə-məlǰə
254	吸う	kə-məskhip
255	吐く	kə-mphat
256	唾を吐く	təməšthit ka-pšit
257	いっぱいになる	kə-pka
258	腹がへる	kə-samo
259	腹がへっている	kto? kə-mo
260	のどがかわく	kə-spak
261	味	wulem
262	おいしい	kə-mem
263	甘い	kə-či
264	辛い	kə-mərtsap
265	にがい	kə-sasdek
266	すっぱい	kə-čor
267	腐る	kə-kčis
268	かび	wuməsmək

住

269	家	təǰim
270	部屋	kho
271	寝室	sɐmǰup
272	建物	təǰim
273	住処	sɐñi
274	集落	čhimdzə
275	-同-	yulbɐ
276	テント	zgar
277	-同-	sɐr
278	家を建てる	təǰim ka-pa

279	入口	sɐNgo
280	-同-	kəmkha
281	出口	sɐkšut
282	戸	kam
283	土間	žɐlɐ
284	柱	təčhu
285	梁	təsri
286	壁	zdi
287	-同-	tərjɐp
288	土壁	kyaṅ
289	窓	kamtsa
290	屋根	zumbro
291	階	tascək
292	かまど	scaṅkhu
293	炉	jɐthap
294	廃屋	jĭmso
295	火	təmčik
296	火をつける	mčik ka-pulu
297	-同-	ka-zuwər
298	焔	jamłe
299	煙	dɐkhə
300	-同-	təwu
301	煤	khərka
302	-同-	keyas
303	灰	telop
304	燃え殻	sca kalapke
305	炭	təkrot
306	石炭	dosol
307	薪	kayu še

252 住

308	マッチ	wuzə
309	- 同 -	yaṅho [Chin.]
310	消す	kəme ka-lat
311	- 同 -	ka-warmuk
312	消す [こすって]	ka-warlak
313	消える	kə-rlak
314	燃える	kə-nat
315	焼ける	kə-ɴǰop
316	燃やす	mčik ka-pulu
317	- 同 -	kazu wərtə
318	机 [チベット式]	čoktsi
319	マット	tebəyo
320	坐る	kə-ñi
321	居る	kə-ñi
322	住む	kə-ñi
323	留まる	kə-rna
324	寝床	sɛmɛkhrə
325	枕	temkam
326	寝る	ka-rma
327	眠る	təmñak kə-səmǰup
328	いびきをかく	koɴkri kə-pa
329	眠い	wumñak kəño kə-mǰup
330	夢	tərmo
331	夢を見る	tərmo kə-pa
332	ほっとする	wusəm kə-bde
333	目覚める	wumñak kə-gros
334	起こす [3.4.8 参照]	ka-rwas
335	起きる	ka-rwas
336	- 同 -	ka-was

337	- 同 -	kə-rǰap
338	井戸	sɐkap
339	棚	ǰomdo
340	垣	raskor
341	閉める	ka-čat
342	閉まる	kə-ṅačat
343	目を閉じる	ka-ktsum
344	口を閉じる	təkha ka-mǰup
345	開く	kə-ṅatuw
346	開ける	ka-tuw
347	- 同 -	ka-kat
348	［日を］過ごす	ka-mtsi
349	生活	təmtsi
350	泊る	kəmor ka-mtsi
351	宿	sɐñi

道具

352	道具	lakčhɐ
353	鏡	meloṅ
354	ガラス	šəl
355	椀［木製：チベット式］	khəza
356	茶碗	kar yol <WT
357	匙	daŋǰo
358	壺	čorbo
359	壺	kədam
360	桶	təNgor
361	甕	šeldam <WT
362	鉄鍋	təyam

254 道具

363	土瓶	koɴtsə
364	汲む［水を］	ka-phok
365	すくう	ka-phok
366	ひしゃく	ɴbo skyok
367	注ぐ	ka-rko
368	-同-	ka-lat
369	こぼす［故意に］	kə-ṅarwok
370	こぼす［過って］	ka-ktor
371	小刀	birtsa
372	柄［ひしゃくなどの］	wulu
373	刃	wukha
374	臼	təɴdzor
375	-同-	tshubo
376	-同-	laṅtak
377	石杵	tshubo ǰilək
378	挽く	ka-waɴdzor
379	搗く	ka-rtsu
380	槌	rdostɐ
381	釘	tətshok
382	-同-	təzok
383	やっとこ	skampa
384	のこぎり	sulɐ
385	斧	šərpa
386	くわ［鍬］	kak
387	かま［鎌］	tən tuwa
388	すき［犁］	bodu
389	くつわ［轡］	khaǰhip
390	スコップ	thebra
391	研ぐ	ka-sapšis

392	ほこり	telop
393	拭く	ka-phyis
394	箱	gambə
395	ふた	dɐkap
396	鞘	burza sta
397	篭 [目が粗い：大型]	čaphan
398	篩	skra
399	袋	təkhos
400	袋 [ヤクの毛製]	zgrɐwɐ
401	袋 [布製：四角]	raskhos
402	紙袋	šokšok khos
403	封筒	təscor khos
404	綱	təɴbre
405	紐	telek
406	杖	təñe
407	棒切れ	dadar
408	杭 [テントなどに使う]	tezok
409	梯子	šoskat
410	板	kəmnam
411	時計	tərtshot
412	時	tərtshot
413	空き時間	wa
414	する時間がある	tso

生活・戦い

415	生まれる	kə-sci
416	育つ	kə-ɴdzat
417	生える [植物が]	kə-cu

418	生きている	kə-səso
419	太った	kə-tsho
420	やせた	kə-nəñamkhi
421	疲れる	kə-(sa) spap
422	丈夫な	kə-bde
423	丈夫な［身体が］	təskruʔ kə-thaṅ
424	病気	təɴgo
425	熱がある	kə-saški
426	風邪をひく	kə-nəčʰɐmba
427	伝染病	təɴgo khi
428	怪我	təknəno
429	怪我をする	kə-knəno
430	傷	təknənos
431	傷口	təɴməs
432	捻挫する	kə-ṅasəklik
433	痛む	kə-ɴdzor
434	痛む［チクチク］	kə-mərtsap
435	つる	kə-ṅathəɴthən
436	かゆい	kə-rajak
437	掻く［爪で］	təskrat ka-lat
438	掻く	kə-rakhrok
439	薬	smen
440	治療［投薬］する	wusmen ka-pa
441	治す	ka-sna
442	治る	kə-ptshe
443	自然に癒える	kə-məna
444	気分がすっきりする	kə-phot
445	ウコン	čəzgə
446	毒	tadok

447	阿片	karma khə
448	殺す	ka-sat
449	死ぬ	ka-ši
450	死人	kəši
451	自殺	nabǰesat
452	葬る	təmgam kə-səku
453	神	ɬɐ
454	祈る	moɴlam ka-ptap
455	呪いを掛ける	thu ka-pa
456	喧嘩する［つかみあい］	kə-ṅalalat
457	喧嘩する［口で］	kə-ṅasṅo
458	罵る	tasṅo ka-pa
459	戦争する	kə-ṅalalat
460	勝つ	kə-kčhas
461	征服する	kə-pkas
462	負ける	kə-mṅas
463	逃げる	kə-pho
464	避ける	kə-pyor
465	追いかける	ka-ɴḍek
466	保護する	ka-ruro
467	管理する	kə-roro
468	刀［カム地方の幅広の刀］	scepɐ
469	槍	šamdu
470	楯	phup
471	弓	kəpeʔ
472	矢	šimña
473	鉄砲	šamdu
474	事故	tənəno

人間・人間関係

475	人	tərmi
476	男	təza
477	女	təmi
478	赤ん坊	khorṅa
479	- 同 -	khoscu
480	子供	təpuʔ
481	少年	təza puʔ
482	少女	məza puʔ
483	娘	məza
484	娘	məsnam
485	年かさの人	kəwuši
486	老人［一般］	kəmṭho
487	老人［男］	yawu
488	老婆	yawɐ
489	若い	wabli kətsi
490	年とった	kəmṭho
491	父	pɐ
492	母	mo
493	両親	pɐmɐ
494	祖父	təwu
495	祖母	təwɐ
496	おじ［父方］	ku
497	おじ［母方］	ku
498	おじ［母方：若い］	tsi
499	おば［父方］	ñi
500	おば［母方］	mote

501	おば［母方：若い］	tsi
502	むすこ［息子］	təza
503	むすめ［息女］	təmi
504	兄弟姉妹［一般に血族］	ya
505	兄弟姉妹［父母が同じ］	kəšiči ya
506	姉	ya
507	おい［甥］	təmdi
508	めい［姪］	təmdi
509	夫	phəya
510	妻	tərjap
511	妻	pya
512	息子の妻	tərjap
513	花嫁	yimotsi
514	婿	phəya
515	結婚する	kəčem kə-pa
516	- 同 -	stəɴbri ka-pa
517	結婚する［嫁をとる］	tərjap ka-sar
518	離婚する	kə-nəɴkhas
519	いじめる	kə-nətsutha
520	独り者［男女とも］	təmdi
521	孤独な	kə-buk
522	友人	ɴḍiʔ
523	先生	slapən
524	学生	slama
525	学校	kərətha
526	- 同 -	slamakhaṅ
527	- 同 -	slopṭa
528	僧侶	yikpən
529	在家人	scewo

260　社会・職業・生産

530	敵	təgrɐ
531	- 同 -	kəṅen
532	召使［男］	təwos
533	- 同 -	tabraspɐ
534	乞食	kəmči
535	用意	bra(s)
536	素行	təpeyaṅtsə
537	ギャロン［嘉戎］人	jaroṅwa
538	チベット［藏］人	kuruʔ
539	中国［漢］人	kəpa

社会・職業・生産

540	村	chimdzə
541	村、郷土	yulpɐ
542	砦	dzoṅ
543	市場	kɐnčhak
544	猟をする	tɛrwak ka-pa
545	鉄砲を撃つ	šamdu ka-lat
546	弓を射る	šimña ka-lat
547	罠［縄で作る］	tələk
548	魚をとる	ǰiǰo ka-bəya
549	富んだ	kəwak ze
550	- 同 -	kəma še
551	貧しい	kəča
552	ボロボロの	kə-ɴbres
553	- 同 -	waɴkra
554	盗む	ka-šmo
555	盗人	kəšmo

556	奪い取る	kə-sədət
557	畑	təmña
558	仕事	tama
559	仕事をする	tama ka-pa
560	休む	kə-nəna
561	耕す	təmña ka-tshok, ka-šlo
562	耕作	təmñama <təmña + tama
563	種子を蒔く	təški ka-ye
564	刈り入れる	tshe ka-phot
565	- 同 -	tshe ka-šum
566	皮を剥く	wurkho ka-kak
567	編物を編む	tapyet ka-pa
568	縄を綯う	tələ ka-zgril
569	紡ぐ	ka-wɐlək
570	- 同 -	smokpo ka-pa
571	機	tətak
572	織る	tətak ka-pa
573	地方	sɐčha
574	地域	ziṅkam
575	協力する	kə-ṅačikor
576	経済［生活］	təmtsi
577	発達する	totok kə-rjas
578	資本	martsə
579	資産	tərju
580	習慣	wuɴgrəs
581	休暇	kənəna
582	法律	ṭhim
583	批評	kənasṅo
584	罰金	wučhetpa

262　移動・交通

585	税	wuṭhəl
586	欲望	semčhak
587	罪悪	ñəzmuk
588	権利	waro
589	責任	ɴgər
590	予定	rəyok
591	話・計画	ra(yo)
592	研究	keslap
593	勉強する	ka-slap
594	試験	kəkšar
595	チョルテン	čhorten
596	ツァツァ	tshətshə
597	ガウ	gawu
598	お守り	sruṅkhor
599	スンドゥー	sruṅ
600	袈裟	bzan
601	線香	spos
602	法事	warpi
603	さいころ	šo

移動・交通

604	行く	ka-čhe
605	行く［過去］	thal
606	来る	kə-we
606a	来る［過去］	kə-wi
607	来る	ka-po
608	来る［HON］	ka-ɴbi
609	居残る	ka-ñi

610	帰宅する	kə-čwat
611	帰る	kə-naya
612	曲がる	kə-ɴjər
613	曲がっている	kə-ṅargorgo
614	廻る	kə-ɴkor
615	- 同 -	kə-mžir
616	廻す	ka-skhor
617	- 同 -	ka-səmžir
618	道に迷う	ṭəla kə-slot~šəlot
619	着く	kə-məɴdə
620	着く［過去］	kə-pi
621	止まる［時計が］	kə-gñis
622	止める	ka-pkak
623	止まる［鳥が］	kə-tshok
624	峠を越える	krowo ka-rwak
625	歩く	ka-pṭe
626	走る	ka-rjik
627	速い	kə-ṅanak
628	遅れている	kə-məɴkhu
629	遅れて	nənə lala
630	ゆっくり	lelas
631	這う	kə-nərtsu
632	乗る［自分で動かす乗物に］	ka-nɐmɐ
633	運ぶ	kə-tsam
634	道	ṭəla
635	途中で	wəlay
636	橋	təɴdzam
637	巡礼する	kə-mǰal
638	旅行する	kə-mžir

264 言語・伝達

639	車	khorlo
640	輪	khorlo
641	舟	zgru
642	漕ぐ	zgru ka-lat

言語・伝達

643	言葉	təskat
644	語	tshik
645	話す	tərəyo ka-pa
646	語る	wuton ka-rda
647	言う	ka-čis
648	説く	ka-pšat
649	尋ねる	ka-thoʔ
650	質問	təthos
651	答える	kə-wulon
652	挨拶する	ɴtshamṭi ka-žu
653	口が滑る	thaṅhua kə-slik
654	大口を叩く	wukha ka-lat
655	嘘	təɴgle
656	冗談	təsla
657	噂	kərami
658	真実である	waɴgroɴgro
659	当たり前の［言うまでもない］	ka-čis makra
660	字	tascor
661	本	kuk
662	-同-	thep（＜WT）
663	-同-	thepkuk
664	-同-	tha

665	…冊	kepoti (CLS)
666	書く	ka-rasco
667	書類	tascor
668	手紙	tascor
669	郵便局	tascor sɛrko
670	インク	snaktsɐ
671	ペン	šam sñəwə
672	…本 [類別詞]	kəpši
673	読む	kə-nəmčara
674	紙	šokšok
675	…枚 [類別詞]	kəmphyar
676	金箔	seršok
677	指摘する	kə-səmtso
678	指し示す	yakdzo kə-tshok
679	声をかける	kə-ṅakho
680	しるし	wurtak
681	名前	tərme
682	やり方	palis

遊び・芸術

683	遊ぶ	kə-nəmbri
684	歌を歌う	khabže ka-pa
685	踊る	tərga ka-pa
686	絵	rimo
687	博打	šo

授受

688	与える	ka-dət
689	- 同 -	ka-wu
690	与える［HON］	ka-ɴbyi
691	手に入れる	kə-bəya
692	手に入る	ka-nəraṅ
693	売る	ka-ɴphar
694	売り場	sɛɴphar
695	買う	ka-ki
696	店	tshoɴkhaṅ
697	賃金	wuɴgra
698	商売	tshoṅ
699	利益	mdok
700	損する	ka-nəzju
701	- 同 -	kə-kšu
702	損	təzju
703	値段	wukhoṅ
704	費用	nəkənəpčo
705	給料	wuphok
706	高い［値段が］	wukhoṅ kte
707	安い［値段が］	wukhoṅ kə-ɴbat
708	- 同 -	kə-tsi
709	紙幣	šokšok poṅyi
710	貸す	ka-šəscə
711	- 同 -	ka-šərṅa
713	- 同 -	ka-səscə
712	借りる	ka-rṅa

713a	借りる［過去］	ka-rɲɐ
714	借りる	kə-scə
715	償う	wasčik ka-dət
716	約定	kəreɴdzə
717	送る	ka-sətsam
718	- 同 -	ka-wet
719	- 同 -	ka-sco

対人動作

720	出くわす	kə-ṅartsu
721	衝突する［車などが］	kə-ṅartsu
722	待つ	kə-nayo
723	真似る	wəspər ka-pa
724	ふり	spər
725	ほめる	wamu ka-pa
726	叱る	kə-nasṅo
727	騙す	kə-nəɴgle
728	ペテンに掛ける	kə-nəblo
729	殴る	ka-top
730	手をたたく	tərpi ka-lat
731	- 同 -	yakpaǰa ka-lat
732	つねる	təmərčik ka-lat
733	助ける	ka-kor
734	知らせる	kə-səmtso
735	忠告	səmčhar
736	忠告する	kə-səšot
737	要求する	rewa kə-pa
738	お願いする	ka-nəskor

268　対物動作

739	案内する	ṭəla ka-prak
740	接待する	wusəkros ka-pa
741	紹介する	kə-səmtso
742	属する	kə-šas

対物動作

743	噛む	khamči? ka-lat
744	取る	ka-bəya
745	手に持つ	ka-ɴḍit
746	所有	šas
747	掴む	ka-bəya
748	捕まえる	ka-pǰa
749	放す	ka-lat
750	投げる	ka-pšit
751	捨てる［容器の中に］	ka-rko
752	捨てる	ka-pšit
753	撒き散らす	ka-tor
754	触る	kə-nəporo
755	擦る	ka-phyis
756	さする	ka-kle
757	手を振る	təyak kə-phyar
758	ゆすぶる	kə-šəmərmot
759	かきまわす	ka-šmu
760	地震	brələ
761	押す	ka-ṭak
762	押さえる	kə-ṭak
763	押えつける	ka-čir
764	引く	ka-ɴthen

765	- 同 -	ka-pya
766	伸ばす［伸縮するものを］	ka-ɴthen
767	延期する	kə-šimkhu
768	締め付ける［人を、油を］	ka-ɴčar
769	しぼる［人を、油を］	ka-rtsop
770	締める［帯などを］	ka-tshiy
771	結ぶ	ka-tsəri
772	背負う	ka-pkor
773	- 同 -	kə-mašpak
774	蹴る	təzbrok ka-lat
775	踏みつける	kə-račak
776	使う	ka-pčo
777	便利である	phen kə-thok
778	失くす（捨てる）	ka-pšit
779	失う	kə-slot
780	隠れる	ka-(ṅa)pki
781	隠す	ka-šəpki
782	秘密	kəšəpki
783	しまっておく	kə-sanəmǰik
784	倹約する	ka-šṭa
785	大事にする	ka-ptse
786	探す	ka-sar
787	見つける	ka-rɐ
788	見せる、示す	kə-sənamño
789	ショー	təmño
790	置く	ka-tɐ
791	おおう	ka-pkap
792	- 同 -	ka-sli
793	広げる	ka-wakram

270 対物動作

794	広げる [広げて使用するものを]	ka-pšar
795	挙げる	ka-yok
796	入れる [物などを箱の中に]	ka-rko
797	入れる	ka-lat
798	出す	ka-sket
799	集める	ka-šum
800	- 同 -	ka-səsdu
801	貯える	ka-sasdə
802	作る	ka-pa
803	壊す [原形をとどめないように]	ka-chop
804	壊れる	kə-ńašo
805	- 同 -	kə-ɴga
806	直す	ka-wabde
807	修繕する	ka-(sna)skik
808	裂ける [固いものが]	kə-nənǰop
809	裂ける [やわらかいものが]	kə-ɴbres
810	裂く	ka-prə
811	曲げる	ka-sɐrgorgo
812	折る	ka-čhok
813	折りたたむ	ka-rtəp
814	洗う	ka-šci
815	掃除	tərit
816	ぐるぐると丸くする	kə-waram
817	ロールを作る	ka-səpolol
818	巻く	ka-skrə
819	巻かれた状態になる	ka-ɴkrə
820	結ぶ	ka-skrok
821	- 同 -	ka-tsəri
822	縛る	ka-rtsop

823	解く、ゆるめる、はずす	ka-rda
824	ほどける	ka-wardə
825	被せる	wɐpkap kə-pa
826	脹れる、ふくれる	kə-ɴbop
827	ふくらます	ka-phro
828	一緒にする	kə-sasdə
829	接触する	kə-ṅawardo
830	接着させる	ka-sthap
831	繋ぐ	ka-səɴḍiɴdit
832	繋ぐ［犬や家畜を］	ka-prak
833	くっつく	kə-sɐsdə
834	離す	kə-nəɴkas
835	突き刺す	ka-mtsu
836	切る［鋏・小刀などで］	kə-raɴtsik
837	切り落す［比較大きなものを］	ka-phot
838	切り刻む	kə-raɴtsik
839	裁断する	ka-pri
840	- 同 -	ka-rzik
841	髪を切る	ka-pot
842	刈る	ka-krek
843	混ぜる	kə-səcolo
844	彫る	ka-škos
845	掘る［穴を］	ka-rwa
846	空洞	kəso

一般動作

| 847 | する | ka-pa |
| 848 | - 同 - | ka-lat |

272 一般動作

849	為す	ka-sot
850	打つ	ka-lat
851	始める	ka-saǰa
852	終る	kə-kšin
853	続ける	kə-šəṭiṭup
854	中止する	kə-snəna
855	辞任	nəwɐ
856	辞退する	nəwɐ ka-pa
857	絶つ［習慣を］	ka-pčet
858	動く	kə-mərmot
859	揺らす	kə-šə-mərmot
860	辷る［意志がないのに］	kə-ɴǰo
861	倒れる	kə-mdam
862	さかさになる	wako kə-ṅeɴǰir
863	ひっくりかえる	ka-koki
864	ひっくり返す	tsimklok ka-lat
865	集まる	kə-ṅɐsdə
866	- 同 -	ka-dzum
867	- 同 -	ka-yidzum
868	集まり	təɴtshok
869	はずむ［水が、ボールなどが］	kə-mtsak
870	跳ぶ	kə-mtsak
871	上がる	ka-tho
872	昇る	kə-tsok
873	上がる［太陽，月などが］	kə-kšut
874	出る	kə-kšut
875	追い出す	kə-rəkšut
876	さがる［位が］	kə-ɴbap
877	おりる［乗物から］	kə-lək

878	落ちる	kə-mǰit
879	濡らす	kə-sula
880	濡れる	kə-šəčhit
881	湿った	kə-rcit
882	湿度	salon
883	乾く	kə-(k)ram
884	乾かす	ka-kram
885	- 同 -	ka-pram
886	- 同 -	ka-rəkram
887	- 同 -	ka-rəpram
888	比べる	ka-sakšip
889	選ぶ	ka-ɴčhe
890	慣れる	kə-šot
891	なつく	ka-naɴḍi
892	- 同 -	ka-napu
893	急ぐ［早くする］	kə-ṅanak
894	急ぐ［意図的に］	kə-šənak
895	準備する	wura ka-pa
896	変わる	kə-ɴjur
897	変える	kə-pčur
898	- 同 -	ka-sjur
899	長けている	mkhas
900	学者	kəmkhas

知識・精神活動

901	熟考する	səmnor ka-lat
902	思う	ka-(nə)səso
903	決める	thak ka-pčhot

274　知識・精神活動

904	実際に［は］	waḍoḍo
905	意味	kəŋgon
906	- 同 -	wučhɐ
907	決まっている	te-ɴkhel
908	賛成する	təsəm čhe
909	知る	ka-šə
910	理解する	wučhɐ kə-ra
911	分かる	kə-mtso
912	記憶する	kə-šiptak
913	記憶	semno
914	忘れる	kə-mər
915	- 同 -	kə-yimər
916	教える	kə-səkšot
917	習う	ka-slap
918	恐がる	kə-zdar
919	驚く	kə-nəscar
920	- 同 -	kə-ha
921	慌てる	kə-ɴtship
922	間違っている	kə-ṅajurno
923	間違える	kə-səjurno
924	関係がある	kə-nəkon
925	好きだ	kə-naṅa
926	嫌う	ma naṅa
927	にくむ	kə-sakha
928	貪欲な	kə-rəhembe
929	けちな	kə-snəya
930	喜ぶ	kə-rəsñiṅɐ
931	幸せである	kə-scit
932	吉兆である	wukha kə-ṭot

933	気持がいい	kə-nɐsəscit
934	すばらしい	kə-səscit
935	爽快である	kə-nɐšet
936	元気である	wusku kə-thaṅ
937	面白い	kə-mtshar
938	満足する	wuyi ka-bde
939	うまく行く	kə-nəčipat
940	悲しい	kə-nɐsɐ
941	寂しい	wusem kə-sdək
942	疑い	səmṅan yamṅan
943	疑う	ka-nɐsəmṅan
944	惑わす	kə-nəblo
945	不思議な	kə-mtshar
946	信ずる	kə-nəsñe
947	- 同 -	kə-naɴdə
948	尊敬する	kə-nəɴǰis
949	頼む	kə-skor
950	怒る	tok khas
951	気を悪くする	ka-ɴphya
952	ごめんなさい	ǰikuɴphyaṅ
953	許可する	kə-khut
954	気をつける	ka-ɴdzaṅ
955	気をつけて！	tondzaṅ(-ye)
956	気に掛ける	ka-nəsə
957	気遣う	ka-stən
958	故	čhes
959	禁止する	kə-pkak
960	羞恥心を抱く	kə-ṅasrak
961	羞恥心のない	ma ṅasrak

276 天文・地文・鉱物

962	いらいらする	kəsəm tship
963	心配する	semdes ka-pa
964	- 同 -	kə-nəsə
965	気を揉む	kə-nəsə
966	気にする	ka-rɐmsi
967	葛藤する	kə-ṅalalat
968	神経質である	kə-ɴtshem
969	忙しい［せわしい］	kə-ṅanak
970	忙しい	kə-rtsip
971	我慢する	kə-narko
972	のろまな	kə-nələɐlɐ
973	ばか	təgo
974	悪がしこい	kə-skrak
975	利口な	rikpɐ kə-sna
976	聡明な	kə-skrak
977	心	sem
978	- 同 -	təšne
979	経験	ṅamñoṅ
980	期待する	kə-rərewa
981	支障がある	rut
982	何ともない	ma-rut
983	狂人	kəsño

天文・地文・鉱物

984	空	təmu
985	空	namkha
986	天気	təmu
987	雲	sazdem

988	晴れている	kə-ńaɴǰak
989	霧	zdem
990	雨	təmu
991	雨が降る	təmu ka-lat
992	雷	tərmok
993	稲妻	təmbyar
994	虹	təpše ɴbrə
995	雪	dewa
996	氷	tərkam
997	氷が張る	tərkam ka-pa
998	溶ける	tərkam kə-ɴḍi
999	太陽	kəyam
1000	月	tsəla
1001	月経	wumakšo
1002	星	tsəɴgri
1003	光	ʔot
1004	電球	taṭho
1005	影	dayip
1006	明るい	ka-psok
1007	はっきりしている	kə-ksal
1008	はっきりした	kə-tak
1009	はっきりと	wugras
1010	くらやみ	kərñip
1011	風	khali
1012	- 同 -	khalwu
1013	吹く［風が］	khali kə-pa
1014	息を吹きかける	ka-phro
1015	暑い	kə-stshe
1016	- 同 -	kə-saški

278 天文・地文・鉱物

1017	暑くなる	kə-wastshe
1018	寒い	kə-məštak
1019	暖かい	kə-mpya
1020	山	krowo
1021	山頂	krogo
1022	谷	čokha
1023	森	šikha
1024	平原	kɐwəla
1025	沼地	nɐčhə
1026	湖	jamtsho
1027	池	sɐkap
1028	泉	čhəmik
1029	河 ［比較的大きい］	təji
1030	小川、流れ	ǰire
1031	水	təji
1032	湯	ǰistso
1033	泡	tɐNbə Nbum
1034	洪水	teNbos
1035	沈む	kə-zglat
1036	流れる	kə-pṭe
1037	岸	təji wuški
1038	堤防	čhuyol
1039	崖	təho
1040	岩	prak
1041	岩山	krowo
1042	石	ǰelək
1043	岩	riNgu
1044	砂	kəNbek
1045	土	sachɐ

1046	赤土	daṭo
1047	泥	tərñaʔ
1048	粘土［陶器を作る］	kədam
1049	鉄	šam
1050	錆	wuyɐ
1051	金	ksər
1052	銀	poṅyi
1053	おかね	poṅyi
1054	お釣り	wustar
1055	銅	bzaṅ
1056	鉛	kažik
1057	真鍮	rɐko

植物

1058	ネズの木	səǰok
1059	松	gərwɐ
1060	木、木材	šikphu
1061	草	teno
1061a	- 同 -	kadza
1062	幹	šikphu wurə
1063	皮［木の皮］	še wurkho
1064	茎、柄	wurə
1065	枝	tegak
1066	葉	thembaʔ
1067	棘	təmdzo
1068	花	tepat
1069	根	təsram
1070	生える	kə-ɴdzat

280　動物

1071	成る［実が］	wušik kə-tshok
1072	枯れる	kə-kram
1073	竹	ǰok
1074	籐	ɓa
1075	茸［食用の］	demoʔ
1076	－同－	dzərnu
1077	－同－	šerna

動物

1078	動物	semčen
1079	四足獣	kərgu
1080	野獣	kərñe
1081	猛獣	kərñe
1082	家畜	kəšpət
1083	鳥	gatsa
1084	馬鶏	karma
1085	魚	ǰiǰok
1086	虫	kəlu
1087	サナギ	kəlu
1088	犬	khəna
1089	猫	toru
1090	馬	ɴbroʔ
1091	軛	beluṅ
1092	ロバ	lapki
1093	鞍	tašnor
1094	雄牛	mbola
1095	雌牛	nəṅa
1096	ヤク	kərgu

1097	ディ ［ヤクの雌］	ḍi < Tib
1098	ディ ［ヤクの雌］	kəɴbru
1099	ヤク ［野生］	bruṅ
1100	ゾ ［雄牛とディの一代雑種］	tela
1101	羊	kəǰo
1102	羚羊	sñen
1103	アルガリ羊	dəgə
1104	山羊	chit
1105	豚	pak
1106	にわとり	kaču
1107	虎	stak < WT
1108	虎	khuṅ
1109	豹	kəsčik
1110	熊	tuwam
1111	狼	spyaṅkə < WT
1112	山猫	toru
1113	狐	kəthuwi
1114	鹿	khartse
1115	猿	kəzu
1116	兎	kala
1117	ナキウサギ	putsu
1118	イタチ	čirwo
1119	マーモット	khašphar
1120	リス	čeret
1121	鼠	puǰu
1122	駱駝	rṅɐmon
1123	こうもり	bərwa
1124	鷲	byergot
1125	隼	waṅa

282 動物

1126	鶴	khamṭo
1127	つばめ［燕］	khe̯ju lulə
1128	ほととぎす	koktut
1129	鳩	šṭo
1130	カラス	phorok
1131	カラス［やや小型］	ki
1132	ふくろう	kakhu
1133	コジュケイ	širu
1134	雀	katsa
1135	蝶々	kapi lolo
1136	蟻	kharoʔ
1137	蜘蛛	kha šina
1138	蜂	babu
1139	蚊	wastsɐ
1140	蝿	kəwas
1141	蚤	dzayi
1142	虱	sor
1143	蛇	khapri
1144	蛙	khašpa
1145	角	təru
1146	毛［動物の］	tərñe
1147	皮［動物の］	wuɴḍi
1148	爪［動物の］	ši ɴdzuɴdzu
1149	ひづめ	tha kaṭhu
1150	尾［毛の短い］	temə
1151	しっぽ［尾, 毛の長い］	wemə
1152	嘴	teɴtok
1153	翼	tərkham
1154	羽［鳥の］	warñe

1155	うろこ［魚の］	ǰiǰok wurkho
1156	うろこ［蛇の］	khapri wurkho
1157	巣	talok
1158	飛ぶ	kə-mbyam
1159	泳ぐ	ǰiɴǰak ka-lat ～ ka-pa
1160	ほえる	kə-ṅeɴdzot
1161	卵を生む	kə-raɴgam
1162	飼う	ka-šput
1163	放牧する	kərku ka-lok

形・色・音・臭い

1164	姿	wuzo štɐ
1165	まるい［平面的に］	kə-porlor
1166	鋭い	kə-ṅamčok
1167	鈍い	maṅamčok
1168	平滑な	kə-ɴtap
1169	扁平な	ka-bɐba
1170	平板な	ka-mnam
1171	穴	khedu
1172	くぼむ	ka-ɴchok
1173	まっすぐである	kə-sto
1174	まっすぐに	ka(ṅa)sto
1175	線、すじ	thək
1176	跡	wačos
1177	跡	wasta
1178	かど，端	wuzur
1179	端、方角	čišat
1180	物	lakčhɐ

284 形・色・音・臭い

1181	素材	wuspɐ
1182	大きい	kə-kte
1183	高い［背が］	kə-ɴbro
1184	小さい［背が］	kə-men
1185	小さい	kə-ktsi
1186	細かい［目が］	kə-ɴǰip
1187	細かい	kə-čhem
1188	粗い	kə-ɴḍot
1189	長い	kə-skren
1190	短い	kə-čin
1191	太い	kə-kam
1192	太る	ka-tsho
1193	細い	kə-čhem
1194	痩せている	kə-nɐñamkhi
1195	痩せる	ka-nɐñamkhi
1196	厚い	kə-yaʔ
1197	薄い	kə-mba
1198	うすい［味がない］	wulem kə-me
1199	色	wumdok
1200	赤い	kə-wurne
1201	青い	sṅonbo
1202	黄色い	sirpo
1203	緑の	ǰaṅku
1204	白い	kə-pram
1205	灰色	kə-pki
1206	黒い	kə-nak
1207	塗る［色を］	tshostsə ka-lat
1208	- 同 -	kə-səstsə
1209	染める	ka-ptshot

1210	似合う	kə-natsa
1211	音	wuzgrɐ
1212	曲	wuyaṅ
1213	詩	wutshik
1214	匂	wuri

性質

1215	乱暴な	kə-rkofi
1216	悪い［性質が］	kə-ṅən
1217	やさしい	kə-ɴǰam
1218	親切な	kaṭin kə-kte
1219	- 同 -	kə-sko
1220	勇気のある	kə-škoṅ
1221	- 同 -	wusne kə-kte
1222	けちな	wusne kə-ɴbro
1223	正直な	kəmɐ dumbɐ
1224	ずるい	kəsne skraskraʔ
1225	- 同 -	kə-nəpaṅke
1226	怠ける	kə-məšuyo
1227	怠惰な	kə-nɐpaṅke
1228	強い	wukšit kə-kte
1229	強い［権力が］	wuwaṅčɐ kte
1230	弱い［権力が］	wuwaṅčɐ kə-me
1231	強い［丈夫な］	kə-ɴkhruṅ
1232	弱い	wukšit kə-me
1233	悪い［質が］	ma kə-sna
1234	正しい	kə-tak
1235	良い［一般に］	kə-sna

286 性質

1236	良い	kə-bde
1237	適当な	kəǰe kəwe
1238	良い［質が］	kə-tak
1239	- 同 -	kə-wasun
1240	具合が良い	ɴdut
1241	有名な	wurme kə-čak
1242	著しい	kə-ɴtshəp
1243	顕著である	maṅa tsoyi
1244	重要である	kə-ra
1245	悪い［一般に］	kə-ṅen
1246	臆病な	wusne kə-tsi
1247	気が強い	wusne kte
1248	易しい	kə-ɴbat
1249	難しい	kə-sakhɐ
1250	危険	kuru
1251	気をつける	ka-ɴdzaṅ
1252	保険	kamkha kərəro
1253	きつい	kə-sik
1254	緩い	ka-wardi
1255	すべすべした	kə-mbyo?
1256	すべすべした［平坦な］	kə-məno
1257	すべり易い	kə-məlek
1258	ざらざらした	kə-rtsup
1259	古い	kə-mbi
1260	新しい	kə-šik
1261	美しい、かわいい	kə-mšor
1262	綺麗に	koho-ke
1263	醜い	ma kə-mšor
1264	きれいな、清潔な	kə-šo

1265	汚ない	makšo
1266	堅い［耐久性がある］	kə-ɴkhrəṅ
1267	柔らかい［肉など］	kə-mbyoʔ

空間

1268	場所	sɐčha
1269	前	təṭi
1270	後	təɴkhu
1271	横	təphe
1272	あいだ	wɐčap
1273	真ん中に	wu-la-y
1274	上に	wu-to-y
1275	- 同 -	w-ərka-y
1276	上の方［へ］	toto
1277	下	ka
1278	下部	kšam
1279	下の方［へ］	nono
1280	中	ɴgu
1281	内	ɴbe
1282	内側	ɴgro
1283	外	ɴpho
1284	- 同 -	wupši
1285	右	kačha
1286	左	kawɐ
1287	反対側	phari
1288	端、頂	wago
1289	縁、境	zur
1290	周囲［家のまわりなど］	ški

288 時間

1291	近い	wure kə-ɴbat
1292	近くに	w-əphe-y
1293	遠い	wure kə-čhi
1294	高い	kə-ɴbro
1295	- 同 -	ka-skhet
1296	低い	kə-men
1297	深い	kə-rnak
1298	浅い	ma kə-rnak
1299	広い［面積が］	kə-yɐm
1300	狭い［面積が］	kə-ɴgor
1301	共に	pse-y
1302	いっぱいになる	kə-məñot
1303	からっぽである	kə-so
1304	方角	wuphyoʔ
1305	東	kuku
1306	西	nini
1307	南	rere
1308	北	roro

時間

1309	明け方, 空が白むころ	šarkhɐ
1310	朝	tənam
1311	夜が明ける	kə-psok
1312	正午	saksɐ
1313	昼間［夜に対する］	sñi ŋgla
1314	夕方［日没前数時間］	təmor še
1315	黄昏	kərñop
1316	午後	saksɐɴkhu

1317	夜［昼間に対する］	təmor
1318	泊	rjak
1319	早い［以前に］	kə-scɐ
1320	早い	kə-nəpso
1321	遅い，夜遅く［時刻が］	kə-məɴkhu
1322	今	šuǰe
1323	- 同 -	šubren
1324	- 同 -	thamtham
1325	- 同 -	šimomo
1326	丁度今	mərkha
1327	いまや	ži
1328	今直ぐ	šuǰe
1329	直ぐ	pəyis
1330	これから直ぐに	štətren
1331	これから	štəţe
1332	前／未来	kəscɐ
1333	昔	kəscɐy
1334	後で	w-əɴkhu-y
1335	次に	w-əɴkhu-y
1336	始終	tsotsos
1337	いつも	rjin
1338	常に	kəmñam
1339	いつも	šot
1340	たびたび	nočhu wat
1341	しばしば	kəkəčhen
1342	しばらく	sṅomtoy
1343	今日	məsñi
1344	- 同 -	məšo
1345	昨日	məšer

290 数量

1346	明日	sosñi
1347	あさって	sɐndi
1348	しあさって	khəndi
1349	4日後	khəməndi
1350	5日後	rjaməndi
1351	毎日	stońsñi
1352	日	kəsñi
1353	月	kətsəla
1354	年	kəpa
1355	歳	parmi
1356	- 同 -	tabli
1357	今年	pewa
1358	来年［梭磨方言］	soǰe
1359	来年	borso
1360	去年	domor
1361	暦	lətho
1362	年齢	təbli
1363	春	šika
1364	夏	pəzar
1365	秋	stoɴka
1366	冬	kurtsu
1367	頃	nəčəm
1368	期間	nɐčey

数量

1369	かぞえる	ka-rtsə
1370	数	ṭaṅkɐ
1371	数字	ʔaṅgə

1372	'1'	kərgɐ
1373	'1'	kətek
1374	'2'	kəñis
1375	'3'	kəsam
1376	'4'	kəwdi
1377	'5'	kəmṅo
1378	'6'	kəṭok
1379	'7'	kəšñis
1380	'8'	wuryat
1381	'9'	kəɴgu
1382	'10'	zje
1383	'11'	zje tek
1384	'12'	zjɐ ñəs
1385	'13'	zjɐ sam
1386	'14'	zjɐ wdi
1387	'15'	zjo mṅo
1388	'16'	zjo pṭok
1389	'17'	zjo snəs
1390	'18'	zjoṅ ryat
1391	'19'	zjo ɴgu
1392	'20'	kəñis zje
1393	'21'	kəñis zje kətek
1394	'22'	kəñis zje kəñəs
1395	'23'	kəñis zje kəsam
1396	'30'	kəsa zje
1397	'40'	kədə zje
1398	'50'	kəmṅo zje
1399	'60'	kəṭok zje
1400	'70'	kəsnəs zje

292 数量

1401	'80'	wuryat zje
1402	'90'	kəngu zje
1403	'100'	pərye
1404	'200'	kəñis pərye
1405	'300'	kasam pərye
1406	'1,000'	stoṅ tso kərgi
1407	'2,000'	stoṅ tso kəñis
1408	'3,000'	stoṅ tso kəsam
1409	'10,000'	khrə tso kərgi
1410	'20,000'	khrə tso kəñis
1411	'100,000'	khrə tso zje
1412	回	kəča
1413	倍	təlok
1414	ひとつずつ、各々	rerey
1415	順	wugral
1416	順に	wuɴphroɴphro
1417	一番目の、初めの	taṅbo
1418	二番目	ñispa
1419	最後、終り	stəṅ kə-məɴkhu
1420	ひとりで	wuǰisci
1421	- 同 -	wuscerscer
1422	全て	kəčet
1423	- 同 -	kəčet
1424	半分	wuphak
1425	大体	wuphak kte
1426	くらい	čam
1427	分の	təšik w-əɴguy
1428	三分の一	kəsam təšik w-əɴguy kərgi
1429	四分の一	kəwdi təšik w-əɴguy kərgi

1430	両方、二つとも	kəñis štət
1431	はかる［長さ］	ka-rṭo
1432	はかる［重さ］	ka-skar
1433	秤	kar
1434	重い	kə-di
1435	軽い	kə-ǰo
1436	たくさん	kəmča
1437	- 同 -	mča
1438	少ない	kə-məne
1439	少し	kəšur
1440	- 同 -	kətsitsi(＝ke)
1441	- 同 -	kəzok
1442	- 同 -	thapčha
1443	増える	kə-mčas
1444	- 同 -	ta-ɴphəl
1445	- 同 -	ta-pək
1446	減る	kə-nəbžot
1447	- 同 -	kə-čhak
1448	減らす	ka-rəčhak

代名詞など

1449	私	ṅa
1450	私達	yiǰo
1451	私達［双数］	čhiǰo
1452	あなた	nəǰo
1453	あなたがた	nəǰoyo
1454	あなたがた［双数］	nəǰoǰis
1455	彼	wuǰo

294　代名詞など

1456	彼ら、彼女ら	wuǰoyo
1457	彼ら、彼女ら［双数］	wuǰoǰis
1458	これ	štə(t)
1459	これ	kətə(t)
1460	それ	nətə(t)
1461	あれ	wətə
1462	- 同 -	ʔato štət
1463	そのような / に	nətə wupso
1464	どのように	thə pso
1465	そんなに	nusto
1466	ここに	sce
1467	あそこに［東に］	ʔaku stət
1468	あそこに	nəči
1469	こっちへ	sce
1470	あっちへ［東へ］	kuku
1471	あっちへ［北へ］	roro
1472	あっちへ［南へ］	rere
1473	あっちへ［西へ］	nene
1474	あちら［の上方向・場所］	hata
1475	誰	sə
1476	何	thə
1477	いかにして	thəni
1478	どちら	kətət
1479	どう？［提案］	thə pso
1480	どこ、どこに	kəci
1481	どうして、なぜ	thə w-əčhes
1482	いつ	kərṭə
1483	その時	nəči
1484	いつか	kəsni ke

1485	いくつ、いくら	thəste
1486	長さ	waskren
1487	距離	wure
1488	長さ［指を広げた］	kətwa
1489	長さ［腕を広げた］	kəkčam
1490	大きさ	wakte
1491	いくつか	toñis

副詞・接続詞など

1492	たくさん	wastot
1493	全く	deɴbey
1494	非常に	kəmamotə
1495	すっかり	kəčet
1496	それほど	kərok-ǰi
1497	すぎる	na(z)dor
1498	下さい	nuɴbyin
1499	どうぞ［丁寧な依頼］	məma
1500	ちょっと	kətsitsi
1501	色々	ḍaməɴḍə
1502	ちょうど	zgak
1503	多分	ṭhik(či)
1504	たしかに	waɴgroɴgro
1505	たしかに	kərtən
1506	たしかである	thakčhot
1507	ぜひ	ǰəs
1508	ぜひ	wurčhi
1509	勿論	laskiy
1510	急に	lɛwur

296 助詞など

1511	こっそり	təzus
1512	故意に	rańpas
1513	一生懸命［である］	kəsko kəyi
1514	勤勉である	kə-sko(s)
1515	勤勉に	wulali-ǰə
1516	ふたたび	maǰu
1517	まだ	maǰu
1518	- 同 -	piy
1519	今迄	piy
1520	- 同 -	šimi
1521	今も	hay
1522	直ぐ	šuǰe
1523	もし	wukpey
1524	仮に	wupər

助詞など

1525	へ、に	-y
1526	まで	w-əčep
1527	- 同 -	w-əčey
1528	今まで	šimi
1529	一緒に	kətəpa(=y)
1530	- 同 -	čhas
1531	と	nərə
1532	または	məru
1533	も	tsə
1534	より、しか	w-əkey
1535	…より以前に	w-əkey
1536	より［distal］	wuro

1537	ない	mak
1538	行くな。	jĭčhen.
1539	来るな。	jĭwen.
1540	なので、のために	w-əčhes
1541	から	stas
1542	［原因］	yi
1543	［理由］	yi
1544	けれど	kor
1545	要る	ra

重要単語・連語

1546	ある	ɴdo
1547	- 同 -	noto
1548	ない	me
1549	できる	kə-čha
1550	- 同 -	kə-sačha
1551	- 同 -	spa
1552	許可されている	khut
1553	同じ	kərgɐ
1554	ほかの	kəmak
1555	ために	w-əčhes
1556	- 同 -	w-əɴbey
1557	替わりに、のために	w-əštik
1558	にとって［は］	w-əšes
1559	ほど、くらい	čam
1560	ように	wupsok
1561	- 同 -	wəsik
1562	似ている	kə-(nə) ɴḍa

298   重要単語・連語

1563	さようなら［出かける人に対し］	ʔalas yo.
1564	さようなら［とどまる人に対し］	tərnan.
1565	さようなら［とどまる人に対し：古風］	čhas ṅoy.
1566	ありがとう	nəñelwɐ.
1567	こっちへ来い。	sce yiwen!

7.1 基礎語彙索引（日本語：語彙番号）

あ

挨拶する　652

あいだ　1272

会う　136, 137

青い　1201

垢　128

赤い　1200

赤土　1046

揚がる　243

上がる　871

明るい　1006

上がる［太陽、月などが］　873

赤ん坊　478, 479

秋　1365

空き時間　413

開く　345

悪臭がする　149

あくび　52

明け方、空が白むころ　1309

開ける　346, 347

揚げる　241

挙げる　795

あご　55

あごひげ　61

朝　1310

あざ［打身の］　122

あざ［生れつきの］　121

浅い　1298

あさって　1347

足　114

脚全体　111

味　261

味がない　1198

明日　1346

汗　127

あそこに　1467, 1468

遊ぶ　683

与える　688, 689

与える［HON］　690

暖かい　1019

頭　1

頭が良い　4

頭を刈る　9

新しい　1260

当たり前の　659

あちら［の上方向・場所］　1474

暑い　1015, 1016

厚い　1196

暑くなる　1017

300　7.1　基礎語彙索引（日本語：語彙番号）

あっちへ［北へ］　1470-1473

集まり　868

集まる　865-867

集める　799, 800

唖である　37

跡　1176, 1177

後で　1334

穴　1171

あなた　1452

あなたがた　1453, 1454

姉　506

あばた　124

油［食用］　224

阿片　447

亜麻　181

甘い　263

編物を編む　567

雨　990

雨が降る　991

粗い　1188

洗う　814

蟻　1136

ありがとう　1566

ある　1546, 1547

アルガリ羊　1103

歩く　625

あれ　1461, 1462

泡　1033

慌てる　921

案内する　739

い

胃　87

言う　647

言うまでもない　659

家　269

家を建てる　278

いかにして　1477

生きている　418

息をする　45

息を吹きかける　1014

いくつ　1485

いくつか　1491

行くな。　1538

池　1027

石　1042

石杵　377

いじめる　519

泉　1028

以前に　1319

忙しい　969, 970

急ぐ［意図的に］　894

急ぐ［早くする］　893

板　410

頂　1288

イタチ　1118

痛む　433

痛む［チクチク］　434

炒める 242

‘1’ 1372, 1373

著しい 1242

市場 543

一番目の 1417

‘10,000’ 1409

いつ 1482

いつか 1484

5日後 1350

一生懸命 1513

一緒に 1529, 1530

一緒にする 828

いっぱいになる 257, 1302

始終 1336

いつも 1337, 1339

糸 190

井戸 338

稲妻 993

犬 1088

居残る 609

祈る 454

いびきをかく 328

今 1322-1325

今直ぐ 1328

今迄 1519, 1520, 1528

今も 1521

いまや 1327

意味 905, 906

いも 208

いらいらする 962

入口 279, 280

居る 321

要る 1545

入れる［物などを箱の中に］ 796

入れる 797

色 1199

色々 1501

岩 1040, 1043

岩山 1041

インク 670

陰茎 106

咽喉 67

う

上に 1274, 1275

上の方［へ］ 1276

動く 858

ウコン 445

兎 1116

失う 779

後 1270

臼 374-376

薄い 1197

うすい［味が］ 1198

嘘 655

詩 1213

疑い 942

疑う 943

302　7.1 基礎語彙索引（日本語：語彙番号）

歌を歌う　684

内　1281

内側　1282

打つ　850

美しい　1261

うなじ　64

奪い取る　556

馬　1090

うまく行く　939

生まれる　415

膿　126

売り場　694

売る　693

うろこ［魚の］　1155

うろこ［蛇の］　1156

噂　657

え

柄［ひしゃくなどの］　372

絵　686

枝　1065

選ぶ　889

襟　173

延期する　767

お

尾［毛の短い］　1150

おい［甥］　507

追いかける　465

おいしい　262

追い出す　875

雄牛　1094

おおう　791，792

狼　1111

大きい　1182

大きさ　1490

大口を叩く　654

大麦　197，198

おかね　1053

小川，流れ　1030

起きる　335-337

置く　790

臆病な　1246

送る　717-719

遅れて　629

遅れている　628

桶　360

起こす［3.4.8 参照］　334

怒る　950

押えつける　763

押さえる　762

教える　916

おじ［父方］　496

おじ［母方］　497

おじ［母方：若い］　498

おしゃべりの　36

押す　761

遅い　1321

落ちる　878

夫　509

お釣り　1054

音　1211

男　476

踊る　685

驚く　919, 920

同じ　1553

お願いする　738

斧　385

各々　1414

おば［母方］　500

おば［母方：若い］　501

おば［父方］　499

帯　172

お守り　598

重い　1434

思う　902

面白い　937

思わず涙が出る　19

泳ぐ　1159

折りたたむ　813

おりる［乗物から］　877

織る　572

折る　812

終る　852

女　477

か

蚊　1139

階　291

回　1412

買う　695

飼う　1162

ガウ　597

帰る　611

変える　897, 898

蛙　1144

顔　56

鏡　353

関わる　924

垣　340

かきまわす　759

書く　666

嗅ぐ　151

学者　900

隠す　781

学生　524

掻く［爪で］　437, 438

隠れる　780

影　1005

崖　1039

篭［目が粗い：大型］　397

傘　169

飾り　188

貸す　710, 711, 712

304 7.1 基礎語彙索引（日本語：語彙番号）

数　1370

風　1011, 1012

風邪をひく　426

かぞえる　1369

肩　68

堅い　1266

刀［カム地方の幅広の刀］　468

語る　646

家畜　1082

勝つ　460

学校　525-527

葛藤する　967

かど、端　1178

悲しい　940

かび　268

下部　1278

被せる　825

被る　163

壁　286, 287

かま［鎌］　387

かまど　292

我慢する　971

神　453

紙　674

髪が抜ける　10

雷　992

髪の毛　5

紙袋　402

髪を切る　841

噛む　743

ガヤガヤ言う　157

粥　232

かゆい　436

から　1541

辛い　264

カラス　1130

カラス［やや小型］　1131

ガラス　354

身体　116

からっぽである　1303

刈り入れる　564, 565

仮に　1524

借りる　713, 713a, 714

刈る　842

軽い　1435

彼　1455

彼ら，彼女ら　1456

彼ら，彼女ら［双数］　1457

枯れる　1072

皮　120

皮［鞣した］　184

河［比較的大きい］　1029

皮［木の皮］　1063

皮［動物の］　1147

かわいい　1261

乾かす　884-887

乾く　883

替わりに　1557

変わる　896

皮を剥く　566

頑固である　3

肝臓　88

管理する　467

き

木　1060

黄色い　1202

消える　313

記憶　913

記憶する　912

気が強い　1247

期間　1368

聞く［聞こうとして］　152

危険　1250

聞える　153

岸　1037

傷　430

傷口　431

着せる　165

北　1308

期待する　980

帰宅する　610

汚ない　1265

きつい　1253

気遣う　957

吉兆である　932

狐　1113

気に掛ける　956

気にする　966

昨日　1345

茸［食用の］　1075-1077

気分がすっきりする　444

決まっている　907

決める　903

気持がいい　933

着物　158-160

ギャロン［嘉戎］人　537

ギャロンの上着　159

休暇　581

'90'　1402

急に　1510

給料　705

今日　1343, 1344

狂人　983

兄弟姉妹［一般に血族］　504

兄弟姉妹［父母が同じ］　505

郷土　541

協力する　575

許可されている　1552

許可する　953

曲　1212

去年　1360

距離　1487

嫌う　926

霧　989

切り落す［比較大きなものを］　837

306　7.1　基礎語彙索引（日本語：語彙番号）

切り刻む　838

着る　164

切る［鋏，小刀などで］　836

きれいな　1264

綺麗に　1262

気をつけて！　955

気をつける　954, 1251

気を揉む　965

気を悪くする　951

金　1051

銀　1052

禁止する　959

金箔　676

勤勉である　1514

勤勉に　1515

'9'　1381

く

具合が良い　1240

杭［テントなどに使う］　408

空洞　846

茎、柄　1064

釘　381, 382

草　1061, 1061a

腐る　267

櫛　185

くしゃみ　50

くしゃみをする　51

薬　439

下さい　1498

果実　214

口　32

口が滑る　653

嘴　1152

唇　33

口を閉じる　344

靴　174

くっつく　833

くつわ［轡］　389

頸　63

首飾り　187

軛　1091

くぼむ　1172

熊　1110

汲む［水を］　364

雲　987

蜘蛛　1137

鞍　1093

くらい　1426, 1559

比べる　888

くらやみ　1010

来る　606-608

来るな　1539

車　639

クルミ　217

黒い　1206

くわ［鍬］　386

け

毛　118, 119
計画　591
経験　979
経済［生活］　576
怪我　428
毛皮　183
怪我をする　429
袈裟　600
消す　310, 311
消す［こすって］　312
けちな　929, 1222
月経　1001
結婚する　515-517
げっぷが出る　54
毛［動物の］　1146
煙　299, 300
下痢する　99
蹴る　774
けれど　1544
原因　1542
喧嘩する　456, 457
元気である　936
研究　592
肩胛骨　69
犬歯　39
顕著である　1242, 1243
倹約する　784

権利　588
権力　135

こ

語　644
'5'　1377
故意に　1512
［手の］甲　73
睾丸　107
耕作　562
洪水　1034
こうもり　1123
声　46
声をかける　679
氷　996
溶ける　998
氷が張る　997
小刀　371
漕ぐ　642
穀物　199
午後　1316
ここに　1466
心　977, 978
腰　92
乞食　534
腰巻［女性，僧侶の］　170
'50'　1398
コジュケイ　1133
擦る　755

308 7.1 基礎語彙索引（日本語：語彙番号）

答える　651

骨髄　131

こっそり　1511

こっちへ　1469

こっちへ来い　1567

孤独な　521

今年　1357

言葉　643

子供　480

粉［穀物の］　203

拳　77

こぼす［故意に］　369

こぼす［過って］　370

細かい　1187

細かい［目が］　1186

小麦　196

小麦粉　204

米　195

こめかみ　59

ごめんなさい　952

暦　1361

これ　1458, 1459

これから　1331

これから直ぐに　1330

頃　1367

殺す　448

恐がる　918

壊す［原形をとどめないように］　803

壊れる　804, 805

さ

罪悪　587

在家人　529

最後，終り　1419

さいころ　603

裁断する　839, 840

境　1289

さかさになる　862

探す　786

魚　220, 1085

魚をとる　548

酒場　234

さがる［位が］　876

裂く　810

酒［大麦から作る］　233

叫ぶ　156

叫ぶ　157

避ける　464

裂ける［固いものが］　808

裂ける［やわらかいものが］　809

匙　357

指し示す　678

さする　756

…冊　665

サナギ　1087

錆　1050

寂しい　941

寒い　1018

鞘　396

さようなら［出かける人に対し］
　1563

さようなら［とどまる人に対し］
　1564

さようなら［とどまる人に対し：
　古風］1565

ざらざらした　1258

猿　1115

触る　754

'3'　1375

'30'　1396

賛成する　908

'3,000'　1408

山頂　1021

'300'　1405

三分の一　1428

し

'4'　1376

詩　1213

時　412

字　660

しあさって　1348

幸せである　931

塩　222

鹿　1114

叱る　726

試験　594

事故　474

仕事　558

仕事をする　559

自殺　451

資産　579

支障がある　981

沈む　1035

自然に癒える　443

四足獣　1079

舌　34

下　1277

死体　117

辞退する　856

下の方［へ］　1279

舌を出す［挨拶］　35

'7'　1379

'70'　1400

実際に［は］　904

湿度　882

しっぽ［尾、毛の長い］　1151

質問　650

指摘する　677

死人　450

辞任　855

死ぬ　449

しばしば　1341

しばらく　1342

縛る　822

310 7.1 基礎語彙索引（日本語：語彙番号）

紙幣 709

脂肪 225

しぼる［人を、油を］ 769

資本 578

しまっておく 783

閉まる 342

締め付ける［人を、油を］ 768

湿った 881

閉める 341

締める［帯などを］ 770

しゃっくりをする 53

'10' 1382

周囲［家のまわりなど］ 1290

'11' 1383

収穫 219

習慣 580

'19' 1391

'15' 1387

'13' 1385

'14' 1386

'17' 1389

修繕する 807

羞恥心のない 961

'12' 1384

'18' 1390

'100,000' 1411

重要である 1244

集落 274, 275

'16' 1388

熟している 248

熟考する 901

順 1415

順に 1416

準備する 895

巡礼する 637

女陰 108

ショー 789

紹介する 741

正午 1312

正直な 1223

少女 482

冗談 656

焼酎［大麦等で作る］ 235

衝突する［車などが］ 721

少年 481

商売 698

丈夫な 422

丈夫な［身体が］ 423

小便 101

小便する 102

食料 194

所有 746

書類 667

知らせる 734

虱 1142

尻 93

知る 909

しるし 680

白い　1204

神経質である　968

寝室　271

真実である　658

信ずる　946, 947

親切な　1218, 1219

心臓　83

腎臓　89

真鋳　1057

心配する　963, 964

す

巣　1157

吸う　254

数字　1371

姿　1164

すき［犁］　388

好きだ　925

すぎる　1497

すくう　365

少ない　1438

直ぐ　1328, 1329, 1522

少し　1439, 1442

［日を］過ごす　348

スコップ　390

煤　301, 302

雀　1134

頭痛がしている　2

すっかり　1423, 1495

すっぱい　266

捨てる［容器の中に］　751

捨てる　752, 778

砂　1044

膃　112

すばらしい　934

すべすべした　1255, 1256

すべり易い　1257

全て　1422

辷る［意志がないのに］　860

ズボン［下から穿く衣類の総
　称］　171

炭　305

住処　273

住む　322

する　847, 848

ずるい　1224, 1225

する時間がある　414

鋭い　1166

坐る　320

スンドゥー　599

せ

税　585

生活　349

清潔な　1264

征服する　461

背負う　772, 773

せき［咳］　47

312　7.1　基礎語彙索引（日本語：語彙番号）

石炭　306

責任　589

咳払いをする　49

咳をする　48

接触する　829

接待する　740

接着させる　830

背中　91

ぜひ　1507, 1508

狭い［面積が］　1300

せわしい　969

世話をする　146

線, すじ　1175

'1,000'　1406

線香　601

煎じる　246

先生　523

戦争する　459

素材　1181

咀嚼する　251

注ぐ　367

育つ　416

袖　161

外　1283, 1284

その時　1483

そのような / に　1463

蕎麦　206

祖父　494

祖母　495

染める　1209

空　984, 985

それ　1460

それほど　1496

損　702

尊敬する　948

損する　700, 701

そんなに　1465

そ

ゾ［雄牛とディの一代雑種］　1100

爽快である　935

掃除　815

騒々しい　30

聡明な　976

僧侶　528

属する　742

底［靴など］　175

素行　536

た

耐久性がある　1266

大事にする　785

大体　1425

怠惰な　1227

大便　94, 95

大便が出る　97

大便する　96

太陽　999

倒れる　861

高い　1294, 1295

高い［背が］　1183

高い［値段が］　706

耕す　561

薪　307

たくさん　1436, 1437, 1492

貯える　801

竹　1073

長けている　899

たしかである　1506

たしかに　1504, 1505

出す　798

助ける　733

尋ねる　649

黄昏　1315

正しい　1234

絶つ［習慣を］　857

楯　470

建物　272

棚　339

谷　1022

種子　218

種子を蒔く　563

頼む　949

たばこ　237

たびたび　1340

多分　1503

食べ物　193

食べる　249

卵　221

卵を生む　1161

騙す　727

たまねぎ　210

ために　1555, 1556

誰　1475

痰　44

…反［類別詞］　179

ち

血　129

痔　105

地域　574

小さい［背が］　1184

小さい　1185

チーズ　227

近い　1291

近くに　1292

力　134

地震　760

乳［母親の］　80

ちち［乳］　228

父　491

毛が縮れる　6

乳房　79

チベット［藏］人　538

チベットの平服　160

地方　573

314 7.1 基礎語彙索引（日本語：語彙番号）

茶　231

茶碗　356

忠告　735

中国［漢］人　539

忠告する　736

中止する　854

腸　86

蝶々　1135

ちょうど　1502

丁度今　1326

ちょっと　1500

チョルテン　595

治療［投薬］する　440

賃金　697

つ

ツァツァ　596

…対［類別詞］　176

杖　406

使う　776

捕まえる　748

つかみあい　456

掴む　747

疲れる　421

月　1000, 1353

突き刺す　835

次に　1335

搗く　379

着く　619

着く［過去］　620

注ぐ　368

机［チベット式］　318

償う　715

作る　802

槌　380

土　1045

土壁　288

続ける　853

綱　404

繋ぐ　831

繋ぐ［犬や家畜を］　832

常に　1338

つねる　732

角　1145

唾　40

翼　1153

つばめ［燕］　1127

唾を吐く　41, 256

壷　358, 359

妻　510, 511

紡ぐ　569, 570

爪［人の］　76

爪［動物の］　1148

強い　1228

強い［権力が］　1229

強い［丈夫な］　1231

つる　435

鶴　1126

て

手　72
ディ［ヤクの雌］　1097, 1098
堤防　1038
手紙　660, 668
敵　530, 531
適当な　1237
できる　1549, 1551
出口　281
手くび　71
出くわす　720
鉄　1049
鉄鍋　362
鉄砲　473
鉄砲を撃つ　545
手に入れる　691
手に入る　692
手に持つ　745
手の甲　73
掌　74
出る　874
手をたたく　730, 731
手を振る　757
天気　986
電球　1004
伝染病　427
テント　276, 277

と

戸　282
と　1531
籐　1074
銅　1055
どう？［提案］　1479
道具　352
峠を越える　624
どうして，なぜ　1481
どうぞ［丁寧な依頼］　1499
動物　1078
遠い　1293
説く　648
解く　823
研ぐ　391
毒　446
棘　1067
時計　411
どこ　1480
年　1354
歳　1355, 1356
年かさの人　485
年とった　490
途中で　635
どちら　1478
留まる　323
どのように　1464
土瓶　363

316　7.1 基礎語彙索引（日本語：語彙番号）

跳ぶ　870

飛ぶ　1158

土間　283

泊る　350

止まる［時計が］　621

止まる［鳥が］　623

止める　622

共に　1301

虎　1107, 1108

鳥　1083

砦　542

取る　744

泥　1047

富んだ　549, 550

貪欲な　928

な

ない　1537, 1548

内臓　85

治す　441

直す　806

治る　442

中　1280

長い　1189

長さ　1486

長さ［腕を広げた］　1489

長さ［指を広げた］　1488

流れる　1036

ナキウサギ　1117

泣く　155

失くす　778

殴る　729

投げる　750

為す　849

夏　1364

なつく　891, 892

何　1476

なので、…のために　1540

名前　681

怠ける　1226

生の　247

鉛　1056

涙　17

涙を流す　18

嘗める　250

習う　917

成る［実が］　1071

慣れる　890

縄を綯う　568

何ともない　982

に

‘2’　1374

似合う　1210

煮える　239

臭い　147

匂　1214

臭う　148

にがい　265
肉　132, 133, 209
にくむ　927
逃げる　463
西　1306
虹　994
'20'　1392
'21'　1393
'23'　1395
'22'　1394
'2,000'　1407
似ている　1562
…にとって［は］　1558
二番目　1418
'200'　1404
鈍い　1167
'20,000'　1410
煮る，炊く，ゆでる　238
にわとり　1106
にんにく　211

ぬ

縫う　191, 192
脱ぐ　166
盗人　555
盗む　554
布［総称：本来綿布］　178
沼地　1025
濡らす　879

塗る［色を］　1207, 1208
濡れる　880

ね

根　1069
猫　1089
ネズの木　1058
鼠　1121
値段　703
熱がある　425
寝床　324
眠い　329
眠る　327
寝る　326
捻挫する　432
粘土［陶器を作る］　1048
年齢　1362

の

脳　12
脳みそ　11
のこぎり　384
のど　65
のどがかわく　260
罵る　458
伸ばす［伸縮するものを］　766
昇る　872
蚤　1141
のみこむ　66, 253

318 7.1 基礎語彙索引（日本語：語彙番号）

飲む　252

乗る［自分で動かす乗物に］　632

呪いを掛ける　455

のろまな　972

は

歯　38

刃　373

葉　1066

肺　82

灰　303

倍　1413

灰色　1205

廃屋　294

這う　631

蠅　1140

生える［植物が］　417

生える　1070

ばか　973

秤　1433

はかる［重さ］　1432

はかる［長さ］　1431

穿く　162

吐く　255

泊　1318

博打　687

禿げた　8

箱　394

運ぶ　633

橋　636

端　1179, 1288

初めの　1417

梯子　409

始める　851

場所　1268

柱　284

走る　626

恥ずかしい　57, 960

はずす　823

はずむ［水が，ボールなどが］　869

機　571

バター　226

裸［の］　167

畑　557

はだしの　177

蜂　1138

'8'　1380

'80'　1401

蜂蜜　223

はっきりしている　1007

はっきりした　1008

はっきりと　1009

罰金　584

発達する　577

鳩　1129

鼻　22

花　1068

鼻屎　23

話　592

話す　645

放す　749

離す　834

鼻水が出る　24

花嫁　513

鼻をかむ　25

羽［鳥の］　1154

母　492

速い　627

早い　1319, 1320

隼　1125

腹　84

腹がへっている　259

腹がへる　258

針　189

梁　285

春　1363

晴れている　988

パン　207

反対側　1287

半分　1424

ひ

火　295

日　1352

東　1305

光　1003

挽く　378

引く　764, 765

低い　1296

ひげ　60

膝　110

肘　70

ひしゃく　366

非常に　1494

額　13

左　1286

ひっくり返す　864

ひっくりかえる　863

跛　115

羊　1101

ひづめ　1149

人　475

ひとつずつ　1414

ひとりで　1420, 1421

独り者［男女とも］　520

批評　583

秘密　782

紐　405

'100'　1403

豹　1109

費用　704

病気　424

昼間［夜に対する］　1313

広い［面積が］　1299

広げる　793

広げる［広げて使用するもの

320 7.1 基礎語彙索引（日本語：語彙番号）

を］ 794

火をつける 296, 297

壜 361

ふ

封筒 403

増える 1443, 1445

深い 1297

拭く 393

吹く［風が］ 1013

ふくらはぎ 113

ふくらます 827

脹れる 826

袋 399

ふくろう 1132

袋［布製：四角］ 401

袋［ヤクの毛製］ 400

ふけ 7

不思議な 945

ふた 395

豚 1105

太い 1191

太った 419

太る 1192

舟 641

踏みつける 775

冬 1366

ふり 724

篩 398

古い 1259

分の 1427

へ

屁 104

へ 1525

平滑な 1168

平原 1024

平坦な 1256

平板な 1170

臍 90

ペテンに掛ける 728

蛇 1143

部屋 270

減らす 1448

縁 1289

減る 1446, 1447

ペン 671

勉強する 593

便所 103

便秘する 98

扁平な 1169

便利である 777

ほ

方角 1304

棒切れ 407

膀胱 100

法事 602

帽子　168

放牧する　1163

葬る　452

法律　582

ほえる　1160

ほおひげ　62

ほかの　1554

ほくろ　123

保険　1252

保護する　466

ほこり　392

星　1002

細い　1193

ほっとする　332

ほど　1559

ほどける　824

ほととぎす　1128

骨　130

焔　298

頬　58

ほめる　725

彫る　844

掘る［穴を］　845

ボロボロの　552, 553

本　661-664

…本［類別詞］　672

ま

マーモット　1119

…枚［類別詞］　675

毎日　1351

前　1269, 1332

曲がっている　613

曲がる　612

巻かれた状態になる　819

撒き散らす　753

巻く　818

枕　325

馬鶏　1084

負ける　462

曲げる　811

貧しい　551

混ぜる　843

ふたたび　1516

まだ　1517, 1518

または　1532

間違える　923

間違っている　922

待つ　722

松　1059

まつげ　16

まっすぐである　1173

まっすぐに　1174

全く　1493

マッチ　308, 309

マット　319

まで　1526, 1527

窓　289

322　7.1 基礎語彙索引（日本語：語彙番号）

惑わす　944

真似る　723

豆　201, 202

まゆげ　15

まるい［平面的に］　1165

ぐるぐると丸くする　816

廻す　616, 617

廻る　614, 615

満足する　938

真ん中に　1273

み

実　213

見える　138, 142

幹　1062

右　1285

短い　1190

水　230, 1031

湖　1026

店　696

見せる　143-145

見せる、示す　788

道　634

道に迷う　618

見つける　787

緑の　1203

南　1307

醜い　1263

耳　26

耳垢　27

耳が早い　28

見る　139-141

未来　1332

む

昔　1333

麦こがし　205

婿　514

虫　1086

難しい　1249

むすこ［息子］　502

息子の妻　512

結ぶ　771, 820, 821

娘　483, 484

むすめ［息女］　503

胸　78

村　540, 541

め

眼　14

めい［姪］　508

雌牛　1095

目覚める　333

召使［男］　532, 533

目やに　20

目を閉じる　343

も

も　1533
猛獣　1081
盲目［の］　21
燃え殻　304
燃える　314
木材　1060
もし　1523
勿論　1509
物　1180
木綿［材料としての］　180
腿　109
モモ　216, 200
燃やす　316, 317
森　1023

や

矢　472
やかましい　29
山羊　1104
ヤク　1096
ヤク［野生］　1099
約定　716
火傷を負う　125
焼ける　240, 315
野菜　212
やさしい　1217
易しい　1248

野獣　1080
安い［値段］　707, 708
休む　560
痩せた　420
痩せている　1194
痩せる　1195
やっとこ　383
宿　351
屋根　290
山　1020
山猫　1112
槍　469
やり方　682
柔らかい［肉など］　1267

ゆ

湯　1032
夕方［日没前数時間］　1314
勇気のある　1220, 1221
友人　522
郵便局　669
有名な　1241
故　958
雪　995
行く　604
行く［過去］　605
ゆすぶる　758
ゆっくり　630
指　75

324　7.1　基礎語彙索引（日本語：語彙番号）

指輪　186

弓　471

弓を射る　546

夢　330

夢を見る　331

揺らす　859

緩い　1254

ゆるめる　823

…より以前に　1535

夜［昼間に対する］　1317

夜遅く　1321

喜ぶ　930

弱い　1232

弱い［権力が］　1230

40　1397

四分の一　1429

よ

良い　1235, 1236

良い［質が］　1238, 1239

良い臭いがする　150

酔う　236

用意　535

要求する　737

ように　1560, 1561

羊毛　182

ヨーグルト　229

夜が明ける　1311

欲望　586

横　1271

よだれ　42

よだれを垂らす　43

4日後　1349

予定　590

読む　673

より、しか　1534

より［distal］　1536

ら

来年［梭磨方言］　1358

来年　1359

駱駝　1122

乱暴な　1215

り

利益　699

理解する　910

利口な　975

離婚する　518

リス　1120

理由　1543

両親　493

両方　1430

猟をする　544

旅行する　638

リンゴ　215

れ

羚羊　1102

ろ

炉　293
聾［の］　31
老人［一般］　486
老人［男］　487
老婆　488
ロールを作る　817
'6'　1378
'60'　1399
肋骨　81
ロバ　1092
輪　640
若い　489
沸かす　244
分かる　911
沸く［水］　245
鷲　1124

わ

忘れる　914, 915
私　1449
私達　1450
私達［双数］　1451
罠［縄で作る］　547
笑う　154

悪い［一般に］　1245
悪い［質が］　1233
悪い［性質が］　1216
悪がしこい　974
椀［木製：チベット式］　355

7.2 基礎語彙索引 (英語：語彙番号)

A

a bit　1500

a little bit　1439-1442

a minute ago　1522

a quarter　1429

a smell　1214

abuse (v)　458, 519

accident　474

adhere　830

adult　485

advice　735

advise (v)　736

afraid of [be 〜]　918

after　1334

afternoon　1316

again　1516

age　1355, 1356, 1362

agree (v)　908

agreement　716

alive [be 〜]　418

all　1422

allowed [be 〜]　953, 1552

alone　1420, 1421

also　1533

always　1336-1339

amulet　599

and　1531

animal　1078

annoyed of [be 〜]　967

answer (v)　651

ant　1136

apple　215

appropriate　1237

approximately　1426, 1559

area　573

argali sheep　1103

around　1367

arrest (v)　748

arrive (v)　619, 620

arrow　472

as　1561

ashes　303

ask (v)　649, 738, 949

assemble (v)　865-867

aunt [matrilineal]　500, 501

aunt [patrilineal]　499

autumn　1365

avaricious　928

axe　385

B

baby   478, 479

back   91, 1270

back of the hand   73

back (adv)   1535

bad [in general sense]   1245

bad quality   1233

bad-tempered   1216

bag   399

bag made of Yak's wool   400

bald   8

bamboo   1073

bamboo partridge   1133

bank   1038

bank note   709

barefooted   177

bark (n)   1063

barley   197, 198

barrel   360

bat   1123

be born   415

Be cautious!   955

be   1546, 1547

beak   1152

beam [of a house]   285

bean   201, 202

bear   1110

bear (v)   971

bear fruit (v)   1071

beard   61

beast   1080

because   1540

because of   958

bed   324

bedroom   271

beggar   534

begin it (v)   851

behavior   536

behind   628

belch (vi)   54

believe it (v)   946, 947

belly   84

belong (v)   742

belt   172

bend it (v)   811

between   1272

bharal   1102

big   1182

bird   1083

birth-mark   121

bit   389

bite (v)   743

bitter   265

black   1206

bladder   100

blind   21

blood   129

328   7.2 基礎語彙索引（英語：語彙番号）

blow (vi)   1013

blow (vt)   1014

blow one's nose   25

blue   1201

blue sheep   1102

blunt   1167

board   410

boat   641

body   116

boil (v)   244

bone   130

book   661-664

borrow (v)   713, 713a, 714

both   1430

bottle   361

bounce (v)   869

bow   471

bowels   86

bowl   355

box   394

boy   481

brain   11, 12

branch   1065

brass   1057

bread   207

break down (vi)   804, 805

breast   78

breast [of woman]   79

breathe   45

bride   513

bride [son's wife]   512

bridge   636

bright, clear   1006, 1007

brother   504

bruise   122

bubble   1033

bucket   360

buckle (v)   770

buckwheat   206

build [a house] (v)   278

bulb   1004

burn (v)   314

burnt [be ～]   125

bury (v)   452

busy   969, 970

but   1544

butter   226

butterfly   1135

buttocks   93

buy (v)   695

by all means   1507, 1508

C

calendar   1361

calf   113

call (v)   679

camel   1122

can   1549, 1550

cane   406, 1074

canine   39

capital   578

careful   1251

carry (v)   633

carry on the back (v)   772, 773

cart   639

carve it (v)   844

cat   1089

catch a cold (v)   426

cattle   1094, 1095

cause   1542

cautious of [be ～]   954

cavity   846

certain   1506

certainly   1504, 1505

change (n)   1054

change (vi)   896

change (vt)   897, 898

charcoal   305

charms   598

chase (v)   465

cheap   707, 708

cheek   58

cheese   227

child   480

Chinese   539

choose it (v)   889

chop up (v)   838

chorten   595

chrysalis   1087

cinder   304

clap (v)   730, 731

classifier   179, 665, 672, 675

claw   1148

clay   1048

clean   1264

clear   988, 1008

clear one's throat   49

clearly   1009

clever   4, 974, 975

cliff   1039

clock   411

close   341, 342

cloth (n)   178

clothe (v)   164

clothings   158, 159

cloths in general   160

cloud   987

coal   306

coarse   1258

cock   1106

cold   1018

collaborate (v)   575

collar   173

collect (v)   799, 800

collide (v)   721

color [of dying]   1199

330　7.2 基礎語彙索引（英語：語彙番号）

comb　185

come (v)　606-608

Come here!　1567

come loose (v)　824

come off [hair]　10

come out (v)　1070

commerce　698

community　275

compare (v)　888

compensate (v)　715

completely　1423

conceal (vt)　781

confused [be ～]　921

connect (v)　831

conquer (v)　461

constipated [be ～]　98

continue (v)　853

control　467

cook (v)　238

cooking stove　292

copper　1055

corner　1178

corpse　117

correct　1234

cotton　180

cough　47

cough (vi)　48

count　1369

courageous　1220, 1221

cover (n)　395

cover it [up] (v)　825

cramp　435

crane　1126

creep (v)　631

criticism　583

crow　1130, 1131

crush (v)　720

cry (v)　156, 157, 1160

cultivate (v)　561

cultivation　562

cunning　1224, 1225

cure (vt)　440, 441

cured naturally [be ～]　443

customs　580

cut (v)　842, 836

cut [hair] (v)　9, 841

cut out cloth (v)　839, 840

cute　1261

cutting edge　373

D

dance (v)　685

dandruff　7

danger　1250

dark　1010

daughter　503

dawn　1309

dawn (v)　1311

day   1352

daytime   1313

dead (n)   450

deaf   31

deceive (v)   727, 728

decide (v)   903

decided [be ～]   907

decline (v)   856

decoct (v)   246

decorate   188

decrease (vi)   1446, 1447

decrease (vt)   1448

deep   1297

deep-fry (v)   241

deer   1114

defeated [be ～]   462

demand (v)   737

deserted house   294

desire (n)   586

destroy it (v)   803

develop (v)   577

dice   603

die (v)   449

difficult   1249

dig [a hole] (v)   845

diligent   1514

diligently   1515

dip out [water] (v)   364

direction   1304

dirt   128

dirty   1265

dislike it (v)   926

distance   1487

divorce (v)   518

do (v)   849

do it (v)   847, 848

dog   1088

donkey   1092

Don't come.   1539

Don't go.   1538

Don't mind!   982

door   282

doubt (n)   942

doubt (v)   943

down   1278

downward   1279

dream (n)   330

dream (v)   331

dress someone (v)   165

drink (v)   252

dry (vi)   883

dry (vt)   884-887

dull   972

dumb   37

dust   392

dye it (v)   1209

dzo (Tib.)   1100

332　7.2 基礎語彙索引（英語：語彙番号）

E

eagle　1124

ear　26

ear wax　27

early　1319, 1320

earth　1045

earthernware teapot　363

earthquake　760

east　1305

easy　1248

eat (v)　249

economy　576

edge　1179, 1289

egg　221

eight　1380

eighteen　1390

eighty　1401

elbow　70

eleven　1383

empty (v)　1303

end (vi)　852

enemy　530, 531

entertain a person　740

entrance　279, 280

envelope　403

-er than　1534

evening　1314, 1315

everyday　1351

E

exactly　1502

examination　594

excrement　94, 95

exit　281

expect (v)　980

expel (v)　875

expenses　704

expensive　706

experience　979

explain (v)　646, 648

extinguish (vt)　310, 311

eye　14

eye mucus　20

eyebrow　15

eyelash　16

F

face　56

fade (v)　313

fall (v)　878

fall down (v)　861

fall upside down (v)　862, 863

famous　1241

far　1293

fart　104

fat　419

father　491

feather　1154

feel bashful (v)　960

feel comfortable   933

feel hungry   259

feel irritated (v)   962

feel itchy (v)   436

feel pain (v)   433, 434

feel refreshed   444, 935

feel relieved   332

feel shamed   57

feel sleepy   329

female   477

female yak   1097, 1098

fever   425

few   1438

field   557

fifteen   1387

fifty   1398

fight (v)   456, 457

find it (v)   787

fine   1187

fine [meshes]   1186

finger   75

fire   295

fireplace   293

firewood   307

first   1417

fish   220, 1085

fish with a line (v)   548

fist   77

fit (v)   1210

five   1377

flame   298

flat   1168–1170

flax   181

flea   1141

flesh   132

flood   1034

floor   283

flour   203

flow (v)   1036

flower   1068

fly   1140

fly (v)   1158

fog   989

fold (v)   812, 813

food   193, 194

fool   973

foot   114

for   1558

for some time   1342

for the sake of   1555, 1556

forehead   13

forest   1023

forget (v)   914, 915

formality   667

fort   542

forty   1397

four   1376

fourteen   1386

334　7.2 基礎語彙索引（英語：語彙番号）

fox　1113

fraction　1427

freeze (v)　997

friend　522

frizz　6

frog　1144

from　1536, 1541

from now on　1330

front　1269

fruit　213

fruit of tree　214

fry (v)　242

full　257

full (v)　1302

fur　183, 184, 1147

future　1332

G

gambling　687

garlic　211

gather　828

gathering　868

ga'u　597

gentle　1217, 1255

get angry (v)　950

get boiled　245

get burned　315

get drunk (v)　236

get hotter　1017

get hungry　258

get injured　429

get lost (v)　618

get off　877

get rid of (v)　464

get roasted　240

get surprised (v)　919, 920

get thicker　1192

get thin (v)　1195

get tired (v)　421

get used to (v)　890

get wet (vi)　880

get wet (vt)　879

get wound (v)　819

girl　482

give (v)　688, 689

Give me more.　1498

give up (v)　854

glad (v)　930

glass　354

go (v)　604, 605

go home (v)　610

go out (v)　874

go out [fire]　313

go over (v)　624

go well (v)　939, 1240

goat　1104

god　453

gold　1051

335

gold foil   676

good [improved]   1236

good [in general sense]   1235

Good-bye.   1563–1565

good quality   1238, 1239

grain   199

grandfather   494

grandmother   495

grass   1061, 1061a

graze (v)   1163

grease   225

green   1203

greet (v)   35, 652

grey   1205

grind (v)   378

grow up (v)   416, 417

grown-ups   485

guide (v)   739

gun   473

guts   85

Gyalrong   537

H

haemorrhoids   105

haft   372

hair   1146

hair of skin   118, 119

hair of the head   5

half   1424

hammer   380

hand   72

happy   931

hard   1266

harvest   219

hat   168

hate (v)   927

have a cramp   435

have a good omen   932

have a headache   2

have quick ears   28

have a time to do   414

have cooked   239

have fried   243

he   1455

head   1

headache   2

healthy   423, 936

hear (v)   153

heart   83

heavy   1434

hedge   340

help (v)   733

hem   1289

hen   1106

here   1466

hiccup (vi)   53

hide (vi)   780

high   1294, 1295

336　7.2 基礎語彙索引（英語：語彙番号）

hit (v)　729, 850

hoe　386

hold (v)　745

hole　1171

holiday　581

hollow (v)　1172

honest　1223

honey　223

honey-bee　1138

hoof　1149

horn　1145

horse　1090

hot　264, 1015, 1016

hot water　1032

hotel　351

house　269, 272

how　1464, 1477

how about　1479

how long　1486

how many　1485

humid　881

humidity　882

hundred　1403

hundred thousand　1411

hungry　258

hunt (v)　544

hurt person's feelings　951

husband　509

I

I　1449

ice　996

idle about [be 〜]　1226

if　1523, 1524

illness　424

imitate (v)　723

immediately　1328, 1329

important　1244

in　1280, 1281

in fact　904

in five days　1350

in four days　1349

in order　1416

in three days　1348

increase (vi)　1443–1445

infectious disease　427

injury　428

ink　670

insence　601

inside　1282

insurance　1252

intentionally　1512

interesting　937

introduce (v)　741

involved　924

iron　1049

is　1546, 1547

it   1460

J

jaw   55

join them (v)   828, 830

jug   359

jump (v)   870

juniper   1058

just about   1425

just now   1326

K

kick (v)   774

kidding   656

kidneys   89

kill (v)   448

kind   1218, 1219

knee   110

knife   371

knit (v)   567

know (v)   909

know how to   1551

L

ladder   409

ladle   366

lake   1026

language   643

large [meshes]   1188

large meshed basket   397

last   1419

last year   1360

late   1321

laugh (v)   154

law   582

lay an egg (v)   1161

layman   529

lazy   1227

lead   1056

leaf   1066

lean   1194

learn it (v)   917

leash (v)   832

left   1286

leg   111

lend (v)   710, 711, 712

length   1486, 1488, 1489

lengthen (v)   766

leopard   1109

letter   660, 668

lick (v)   250

lie (n)   655

lie (v)   326

lift it up (v)   795

light   1003, 1435

light (vt)   296, 297

lightly seasoned   1198

lightning   993

338 7.2 基礎語彙索引（英語：語彙番号）

like 1560

like it (v) 925

like that 1463

limp 115

line 1175

lips 33

liquor 235

listen to (v) 152

little 1185

little cuckoo 1128

live (v) 348

liver 88

livestock 1082

living 349

lonely 521

long 1189

long time ago 1333

look at 139, 140

loom 571

loose 1254

lose (v) 700, 701

lose it (v) 778, 779

loss 702

lost [get 〜] 618

louse 1142

low 1296

lungs 82

M

madman 983

make (v) 802

make a mistake (v) 923

make a slip of the tongue (v) 653

make it bulge (v) 827

make war (v) 459

male 476

man [in general] 475

many 1436, 1437

mark 680

market 543

marks 1176, 1177

marmot 1119

marrow 131

marry (v) 515-517

marsh 1025

masticate 251

matches 308, 309

material 1181

matter (v) 981

may 1552

meal 194

meaning 905, 906

measure [length] 1431

meat 133, 209

medicine 439

meet (v) 136, 137

melody 1212

melt (v) 998

memorial service 602

memorize it (v) 912

memory 913

menses 1001

method 682

middle 1273

milk 228

mind 977, 978

mind (v) 956, 957, 966

mirror 353

mix it (v) 843

mole 123

momo 200

money 1053

monk 528

monkey 1115

month 1353

moon 1000

morning 1310

mortar 374-376

mosquito 1139

mother 492

mother's milk 80

mould 268

mountain 1020

mouse 1121

mouth 32

move (vi) 858

move (vt) 859

mud 1047

mud wall 288

mushroom 1075-1077

mustache 60

N

nail 76, 381, 382

naked 167

name 681

nape 64

narrow 1300

navel 90

near 1291, 1292

neck 63

necklace 187

needle 189

nephew 507

nervous 968

nest 1157

new 1260

next 1335

next year 1358, 1359

nicely 1262

niece 508

night 1317

nine 1381

nineteen 1391

340 7.2 基礎語彙索引（英語：語彙番号）

ninety 1402

[there is] no ... 1548

no need say 659

no sense of shame 961

noise 1211

noisy 29, 30

noon 1312

north 1308

nose 22

not 1537

not…at all 1493

notify (v) 734

now 1322–1325, 1327, 1331

number 1370, 1371

O

obtain (v) 691, 692

o'clock 412

odd 945

of course 1509

often 1340

oil [as food] 224

old 490, 1259

old man 487

old person 486

old woman 488

on 1274

on behalf of 1557

on the way 635

one 1372, 1373

one by one 1414

one third 1428

onion 210

open (vt) 346, 347

open (vi) 345

opium 447

opposite side 1287

oppress (v) 763

or 1532

order 1415

ornamented piece of cloth [for monks] 600

other 1554

outside 1283, 1284

owl 1132

P

pack animal 1081

pagne 170

paint 1207

paint 1208

painting 686

pair [classifier] 176

palm 74

pan 362

pap 232

paper 674

paper bag 402

341

parents   493

patient [be ~]   971

peach   216

peel (v)   566

pen   671

penalty   584

penis   106

perch on (v)   623

peregrine falcon   1125

perhaps   1503

period   1368

perplex (v)   944

pheasant   1084

phlegm   44

pig   1105

pigeon   1129

pika   1117

pilgrim (v)   637

pillar   284

pillow   325

pincers   383

pinch (v)   732

pine   1059

place   1268

plain   1024

plan   590, 591

play (v)   683

Please ...   1499

plow   388

pockmark   124

poem   1213

point to (v)   677, 678

poison   446

pond   1027

poor   551

possession (n)   746

post office   669

postpone (v)   767

pot   358

potato   208

pound (v)   379

pounder   377

pour (v)   367, 368

power [political]   135

praise (v)   725

pray (v)   454

preparation   535

prepare (v)   895

press (v)   762, 769

pretention   724

pretty   1261

previously   1332

price   703

profit   699

prohibit (v)   959

property   579

protect (v)   466

provide (v)   690

342 7.2 基礎語彙索引（英語：語彙番号）

pub 234

pull (v) 764, 765

pus 126

push (v) 761

put a curse 455

put it (v) 790

put it away (v) 783

put it in (v) 796, 797

put it out (v) 798

put out (vt) 312

Q

quadruped 1079

quality [of a good ～] 1238, 1239

quality [of a bad ～] 1233

question (n) 650

quick ears 28

R

rabbit 1116

rain 990

rain (v) 991

rainbow 994

raise (v) 1162

rare 945

raw 247

read (v) 673

reap (v) 564, 565

reason 1543

receive a person 740

recover (v) 442

red 1200

red clay 1046

region 574

release (v) 749

remain (v) 609

repair it (v) 806, 807

research (n) 592

resemble (v) 1562

residence 273

resign (n) 855

respect (v) 948

responsibility 589

rest (v) 560

return (v) 611

rib 81

rice 195

rice bowl 356

rice-porridge 232

rich 549, 550

ride it (v) 632

right 1285

right (n) 588

ring [finger] 186

ripe 248

rise (v) 337, 871-873

rise (vi) 335, 336

rise up (vt) 334

river 1029

road 634

rob (v) 556

rock 1043

rocky mountain 1040

roll it (v) 816, 817

roof 290

room 270

root 1069

rope 404

rotten 267

round 1165

row (v) 642

rub (v) 755, 756

rude 1215

rumor 657

run (v) 626

run away (v) 463

rush (v) 893, 894

S

sad 940, 941

saddle 1093

salary 705

saliva 42

salt 222

same 1553

sand 1044

satisfied 938

saw 384

say (v) 647

scale 1433

scales [of fish] 1155

scales [of snake] 1156

scatter (v) 753

scholar 900

school 525-527

scold (v) 726

scoop up (v) 365

scratch (v) 437, 438

second 1418

secret 782

secretly 1511

see (v) 138, 142

see (vt) 141

seed 218

seek it (v) 786

seize (v) 747

sell (v) 693

send (v) 717-719

separate (v) 834

servant 532, 533

set fire to 316, 317

settlement 274

seven 1379

seventeen 1389

seventy 1400

sever (v) 837

344 7.2 基礎語彙索引（英語：語彙番号）

sew (v) 191, 192

shadow 1005

shake (v) 758

shallow 1298

shape 1164

sharp 1166

sheath 396

shed tears 18

sheep 1101

shelf 339

shield 470

shin 112

shoe 174

shoot (v) 546

shoot [a gun] 545

shop (n) 696

shore 1037

short 1184, 1190

shoulder 68

shoulder blade 69

show (n) 789

show (v) 143-145, 788

shut 341, 342

shut one's eyes 343

shut one's mouth 344

siblings 504

siblings under the same parents
  505

sickle 387

side 1271

sieve 398

significant 1242, 1243

silver 1052

sin 587

sing (v) 684

single 520

sink (v) 1035

sister 506

sit (v) 320

sitting mat 319

six 1378

sixteen 1388

sixty 1399

size 1490

skilful 899

skin 120

skin [of animal] 1147

sky 984, 985

slaver 43

sleep (v) 327

sleeve 161

slide (v) 860

slow 629, 972

slowly 630

small pile 408

smell good 150

smell it (v) 151

smell terrible 149

smell (n) 147, 148

smoke 299, 300

smooth 1256, 1257

snake 1143

sneeze 50

sneeze (vi) 51

snivel 23

snivel (vi) 24

snore (v) 328

snow 995

soft 1267

sole 175

some 1491

some day 1484

sometimes 1341

son 502

son-in-law 514

soot 301, 302

Sorry. 952

sound 1211

sour 266

south 1307

sow (v) 563

spade 390

sparrow 1134

speak (v) 645

spear 469

spider 1137

spill it [accidentally] 370

spill it [intentionally] 369

spin (v) 569, 570

spit 41, 256

spittle 40

split (vi) 808, 809

spoon 357

sprain (v) 432

spread it out (v) 793, 794

spring 1028, 1363

square bag [of cloth] 401

squeeze (v) 768

squirrel 1120

stain 1050

stairs 291

stand up 336, 337

star 1002

stay (v) 321–323

stay overnight 350

staying night[s] 1318

steal (v) 554

stem 1064

step down (v) 876

stick of wood 407

stick to (vi) 833

still 1517-1519, 1521

stingy 929

stir (v) 759

stomach 87

stone 1042

346　7.2 基礎語彙索引（英語：語彙番号）

stop (vi)　621

stop (vt)　622

stop [a habit]　857

store up (v)　801

straight　1173

straight (adv)　1174

strange　945

stream　1030

strength　134

string, cord　405

strong　1228

strong [politically]　1229

strong [quality]　1231

stub (v)　835

stubborn　3

student　524

study (v)　593

such　1465

suck (v)　254

suddenly　1510

suffer from diarrhea　99

suicide (n)　451

summer　1364

summit　1021

sun　999

surprised [get 〜]　919, 920

surroundings　1290

swallow [bird]　1127

swallow (v)　253

sweat　127

sweep (v)　815

sweet　263

swell (v)　826

swift　627

swim (v)　1159

sword　468

T

table　318

tail　1150

tail [long]　1151

take (v)　744

take care (v)　146

take care of (v)　785

take off (v)　166

talk big (v)　654

talkative　36

tall　1183

tame (v)　891, 892

tanned leather　184

taste　261

tasty　262

tattered　552, 553

tax　585

tea　231

teach (v)　916

teacher　523

tear (vt)　810

tears   17

temple   59

ten   1382

ten thousand   1409

tent   276, 277

testicles   107

Thank you.   1566

that   1460-1462

that (adj)   1496

that over there   1474

that way   1463

that way [eastward]   1470

that way [northward]   1471

that way [southward]   1472

that way [westward]   1473

the day after tomorrow   1347

then   1483

there   1467, 1468

they two   1457

they [plural]   1456

thick [and flat]   1196

thick [and round]   1191

thief   555

thigh   109

thin   420, 1193

thin [and flat]   1197

thing   1180

think (v)   901, 902

think a great deal of (v)   784

thirsty   260

thirteen   1385

thirty   1396

this   1458, 1459

this way   1469

this year   1357

thorn   1067

thoroughly   1495

thousand   1406

thread   190

three   1375

three hundred   1405

three thousand   1408

throat   65-67

throw (v)   750

throw away (v)   752

throw stg into (v)   751

thunder   992

Tibetan   538

ticket office   694

tie it (v)   771, 820-822

tiger   1107, 1108

tight   1253

till   1526, 1527

time to spare   413

times   1412, 1413

timid   1246

tip   1288

tired [get ~]   421

348   7.2 基礎語彙索引（英語：語彙番号）

to   1525

tobacco   237

today   1343, 1344

together   1529, 1530

toilet   103

tomorrow   1346

tongue   34

too   1497

tool   352

tooth   38

touch (v)   754, 829

tough   422

tough in mind   1247

trap   547

travel [tourism] (v)   638

tread on it (v)   775

tree   1060

trousers   171

trunk   1062

truth   658

tsampa   205

tsatsa   596

turmeric   445

turn (v)   612

turn around (vi)   614, 615

turn around (vt)   616, 617

turn upside down (v)   864

twelve   1384

twenty   1392

twenty one   1393

twenty thousand   1410

twenty three   1395

twenty two   1394

twist a rope (v)   568

twisted   613

two   1374

two hundred   1404

two thousand   1407

U

ugly   1263

umbrella   169

uncle [matrilineal]   497, 498

uncle [patrilineal]   496

under   1277

understand (v)   910, 911

untie it (v)   823

until now   1528

up   1275

up to   1526, 1527

upward   1276

urinate   102

urine   101

use (v)   776

used to [get ～]   890

useful   777

349

V

valley   1022

various   1501

vegetable   212

very   1494

very much   1492

village   540, 541

voice   46

void feces (vi)   97

void feces (vt)   96

vomit (v)   255

vulva   108

W

wages   697

waist   92

wait (v)   722

waive hands (v)   757

wake up (v)   333

walk (v)   625

wall   286, 287

walnut   217

want something   1545

wardly   1222

warm [of weather]   1019

wash it (v)   814

water   230, 1031

wave   1041

we [dual]   1451

we [plural]   1450

weak   1232

weak [politically]   1230

weak [of taste]   1198

wear (v)   162, 163

weasel   1118

weather   986

weave (v)   572

weep (v)   155

weigh (v)   1432

well (n)   338

[tears] well up   19

west   1306

wet [get ~]   879, 880

what   1476

wheat   196

wheat flour   204

wheel   640

when   1482

where   1480

whet (v)   391

which   1478

whisters   62

white   1204

who   1475

why   1481

wide   1299

wife   510, 511

350 7.2 基礎語彙索引（英語：語彙番号）

wild yak 1099

wild 1215

wildcat 1112

win (v) 460

wind 1011, 1012

wind it (v) 818

window 289

wine 233

wing 1153

winter 1366

wipe (v) 393

wise 976

with 1301

with might and main 1513

wither (v) 1072

wolf 1111

wonderful 934

wool 182

word 644

work (n) 558

work (v) 559

worm 1086

worry about (v) 963-965

wound (n) 430, 431

wound (v) [get 〜] 819

wrap it (v) 791, 792

wrist 71

write (v) 666

wrong 922

Y

yak 1096

yawn 52

year 1354

yellow 1202

yesterday 1345

yet 1517, 1518

yogurt 229

yoke 1091

you [sg.] 1452

you [plural] 1453

you two [dual] 1454

young 489

young lady 483, 484

８．参考資料

8.1 200 例文

　本例文集は国立民族学博物館の『みんぱくデータベース rGyalrongic Languages』(http://htq.minpaku.ac.jp/databases/rGyalrong/) を作成するにあたり、筆者を代表者とする JSPS 科学研究費補助金基盤研究 A 海外学術調査《ギャロン系諸言語の緊急国際共同調査研究》(2009-2012 年度：No. 21251007) において各共同研究分担者・協力者が共通の調査票として使用したものである。马月华（编寫）胡书津（审订）《基础藏语课本》(康方言) 第 3 本 (1987 成都：西南民族学院) に付録として収録された「常用会话句型 (200 句)」に基づき、池田巧教授（京都大学人文科学研究所）と Marielle Prins 博士が四川省西部での現地調査の現状に即して改訂を施したものである。将来の調査に有益と考え、再録しておく。例文の英語と中国語は上記のデータベースに掲げてある。なお、中国語西南官話とチベット語カム方言に独特の表現が嘉戎語に馴染まない部分があり、それらについては適宜修正してある。

　各例文とも、1 行目に日本語、2 行目に嘉戎語、3 行目に嘉戎語の形態ごとの語釈、のように示す。音声は付録の CD-ROM に収録してある。

001　　「これは何ですか？」

　　　štət　thə　nə-ṅos.

　　　これ　何　　EVI-LKV

002　　「これは本です」

　　　štət　tətha　nə-ṅos.

　　　これ　本　　　EVI-LKV

003　　「これは誰の本ですか？」

　　　štə　sə　w-ətha　　ṅos.

　　　これ　誰　3s:GEN-本　LKV

004　　「これは私の本です」

　　　štə　ṅa　ṅ-ətha　　ṅos.

　　　これ　1s　1s:GEN-本　LKV

005 「あのペンは誰のですか？」

nətə wu-sñi   sə=ge=y   ṅos.

あれ 3s:GEN- ペン 誰 =GEN-LOC LKV

NB: ge は WT 属格助詞からの借用。本来は sə=y {誰 = POSS}。

006 「あれは私のです」

nətə ṅa ṅə-šas   ṅos.

あれ 1s 1s:GEN- 所有 LKV

007 「これはあなたのインクですか？」

štə   nəǰo nə-snaktsa   mə-ṅos.

これ 2s   2s:GEN- インク Q-LKV

008 「そうです。私のインクです」

ṅos. ṅa ṅə-snaktsa   ṅos.

LKV. 1s 1s:GEN- インク LKV

009 「あれは彼（女）の竹ペンですか？」

nətə wumə wu-sñiwu   mə-ṅos.

あれ 3s   3s:GEN- 竹ペン Q-LKV

010 「いいえ。彼（女）の竹ペンではありません」

mak.   wumə wu-sñiwu   mak.

LKVneg. 3s   3s:GEN- 竹ペン LKVneg

011 「どなたですか？」

nəǰo sə tə-ṅo-n.

2s   誰 2-LKV-2s

012 「私はタシです」

ṅa krašis ṅo-ṅ.

1s タシ   LKV-1s

013 「彼（女）は誰ですか？」

wumə sə ṅos.

3s   誰 LKV

355

014 「彼（女）はクラスメートです」

wumə ṅə-čhas   kətek-slama no-ṅos.

3s   1s:GEN- 共に 同一 - 学生   EVI-LKV

015 「あなたは先生ですか？」

nəǰo slopən mə-ṅo-n.

2s   教師   Q-LKV-2s

016 「いいえ。私は教師ではありません」

mak.   ṅa slapən mak.

LKVneg 1s 教師   LKVneg

017 「彼（女）も学生ですか？」

wuməy {wumə=y(i)} slama mə-ṅos.

3s= も   学生   Q-LKV

018 「そうです。彼（女）も学生です」

ṅos. wuməy {wumə=y} slama ṅos.

LKV. 3s= も   学生   LKV

019 「どのクラスの学生ですか？」

nəǰo kətət wu-Ndziɳḍa wu-slama   tə-ṅo-n.

2s   どれ 3s:GEN- 学級 3s:GEN- 学生 2-LKV-2s

020 「チベット語のクラスです」

ṅa kuruʔ   tha ka-slap wu-Ndziɳḍa   ṅo-ṅ.

1s チベット 語文 INF-学ぶ 3s:GEN- クラス LKV-1s

021 「彼（女）は幹部学校の学生ですか？」

wumə kaNpu slamakhaṅ wu-slama   mə-ṅos.

3s   幹部   学校   3s:GEN- 学生 Q-LKV

022 「いいえ」

mak.

LKVneg

356 8.1 200例文

023 「今日掃除するのは誰ですか？」
məsñi tərit kəpa　sə ńos.
今日　掃除　する人 誰 LKV
NB:「する人」については 3.1.2.4 参照。

024 「私です」
ńa no-ńo-ń.
1s　EVI-LKV-1s

025 「昨日球技をしたのは誰ですか？」
məšer botan wu-ka-sakšip=tə　　　　　sə-yo no-ńos.
昨日　ボール 3s:GEN-INF- 競う（比べる）=DEF 誰 -p EVI-LKV
NB:「昨日」という時が副詞で表現されているため、PST を表
す方向接辞が現れていない。また、wu-INF- 語幹 +DEF の構造
については 3.1.2.5 参照。

026 「数学クラスの学生です」
tərtsis kəpa　wu-slama-yo　no-ńos.
算数　する人 3s:GEN- 学生 -p EVI-LKV

027 「あなたの郷里はどこですか？」
nəǰo n-əǰimgu　kəci ńos.
2s　2s:GEN- 郷里 どこ LKV

028 「私の郷里はデルゲです」
ńa ń-əǰimgu　derge ńos.
1s　1s:GEN- 郷里 デルゲ LKV

029 「彼（女）はタルツェンドの人ですか？」
wumə tartseNdo　w-ərmi　mə-ńos.
3s　タルツェンド 3s:GEN- 人 Q-LKV

030 「いいえ。彼（女）は甘孜の人です」
mak.　wumə kaNtse w-ərmi　ńos.
LKVneg. 3s　甘孜　3s:GEN- 人 LKV

031 「これは誰の子供ですか？」

štə sə w-əpu? ṅos.

これ 誰 3s:GEN- 子 LKV

032 「それはロプサンの家の（子）です」

lopsaṅ wə-ǰimgu=y nə-ṅos.

ロプサン 3s:GEN- 家族 =POSS EVI-LKV

033 「彼（女）は何歳ですか？」

wumə w-əbli thəste we.

3s 3s:GEN- 歳 幾つ 来る

034 「今年で 10 歳です」

pewa=ren zje parmi we.

今年 = で '10' 歳 来る

034a 「私は 69 歳です」

ṅa kəṭok-zje kəŋgu parmi we-ṅ.

1s '6'-'10' '9' 歳 来る -1s

035 「あなたは漢族？それとも藏族ですか？」

nəǰo kəpa məru kuru? tə-ṅo-n.

2s 漢族 又は 藏族 2-LKV-2s

036 「私は漢族です」

ṅa kəpa ṅo-ṅ.

1s 漢族 LKV-1s

037 「彼（女）は中国語を勉強しますか？それともチベット語を勉
  強しますか？」

wumə kəpa tha kə-slap məru kuru? tha kə-slap.

3s 中国 語文 3- 学ぶ 又は チベット 語文 3- 学ぶ

038 「彼（女）はチベット語を学びます」

wumə kuru? tha kə-slap.

3s チベット 語文 3- 学ぶ

039 「今日は何日ですか？」

məsñi žak thəste ṅos.

今日　時期　幾つ　LKV

040 「今日は5月1日です」

məsñi dawa ṅapa=y　tshepa kətek ṅos.

今日　月　5番目 =LOC 日付　'1'　LKV

041 「今日は何曜日ですか？」

məsñi šiɴči thəste ṅos.

今日　星期　幾つ　LKV

042 「今日は金曜日です」

məsñi zapasań nə-ṅos.

今日　金曜日　EVI-LKV

043 「今何時ですか？」

šuǰe tərtshot thəste ka-we.

今　時計　幾つ　ABT- 来る

044 「10時5分です」

zje kəmṅo fən ka-we.

'10' '5'　分　ABT- 来る

045 「この小刀は鋭いですか？」

štət w-əbərtsa　mə-ṅamčok.

これ 3s:GEN- ナイフ　Q- 鋭い

046 「この小刀はとても鋭いです」

štət w-əbərtsa　wastot ṅamčok.

これ 3s:GEN- ナイフ とても　鋭い

047 「このあなたのペンは新しいですか？」

nəǰi stət sñəwə kə-šik　mə-ṅos.

2s　これ ペン　INF- 新しい Q-LKV

048 「私のペンは新品です」
ṅa ṅə-sñəwə kə-šik ṅos.
1s 1s:GEN- ペン INF- 新しい LKV

049 「お元気ですか？」
nəǰo kə-kšin tə-ṅo-n lu.
2s INF- 丈夫 2-LKV-2s SFP

050 「元気です」
ṅa kə-kšin ṅo-ṅ.
1s INF- 丈夫 LKV-1s

051 「タシは元気ですか？」
krašis kə-kšin mə-ṅos.
タシ INF- 丈夫 Q-LKV

052 「タシは元気です」
krašis kə-kšin ṅos.
タシ INF- 丈夫 LKV

053 「今年の収穫は良いですか？」
pewa thokpat mə-no-sna.
今年 収穫 Q-EVI- 良い

054 「今年の収穫は良いです。」
pewa thokpat no-sna.
今年 収穫 EVI- 良い

055 「家族の生活はどんな（様子）ですか？」
ǰimgu=y təmtsi thə no-pso.
家族 =LOC 生活 何 EVI-…のようである

056 「生活は良好です」
təmtsi no-khut.
生活 EVI- 良好である

057 「このように書いていいですか？」

ṅa štə=pso ka-rasco-ṅ mə-khut.

1s これ=のように 1-書く-1s Q-よろしい

058 「このように書いてよろしいです」

štə=pso ka-rasco khut.

これ=のように INF-書く よろしい

059 「私は正しく書いていますか？」

ṅa ka-rasco wu-palis mə-na-bde.

1s INF-書く 3s:GEN-やり方 Q-PFV-良い

060 「はい」

na-bde.

PFV-良い

061 「この字はよく書けていますか？」

štə w-əscor mə-no-khut.

これ 3s:GEN-字 Q-EVI-よろしい

062 「とてもよく書けています」

wastot no-khut.

とても EVI-よろしい

063 「小さいナイフを持っていますか？」

nəji=y bərtsa-puʔ mə-ndo.

2s=LOC ナイフ-子供 Q-AUX

064 「私は持っています」

ṅə bərtsa-puʔ=ke ndo.

1s ナイフ-子供=IDEF AUX

065 「彼（女）は竹ペンを持っていますか？」

wumə=y sñəwə mə-ndo.

3s=LOC 竹ペン Q-AUX

066 「彼（女）は良い竹ペンを持っています。」

wumə=y sñəwə kə-sna   kəpši Ndo.

3s=LOC　竹ペン INF- 良い CLS　　AUX

067 「あなたはチベットの本を何冊持っていますか？」

nəʝi=y kuruʔ   tha thəste poti   Ndo.

2s=LOC チベット 本　幾つ　　ポティ AUX

068 「私はチベットの本はポティ１つしか持っていません」

ṅə=y   kuruʔ   tha kepoti=zə   me.

1s=LOC チベット 本　書物１つ（CLS）＝しか AUXneg

069 「彼（女）は辞書を何冊持っていますか？」

wumə=y tshiNdzo thəste poti   Ndo.

3s=LOC　辞書　　　幾つ　ポティ AUX

070 「彼（女）は辞書を１冊しか持っていません」

wumə=y tshiNdzo kərgɐ=zə me.

3s=LOC　辞書　　　'1' ＝しか AUXneg

071 「あなたの家族は何人居ますか？」

n-əʝimgu=y   w-ərmi   thəste Ndo-ñ.

2:GEN- 家族 ＝LOC 3s:GEN- 人 幾つ　　AUX-p

NB: 存在の助動詞が人称と数に一致する現象は、判定詞の場合と並行している。一致のパタンは概ね pp.98-99 による。

072 「私の家族は６人居ます」

ṅa ṅ-əʝimgu=y   tərmi kəṭok Ndo-ñ.

1s 1s:GEN- 家族 ＝LOC 人　　'6'　　AUX-p

073 「彼（女）の家族は何人ですか？」

wumə w-əʝimgu=y   tərmi thəste Ndo-ñ.

3s　　3s:GEN- 家族 ＝LOC 人　　幾つ　AUX-p

074 「彼（女）の家族は７・８人です」

wumə w-əʝimgu=y   tərmi kəšñis wuryat Ndo-ñ.

3s　　3s:GEN- 家族 ＝LOC 人　　'7'　　'8'　　AUX-p

075 「今日あなたの仕事は何ですか？」

məsñi nəji n-əma thə Ndo.

今日　2s　2-仕事　何　AUX

076 「今日仕事はありません」

məsñi ṅa ṅ-əma　　me.

今日　1s　1s:GEN-仕事　AUXneg

077 「今あなたの仕事は何ですか？」

šuǰe nəǰo n-əma　　thə Ndo.

今　2s　2:GEN-仕事　何　AUX

078 「私は衣類を洗います」

šuǰe ṅa ṅ-əNgɐ　　kə-šci-ṅ.

今　1s　1s:GEN-着物 1-洗う -1s

079 「タシはちょっと前までどこに居ましたか？」

krašis mərkha kəci no-ṅos.

タシ　丁度今　どこ　EVI-AUX

080 「タシはちょっと前まで教室にいました」

krašis mərkha slamakhaṅ꞊y no-ṅos.

タシ　丁度今　教室 ꞊LOC　　EVI-AUX

081 「教室に誰がまだいますか？」

slamakhaṅ꞊y maǰu sə-yo no-Ndo-s.

教室 ꞊LOC　　まだ　誰 -p　EVI-AUX-PFV

082 「ツェリンとロプサンの2人がいます」

tsheriṅ　nərə lopsaṅ-ǰis　noto.

ツェリン　と　ロプサン -d AUX

083 「講台の上に何がありますか？」

duNčok w-ərka꞊y　　thə na-ṅa-tɐ.

講台　3s:GEN-上 ꞊LOC 何　PFV-IMPS-置く

084 「本とチョークがあります」

tətha nərə sñiwu　　noto.

本　　と　　チョーク　AUX

085 「あの人達は何をしているのですか？」

ʔa-re　　　　w-ərmi-yo　　thə nupa {nə-wu-pa-Ø}.

NOM-DIR（南）3s:GEN- 人 -p 何　PROG-3p- する -3

086 「皆本を買っています」

kəčet tha nuki {nə-wu-ki-Ø}.

皆　　本　PROG-3p- 買う -3

087 「何の本を売っているのですか？」

thə w-ətha-yo　　ka-ɴphar noto.

何　3s:GEN- 本 -p　INF- 売る　AUX

088 「ありとあらゆる本を売っています」

thə ɴdo-ɴdo　　　　w-ətha　　　ka-ɴphar noto.

何　ある（AUX)- ある 3s:GEN- 本 INF- 売る　AUX

089 「あなたの名前は何ですか？」

nəǰo thə tə-mərme-n.

2s　何　2- 名前がついている -2s

090 「私の名前はツェリンです」

ṅa tsheriṅ　mərme.

1s　ツェリン　名前がついている

091 「彼の名前は何ですか？」

wumə thə mərme.

3s　　何　名前がついている

092 「彼の名前はトゥンドゥップです」

wumə doɴḍup　　　　mərme.

3s　　トゥンドゥップ　名前がついている

093 「どちらへ？」

nəǰo kəci tə-čhe-n.

2s　どこ 2-行く -2s

094 「あそこまで」

ńa ʔato-sce=ke　　ro-ń.

1s あちら -ここ =IDEF 行く -1sg

NB: 方向を表す ʔato や ʔare に sce を接尾させると、その方角を確定させる。また、ke は'1'で、「ちょっとそこまで」の「ちょっと」に当たり、3.9.2.11 に解説する ATT と関連がある。語幹 ro については、3.4.3.1【表1】を参照。

094a ʔato 「北方向」

094b ʔare 「南方向」

094c ʔaku 「東方向」

094d ʔane 「西方向」

095 「何をするのですか？」

nəǰo thə tə-pa-w.

2s　何 2-する -Non1

096 「本を借ります」

ńa tətha yi-rńa-ń.

1s 本　DIR- 借りる -1s

NB: yi- は一般的移動を示す方向接辞で、厳密に訳すなら「行って本を借ります」となる。

097 「彼（女）はどこに行ったのですか？」

wumə kəci yi-thal.

3s　　どこ DIR- 行く（過去）

098 「彼（女）は市場へ行きました」

wumə kɐɴčhey {kɐɴčhak=y} ka-čhe.

3s　市場 =LOC　　　　　　　PST-go

099 「彼（女）は何をしに行ったのですか？」

wumə thə ka-pa(=y)　　　ya-čhe.

3s　　何　INF-する(=LOC)　PST-行く

NB: 本来 INF-語幹 -y で「…しに」を表すが、疑問詞が前にあると -y が現れないことがある。

100 「品物を買いに行きました」

wumə lakčhɐ ka-ki=y　　　ya-čhe.

3s　　品物　　INF-買う =LOC　PST-行く

101 「図書館へ行きたいのですか？」

nəjo phendzokhań tə-čhe-n　mə-ra.

2s　　図書館　　　　2-行く -2s　Q-必要がある

102 「はい。甘孜の新聞を読みたいのです」

ńos.　ńa kaNtse wu-tshakpar yi-na-mčara-ń.

LKV.　1s 甘孜　3s:GEN-新聞　DIR-APP-読む -1s

NB: yi- の用法は 096 と同じである。

103 「一緒に行きましょうか？」

čhiĵo kətəpa čhe-č.

1d　　一緒に　行く -1d

104 「良いですよ。一緒に行きましょう」

wa.　　　čhiĵo kətəpa čhe-č.

いいですよ 1d　　一緒に　行く -1d

105 「彼（女）は先生のところへ行ったのですか？」

wumə slapən w-əNbe=y　　　mə-yi-thal.

3s　　先生　3s:GEN-対し =LOC　Q-DIR-行く（過去）

106 「行きました」

yi-thal.

DIR-行く（過去）

107 「どちらからですか？」

nəǰo kətə čišat yiktəwin {yi-kə-tə-wi-n}　ṅos.

2s　どれ　方向　DIR-NOM-2- 来る（過去）-2s　LKV

108 「理塘からです」

ṅa lithaṅ yikwiṅ {yi-kə-wi-ṅ}　　ṅos.

1s 理塘　DIR-1- 来る（過去）-1sg LKV

109 「彼（女）はどこからですか？」

wumə kətə čišat yikwi {yi-kə-wi} ṅos

3s　　どれ　方向　DIR-3- 来る（過去）LKV

110 「彼（女）は昌都からです」

wumə čhamdo čišat yikwi {yi-kə-wi} nə-ṅos.

3s　　昌都　　方向　DIR-3- 来る（過去）EVI-LKV

111 「いつ行ったのですか？」

nəǰo kərṭi yithan {yi-thal-n}.

2s　　いつ　DIR- 行く（過去）-2s

112 「昨日行きました」

ṅa məšer yithaṅ {yi-thal-ṅ}

1s 昨日　DIR- 行く（過去）-1s

113 「一緒に来たのですか？」

nəǰoǰis čhas　　yitwiṅč {yi-tə-wi-ṅč} mə-ṅos.

2d　　一緒に　DIR-2- 来る（過去）-2d Q-LKV

114 「いいえ。私は一人で来ました。」

mak.　　ṅa ṅ-əǰisci　　yi-wi-ṅ.

LKVneg. 1s 1s:GEN- 単独 DIR- 来る（過去）-1s

115 「あなたが来てから何日経ちましたか？」

nəǰo yitwin {yi-tə-wi-n}　　thəste sñi to-tso-s.

2s　DIR-2- 来る（過去）-2s 幾つ　　日　PST- 経過する -PFV

116 「私が来てから何日も経ちました」

ṅa yi-wi-ṅ　　　　　　　wəmčas sñi to-tso-s.

1s DIR- 来る（過去）-1s 多くの　日 PST- 経過する -PFV

117 「あなたとともに来た人は何人ですか？」

n-əpse=y　　　　yikwi {yi-kə-wi}　　w-ərmi　thəste Ndo-ñ.

2:GEN- と共 =LOC DIR-NOM- 来る（過去）3s:GEN- 人 幾つ　AUX-p

118 「5・6人でした」

kəmṅo kəṭok no-Ndo-s.

'5'　'6'　PST-AUX-PFV

119 「タルツェンドに行く予定ですか？」

nəǰo tartseNdo　　ka-če　w-ərəyok　mə-ṅos.

2s　　タルツェンド INF- 行く 3s:GEN- 予定 Q-LKV

120 「行きません」

ṅa ma-če-ṅ.

1s NEG- 行く -1s

121 「映画を見たいですか？」

nəǰo deNyin yi-ka-namño mənɐsəsow {mə-nɐ-səso-w}.

2s　映画　　DIR-NOM- 見る Q-EST- 思う -Non1

122 「行きたいです」

ka-če　　na-so-ṅ.

INF- 行く APP- 思う -1s

NB: nəsəsoṅ も可。

【参考】

「チベット語を習いたいですか？」

nəǰo kuruʔ　skat ka-slap　mə-nəsəso-w.

2s　チベット 語　INF- 学ぶ Q- 思う -Non1

368　8.1　200例文

「私は学びたいです」

ṅa ka-slap　nəsəso-ṅ.

1s　INF-学ぶ　思う -1s

123　「彼（女）は我々の学校に来ますか？」

wumə yiǰi yi-slamakhaṅ mə-we.

3s　　1p　1p:GEN-学校　Q-来る

124　「来ます」

we.

来る -Ø

125　「あなたは何をしますか？」

nəǰo thə tə-pa-w.

2s　何　2-する -Non1

126　「私は着物を洗いたいです」

ṅa təngɐ šci-ṅ　ra.

1s　衣類　洗う -1s　必要がある

127　「彼（女）は何をしたいのですか？」

wumə thə pa-w　　ra.

3s　　何　する -Non1　必要がある

128　「彼（女）も衣服を洗いたいです」

wumə=y(i) təngɐ šci-w　　ra.

3s=も　　　衣類　洗う -Non1　必要がある

129　「何をしていますか？」

nəǰo thə kə-pa-w.

2s　何　PROG-する -Non1

130　「手紙を書いています」

ṅa tascor kə-lan {kə-lat-ṅ}.

1s　手紙　PROG-打つ

NB: [t-ṅ] クラスターは [n] となる。

131 「彼らは何をしていますか？」

məñeyo thə nupa {nə-wu-pa-Ø}.

3p　　何　PROG-3p- する -3p

132 「彼らは勉強しています」

məñeyo slama nupa {nə-wu-pa-Ø}.

3p　　勉強　PROG-3p- する -3p

133 「あなたは何をしましたか？」

nəǰo thə nə-tə-pa-w.

2s　何　PST-2- する -Non1

134 「手紙を書きました」

ṅa tascor=ke nolan {no-lat-ṅ}.

1s　手紙 =IDEF PST- 書く -1s

135 「彼らは何をしましたか？」

məñe thə tupa {ta-wu-pa-Ø}.

3p　　何　PST-3p- する -3p

136 「彼らはダンスをしました。」

məñe kuru? rga nupa {na-wu-pa-Ø}.

3p　　チベット 踊り PST-3p- する -3p

137 「タシはあなたに何をくれましたか？」

krašis nəǰo thə nutuⁿbyin {nə-tu-Nbyi-n}.

タシ　2s　何　PST-3>2- 与える -2s

138 「彼は私に本をくれました」

wumə ṅa təpkuk=ke nuⁿbyiṅ {nə-wu-Nbyi-ṅ}.

3s　　1s 本 =IDEF　PST-3>1- 与える -1s

139 「先生は誰に話をしていますか？」

slapən sə w-əⁿbe=y　　　nə-rəyo.

先生　誰 3s:GEN- 対し =LOC PROG- 話す

370 8.1 200例文

140 「ロプサンに話をしています」

lopsaṅ w-əɴbe=y nə-rəyo.

ロプサン 3s:GEN- 対し =LOC PROG- 話す

141 「助けてください。いいですか？」

nəǰo ṅa (ke) tukoṅ {ta-wu-kor-ṅ}. mə-khut.

2s 1s （ATT） IMP-INV- 助ける -1s Q- よい

NB: ke の用法については、本文 3.9.2.11 及び本例文 No.94 参照。

142 「勿論お助けします」

ṅa laskiy təkor {tə-kor-n} ra.

1s 勿論 1>2- 助ける -2s 必要がある

143 「どういう助力が必要ですか？」

nəǰo thə təkor {tə-kor-n} ra.

2s 何 1>2- 助ける -2s 必要がある

144 「（ひとつ）私に説明してください」

ṅa (ke) tusəmtsoṅ {ta-wu-səmtso-ṅ}.

1s （ATT） IMP-INV- 分からせる -1s

145 「あなたのためにもう一度一通り説明しますよ」

ṅa maǰu nə-šas kətshar čiṅ {čis-ṅ} ru.

1s また 2s:GEN- 属する 一通り 言う -1s SFP

146 「はい。もう一度一通り言ってください」

wa. maǰu kətshar način {na-čis-n}.

はい また 一通り IMP- 言う -2

147 「あなた方は部屋で何をしようとしていますか？」

nəǰoyo ǰimgu=y thə tə-pa-ñ.

2p 家 =LOC 何 2- する -p

148 「私たちは踊ります」

yiñoyo targa kə-pa-y.

1p 踊り 1- する -1p

149 「彼らは教室で何をしていますか？」

məñeyo slamakhaṅ w-əɴgu=y   thə nupa {nə-wu-pa-Ø}

3p   学校   3s:GEN- 中 =LOC 何 PROG-3p- する -p

150 「彼らは教室で歌っています」

məñeyo slamakhaṅ w-əɴgu=y   khabži nupa {nə-wu-pa-Ø}

3p   学校   3s:GEN- 中 =LOC 歌唱 PROG-3p- する -p

151 「夜が明けたか？」

mə-ta-psok.

Q-PFV- 夜が明ける

152 「夜が明けた」

ta-psok.

PFV- 夜が明ける

153 「鐘が搗かれたか？」

skərbo məturtsuw {mə-ta-wa-rtsu-w}

鐘   Q-PST-CAUS- 搗く -Non1

154 「未だです。搗かれていません」

piy me.   ǰurtsuw {ǰi-wa-rtsu-w}

未だ AUXneg NEG-CAUS- 搗く -Non1

155 「顔を洗いましたか？」

nəǰo n-əǰo   mənətəšciw {mə-nə-tə-šci-w}.

2s   2s:GEN- 顔 Q-PST-2- 洗う -Non1

156 「終えました」

ṅa nasəyoṅ {na-səyok-ṅ}.

1s PST- 終える -1s

156a 「洗い終えました」

ṅa ka-šci   nəsəyoṅ {nasəyok-ṅ}.

1sg INF- 洗う PST- 終える -1s

157 「彼らは食べ終わりましたか？」

məñeyo kə-nəndza mətusəyok {mə-ta-wu-səyok-Ø}.

3p　　INF- 食べる Q-PST-3p- 終わる -3p

158 「食べ終わりました」

tusəyok {ta-wu-səyok-Ø}.

PST-3p- 終える -3p

159 「タシを見ましたか？」

nəǰo krašis mənətəmtow {mə-nə-tə-mto-w}.

2s　　タシ　Q-PST-2- 見る -Non1

160 「見ませんでした」

ǰi-mto-ṅ.

NEG- 見る -1s

161 「それを覚えていますか？」

nətə w-əma　　　n-əsemno=y mə-yi-wi.

それ 3s:GEN- こと 2- 記憶 =LOC Q-DIR- 来る（過去）

162 「今思い出しました」

šuǰe ṅ-əsemno=y　　　yi-wi.

今　1s:GEN- 記憶 =LOC DIR- 来る（過去）

163 「チベット文語を勉強したことがありますか？」

nəǰo kuruʔ?　scor ka-slap　mə-noNdos.

2s　チベット　文語 INF- 学ぶ Q-AUX

164 「チベット文語を勉強したことがありません」

ṅa kuruʔ?　tha　ka-slap　nomes.

1s チベット　語文 INF- 学ぶ AUXneg

165 「彼（女）はチベット文語を勉強したことがありますか？」

wumə kuruʔ?　tha　ka-slap　mə-naNdos.

3s　　チベット　語文 INF- 学ぶ Q-AUX

NB: naNdos と noNdos はほぼ同一である。本文 3.6.10 参照。

166 「彼（女）は勉強しました」

wumə na-slap.

3s　　PST- 学ぶ

167 「チベット語ができますか？」

nəjo kuru?　skat mətəspuw {mə-tə-spa-w}.

2s　チベット 言葉 Q-2- できる -Non1

168 「いくつかの句しか分かりません」

ṅa toñis　　təka=zə ma-spa-ṅ.

1s いくつか 句 = しか NEG- できる -1s

169 「彼（女）はチベット語ができますか？」

wumə kuru?　skat məspuw {mə-spa-w}.

3s　　チベット 言葉 Q- できる -Non1

170 「彼のチベット語は大変よろしい」

wumə kuru?　skat wastot no-mkhas.

3s　　チベット 語　とても EVI- 長けている

171 「ハモを見ましたか？」

nəjo łamo mənətəmtow {mə-nə-tə-mto-w}.

2s　ハモ Q-PST-2- 見る -Non1

172 「見ませんでした」

ṅa jimtoṅ {ji-mto-ṅ}.

1s NEG- 見る -1s

173 「今市場へ行きますか？」

nəjo šuje kɐnčhey {kɐnčhak=y} məčhen {mə-čhe-n}.

2s　今　市場 =LOC　　　　　Q- 行く -2s

174 「今市場へ行きません」

ṅa šuje kɐnčhey {kɐnčhak=y} mačheṅ {ma-čhe-ṅ}.

1s 今　市場 =LOC　　　　　NEG- 行く -1s

175 「タシ達はどこへ行ったのですか？」
krašis məñeyo kəci ya-čhe.
タシ　3p　　　どこ　PST- 行く

176 「彼らは遊び場へ行きました」
məñeyo sɛmbri=y　　　ya-čhe.
3p　　　グラウンド =LOC PST- 行く
NB: sɛmbri は sɛ「…する場所」+ mbri「遊ぶ」。

177 「いまそこに着いているかどうか知りません」
šubren nəči　　　məkəyiməndəs {mi-kə-yi-məndə-s}=zə
今　　　あそこに　Q-NOM-DIR- 着く -PFV= か
ma-šə-ṅ.
NEG- 知る -1s

178 「今たぶん着いているでしょう」
šubren ṭhik məndə-ñ.
今　　　多分 着く -p

179 「遊園地へ行きましたか？」
ñəǰoyo čhamra məyithañ {mə-yi-thal-ñ}.
2p　　　遊園地　Q-DIR- 行く（過去）-2p

180 「はい。私たちは山頂で遊びました」
ṅos. yiño krogo=y　　tanəmbriy {ta-nəmbri-y}.
LKV 1p　　山頂 =LOC PST- 遊ぶ -1p

181 「あなた方が行った場所は遠いのですか？」
ñəǰo yiktəthañ {yi-kə-tə-thal-ñ} wu-sɛčha　　wure mə-čhi.
2s　　DIR-NOM-2- 行く（過去）-2p　3s:GEN- 場所 距離　Q- 遠い

182 「そんなに遠くではありません」
nusto　　manəčhi {ma-nə-čhi}.
そんなに NEG-EVI- 遠い

183 「今朝何時に起きましたか？」

məšo tənam tərtshot thəste tatərwañ {ta-tə-rwas-ñ}.

今日 朝 時計 幾つ PST-2- 起床する -2p

184 「朝6時に起きました」

tənam tərtshot kəṭok to-rwa-y.

朝 時 '6' PST- 起床する -1p

185 「何時に山頂に着きましたか？」

tərtshot thəste krogo=y taməɴdən {ta-məɴdə-n}.

時 幾つ 山頂 =LOC PST- 着く -2s

186 「私達は9時に山頂に着きました」

tərtshot kəɴgu krogo=y ta-məɴdə-y.

時 '9' 山頂 =LOC PST- 着く -1p

187 「今日は遊びに行く人が多かったですか？」

məsñi ka-nəmbri ka-če w-ərmi

今日 INF- 遊ぶ INF- 行く 3s:GEN- 人

mənəkəmčay {mə-nə-kəmča-y}.

Q-PST- 多い -p

NB: ka-če w-ərmi を kə-če とすることも可。3.1.2.4 参照。

188 「遊ぶ人がとても多かったです」

ka-mbri w-ərmi wastot na-kəmča.

INF- 遊ぶ 3s:GEN- 人 とても PROG- 多い

189 「今日は面白かったですか？」

məsñi kə-nɐšet mənənəmbriy {mə-nə-nəmbri-y}.

今日 INF- 快適に思う Q-PST- 遊ぶ -1p

190 「面白かったです」

kə-nɐšet nə-nəmbri-y.

INF- 快適に思う PST- 遊ぶ -p

376 8.1 200例文

191 「疲れましたか？」

ñəǰoyo mənətəspañ {mə-nə-tə-spap-ñ}.

2p　　Q-PST-2-疲れる-2p

192 「疲れませんでした」

ǰispaṅ {ǰi-spap-ṅ}.

NEG-疲れる-1s.

193 「山頂で雨が降りましたか？」

krogo=y təmu mənolat {mə-no-lat}.

山=LOC　雨　　Q-PST-打つ

194 「少ししか降りませんでした」

kətsitsi=zə　ǰi-lat.

少し=ADVR　NEG-打つ

195 「明日人々はあそこに行っているのでしょうか？」

sosñi nəči　　ka-če　　məndoñ {mə-Ndo-ñ}.

明日　あそこに　INF-行く　Q-AUX-3p

196 「明日人々は行っているだろうと言っている様です」

sosñi ka-če　　Ndo-ñ　nokčis {no-kə-čis} wu-pso.

明日　INF-行く　AUX-3p　EVI-3-言う　　　　3s:GEN-ようである

197 「明日雨が降りますか？」

sosñi təmu məkəlat {mə-kə-lat}.

明日　雨　　Q-3-降る

198 「明日雨は降らないよ」

sosñi təmu ma-lat　　ru.

明日　雨　　NEG-降る　SFP

199 「早く出発すれば、多分８時に着けます」

kənəpso=tsə ka-če,　tərtshot wuryat ṭhik kə-məndə sačha.

早い=ADVR　INF-行く　時　　'8'　　多分　INF-着く　　できる

NB: sačha は čha と同じ。但し、sačha は人称・数と
agreement を起こさない。

200 「多分着けます」

ṭhik kə-məNdƏ sačha.

多分 INF- 着く できる

8.2 日常表現 260

本例文集は筆者を代表者とする JSPS 科学研究費補助金基盤研究 A 海外学術調査《ギャロン系諸言語の緊急国際共同調査研究》(2009-2012 年度：No.21251007) 及び同《チベット・ビルマ語族の繋聯言語の記述とその古態析出に関する国際共同調査研究》(2016-2019 年度：16H02722) において各研究分担者・協力者に対し、共通の調査票として使用することを推奨しているものである。池田巧・胡興智（監修）『デイリー日中英 3 か国語会話辞典』(2006 東京：三省堂) に収録された例文から基本的文法を反映すると考えられるものを 264 件抽出してある。

前節の「200 例文」がやや教科書的であるのと対照的に、本例文はよりプラクティカル且つこなれた日常表現が多く、生きた嘉戎語に触れる手がかりとして有用である。また、近年西南中国での言語調査では、調査の媒介言語としてチベット語よりも中国語の方が発話協力者にとって便宜であることが増えた。このような事情に対応し、将来の調査での有効性を高めるため、池田巧教授の了解の下に上掲書の中国語文を含めて再録しておく。なお、中国語表現が嘉戎語に馴染まない部分は適宜修正した。

各例文とも、1 行目に日本語・中国語、2 行目に嘉戎語、3 行目に嘉戎語の形態ごとの語釈、のように示す。音声は付録の CD-ROM に収録してある。

1 お休みなさい。　晩安
   serma {sɐ-rma}　yo.
   場所 - 寝る　　　SFP
   NB: sɐ-rma は「…する場所または道具」(3.1.2.3)-「寝る」の語構成であるが、この場合場所のみならず、「寝る」ことに関すること・もの全てを意味する。また、yo は SFP だが、発話協力者の解釈では複数の意であり、serma「寝ること」を敬語化していると言う。

1a お休みなさい。　晩安
   sɐrmey {serma-y}.
   NB: は例文 1 の縮約形と思われる。-y は LOC ではない。

1b　お休みなさい。　晩安

zəmsɐ {zəm-sɐ}.

寝る - 場所

NB: zəm は WT gzim pa「眠る（敬）」から。またこの語構成は「眠る」＋「sa 場所」という WT 由来である。

2　お元気ですか。　你好吗？

nəǰo kə-kšin　　tə-ṅo-n　lu.

2s　元気である　2-LKV-2s　SFP

3　はい、元気です。あなたは？　我很好。你呢？

ṅa kə-kšin　　　ṅo-ṅ.　nəǰo rə.

1s　INF-元気である .LKV-1s　2s　　SFP

4　仕事はどうですか。　你工作怎么样？

nəǰo n-əma　　　thə no-pso.

2s　2s:GEN-仕事　何　EVI-のようである

5　忙しいです。　很忙。

ṅ-əma　　　no-mča.

1S:GEN-仕事　EVI-多い

6　ご主人はお元気ですか。　您先生好吗？

nəǰo n-əphəya kə-kšin　　　mə-ṅo.

2s　2s:GEN-夫　INF-元気である　Q-LKV

7　お久しぶりです。　好久不见。

yiǰo žak　skren ǰi-ṅawardo-y.

1p　時間　長い　NEG-会う -p

8　疲れていますか。　你累了吧。

nəǰo mənətəspap {mə-nə-tə-spap-n}.

2s　Q-PFV-2-疲れる -2s

9　疲れませんでした。　不要紧。

ṅa ǰispam {ǰi-spap-ṅ}.

1s　NEG-疲れる -1s

380　8.2　日常表現 260

10　何ともありませんでした。　不要紧。

ma-nə-rut.

NEG-PST- 問題がある

11　ちょっと問題がありました。

no-rut.

PST- 問題がある

12　ちょっと疲れました。　我有点儿累。

ṅa kətsitsi˭ke nə-spam {spap-ṅ}.

1s 少し ˭ADVR PST- 疲れる -1s

13　さようなら（留まる人に対し）。　再见！

tarnan {ta-rna-n}.

IMP- 留まる -2s

13a　さようなら（去る人に対し）。　再见！

ʔa-las　　　yo.

IRR- ゆっくり　SFP

14　お気をつけて！　请多保重！

toNdzaṅ {to-Ndzaṅ-n} ye.

IMP- 気をつける -2s　　SFP

15　ご家族によろしくお伝えください。　替我向你家里人问好。

ṅa ṅ-əšṭik　　　　nəjo jimgu-yo˭gə tathuw {ta-thoʔ-w}.

1s 1S:GEN- 替わりに 2s　家族 -p˭FOC IMP- 話をする -Non1

16　お名前はどう書きますか。　你的名字怎么写？

nəjo n-ərme　　thə-pso　　ka-lat　　ṅos.

2s 2s:GEN- 名前 何 - のように INF- 打つ LKV

17　ご職業は何ですか。　你做什么工作？

nəjo thə w-əma˭gə　　　təpuw {tə-pa-w}.

2s 何 3s:GEN- 仕事 ˭FOC 2s- する -Non1

18 どこからいらしたのですか。　你是从哪儿来的？

nəǰo kəci yiktəwin {yi-kə-tə-wi-n} ṅos.

2s　どこ　DIR-NOM-2- 来る(過去)-2s　LKV

19 日本から来ました。　我是从日本来的。

ṅa ripin yikwiṅ {yi-kə-wi-ṅ} ṅos.

1s　日本　DIR-1- 来る(過去)-1s　LKV

20 馬尔康には２度来たことがあります。　我来过两次马尔康。

ṅa barkham kəñis-čha ka-we　noNdos.

1s　馬尔康　'2'- 回　INF- 来る　AUX

21 ひとりです。　我是单身。

ṅa ṅ-əǰisci　　ṅos.

1s　1S:GEN- 単独　LKV

22 結婚しています。　我已经结婚了。

ṅa ṅ-ərjap　　nəsaṅ {nə-sar-ṅ}.

1s　1S:GEN- 嫁　PST- 探す/引く -1s

23 父は５年前に亡くなりました（亡くなって５年経ちました）。
我父亲五年前去世了。

ṅa ṅ-əpɛ no-ši-s　　kumṅo pa to-tso-s.

1s　1S:GEN PST- 死ぬ -PFV　'5'　　年　PST- 経つ -PFV

24 こちらはソナムさんの奥様です。　这位是 Sonam 先生的太太。

štət sonam w-ərjap　ṅos.

これ　ソナム　3s:GEN- 嫁　LKV

25 家でのんびりしています。　我在家里休息。

ṅa ǰimgu꞊y kə-nəna-ṅ.

1s　家 ꞊LOC　PROG- 休む -1s

26 あなたのおかげです。　托您的福。

nəǰo nə-čhes　ṅos.

2s　2s:GEN- 故　LKV

27 アドバイスをありがとう。　謝謝你的建议。

nəǰi nə-samčhar nəñelwɐ.

2s　2s:GEN- 忠告 ありがとう

NB: nəñelwɐ は熟した表現として用いられるが、語構成としては nə-ñelwɐ（2- 困難）であり、本来は「大変でしたね、ご苦労をお掛けしました」の意と考えられる。

28 いつも気遣ってくれてありがとう。（本文例文 527 参照）
谢谢你的照顾。

ka-stən　šot　nəñelwa.

INF- 気遣う　いつも　ありがとう

29 貴方のお心遣いは決して忘れません。
我绝不会忘记你的关心。

nəǰo nə-kə-nəsə-ṅ　　ṅa deṅbey mamərṅ {ma-mər-ṅ}.

2s　2s:GEN-NOM- 気に掛ける -1s 1s 決して　NEG- 忘れる -1s

30 ご協力に感謝します。　謝謝你的合作。

nəǰi n-əkor꞊tə　　nəñelwa.

2s　2s:GEN- 助力 ꞊DEF ありがとう

31 ごめんなさい。遅れまして。　对不起，我迟到了。

ǰikuɴphyaṅ {ǰi-ku-ɴphya-ṅ}. ṅa na-məɴkhu-ṅ.

PROH-2>1- 悪く思う -1s　　1s PST- 遅れる -1s

NB: məɴkhu は ɴkhu「後、遅い」に統御不能の動作を示す P5 接辞 mə- が接頭したもの。

32 大丈夫ですか。　事吗？

mə-ru(t)　　ru.

Q- 問題がある　SFP

33 大丈夫です（何ともありません）。　没事。

ma-nə-rut.

NEG-EVI- 問題がある

34 痛いですか。 疼不疼?

mə-no-Ndzor.

Q-EVI- 痛い

34a 痛くありません。 没事。

ma-nə-Ndzor.

NEG-EVI- 痛い

35 気にしないでください。 请别介意。

ǰi-rɛmsi-n ye.

PROH- 気にする -2s SFP

36 結婚して1ヶ月経ちました。 我上个月结婚了。

ṅa ṅ-ərjap nəsaṅ {nə-sar-ṅ} ke tsəla to-tso-s.

1s 1S:GEN- 嫁 PST- 探す/引く -1s '1' 月 PST-AUX-PFV

37 それは秘密。 那是秘密。

štət kəšapki ṅos.

これ 秘密 LKV

38 離婚しました。 我离婚了。

yiñoǰis nənaNgač {nə-na-Nga-č}.

1d PST-APP- 壊れる -1d

39 私にできることがありますか。 有没有我能帮你的?

ṅa kəkor kə-ta čha-ṅ mə-Ndo.

1s 助力 INF- する AUX-1s Q-AUX

40 お尋ねします。 请问一下。

ṅa təthos꞊ke pa-ṅ.

1s 質問 ꞊IDEF する -1s

41 ちょっと待って。 等一下!

kəšur kunayoṅ {ko-wu-nayo-ṅ}

少し IMP-INV- 待つ -1s

384 8.2 日常表現 260

42　今ちょっといいですか（いま時間がありますか）。

你现在有时间吗？

nəǰo šuǰe mə-tso-n.

2s　　今　　Q-AUX（時間がある）-2s

43　もう一度言ってください。　请（您）再说一遍。

nəǰo maǰu ke　tačin {ta-čis-n}.

2s　　また ATT　IMP- 言う -2s

44　よく聞こえませんでした。　听不清楚。

wastot ma-nə-sə-məs.

とても　NEG-EVI-CAUS- 聞こえる

45　何て言いました？　你说什么？

nəǰo thə točin {to-čis-n}.

2s　　何　PST- 話す -2s

46　もう少しゆっくり話して。　请您慢点儿说。

nəǰo lelas　　tačin {ta-čis-n}.

2s　　ゆっくり　IMP- 言う -2s

47　それはどういう意味ですか。　那是什么意思？

nətə wu-toNdak　thə ṅos.

それ　3s:GEN- 意味　何　LKV

48　なぜですか。　为什么？

thə w-əčhes　　ṅos.

何　3s:GEN- 故に　LKV

49　もう一度明確にせよ。　请再说明一下。

maǰu wugras　to-pa-w.

再び　はっきり　IMP- する -Non1

50　理解できました。　我明白了。

ṅa wučhɐ noraṅ {no-ra-ṅ}.

1s　理解　PST- する -1s

51 　そうなんですか。　　是吗？

　　mə-no-ṅos.

　　Q-EVI-LKV

52 　私もそう思います。　　我也这么想。

　　ṅa=yi　nətə　nəsəso-ṅ.

　　1s= も　それ　思う -1s

53 　いいですよ。　　可以。

　　no-khut.

　　EVI- よろしい

54 　どんな様子か見ないと…。　　要看情况。

　　thə　no-pso　　　　　　kə-nəmčara　ra.

　　何　EVI- のようである INF- 観る　　AUX（必要がある）

55 　そうは思いません。　　我不这样认为。

　　ṅa　nətə　no-khut　　　manəsəsoṅ {ma-nəsəso-ṅ}.

　　1s それ　EVI- よろしい NEG- 考える -1s

56 　それは別の問題です。　　这是另一回事。

　　štət　kə-mak　　w-əma　　　　nə-ṅos.

　　これ　INF-LKVneg 3s:GEN- 仕事 EVI-LKV

　　NB: kə-mak は「そうでない、別の」の意。

57 　知りません。　　我不知道。

　　ṅa　ma-šə-ṅ.

　　1s　NEG- 知る -1s

58 　私にはわかりません。　　我不懂。

　　ṅa　manəšəṅ {ma-nə-šə-ṅ}.

　　1s　NEG-EVI- 知る -1s

　　NB:「分かる」は通常 wučhɐ kə-ra または kə-mtso であるが、
　　ここでは ka-šə に EVI マークがついた形で現れる。「知った状
　　態になる」という認識かと思われる。

59 いいえ、けっこうです。ありがとう。　不要了，谢谢。

ma-ra　　　　　no-ṅos. nəñelwɐ.

NEG- 必要がある　EVI-LKV ありがとう

60 もう十分です。　够了。

no-rtak.

PFV- 充分である

61 それは困ります。　那可不行。

nətə ma-khut.

それ　NEG- よろしい

62 する気が起きないのです。　我不想做。

ṅa ka-pa　ṅ-əsem　manɐwe {ma-nɐ-we}.

1s INF- する 1S:GEN- 心 NEG-EST- 来る

63 わたしがするのはよくない。　我不能做。

ṅa ka-pa　　ma-khut.

1s INF- する　NEG- よろしい

64 今はそうする時間がないのです。　我现在很忙。

ṅa šuje ka-pa　　ma-nə-tso-ṅ.

1s 今　INF- する　NEG-EVI- 時間がある -1s

65 私には関係ありません。　跟我没有关系。

ṅa manəkon {ma-nəkon}.

1s NEG- 関係がある

66 ほっといてください。　不要管我。

ṅa jikunəkoṅ {ji-ku-nəkon-ṅ}.

1s PROH-2>1- 関係がある -1s

67 私のではありません。　不是我的。

ṅa ṅə-šas　　mak.

1s 1S:GEN- 所有　LKVneg

68 英語はできますか。 你懂英语吗？

nəʝo yiɴʝi skat mətəspuw {mə-tə-spa-w}.

2s 英 語 Q-2-できる -Non1

68a はい、できます。 我懂。

ṅa spa-ṅ.

1s できる -1s

69 中国語を読むことはできます。 我看得懂中文。

ṅa ṭuṅko w-əscor mto-ṅ.

1s 中国 3s:GEN- 文字 見える -1s

69a 中国語を読むことはできません。 我看不懂中文。

ṅa ṭuṅko w-əscor ma-mto-ṅ.

1s 中国 3s-GEN- 文字 NEG- 見える -1s

70 私は中国語は書けません。 我不会写中文。

ṅa ṭuṅko w-əscor ka-lat ma-spa-ṅ.

1s 中国 3s-GEN- 文字 INF- 打つ NEG- できる -1s

70a 今、梭磨まで出て来られますか。 现在能来梭磨吗？

nəʝo tham somo=y ka-we mə-khut.

2s 今 梭磨 =LOC INF- 来る Q- よろしい

70b 行けます。 可以。

khut.

よろしい

70c だめです。 不能。

ma-khut.

NEG- よろしい

71 とても良い気分！

wastot nə-nɐšet.

とても EVI- 爽快である

388　8.2 日常表現 260

71a　面白い！　好玩儿！

kə-mtshar.

INF- 面白い

72　感動しました。　我很感动。

ṅa wastot ṅ-əsem　　nə-Njur.

1s　とても　1S:GEN- 心　PST- 変わる（動く）

72a　驚きました。

ṅa wastot nə-nɐ-ha-ṅ.

1s　とても　PST-EST- 驚く -1s

73　それを聞いて安心しました。　我听到这句话就放心了。

ṅa štət　w-ərəyo　no-mi-ṅ=ren,　　ṅ-əsem

1s　これ　3s:GEN- 話　PST- 聞く -1s= ので　1S:GEN- 心

nə-bde.

PST- 良い

74　楽しかった。　真愉快。

wastot nə-rəsñiṅɐ-ṅ.

とても　PST- うれしい -1s

75　くつろいでいます。　我很轻松。

wastot no-Nbat.

とても　EVI- 易しい

NB: kə-Nbat「易しい」は「（値段が）安い」と同源。

76　あなたにお会いすることを楽しみにしています。

我盼望跟您见面。

ṅa nəǰo ka-wardo nəsəso-ṅ.

1s　2s　INF- 会う　思う -1s

77　そうですか？　（是）真的吗？

wastot mə-ṅos.

正しい　Q-LKV

78 まさか！　不会吧！

mak　ru.

LKVneg SFP

79 冗談でしょう？　你在开玩笑吧？

nəǰo təsla=ke　puw {pa-w} mərə.

2s　冗談 =IDEF する -2s　Q

80 それはショックです（【何かが】私をひどく驚かせた）。
我很吃惊。

wastot nusnəscań {nə-wu-sə-nəsca-ń}.

とても PST-3>1-CAUS- 驚く -1s

81 思ってもみませんでした。　我没想到。

ńa ǰi-səso-ń.

1s NEG- 思う -1s

82 信じられません。　我不信。

ńa manaNdəń {ma-naNdə-ń}.

1s NEG- 信じる -1s

83 どうしよう？　怎么办？

thə ka-sot.

何　1- 為す

84 気に入りません。　我不喜欢。

ńa ma-nańa-ń.

1s NEG- 好き -1s

85 ばかげています（理解できない話だ）。　胡说！

wučhə kə-me　w-ərəyo　ńos.

理解　INF-AUXneg 3s:GEN- 話 LKV

86 もうたくさんだ。　够了。

no-rtak.

EVI- 充分である

87　　いいかげんにしてください。　　算了吧。

na-pšit　　　to.

IMP- 投げる　SFP

NB: 文末の to はオプション。あった方がソフトに聞こえるようだ。WT の終助詞との関連は不明。

88　　悲しいです。　　我很伤心。

ṅa wastot ṅ-əsem　　ma-nə-bde.

1s　とても　1S:GEN- 心　NEG-EVI- 良い

89　　寂しいです。　　我很寂寞。

ṅa nəbuṅ {nə-buk-ṅ}.

1s　EVI- 孤独である -1s

90　　退屈です（爽快でない）。　　我觉得很无聊。

ṅa ma-nə-nɐšet　　　nəso-ṅ.

1s　NEG-EVI- 快適である　思う -1s

91　　気をもんでいます。　　我很担心。

ṅa wastot nə-nəsə-ṅ.

1s　とても　EVI- 気を揉む -1s

91a　　困っています。　　我很为难。

ṅa manənəčipat {ma-nə-nəčipat}.

1s　NEG-EVI- うまく行く

92　　緊張しています。　　我很紧张。

ṅa nə-Ntshem.

1s　EVI- 神経質である

93　　私の言うことをどう思いますか？

我的意见你觉得怎么样？

ṅa kəčiṅtə {kə-čis-ṅ=tə} nəǰo thə nəsəso-w.

1s　1- 言う -1s=DEF　　　2s　何　思う -Non1

94 賛成です。　我赞成。

ṅa ṅ-əsem　čhe.

1s　1s:GEN- 心　行く

94a 反対です。　不赞成。

ṅa ṅ-əsem　ma-čhe.

1s　1s:GEN- 心　NEG- 行く

95 私はそうは思いません。　我不那样想。

ṅa nətət ma-nəsəso-ṅ.

1s　それ　NEG- 思う -1s

96 まったくおっしゃるとおりです。　你说得完全对。

nəǰo təčintə {tə-čis-n=tə} kəčet nə-wasun.

2s　2- 言う -2s=DEF　　すべて　EVI- 質が良い

97 ラサはどうでしたか？　你觉得拉萨怎么样？

nəǰo łasa=y　thə no-pso　　nəsəso-w.

2s　　ラサ =LOC 何　EVI-…のようだ 思う -Non1

97a まずまずでした。　还可以。

thapčha no-khut.

少し　　EVI- よろしい

97b よくありませんでした。　不好。

ma-nə-khut.

NEG-EVI- よろしい

98 みんな親切でした。　大家都很热情。

kəčet wastot nə-kə-sko-s　　　　ṅos.

全て　とても　PST-3- 親切である -PFV LKV

99 何色が好きですか。　你喜欢什么颜色？

nəǰo thə wu-mdok tə-naṅa-w.

2s　何　3s:GEN- 色 2- 好きである -Non1

100 どの季節がいちばん好きですか。　你最喜欢什么季节？

nəǰo thə w-əžak　　steṅ tə-naṅa-w.

2s　何　3s:GEN- 時期　最も　2- 好きである -Non1

100a 私が一番好きなのは夏です。　我最喜欢夏天。

ṅa stəṅ kənaṅaṅtə {kə-naṅa-ṅ꞊tə} pəzar ṅos.

1s　最も　1- 好き -1s꞊DEF　　　夏　LKV

101 明日は何をするつもりですか。　明天你打算做什么？

nəǰo sosñi thə tə-pa-w　　ṅos.

2s　明日　何　1- する -Non1　LKV

102 もっと痩せねばと思っています。　我想再瘦一点儿。

ṅa maǰu kətsitsi kə-neñamkhi no-ra　　　nəsəso-ṅ.

1s　また　少し　INF- 痩せた　EVI- 必要がある　思う -1s

102a もっと太りたいです。

ṅa maǰu kətsitsi ka-tsho　　no-ra　　　nəsəso-ṅ.

1s　また　少し　INF- 太った　EVI- 必要がある　思う -1s

103 お茶でも飲みましょう。　我们喝杯茶吧。

yiǰo ṭha꞊ke　moy {mot-y}.

1p　茶 ꞊IDEF　飲む -p

103a いいえ、けっこうです（＜私のためになら、要りません）。
不，我不要了。

ṅa ṅə-šas　　　　　　ma-ra.

1s　1S:GEN- 帰すること（関してなら）NEG- 必要である

104 今、手が離せません。　现在忙得腾不出手来。

ṅa piy ma-tso-ṅ　　　　nə-ṅos.

1s　今　NEG- 時間がある -1s　EVI-LKV

105 明日の晩空いていますか。　明天晚上有空儿吗？

somor n-əwa　　mə-Ndo.

明晩　2:GEN- 空き時間　Q-AUX

393

106 何も予定はありません。 我没有什么计划。

ṅa piy thə kə-sot w-əra no-me-s.

1s 今 何 INF- 為す 3S:GEN- 話・計画 EVI-AUXneg-PFV

107 いつお会いしましょうか。 什么时候见面?

kərṭi ṅawardo-y.

いつ 接触する -p

107a 5時はいかがでしょうか。 五点怎么样?

tərtshot kəmṅo=y thə pso.

時 '5' =LOC 何 ようだ

108 いつがいいですか。 几好［方便］呢?

kərṭə khut.

いつ よろしい

108a 明日はいかがですか。

sosñi thə pso.

明日 何 ようだ

108b 明明後日は仕事があります。

khəndi ṅa ṅ-əma Ndo.

しあさって 1s 1S:GEN- 仕事 AUX

108c 残念ですが、その日は都合が悪いです。
真抱歉，那一天不太方便。

ǰikuɴphyaṅ {ǰi-ku-ɴphya-ṅ}. nətət w-əsñi kəmča

PROH-2>1- 悪く思う -1s. それ 3s:GEN- 日 おおいに

ma-nə-nəčipat.

NEG-EVI- うまく行く

108d 明日の午後なら空いています。

sosñi səksɛɴkhu ṅa tso-ṅ.

明日 午後 1s 時間がある -1s

394 8.2 日常表現 260

108e 明日の午後なら空いています。

sosñi səksɛɴkhu ṅ-əwa　　　ɴdo.

明日　午後　　　1S:GEN- 時間 AUX

109 どこで会いましょうか。　我们在哪儿见面？

yiǰo kəci ṅawardo-y.

1p　どこ　会う -p

109a ホテルで待っています。　我在宾馆等你。

ṅa ḍoɴkhaṅ tənayon {tə-nayo-n}.

1s　ホテル　　2- 待つ -2s

110 ここに座ってもいいですか。　我可以坐在这儿吗？

ṅa sce　ka-ñi　　mə-khut.

1s　ここ　INF- 坐る　Q- よろしい

111 ここで写真を撮ってもいいですか。　这儿可不可以拍照？

sce　təkpar ka-lat　　mə-yok.

ここ 写真　　INF- 撮る　Q- 許可されている

111a いいです。

tə-khut.

2- よろしい

112 今から行ってもいいですか。　我现在过来，行吗？

ṅa štətren　　če mə-khut.

1s　今直ぐに　　行く Q- よろしい

113 いっしょに行ってもいいですか。　我跟你一起去，行吗？

ṅa nəǰi n-əpse=y　　　če-ṅ　mə-khut.

1s　2s　2s:GEN- 一緒 =LOC 行く -1s Q- よろしい

114 家庭内のことを聞いてもいいですか。

我想问个私人问题，可以吗？

nəǰo n-əǰimgu　w-əčhes　　ka-thoʔ　mə-khut.

2s　　2:GEN- 家族 3s:GEN- ついて INF- 尋ねる Q- よろしい

114a　しないで下さい。　请不要做。

ǰi-pa-w.

PROH- する -Non1

114b　絶対にだめです。　絶対不行。

denbey ma-khut.

絶対　　NEG- よろしい

115　お願いがあるのですが。　我想求您点儿事。

ṅa nəǰo tama kətsitsike tənəskor {tə-nəskor-n}.

1s 2s　仕事　少し　　　2- おねがいする -2s

116　窓を閉めて下さい。　请您关上窗户。

kamtsa ke　ka-čat.

窓　　　ATT IMP- 閉める

117　ちょっと手伝って下さい。いいですか。　请帮我一下，好吗？

ṅa ke　tukoṅ {ta-wu-kor-ṅ}. mə-khut.

1s ATT IMP-INV- 助ける -1s.　Q- よろしい

118　ここに書いてください。　请（您）写在这儿吧。

sce　nə-lat.

ここ IMP- 書く

119　急いでください。　请您快点儿。

ta-šənak.

IMP- 急ぐ

120　続けてください。　请继续做下去吧。

ka-pa　　na-šəṭiṭup.

INF- する IMP- 続ける

121　ちょっと通してください。　请让一下。

ke　ta-rwas.

ATT IMP- 立つ

NB: 本文 3.9.2.11 参照。

122 これは1個いくらですか。 （这个）多少钱一个？

štət kərgɐ thəste ra.

これ 1つ 幾つ 必要である

123 1人いくらですか。 一个人多少钱？

tərmi kərgɐ thəste ra.

人 1つ 幾つ 必要である

124 今何時ですか。 现在几点？

šuǰe tərtshot thəste nə-ṅos.

今 時 幾つ EVI-LKV

124a 2時です。 现在两点（钟）。

tərtshot kəñis nə-ṅos.

時 '2' EVI-LKV

124b もうすぐ4時です。 快到三点了。

tərtshot kəwdi kəwməNdə {kə-wə-məNdə}.

時 '4' DIR-VPS- 到達する

NB: 接辞 -wə- については 3.4.6.1 参照。

124c 3時を回ったところです。 已经三点多了。

tərtshot kəsam wuro ka-čhe.

時 '3' より ABT- 行く

125 私の時計は少し進んでいます。 我的手表有点儿快。

ṅa ṅ-ərtshot kətsitsi nə-ṅanak.

1s 1S:GEN- 時計 少し EVI- 速い

125a 私の時計は少し遅れています。 我的手表有点儿慢。

ṅa ṅ-ərtshot kətsitsi nə-məNkhu.

1s 1S:GEN- 時計 少し EVI- 遅れている

126 閉店は何時ですか。 几点关门？

tərtshot thəste kam ka-čat.

時 幾つ 戸 ABT- 閉める

126a 開店は何時ですか。　几点开门?

tərtshot thəste kam katuw {ka-tuw-n}.

時　　　幾つ　戸　ABT- 開ける -2s.

127 成都まで何時間かかりますか。　到成都要几个小时?

čheṅdu=y kə-məNdə　tərtshot thəste ra.

成都 =LOC　INF- 到達する　時　　　幾つ　必要である

128 会議は何日間ですか。　会议要开几天?

təkros　thəste sñi ka-pa　ṅos.

寄り合い 幾つ　日　INF- する　LKV

128a 3 日間です。　开三天。

kəsam sñi ṅos.

'3'　　日　LKV

129 いつこちらへ来られましたか。　什么时候来的?

nəǰo kərṭi yitwin {yi-tə-wi-n}　ṅos.

2s　いつ　DIR-2- 来る(過去)-2s LKV

129a 昨日来ました。

məšer yikwiṅ {yi-kə-wi-ṅ} ṅos.

昨日　　DIR-1- 来る(過去)-1s LKV

130 いつ行きますか。

kərṭə kə-čhe-n　　ṅos.

いつ　INF- 行く -2s　LKV

131 今何をしていますか。　现在干什么?

tham thə kə-pa-w.

今　　何　PROG- する -Non1

132 今、友達が遊びに来ました。　现在有个朋友来玩儿。

šuǰe ṅa ṅ-əNḍiʔ　　kə-nəna yi-wi.

今　1s　1S:GEN- 友人　INF- 休む　DIR- 来る(過去)

398 8.2 日常表現 260

133 今、忙しいですか。　現在你忙不忙？

šuǰe n-əma　mə-nə-rtsip.

今　2:GEN- 仕事　Q-EVI- 忙しい

134 （我々は）修理している最中です。　現在在修理。

tham kə-wɐbde-y.

今　PROG- 修繕する -1p

135 今診察中です。

tham kə-nə-smeNba-ṅ.

今　PROG-DIF- 医者 -1s

NB: この発話者は自身が医者である。また、smeNba という名詞を種々の接辞によって動詞化する例でもある。

136 今、ホテルに着いたところです。　剛剛到宾馆。

šuǰe ḍoNkhaṅ yi-məndə-ṅ.

いま　ホテル　PFV- 到達する -1s

137 今、あなたに電話せねばと思っていました。
剛好要给你打电话。

zgak=žə　n-əNbe=y　teNhwa ka-lat

丁度 =ADVR　2:GEN- 対し =LOC 電話　INF- 掛ける

no-ra　ta-səso-ṅ.

EVI- 必要がある PFV- 思う -1s

138 知りませんでした。　我不知道。

ṅa ǰa-šə-ṅ.

1s NEG（過去）- 知る -1s

138a 知りません。

ṅa ma-šə-ṅ.

1s NEG- 知る -1s

139 もう5年ほどここに住んでいます。
我在这儿住了已经五年了。

ṅa sce kəmṅo pa nə-ñi-ṅ.

1s ここ '5'   年 EVI- 住む -1s

140 あれからもう10年以上たちます。
从那时候起，已经过去十年了。

nətə w-əžak=stas   šubren zje pa

それ 3s:GEN- 時期 =以来 今   '10' 年

to-tso-s.

PST- 経過する -PFV

141 昼から出かけねばなりません。　下午要出门。

saksɛɴkhu w-əɴpo=y   čhe-ṅ ra.

お昼   3s:GEN- 後 =LOC 行く -1s 必要がある

142 夕方までには帰ります。　傍晚以前回家。

kərñop w-əke=y   kə-naya-ṅ.

黄昏   3s:GEN- 前 =LOC 1- 帰る -1s

143 夜はオゼルさんの家に来てゆっくりしようと言っています。
晚上 Ozer 请我到他家玩儿。

poǰo ozer   w-əǰimgu=y   yi-wə-nəna-y   nə-čis.

夜   オゼル 3s:GEN- 家 =LOC DIR-VPS- 休む -1p EVI- 言う

144 私は来年日本に帰るのです。　明年我回日本。

ṅa borso ripin kə-naya-ṅ (ṅos).

1s 来年   日本 1- 帰る -1s （LKV）

145 来年また北京に来ますよ。　明年我还要到北京来。

borso ṅa maǰu pečin we-ṅ.

来年 1s 再び 北京 来る -1s

146 今（そちらへ）行きます。　我马上过去。

ṅa šuǰe čhe-ṅ.

1s 今 行く -1s

400 8.2 日常表現 260

147 すぐに戻ります。 我马上回来。

ṅa šuǰe naya-ṅ.

1s 直ぐに 帰る -1s

148 北京の今の天気はどうですか。 北京的天气怎么样？

pečin təmu thə no-pso.

北京 天気 何 EVI- どのようである

148a 快晴です。 天气好。

nə-ṅanǰak.

EVI- 晴れている

148b 雨が降っています。 下雨了。

təmu nə-lat.

雨 PROG- 降る

148c 雨が降るでしょう

təmu lat.

雨 降る

148d 雪が降っています。 下雪。

tewa nə-lat.

雪 PROG- 降る

148e 曇りです。 阴天。

nə-zdəm.

PROG- 曇る

148f 風が強いです。 风很大。

khali wastot kte.

風 とても 大きい

148g 風が冷たいです。 风很冷。

khali wastot nə-məštak.

風 とても EVI- 冷たい

148h 暑いです。　很热。

nə-saški.

EVI- 暑い

148i 寒いです。　很冷。

nə-məštak.

EVI- 寒い

148j 朝晩は冷え込みます。　早上晚上很冷。

tənam təmor nə-məštak.

朝　　晩　　EVI- 冷たい

148k 湿度が高いです。　湿度很高。

salon nə-kte.

湿度　EVI- 大きい

149 昨夜は雨でした。　昨天晚上下雨了。

mišer təmor təmu no-lat.

昨日　晩　　雨　PST- 降る

150 これは何の道具ですか？　这是什么东西？

štə　thə w-əlakčhɐ　nə-ńos.

これ　何　3s:GEN- 道具 EVI-LKV

151 切符を買う場所はどこですか。

pyiao sɐ-ki　　　kəci ńos.

票　　場所 - 買う　どこ　LKV

152 どこで降りたらいいですか。　在哪儿下车？

kəci kə-lək.

どこ ABT- 降りる

153 お掛けください。　请坐。

no-ñi-n.

IMP- 坐る -2s

154　ここはどこですか。　これは什么地方？

štət thə wu-sɐčha　nə-ṅos.

これ　何　3s:GEN- 土地　EVI-LKV

155　馬尔康飯店までお願いします。　到马尔康宾馆。

barkham ḍoɴkhaṅ čhe-y.

馬尔康　飯店　行く -1p

155a　馬尔康飯店まで。　到马尔康宾馆。

barkham ḍoɴkhaṅ nəči.

馬尔康　飯店　あそこへ

156　いくらですか。　多少钱？

wukhoṅ thəste ṅos.

値段　幾つ　LKV

157　今夜部屋はありますか。　今天晚上有房间吗？

poǰo təǰim mə-ɴdo.

晚　部屋　Q-AUX

158　1 泊します。　住一天。

kərjak ñi-ṅ.

1 泊　泊まる -1s

NB: kərjak は特に数詞を指定しなければ「1 泊」。

158a　3 泊します。　住三天。

kəsam rjak ñi-ṅ.

'3'　泊　泊まる -1s

159　部屋にトイレはありますか。　房间里有没有卫生间？

ǰimgu=y yoṅtsha mə-ɴdo.

部屋 =LOC 便所　Q-AUX

160　この部屋にします。　我要（住）这个房间。

ṅa štət w-əǰimgu=y　ñi-ṅ.

1s これ 3s:GEN- 部屋 =LOC 泊まる -1s

161 私の部屋は何階ですか。 我的房间在几楼？

ṅa ṅ-əǰim thəste tascək ṅos.

1s 1S:GEN- 部屋 幾つ 階 LKV

161a 4階です。 在四楼。

kəwdi tascək no-ṅos.

'4' 階 EVI-LKV

162 電球が切れています。 灯泡坏了。

taṭho na-ṅašo.

電球 EVI- 壊れている

163 お湯が出ません。 没有热水。

ǰistso nə-me.

湯 EVI-AUXneg

163a シャワーが出ません。 淋浴不能用。

təskruʔ sɐ-šci ka-pčo ma-nə-khut.

身体 道具 - 洗う INF- 使う NEG-EVI- よろしい

164 バス停はどこですか。 （汽）车站在哪儿？

čhiṭe sɐ-tɐ kəci ṅos.

バス 場所 - 留まる どこ LKV

165 遠いですか。 远不远？

wure mə-čhi.

距離 Q- 遠い

166 近いですか。 很近吗？

wure mə-ɴbat.

距離 Q- 近い

167 少ししかないです。 马上到。

kəzok=zə me.

少し = しか AUXneg

404　8.2　日常表現 260

168　歩いて行けますか。　可以走着去吗？

kapṭe ka-čhe mə-khut.

歩いて INF- 行く Q- よろしい

169　どのくらい（時間が）かかりますか。　要多长时间？

tərtshot thəste ra.

時　　幾つ　必要である

169a　歩いて 10 分ほどです。　走十分钟左右。

kapṭe skarma zje-čam ṅos.

歩いて 分　　'10' - 位　LKV

170　この道の右手にあります。　在（这条路的）右边。

štət wu-ṭala=y kačha-y {ka-čhat=y} ṅos.

これ 3s:GEN- 道 =LOC 右 =LOC　　　LKV

170a　この道の左手です。　在（这条路的）左边。

štət wu-ṭala=y kəwʁ ṅos.

これ 3s:GEN- 道 =LOC 左　LKV

170b　道の反対側です。　马路对面。

ṭəla w-əphari=y ṅos.

道　3s:GEN- 反対側 =LOC LKV

171　前を（西に向かって）まっすぐに行きなさい。

（沿着这条路）一直往前走。

nə-ṭi ni kasto nə-čhe-n.

2- 前 西 まっすぐ IMP- 行く -2s

NB: ni は nini「西」と同じ。方角が示されるのが普通である。

172　突き当りを左に曲がってください。　走到头往左拐。

nə-məndə-n=ren, kawi čišat yi-čhe-n.

PFV- 到達する -2s= たら 左　方向 IMP- 行く -2s

173　今部屋にいます。　现在我在宾馆的房间里。

ṅa šuǰe təǰim kə-ṅo-ṅ.

1s 今　部屋　PROG-LKV-1s

174 今日は（店を）開けていますか。　今天开（馆）吗？

məsñi kam mətuw {mə-tuw-n}.

今日　戸　Q-開ける -2s

175 お腹がすきました。　我（肚子）饿了。

ṅa no-mo-ṅ.

1s　PFV-腹が減る -1s

176 のどが渇きました。　我渴了。

ṅa nospaṅ {no-spak-ṅ}.

1s　PFV-のどが渇く -1s

177 食事に行きませんか。　我们一起去吃饭吧！

yiǰo kətəpay {kətəpaᵻy} yi-na-ɴdza-y.

1p　一緒に　　　　　　DIR-APP-食べる -p

178 たばこを吸いますか。　您抽烟吗？

nəǰo təkhu məmot {mə-mot-n}.

2s　たばこ　Q-飲む -2s

179 どこでたばこが吸えますか。　在哪儿可以抽烟？

kəci təkhu ka-mot　khut.

どこ　たばこ　INF-飲む　よろしい

180 気をつけて。やけどするよ。　小心烫着。

to-ɴdzaṅ.　　　tuwɛškin {tə-wɛški-n}.

IMP-気をつける　2-火傷する -2s

181 それは食べられません。　那个不能吃。

nətə ka-ɴdza　ma-khut.

それ　INF-食べる　NEG-よろしい

182 これは食べたことがありません。　我第一次吃这个。

ṅa štət šimi ka-ɴdza　ma-rño-ṅ.

1s　これ　今迄　INF-食べる　NEG-ことがある -1s

406 8.2 日常表現 260

183　もう食べられません。　我已经吃不下去了。

ṅa žə　ka-ɴdza　ma-čha-ṅ　　nə-ṅo.

1s 今や INF- 食べる NEG- できる -1s EVI-LKV

184　お腹が一杯です。　我吃饱了。

ṅa ta-pka-ṅ.

1s PFV- 一杯になる -1s

185　右端のを見せてください。　请给我看看最右边的。

kačhat čišat=gə tusnəmčareṅ {ta-wu-sənəmčare-ṅ}.

右　　端 =FOC IMP-INV- 見せる -1s

186　左から3つ目のものを見せてください。

请给我看看从左数第三个。

kawi čišat kəsam=tə ke　tusnəmčareṅ {ta-wu-sənəmčare-ṅ}.

左　　角　 ʼʒ=DEF　ATT IMP-INV- 見せる -1s

187　ほかのを見せてください。　请给我看看别的，好吗？

ṅa kə-mak=gə　　tusnəmčareṅ {ta-wu-sənəmčare-ṅ}

1s INF-LKVneg=FOC IMP-INV- 見せる -1s

188　素材はなんですか。　材料是什么？

wuspɐ thə ṅos.

素材　何　LKV

189　ちょうどです。　不大不小。

zgak no-ṅo.

丁度 EVI-LKV

190　似合うかしら。　合适不合适？

mə-nə-natsa.

Q-EVI- 似合う

191　ぴったり似合っているわけではありません。

好像不太合适。

kəmča　　ma-nə-natsa.

おおいに NEG-EVI- 似合う

191a　お似合いです。　真合适。

wastot nə-natsa.

とても　EVI- 似合う

192　これを買います。　我买这个。

ńa štət ki-ń.

1s　これ　買う -1s

193　これをください。　给我这个。

štət nə-dət.

これ　IMP- 与える

194　３つください。　请给我三个。

kəsam nə-dət.

'3'　IMP- 与える

195　値段がちょっと高いです。　有点儿贵。

wukhoń kəzok na-kte.

値段　少し　EVI- 大きい

196　おつりが足りません。　找钱不够。

wustar ma-nə-rtak.

お釣り　NEG-EVI- 足りる

197　少々お待ちください。　请稍等一下。

kəzok ka-nayo-w.

少し　IMP- 待つ -Non1

198　番号が違います。　你打错了。

nəjo teɴhwa haoma na-səjurno-w.

2s　電話　番号　PST- 間違える -Non1

199　郵便局はどこにありますか。　邮局在哪儿？

tascor sɐ-rko　kəci ńos.

手紙　場所 - 入れる　どこ　LKV

200 パスポートをなくしました。　我丢了护照。

ṅa hutsaw nanəpšin {na-na-pšit-ṅ}.

1s 旅券　　PST-APP- 失う -1s

NB: [t-ṅ] クラスターが [-n] となる現象は、本文例文 (106) (107)
及び 3.4.3.1 末尾の段落参照。

201 助けて！　救救我！

ṅa tukoṅ {ta-wu-kor-ṅ}.

1s IMP-INV- 助ける -1s

202 火事だ！　着火了！

ta-nǰop.

PFV- 焼ける

203 口を開けてください。　请您张开嘴。

nəǰo n-əkha　　nə-kat.

2s　　2:GEN- 口　IMP- 開く

204 気分が悪いのですが。　不舒服。

manənɐšet {ma-nə-nɐšet}.

NEG-EVI- 爽快である

205 風邪をひきました。　我感冒了。

ṅa nənəčʜɐmbaṅ {nə-nə-čʜɐmba-ṅ}.

1s PFV-REF- 風邪を引く -1s

NB: -nə- は再帰を表す接辞。3.4.6.6 参照。

206 咳がひどいんです。　咳嗽得很厉害。

ṅ-ərtshos　wastot nə-pa-w.

1S:GEN- 咳　とても　PROG- する -Non1

207 めまいがします。　头晕。

ṅa ṅ-ərnok　　nə-mžir.

1s　1S:GEN- 脳　EVI- 廻る

NB: mžir は mə-žir で、mə- は意志統御不能を表す接辞。

208 下痢をしています。　拉着肚子。

    ṅ-əwoʔ　na-pšɐr.

    1S:GEN- 腹　PFV- 下痢する

208a 便秘です。　大便不通。

    ṅ-əpše　　ka-lat　　ma-nə-khut.

    1S:GEN- 大便　INF- する　NEG-EVI- よろしい

209 だるいです。　浑身没劲儿。

    ṅ-əskruʔ　　w-əkšit　　nə-me.

    1S:GEN- 身体　3s:GEN- 力　EVI-AUXneg

210 ここがかゆいです。　这儿发痒。

    sce　na-raǰak.

    ここ　APP- 痒い

211 足がつっています。　小腿抽筋了。

    ṅ-əme　　w-əngro　　naṅathənthən {na-ṅathənthən}.

    1S:GEN- 脚　3s:GEN- 内側　PFV- つる

212 けがをしました。　我受伤了。

    ṅa tanənoṅ {ta-nəno-ṅ}.

    1s　PST- 怪我をする -1s

213 足首をねんざしました。　我脚脖子扭了。

    ṅa ṅ-əme　　nəṅəsəklik {nə-ṅə-səklik}.

    1s　1S:GEN- 足　PST-IMPS- ひねる

    NB: -ṅə- は非人称を示す接辞。3.4.6.9 参照。

214 やけどをしました。　我烫伤了。

    ṅa nə-wɐški-ṅ.

    1s　PST- 火傷する -1s

あとがき

　嘉戎語の音を初めて耳にしたのは1972年秋のことである。当時チベット語方言に興味があり、インドのカルナータカ州バイラクッペ近郊のチベット人難民センターに再建されたセラ寺に滞在していた。セラ寺には出身地ごとに学寮があり、寺全体での共通語は中央方言だが、学寮内ではその出身地の方言を話すという伝統があって、方言記述には都合の良い場所だった。基礎語彙2000を幾つかの方言について収集したが、世話になっていたゲシェから「とても変わった方言」として紹介されたのが嘉戎語だった。文法構造に手が回らなかったため嘉戎語の特徴に気づくのが遅れたが、体言はチベット語文語の綴字法通りに発音されるのが印象的だった反面、動詞に関してはチベット語ときわめて異質だとの思いを深くした。

　帰国後、㈶東洋文庫で研究者としての歩みを始め、チベット学とチベット・ビルマ言語学の蓄積に触れるにつれ、嘉戎語の持つ歴史言語学的な意味が理解できるようになった。1977年からカリフォルニア大学バークレイ校で言語学部大学院学生として学ぶ機会が得られ、ラフ語研究とチベット・ビルマ諸言語の歴史研究で著名なJames A. Matisoff教授の指導を受けた。きついコースワークと同教授から授かったチベット・ビルマ言語学の広い枠組みと視座は私にとって大きな衝撃と感動であった。研究の趣は異なるが、1940年代に嘉戎語の現地調査を行った張琨教授が同じキャンパスの別学部におられたのも幸運だった。

　Oralsの後、国立民族学博物館に任官のため帰国したが、この年東京外国語大学アジアアフリカ言語文化研究所の北村甫教授が代表者を務める文部省科学研究費補助金による現地調査研究の一員に加えていただき、ネパールのガンダキ川上流域のチベット語方言調査に従事した。調

査の後、調査のまとめのため2か月間カトマンドゥ市に滞在していたが、この時卓克基（チョクツェ）出身のギャロン・ジャンブム氏に出会った。氏は1959年チベット動乱勃発時に商用のためダージリンにおり、そのまま夫人と共にインドに留まったが、卓克基に残した子息とは音信不通となった。1979年頃から中国はチベット難民の帰還を容認する政策転換を図り、氏は卓克基から迎えに来た長男とカトマンドゥ市で1980年に再会。帰国のため旅券に替わる通行証の交付を待っていたのである。動詞に係る形態統辞論を中心に集中的な調査を行うことができ、この結果を纏めたモノグラフを1983年学位論文として提出した。氏は1981年無事帰郷を果たしたが、その4年後逝去され、私が初めて嘉戎の地を踏めた1990年に会うことは叶わなかった。

　「はじめに」で述べたとおり、学位論文をもととした1984年の著作には幾つかの不十分な点があり、それを補い、大幅な改訂を施すため、1998年から現在の発話協力者シェーラプ・レクデン師との協働が始まった。師は馬尔康近郊の莫拉で1973年に生まれ、9歳で出家し、莫拉寺に入る。教育課程の関係で3年間阿壩にあるナンシー寺に留学、1996年から2002年まではカトマンドゥ市にあるポン教学問寺ティテンノルブツェ寺に遊学して唯識とゾクチェンに関する教師資格を取得した。2009年からは莫拉寺寺管（座主に次ぐ地位）を務めている。ナンシー寺留学時以外はほぼ嘉戎語を話す環境にあり、莫拉方言の native と見做しうる。

　小著を書き終えて、ある種の区切りを付けることができ、安堵しているが、曲がりなりにも本文法が為ったのはひとえにおふたりの嘉戎語話者の理解と献身的な協力のお蔭であり、あらためて感謝の念を深くする。

　学恩を謝すべき方々は多いが、中でも最初に言語学の手ほどきを受け、その面白さと奥深さに目覚めるきっかけを作って下さった徳永康元先生、チベットの魅力とその普遍性に関心を向けて下さった堀一郎先生、東洋文庫時代から長きに亘り様々の面でご指導を仰いだ北村甫先生に心から御礼申し上げたい。また、国立民族学博物館の同僚や共同研究員、

文部（科学）省科学研究費補助金による学術調査のメンバーから多くの
ご教示をいただいたことも記しておかねばならない。

　また、文法を書く範として、加藤昌彦『ポー・カレン語文法』（2004、
東京大学博士学位請求論文）と益岡隆志・田窪行則『基礎日本語文法』
（1994、東京：くろしお出版）からは大いに教えられるところがあった。

　このような地味な研究を 30 年以上も続けてこられたのは国立民族学
博物館に在籍していたからだと言って過言でない。「共同利用」という
組織のあり方がなければ、この成果は生まれなかったと思う。小著はま
た文部科学省・日本学術振興会科学研究費補助金による研究の成果で
もある。特に、平成 16-20 年度基盤研究 S（16102001）『チベット文化
圏における言語基層の解明』、平成 21-24 年度基盤研究 A（21251007）
『ギャロン系諸言語の緊急国際共同調査研究』、平成 28-31 年度基盤研究
A（16H02722）『チベット・ビルマ語族の繋聯言語の記述とその古態析
出に関する国際共同調査研究』を受領したことによりデータの蒐集と分
析が可能となったのである。さらに、小著の出版に当たっては平成 30
年度研究成果公開促進費（課題番号 18HP5067）の交付を受けた。また、
厄介な組み版の作業と索引作成では津曲真一氏（大東文化大学）を煩わ
した。

　最後になったが、出版事情が厳しさを増す中、小著の意義を理解され、
出版を引き受けて下さった汲古書院の三井久人社長、及び、45 年間私
を支えてくれた家族に深甚の謝意を表する。

著　者

索引

事項索引

日本語

あ

挨拶する　26, 34
愛する　166, 210
会う　56, 57, 106, 112, 114, 173, 379,
　388, 394
アオ・ナガ語　12
赤い　45, 84
空き時間　140, 392
悪意ある　44
開ける　79, 106, 397, 405
朝　144, 156, 164, 375, 401
あさって　186
脚　409
足　409
明日　69, 71, 134, 140, 141, 154, 173,
　186, 202, 207
アシャ　8
アスペクト　48, 50, 86, 186
アスペクト標識　86
あそこに　69, 374, 376
あそこを　188
遊び場　374

遊ぶ　108, 225, 374, 375
与える　64, 75, 84, 93, 109, 185, 188,
　369, 407
暖かい　25
頭　29, 124
新しい　44, 358, 359
新しいシャンシュン語　4
あちら　364
あちらへ　189
暑い　401
熱い　112
集まる　86, 106, 114, 221
集める　77
後　73, 80, 88, 121, 169, 182, 382, 399
後で　192
穴　79
あなたの　166
穴を掘る　25
兄　31
姉　35
あのペン　354
阿壩　3
阿壩藏族羌族自治州　ii, 3

418 事項索引

甘い　157

アムド方言　3

雨　55, 64, 72, 168, 172, 173, 190, 218,
　　225, 376

歩み　78

洗う　122, 362, 368, 371, 403

アラビア言語学　123

ありがとう　193, 382

ありとあらゆる　363

有る　110, 128

歩いて　404

或いは　198

歩く　151

あれ　42, 84, 188

慌てる　26

安心　175

い

いいえ　354, 355

いいかげんにしてください　390

いいです　199

いいですよ　151, 385

言う　32, 58, 135, 137, 179, 191, 216,
　　223, 226, 370, 384

家　43, 56, 57, 66, 80, 87, 110, 119, 141,
　　142, 148, 157, 175, 178, 211, 215, 225

意外性　49

いかがですか　393

いかにして　43

行く　41, 49, 51, 58, 64-69, 72, 78, 108,
　　125, 128, 134, 147, 150, 151, 154, 163,
　　172, 173, 175, 225, 365, 391

行く（過去）　33, 43, 54, 76, 83, 85, 88,
　　108, 135, 177, 179, 192, 364, 365

戦　156

幾つ　50, 43, 137, 171, 185, 357, 358, 375

いくら　183

池田巧　16, 353

石　166

意志性　51, 168

意志制御不能の動作　104

医者　31, 398

急いでください　395

忙しい　379, 398

急ぐ　63, 125, 395

板　32

痛い　116, 118, 124, 164, 383

1　126, 159, 161, 358, 383

1時半　161, 183

一度に　192

市場　364, 373

10000　159

いつ　43, 150, 152, 215, 366, 393, 397

5日後　186

一生懸命（に）　194

一緒（に）　150, 193, 365, 366, 394, 405

一致　49

一杯になる　77, 80, 406

1泊　402

一般的移動　73

1匹の豚　30

一歩一歩　78

いつも　189, 192, 193, 382

意図的に　61

日本語　419

犬　i, 40, 211
鼾をかく　25, 26
今　60, 68, 69, 81, 87, 147, 150, 156, 172, 178, 185, 190, 191, 222, 358, 374, 384, 387, 392
今直ぐに　394
未だ　188
今迄　155, 157, 188, 405
今も　223
意味　58, 69, 177, 196, 221, 223, 384
入り口　125
居る　57, 164, 178, 220
衣類　368
入れ物　120
入れる　407
色　391
囲炉裏　81
インド　24, 25, 56, 82

う

上　31, 73, 125, 362
上に　171, 189
上へ　31
聞宥　13
ヴォイス　49
迂回して　119
動きの様相　50
動く　116, 388
牛　174
失う　123, 224, 408
臼　79, 112
嘘　25, 26, 218

歌う　68
疑う　124
打つ　32, 55, 64, 71, 114, 136, 163, 176, 215, 223, 225
美しい　46
打つ人　32
馬　40, 137, 142
うまく　71, 208
うまく行く　390, 393
生まれる　127, 164
売る　32, 56
うるさい　45, 220
売る場所　32
うれしい　172, 388
運転手　32

え

絵　224
英印政庁　12
映画　178, 226, 367
エビデンシャル　xxiii, 49, 89
エビデンシャル標識　89
エビデンシャルマーク　131
選ぶ　26
遠称　31, 142, 189
鉛筆　30

お

美味しい　30, 31
王　10
終える　80, 121, 371
多い　176, 223, 375, 379

420 事項索引

おおいに　220, 393, 406

狼　7

大きい　30, 44, 45, 64, 78, 142, 158, 171, 166, 218, 219, 400

大きくする　109

大きくなる　77

大麦　118

おおよそ　185

お金　72, 110, 137, 175

起き上がる　219

お気の毒に　200

起きる　77, 78, 105, 106, 110, 144

置く　33, 125, 362

奥さん　112

遅れている　396

遅れる　382

起こす　105

叔父　41

教える　107

押す　83

オス　34

遅い　382

おそらく　194, 195

恐れる　47

落ち着く　79

お茶　146, 190

落ちる　79

おっしゃるとおり　391

夫　379

お釣り　407

脅かす　47

男　34, 107, 115

おととい　187

音にする　225

踊り　369

驚く　388, 389

おねがいする　395

お久しぶり　379

お昼　399

オフィス　147, 150, 178

覚える　59

思う　59, 151, 217, 218, 367, 388-391

面白い　388

お休みなさい　378, 379

泳ぎ　128

泳ぐ　26

降りる　76, 401

終わる　153, 154, 221

音楽　224, 226

音節構造　21

女　34, 166

か

か　174

が　175, 176

雅安市宝興県　3

回　126, 161, 223, 381

階　403

会議　35, 140

会合　196, 216, 221

外戚　8

快諾　148

快適である　123, 390

快適に思う　375

日本語　421

會同館　15

か（否か）　69

華夷譯語　15

買う　35, 51, 64, 72, 87, 143, 145, 163,
　　165, 176, 177, 224, 401

帰る　82, 122, 169, 399

変える　105

帰れ　217

顔　371

書く　115, 169, 206, 360

掻く　115

格助詞　163

隠す　223

学生　133, 172, 355, 356

隠れる　111

掛ける　125, 210, 398

過去　76

雅江県　3

過去の進行　48, 86, 87

過去の非完結相　86, 88

過去の否定　51

過去の未完了　48

傘　30, 41, 42

飾り　26

貸してあげる　111

歌唱　371

過剰　157

貸す　111, 195

風　400

華西協合大学　14

風邪を引く　219, 408

家族　150, 357, 359, 361, 380, 394

肩　83

学級　133, 355

学校　65, 153, 154, 219, 225, 355, 368

仮定　48

過程動詞　49, 127

悲しい　45, 390

かなり前　187

かなわんなあ　199

鐘　371

鞄　121

花瓶　181

構わない　151

紙　31

上座　73, 81

髪の毛　29

カム・チベット語　62

粥　30

痒い　409

から　122, 165

身体　45, 47, 116, 195, 220, 403, 409

身体を治す　220

空の　44

仮に　196

下流　74, 81

借りる　49, 110, 111, 175, 195, 364

借りる（過去）　110

ガル・トンツェン　6

彼　69

彼（女）の　354

ガロ　12

ガロ語　63

皮　121

422 事項索引

可愛い　30
乾かす　106, 111
乾く　77, 106, 111
川の方へ　74
替わりに　380
変わる　105, 388
灌漑する　64
考える　59, 60, 385
感覚動詞　203
関係ありません　386
関係がある　386
関係する人　226
漢語　iii
漢字
康山　10
完遂する　80
康定県　3
漢族　134, 357
感嘆詞　199
甘孜　356, 365
甘孜藏族自治州　3
感動しました　388
幹部　355
勧誘　103, 104

き

消える　113
ギェルモロン　8
記憶　372
記憶して　60
気が小さい　45
期間　67, 157

希求　48
希求法　xxiii, 213
聞く　175, 388
聴く　226
危険　142
気候　155, 173
聞こえる　384
汽車　63, 125
起床する　375
傷　116
傷口　118
競う　356
北アッサム語群　17
帰宅する　66, 157
北方向　364
気遣う　193, 382
キッパリと　54
切符売り場　32
基底形　xxii
気に入りません　389
気に掛ける　193, 195, 382
気にする　383
昨日　35, 106, 112, 128, 135, 142, 154,
　　172, 174, 178, 186, 187, 224, 356, 366
キノコ　40
気持　68, 177
着物　108, 158, 171, 362
疑問　48, 50, 204
疑問詞　42
疑問の助詞　163, 168
逆接を表す副詞節　223
逆行態　xxiii

日本語　423

嘉戎　i
ギャロン　i
嘉絨　4
ギャロン・ジャンブム　ii, 412
ギャンツェ　165
9　357, 375
九寨沟県　3
急に　179
キュンポ　88
羌　7
今日　156, 172, 186, 203, 356, 362, 375, 358
羌系諸語　i
羌語　3, 63
羌語群　17
羌語支　18
教師　355
碉磋　xxvii, 11
兄弟　137, 142
強調されない1　30
郷里　356
許可　148
許可されている　394
許可を表す助動詞　152
曲　225
虚辞　164
キョムキョ　52, 81, 92, 164
脚木足　xxvii, 52, 164
距離　45, 374, 403
切る　26
着る　108
気をつけて　380, 405

気をつける　26, 380, 405
気を揉む　390
禁止　48, 51, 62, 67, 168, 207, 213
近称　189
金川　4
金川戦争　4, 10
勤勉である　60, 194
勤勉な　218
勤勉に　194
金鵬　13, 14, 28, 209
金曜日　358

く

狗　8
具合が良い　216
瞿靄堂　14
空間を表す副詞　188
具格　164
具格助詞　212
草　79
クジャク　28
薬　80, 107, 126, 169, 182
ください　407
口　408
嘴　25
靴　171
くつろいで　388
旧唐書　6, 8
国　64, 156
凹む　26
曇る　400
グラウンド　374

424　事項索引

クラス　355

クラスメート　355

比べる　356

来る　43, 49-51, 56, 59, 61, 66, 68, 70,
　81, 85, 103, 121, 150, 164, 175, 177,
　189, 196, 202, 219, 357, 358, 386, 387

来る（過去）　33, 41, 135, 137, 174, 186,
　218, 225, 366, 381, 397

車　41, 55

車を運転する　32

黒い　30

グンソン・グンツェン　4

け

計画　393

経過する　366, 399

経験者　49, 90, 123

敬語表現　103, 206

警察　217

計算　225

形態統辞論　i

系統樹　16

形容詞　44

来る（HON）　68

繁聯言語　i

繁聯性　47

怪我　72, 208

怪我をする　409

消す　113

ケチ　223

ケチである　176

結婚　53, 54, 59, 71, 72

結婚する　75

決して　382

決して…ない　195

下痢する　409

ゲル派　4

けれども　174, 223

原因　164

元気である　45, 137, 379

言語　58

言語類型論　iii

現在進行　86

堅実　208

顕著である　26

懸命である　194

こ

子　112

故　381

戈　8, 9

5　144, 153, 154, 159, 191, 358, 367, 381,
　393, 399

語　135, 172

語彙化　75, 105, 113, 122, 123, 128

故意に　181

行為者　202

口蓋垂音　11

合計で　183

硬口蓋破裂音　23

高降調　28

耕作　55

工場　183

洪水　142

日本語　425

講台　362

剛胆な　45

幸福である　123

後部歯茎摩擦音　23

越える　174

ゴール　49, 90, 93, 210

語幹　49

語気を和らげる副詞　184

黒水　xxvii, 10

告訴する　31

穀物　113

ここ　59, 67, 137, 141, 142, 164, 364

ここに　70, 189

午後　140, 157, 393, 394

心　45, 121, 175, 386, 388

胡书津　353

腰を据える　79

ゴチャゴチャした　45

こちらへ　189

国境　68

こっそり　181

コップ　141

ことがある　405

孤独である　390

今年　55, 123, 357, 359

言葉　144, 205

子供　106, 108, 139, 357, 360

5番目　358

語文　355, 357, 372

こぼす　25

細かい　44, 109

駒を進める　82

コミューン生産　65

米　25, 61

ごめんなさい　382

暦　225

これ　30, 42, 68, 80, 84, 89, 92, 107,
　　126, 146, 153, 161, 166, 182, 188, 358

これから　150, 191

これよりもっと綺麗に　115, 206

殺し合う　114

恐い　119

怖い　47

怖がる　119, 120

壊す　181

壊れている　403

壊れる　383

今回　216

困難　128, 382

困難である　46, 128

今晩　169, 205

さ

西域記　6

再帰　117, 408

最近　191

最上級　44

裁断する　25

最中　171

再度　180

探す　108, 381

魚　176

酒場　31, 53, 54

昨年　64, 137

426 事項索引

酒 154

昨今 163, 187

寂しい 45, 390

寒い 44, 176, 401

ザムタン 10

壤塘 10

さようなら（去る人に対し） 380

さようなら（留まる人に対し） 180, 380

皿 122

沙尔宗 xxvii

3 30, 128, 143, 159, 396, 397, 402, 406, 407

参 7

参加する 222

算数 356

賛成 391

山頂 374, 375

参狼 7

し

詩 225

字 133, 177, 360

仕上げる 77

しあさって 186, 393

四夷館 15

シェーラプ・レクデン ii, 412

使役 104-106

塩 165

し終える 77, 153

し終わる 153

しか 361, 373, 403

しかし 175, 197

叱る 167

時間 41, 69, 170, 175, 196, 219-221, 379, 394

時間がある 65, 122, 156, 157, 185, 384, 386, 392, 393

時間が経過する 157

時間がない 66

時期 358, 392, 399

歯茎硬口蓋破擦音 23

歯茎破擦音 22

歯茎破裂音 22

歯茎摩擦音 23

試験 71, 128

自業自得 77

仕事 38, 49, 55, 56, 59, 60, 68, 72, 88, 108, 131, 134, 153, 175, 186, 226, 362, 385, 395

仕事をする 48

自己崩壊する 117

指示代名詞 42

死者 32

辞書 361

沈む 25

四川省 i

自然に 116

自然に治る 116

四川盆地 3

下 31, 73

したことがある 67, 154, 155

子達 14

下へ 31

質が良い　391
しっかりした　45
湿度　401
嫉妬深い　45
質問　383
質問する　150
して　175
してから　175
至適である　181
して（も）よい　149
視点切替　xxiv
自動的動作　115
自動的に　116
しながら　176
シナ・チベット　xxiv
品物　365
辞任　220
死ぬ　32, 85, 90, 91, 127, 381
柴　81
しばしば　53, 192
絞る　26
姉妹　142
閉まる　106
閉める　106, 395, 396
下座　73, 81
斜格名詞　212
借用語　24
写真　143, 145, 152, 163, 394
茶堡　xxvii, 123
シャンシュン　5, 6
シャンシュン語　7, 9
向柏霖　15

10　154, 157, 218, 357, 358, 399, 404
銃　64
集会　141
収穫　359
従順である　46
修飾　45
修飾語　201
終助詞　178, 204
修繕する　109, 398
充足を表す助動詞　144
充分である　144, 145, 386, 389
10分の3　161
100000　159
重要　59
修理する　146
受益者　49, 90, 93, 210
受益者項　118
熟慮　109
主語　123
主題　201, 202
主題化　203, 211
述語　130, 201
出席する　216
受動者　202
受動態　212
順に　192
女医　34
定（DEF）　34
小金川　3, 10
上下　74
条件　222
条件などを表す副詞節　221

428 事項索引

章谷　6
少女　34, 178
状態述語　201, 202
状態動詞　47
冗談　389
冗談でしょう　389
焦点　212
焦点化　xxiii
使用人　108
少年　34
商売　220
商売をする　48
丈夫な　25, 26, 359
小便　32
消滅の危機　iii
上流　74, 81
上流へ　66, 179
ショー　54
女王の谷　4, 5
食堂　88
職人　87
食物　35
女国　6
女国の東漸　3
助詞　163
序数　160
ショック　389
助動詞　138
所有　165, 176, 386
所有物　166
所有を表す助詞　165
助力　382, 383

書類　109, 188, 216
知りません　398
知りませんでした　398
知る　41, 57, 58, 70, 131, 155, 173, 177,
　　205, 215, 216, 223, 385
白い　44
時を表す副詞　185
神経質である　390
進行態　xxiv
寝室　31
真実である　183
唇歯摩擦音　24
新情報　xxiii, 212
新情報マーク　203, 204, 212
新情報を導く助詞　166
信じる　389
親切である　75, 391
新唐書　6, 7
心配　148, 219, 226
新聞　87, 365
景頗　17
新龙县　3

す

水泳　143
隋書　6
吸う　78
好き　215, 224, 389
好きである　391, 392
すぎる　157, 158
直ぐ　217, 400
少ない　113

少し　80, 169, 182, 185, 217, 220-222,
　　376, 380, 383, 391, 392, 407

少し進んで　396

スコップ　25

進んでいる　46

すっかり…する　77

すっきりする　169

酸っぱい　27

捨てる　171

すばらしい　123

すべすべした　25

すべて　391

住む　33, 79, 148, 192, 399

スムパ　7, 8

スムパ族　6

スムパのラン氏　7

スムパ・ランの金の国　8

住める状態ではない　148

する　31, 32, 43, 55, 69, 72, 86, 87, 108,
　　109, 126, 128, 148, 152, 161, 181, 218,
　　223, 226, 389

する時間がある　156

鋭い　358

する場所　31

する人　32, 356

座る　149

坐る　394

松潘　3

せ

セ　8

税　64

精確（に）　183

生活　33, 187, 359

星期　358

生産　60

青藏高原　3, 5

声調　11, 27

声調発生　28

せいで　54, 55

西番譯語　15

製品　161

政府　60, 64

征服する　88

声門閉鎖音　22

咳　408

責任　217

接触する　393

接続詞　197

接続助詞　163, 170

絶対　395

絶対時制　xxii, 50

絶対にだめ　395

切迫した未来　157

接尾辞 -s　127

説明　180

説明する　223

説明的発話　134

是非　195

狭い　27

セラ寺　411

1000　159

川三　15

先生　224, 355, 365

430　事項索引

前接辞　29

前接辞の語彙化　128

川番譯語　15, 16

全部　75, 183

そ

そう思います　385

爽快である　387, 408

相互動作　104, 114

掃除　356

双数　38, 161

藏族　ii, 132, 357

そうですか　388

そうなんですか　385

そうは思いません　391

ゾウは鼻が長い　212

属する　131, 370

族長　27

そこ　215

素材　406

注ぐ　79

育つ　77, 79

育てる　109

属格助詞　212

外　190

その時　217

祖父　27

祖母　108

ソマン　ii, 10

梭磨　ii, xxvii, 4, 10, 150, 387

梭磨河　3

そり舌破裂音　22

若尔盖县　3

それ　42, 84, 151, 217

それはそれは　199

それは大変　200

それほど　176

ゾンウル　10

孫宏開　18

存在の助動詞　138, 142

孫天心　15

た

だ　130

態　49, 104

第1の　160

大学者　92, 188

退却する　82

第9の　160

大金川　xxvii, 3, 10

退屈　390

戴慶廈　18

第5の　160

滞在する　57, 67, 87, 137

第3の　160

対し　161, 216, 369, 370, 398

第10の　160

大体　183, 185

代動詞的用法　135

大渡河　5

第7の　160

第2の　160

第8の　160

大変　182

日本語　431

大便　409
大変大きい　44
大便が出る　25
大変寒い　44
代名詞化　12, 163
ダイヤ　176
太陽　27, 165
第4の　160
平らな　32
第6の　160
道孚県　3
だが　175
高い　44, 45, 161, 174
互いに　114, 180
だから　177, 178
だからどうだ　133
沢山　55, 64, 67, 87, 92, 141-143, 157,
　　175, 176, 182, 188, 223
長けている　225, 373
だけでなく　177
竹ペン　354, 360
確か　54
助け　59
助ける　48, 156, 220, 370, 408
尋ねる　56, 71, 217, 394
黄昏　399
叩く　31
叩くもの　31
正しい　137
直ちに　192
立つ　395
経つ　381

ダツァン　10
大藏　10
奪格　164
奪格助詞　165
脱語彙化　105, 128
達する　191
たっぷり　184
他動詞化　49
他動詞性　63, 203
たとえ…でも　177
谷　8
楽しかった　388
たばこ　149, 152, 405
多分　134, 222, 374, 376
食べる　35, 61, 66, 68, 80, 87, 121, 122,
　　150, 153, 155, 156, 172, 176, 203, 405
だめ　66, 149, 151, 152, 387
ために　87, 118, 181
たら　69, 172, 190, 196, 221, 222, 404
足りた　145
足りましたか　145
足りませんでした　145
足りる　407
だるい　409
タルツェンド　356, 367
誰　42, 57, 132, 215, 356
誰の　353, 354
短銃　87
単独　366, 381
タンパ　10
丹壩　xxvii, 4, 10, 11
丹巴県　3

432 事項索引

単文 201

ち

地域 54, 67, 165
小さい 44, 45, 158
チェイフ 212
近い 42, 45, 403
知覚動詞 203
力 409
父 29, 40, 87, 108, 181
チベット 54, 67, 163, 165, 355, 357
チベット語 i, 9, 225
チベット語群 17
チベット人ではありません 132
チベット・ビルマ語派 17
チベット・ビルマ諸語 iii, xxiv
チベット・ビルマ祖語 i
茶 107, 174
茶漉し 146
チャムド 156
昌都 366
チャン 143
忠告 382
中国 58, 387
治癒する 116
長 217
張琨 14, 411
丁度 190, 398, 406
丁度今 362
チョーク 363
チョクツェ ii, 10, 81, 92
卓克基 ii, xxvii, 10, 81, 82, 92

ちょっと 184
ちょっとそこまで 364
ちょっと手伝って 395
ちょっと通して 395
ちょっと前から 185
賃金 56
チン語群 17
陳述の副詞 194

つ

雑古脳 xxvii, 13
ツァコ 10
雑谷 xxvii, 6, 9, 10
ツァワロン 4, 8
ついて 150
ツェンラ 10
賛拉 xxvii
ツォプドゥン 10
草登 xxvii, 10, 29
使う 403
捕まえる 68
疲れる 175, 376, 379, 380
月 358, 383
突き当りを 404
突き当たる 175
月の名称 160
着く 49, 69, 117, 190, 219, 220, 374-376
搗く 79, 371
机 125
着く（過去） 88
作る 77, 80, 87, 110, 146, 175, 225
土壁 24, 25

日本語 433

続けてください　395
続ける　395
繋ぐ　26
唾　77
唾を吐く　77
つぶる　106
妻　108
冷たい　44, 116, 401
つる　409

て

て　174
手　122
で　357
ディグム・ツェンポ　8
提出　188
ティソン・デツェン　6
ティテンノルブツェ　ii, 412
程度の副詞　181
丁寧な依頼　115
丁寧な命令　84, 103, 206
丁零　7
手紙　87, 168, 169, 215
手紙を書く　31
手紙を書くもの　31
敵　25
適用形　117
適用態　xxii, 117, 119, 123
できる　65, 71, 128, 143, 177, 208, 219,
　　373, 376, 387
です　130, 131, 355, 358
ですか　130-132

ですから　197
ではありません　355
ではない　130
ではないのですか　132
ても　173, 177
寺　92, 188
寺を建てる　48
出る　218
デルゲ　356
天気　68, 177, 400
電球　403
テンス　48, 50
テンス・アスペクト　48, 73
テンス・アスペクトの副詞　190
テンス標識　73, 86
テント　30
電話　71
電話する　48

と

と　170, 172, 363
戸　125, 396, 397, 405
トイレ　141, 402
道具　143, 145, 401, 403
党項　8
動作者　49, 90, 93, 123, 204, 210
動作の方向　50
動作の様態　49, 50, 104
動詞化　49
動詞句　47
動詞構造　i, 47
どうしたんだ　133

434　事項索引

どうしよう？　389

東女国　6, 8

同仁　82

東遷　6

動態述語　201, 202

動態動詞　47

到達する　105, 396-398, 404

到着する　90

疼痛　27

どうでしたか？　391

遠い　45, 165, 374, 403

通りに　226

杜柯河　3

時　55, 144, 157, 218, 226, 396

綽斯甲　13

説く　183

毒　107

特に　181

時計　46, 50, 153, 154, 185, 190, 191,
　　358, 375, 396

どこ　43, 124, 356, 381, 394, 401, 403

歳　218, 357

年　126, 128, 143, 157, 161, 381, 399

土司　4, 10

としても　177

土司の館　82

図書館　35, 365

閉じる　54, 106

土地　402

トチュ　10

どちら　43

突然　179

とても　75, 87, 137, 172, 176, 181, 182,
　　220, 223

留まる　380, 403

どなた　354

トバ　10

吐蕃　7

吐蕃王朝　3-5, 8

泊まる　402

共　367

吐谷渾　4, 5, 8

虎　119

鳥　40

トリプラ　12

度量　45

摂る　169, 182

撮る　143, 145, 394

どれ　133, 355, 366

泥棒　120

トン氏　8

ドン氏　8

罈子　27

ドンドンと　115

どんな（様子）　359

な

ナイフ　358, 360

内部から崩れる　117

ないように　208

治す　116

直す　109

治る　80, 169

中　66, 107, 126, 141, 142, 149, 152, 157,

日本語　435

215, 217, 224, 225
ナガ　12
長い　44, 45, 113, 158, 379
長く　187
長くする　113
長さ　113
殴りあう　114
殴る　109, 167, 210
投げる　390
為す　393
なぜ　43, 384
夏　123, 392
ナトゥ　174
7　159, 218, 361
何　41, 42, 58, 86, 135, 141, 146, 174,
　　215, 217, 353, 380, 384, 391, 393
何であったとしても　151
何ひとつとして　57, 147
何も　146
なので　219
なのです　134
なのに　173
名前　363, 380
名前がついている　363
舐める　122
なら　68, 72, 172, 173, 221
習う　107
並べる　192
縄をなう　25
何ヶ月か前　187
軟口蓋破裂音　22
ナンシー寺　412

何であっても　172
なんと！　199
なんとか　195
何ともありません　380
何日か前　187
何人かの人　162
何のために　43

に

2　159, 220, 362, 381, 396
似合う　406
臭い　45, 124
臭いがする　45, 124
2ヶ月　160
2月　160
肉　172, 176, 187
逃げる　119
西　404
西田龍雄　17
西方向　364
20　159
22　159
にとって　158
入手する　182, 222
認識の直接性　50
人称　50
人称接辞　i, 13, 49
人称接辞 S1　103
人称代名詞　37, 165
人称標識　90
妊娠している　44, 47, 116

436 事項索引

ぬ

脱ぐ 108
盗人 32, 218
盗み 33
盗む 32, 33, 118, 120, 121
濡れる 111

ね

根 25
根が太る 79
値段 30, 41, 43, 45, 171, 402
値段が高い 45
熱がある 195
寝床 144
ネパール 165
眠り 145
眠る 27, 31, 55, 195
寝る 378
ねんざ 409
年齢 25

の

の 165, 170
脳 408
能格 xxiii, 166, 208, 212
能格助詞 212
能格性 166, 208, 211
農民 60
能力を表す助動詞 143, 144
望む 60
ので 56, 64, 87, 176, 177, 220

のです 134, 135
のではない 135
のどが渇く 405
のに 223
登る 76
昇る 165
飲みにくい 46
飲みやすい 46
飲む 31, 143, 149, 152, 154, 190, 405
のようだ 391
のようである 359, 379, 385
のように 360, 380
呪いを掛ける 48

は

パーセント 161
はい 199
倍 160
排除形 38
入る 149
泊 402
吐く 77, 78, 115, 125
白狗羌 9
博打 222
運ぶ 109
後部歯茎破擦音 22
端 406
始める 178, 191
場所 32, 137, 154, 374, 401, 403
場所格助詞 163
バス 218, 403
恥ずかしい 25

日本語　437

派生的接尾辞　49

畑　64

8　25, 159, 361, 376

罰　60

はっきりした　181

はっきりと　179-181, 384

発展　64

巴底　xxvii, 11

花　45, 125

話　175, 181, 220, 388, 389, 393

話をする　380

話す　32, 180, 369, 384

話す内容　32

話す人　32

汗牛　xxvii

母　29, 87, 158, 181

母親　38

早い　376

速い　46, 179, 396

早く　179, 216

速く　69, 196, 219, 220

腹　409

腹が減る　405

梁　25

バルカム　10

晴れている　400

晩　172, 187, 401

パン　121

反対　391

反対側　404

判断転換態　xxiii

判断動詞　130

判断の転換　123

判定詞　xxiii, 72, 130, 133, 201

反復動作　115

半分　161, 183

ひ

日　217, 366, 397

非意志的　xxiii

鼻音化要素　24

比較級　44

非過去　76

非過去の否定　51

非過去の未完了　86

東　165

東へ　179

東方向　364

引く　26, 59, 71, 72, 75, 83, 381, 383

挽く　79, 112

飛行機　24, 188

被告人　31

柄杓　24, 25

非常に　183

非真実　xxiii

左　175, 404, 406

日付　358

跛　112

跛をひく　112

羊　165

必要がある　41, 111, 128, 215, 219, 220,
　365, 368, 385, 392

必要・義務を表す助動詞　146

否定　48, 50, 51, 213

438 事項索引

否定の希求 51, 62, 63, 168

否定の助詞 163, 167

否定の命令 207

人 38, 41, 57, 86, 106, 120, 124, 130, 356

被動作者 49, 90, 93, 210

ひとつ 87, 184, 185, 396

一通り 370

人ひとり 30

ひとり（で） 193

一人の人 30

非人称 125

ひねる 409

非哺乳動物 29

暇がある 156

秘密 383

100 25, 143, 145, 159

100万以上 159

白蘭 6, 7

白蘭羌 7

票 401

病院 147, 178

病気 72, 208

病気である 68, 72

病人 32, 143, 178

開く 106, 125, 408

昼 195

昼ご飯 121

広い 27

ふ

拭く 25

副詞句 189

副詞節 218

副詞的接辞 104

複数 38, 161

複文 215

膨らます 25

不定（IDEF） 34

付属語 163

再び 191

2つ 30

2人の人 161

部長 109, 216

太った 392

普米語 xxvi

踏みつける 115

ふり 173, 176

降る 51, 55, 64, 72, 168, 172-174, 218

篩 25

分 191, 358, 404

文語 372

文・述語修飾副詞 193

分数 160

文成公主 4

へ

平滑な 26

兵士 88

並列節 224

へぇー 199

別の問題 385

部屋 30, 141, 217, 402, 404

減らす 113

日本語　439

北利摸徒　7

ペン　30, 31, 358, 359

勉強　41, 170

勉強する　172, 194

勉強する人　32

便所　32, 141, 402

便利な　46

ほ

黄布凡　15

棒　107

鳳凰　24, 25

崩壊する　117

方角　175

包括形　38

方向　366, 404

宝興　11

方向接辞　xxiii, 13, 31, 48, 73

方向接辞（非過去）　76

法事　126, 161

幇助する　110

ボウル　141, 142

ボール　356

北史　7

僕はウナギだ　133

星　25

欲しい　146, 148

補足語　201

補足節　215

ほっといてください　386

ポティ　361

ホテル　394

ほどける　113

ボド・ナガ語群　17

哺乳動物　29

ボラ　75

莫拉　i, ii, 75, 82, 92

莫拉寺　ii, 412

ボリボリ　115

本　35, 72, 109, 111, 133, 141, 163, 173,
　224

ポン教　i, 3

ポン教大蔵経　3

本当（に）　183

ま

まあまあだ　152, 183

毎日　41

マウォ　10

麻窩　xxvii

前　71, 73, 128, 143, 153, 195, 219, 220,
　399, 404

曲がっている　107

巻かれた状態になる　105

巻く　105

馬鶏　27

马月华　353

まさか　63, 389

まさに…しようとする　157

混ざる　107, 114, 126

まずまず　187, 391

また　172, 185, 222, 370, 384, 392

まだ　191, 195, 362

また会いましょう　191

440 事項索引

または 174, 205

間違える 407

松 25

待つ 122, 147, 182, 383, 394, 407

真っ白な 44

まっすぐ（に） 71, 193, 208, 404

全く 183

まで 164, 165

窓 395

学ぶ 32, 133, 135, 355, 357, 372

迷う 122

マルカン 10

馬尔康 ii, 10, 75, 381

廻す 105

廻る 105, 408

み

見える 105, 106, 387

未完了 48

右 404, 406

短い 158

水 64, 107, 112, 114, 126, 146, 174

水を汲む 84

店 30, 41, 51

見せしむる 112

見せる 105, 406

道 165, 404

道に迷う 25, 111

緑の 44

見なす 60

南方向 364

ミニャク 8

耳 29, 45

耳を傾ける 195

米亜罗 xxvii

明晩 140

観る 385

見る 54, 57, 112, 176, 178, 188, 225, 226, 367

岷江 3

民族識別 ii

む

ムード 48, 50

昔 155, 165, 187

息子 29, 34

娘 29, 30, 34

無声歯茎側面接近音 24

無声声門摩擦音 23

胸 27

無標 210

木尔宋 xxvii

ムルド 3

め

眼 54, 106

明確に 179-181

名詞化 31

名詞相当表現 215

命令 48, 206

メス 34

目を覚ます 75

も

も　171, 172
もう　185
もう一度　191
もうすぐ　105
もうたくさんだ　389
もう一人　162
目的語　123
もし　196
文字　387
茂県　3
もしもし　199
持ち上げる　166
勿論　370
持つ　191
最も　392
尤もである　137
戻る　122, 217
物　120
ものであります　134
モモ　31, 203
桃　215
モンゴル　172
問題がある　380, 382

や

ヤク　138, 140, 174
火傷　35
火傷する　35, 405, 409
焼ける　408
野菜　51

易しい　45, 46, 388
安い　30, 388
休み　71, 207, 226
休む　186, 221, 226, 381
野生のヤク　25
痩せた　392
やせっぽち　32
痩せる　32
山　376
山の方へ　74
病む　32, 68, 87, 172, 187, 222
やり方　360
ヤルルン家　7, 8

ゆ

湯　403
遊園地　374
友人　118, 186, 397
有声硬口蓋接近音　24
有声硬口蓋鼻音　23
有声歯茎側面接近音　24
有声歯茎鼻音　23
有声歯茎ふるえ音　24
有声軟口蓋鼻音　23
有声両唇接近音　24
有声両唇鼻音　23
郵便局　407
故に　384
雪　174, 225
逝く　85
ゆっくり　180, 380, 384
夢　112

442 事項索引

夢見る 60
夢を見る 112
揺らす 116
緩める 113

よ

良い 43, 44, 60, 65, 68, 109, 120, 161,
　171, 177, 220, 359, 390
良い気分 387
よう 215
酔う 107
用意ができている 148
容易である 71, 207
様子 87, 176
ようだ 141, 393
様態の副詞 179
様態を表す副詞節 223
ようである 124, 126, 376
ような 161
ように 161
夜が明ける 371
よく 55
欲 45
良くする 110, 116
よくなる 175
4日後 186
予定 367
読む 35, 87, 123, 173, 223, 224, 365
嫁 59, 71, 72, 75, 381, 383
嫁をもらう 75
より 31, 61, 396
寄り合い 397

より長い 44
夜 164, 187
よろしい 46, 149, 172, 187, 360, 387,
　391, 395
よろしく 380
4 30, 126, 159, 161, 190, 396, 403
ヨンツァ 32
4分の1 161

ら

来年 122, 399
拉鳴戎語 xxvi
ラサ 24, 69, 72, 88, 140, 165
ラプテン 10
ラン（rLangs）氏 6, 7

り

理解 223, 384, 389
離婚 383
理県 10
理塘 366
日部 10
理番 xxvii
理由 164
良好である 220
両唇破裂音 22
量の副詞 184
旅券 408
リンゴ 89
林向栄 14

日本語　443

る

類別詞　xxii, 36

れ

歴史　135
連続動作　104
連体修飾語　201
連体節　224
連用修飾語　201

ろ

聾　27, 29
労働者　87, 161
6　159, 191, 218, 357, 361, 367, 375
ロロ・ビルマ・トゥルン語群　17

わ

若者　34
分からせる　370
分からなくなる　123
分かる　69, 196, 222, 223
忘れる　85, 86, 195, 382
私の　166, 353, 386
私のもの　42
渡す　56, 185, 216
笑う　115
悪い　120

英語・チベット語

A

agent   118

agentless passive   127

agreement   i, 49, 70, 90, 93, 125, 126, 130, 145, 202, 230

animacy   34

applicative   117, 230, 233

Arrow and the Spindle   230

attenuant   184

away from   105

B

Baic   18

'Bal   8

'bar khams   10

Baric   16

Bauman   102, 209, 213, 227

Baxter   227

bcu pa   160

bdun pa   160

Benedict   17, 19, 227

benefactive   118, 119, 123

Betty Shefts Chang   14, 228

Bha dbo   xxix, 10

bho la   i

bkra shis   10

Bodic   16

Bodish   16

Bonpo   233

Brag steng   xxix, 11

brgyad pa   160

'Brong rdzong   xxix

btsan   10

bTsanlha   xxix

bur   10

Burling   63

Burmic   16

Burnett   227

Byang chub rgyal mtshan   227

bzhi pa   160

C

Chafe   49

Chang Kun   14, 227, 228

Chirkova   228

Coblin   228

cohesion   62

copula   130

D

Da gtsang   xxix

da tshang   10

Daic   16

英語・チベット語　445

dang po　160

Deb ther rgya mtsho　6

definite　34

DeLancey　228

dgu pa　160

direct causative　113

Directive　234

distal goal　119

dMu rdo　3

dMu　6

drug pa　160

dry in the sun　111

dry　111

dSe　8

'dzam thang　10

E

eat up　54, 77

Edgar　13, 228

estimative　123

Evans　229

F

finish up　54, 77

focus　212

free possessive　42

G

Gatehouse　229

Gates,　229

gia-rung　9

gnyis pa　160

goal　93, 118, 119, 123

Grierson　16

gser po　7

gsum pa　160

gyang　24, 25

=gyi　212

Gyim shod　6, 8, 9

=gyis　212

H

Ha nyung　xxix

hao　33

Himalayish　18

Hodgson　12, 229

human　113

I

'i　165

Ikeda　19, 229

indefinite　34

indirect causative　113

innovation　i, 51, 93

inverse prefix　102

inverse　229

irrealis　51

J

Ja phug　xxix

Jacques　15, 117, 119, 123, 229, 236

Japhug　230

Jeong　230

jiarong　4

446 事項索引

K

Kachinic　18

Kam　8

Kamarupan　18

Karenic　16, 18

Karmay　230, 233

Khams stod　6

kho　8

Khro chu　xxix, 10

khro skyabs　13

Khyom kyo　xxix

khyung　24, 25

Kin P'eng　13, 230

Ko　8, 9

Konov　16

Kyomkyo　233

L

lan　7

lang　7

LaPolla　231

Laufer　12, 231

lCog rtse　ii, xxix

lcog　10

lDong　8

lha mo　24

lha sa　24

Li rdzong　xxix

Lin Xiangrong　14

Linguistic Survey of India　16

linking verb　130

lis rdzong　10

Liu En-lan　8, 231

lnga pa　160

location　118, 119

Lolo-Burmese　18

M

Matisoff　18, 19, 232

mgo　8

mi　38

mirativity　49

Monsier　232

mTsho bdun　xxix, 10

Myag lo　xxix

N

Nagano　ii, 233, 236

Nam　235

nDapa　234

new information　212

Ngag dbang Tshul khrims　233, 236

Nishi　233

Nishida　235

nominalizer　33, 42

non-human　113

Non-Past　48, 62, 63

P

Padma thang yig　6

Paslok　13

passive　127

past perfective　62

past   48, 63

patient   118

Peterson   123, 233

'Phan po rLangs   8, 9

Phya   6

Polinsky   118, 119, 123, 233

possesive prefix   171

Prins   11, 15, 30, 42, 62, 92, 105, 212, 213, 233

process verb   49

prominence marker   212

pronominalization   12, 14

Q

Qiangic   18, 19, 229

Qu Aitang   14

Quessel   236

R

Rab brtan   xxix, 10

rdzong   10

recipient   118

reflex   13

rgo   8

rgya gar   24, 25

rGyal mo rong   4-6, 8

rGyal mo Tsha ba rong   4, 6

rgyal po   10

rgyal rong   i

rGyalrongic Languages Database   11

rGyalrongic   233

rLangs kyi poti bse ru   227

rLangs poti bse ru   9

rLangs   6-9

Rong drag   xxix, 10, 11

Rosthorn   234

S

sBrang   6-8

settle down   79

sgo   8

Shafer   16, 234

shes rab legs ldan   ii

Shirai   234

Sinitic   16

skyogs   24, 25

So mang   xxix, 10

split   167, 209

split-ergative   209, 213

stod pa   10

sTong   6, 8

Sum pa rLangs kyi Gyim shod   8, 9

sum pa   7

Sun   29

suppletion   49

suvarṇa   7

T

Takahashi   235

Takeuchi   235, 236

Tangut-Qiang   19

theme   118, 119, 121, 123

Thomas   235, 236

Thurgood   236

448　事項索引

topicalised object　212, 213

tropative　123

Tsha ba rong　4, 6, 8

Tsha k(h)o　xxix, 9

tsha shod　4

V

Vairocana　6

van Driem　4, 228

verb agreement systems　236

verb agreement　231

viewpoint　105

voice　49, 104

volitionality　51, 57, 60-63, 65, 168

von Rosthorn　12

VP　47

VPfinal　47, 48

VPnon-final　47

W

Watters　236

Wei　33

Wen Yu　13, 236

Wolfenden　i, 12, 236

write up　77

Y

Y. R. Chao　4

yang　172

Yo phyi　xxix, 11

Z

zhang po　8

zhang zhung　5

Zhangzhung　229, 233, 235, 236

嘉戎語形態索引

［　］内は基礎語彙（pp.241-298）番号。

A

aha　199

aka　199

ale　199

ayo　199

B

barkham　192

basñi　187

bašṭi　187

bde　175, 360, 388, 390

bdənba　160

bərtsa　358

bərtsa-puʔ　360

bisñiso　163, 187

bišer　106, 112

bli　357

borso　399

bra　35

bruṅ　25

bu［200］　31

buk　22, 390

bžəba　160

C

ci　219

=ci　173

colo　107, 114

comco　81

cu［417］　79

CH

chɐ　107

chiǰo　79

chop［803］　23

chumpo　88

Č

-č　91, 104, 193, 209, 365, 383

=či　55, 155, 172

čiktak　181

čiɴtsha　217

čis［647］　58, 179, 180, 191, 215, 370, 384, 391

čišat　175, 366, 404, 406

čoktsi　33, 125

450　嘉戎語形態索引

ČH

čh- 39

čha 61, 65, 143, 177, 219, 223, 383, 406

čhamduṅ 146

čhamra 374

čha-n 143

čha-ṅ 143, 144, 150

čhas 355, 366

čhɐ [236] 53, 143, 154

čhɐmba 219, 408

čhɐ sɐ-mot 31

čhe [604] 22, 49, 58, 64, 77, 78, 103, 104, 150, 193

čhe-ṅ ṅos 134

čhes 87, 381

čhe-y 402

čhi [263, 1293] 374, 403

čhiǰo 91, 104, 193, 209, 365

čhit 111

čhiṭe 55, 403

čhop 181

D

dawa 358

dek [169] 41

deɴbey 195, 382, 395

deɴyin 226, 367

derge 356

dewa 174

dət [688] 64, 75, 84, 188, 216, 407

di 22

di- 74

didi 189

domor 64, 137

doɴḍup 363

dor 158

duɴčok 362

Ḍ

ḍaməɴḍə 22

ḍolma 218

ḍoɴkhaṅ 398, 402

DZ

dzati 215

dzərnu 22

dzum [866] 114

F

feyči 24

fən 191, 358

G

garyol 181

=gə 79, 109, 195, 211, 212, 380, 406

gərwɐ 25

go 22

gomba ka-pa 48

gyagar 24, 25, 82

H

ha [920] 388

hao 33, 203

hata   23, 31

hay   223

hembe [928]   23

hutsaw   408

J

jaroṅ   41, 187

jeɴčhɐ   23, 26

J̌

ǰa-   51, 53-57, 59, 60, 64, 66, 167, 168

ǰa-ra   147

ǰa-we   61

ǰelək   166, 210

ǰə   77

ǰi-   51, 55, 57-59, 61, 64, 66, 67, 70, 167,
      168, 395

=ǰi   173

ǰiǰok   23, 176

ǰikuɴphyaṅ   382, 393

ǰim [269]   43, 56, 66, 141, 142, 157,
      178, 197

ǰimgu   119, 150, 356, 394

ǰiɴǰak ka-lat   26

ǰiɴǰak ka-pa   128, 143

ǰi-ro-n   51

-ǰis   60, 362

ǰisci   366, 381

ǰistso   403

ǰi-we   61

ǰo [56]   371

K

(ka-)čat   106, 396

ka-čis   32

ka-čis kə-khut   46

ka-čis ṅos   135

kačhat   406

kačha=y   404

ka-čhe   67, 68, 154, 404

ka-čhe nomes   154

ka-čhe noɴdos   154

ka-čhe-ṅ ṅos   134

kadza   79, 209

ka-ǰə   74

ka-ki   143

ka-kor   156

ka-kram   111

kakšar   207, 208

ka-lat   31, 64

kam [1191]   125, 396, 397, 405

ka-mbri   375

ka-mǰup   31

ka-mnam   32

ka-mot   31, 143

ka-mot kə-ɴbat   46

ka-mot kə-sakhɐ   46

ka-mot yok   152

kamtsa   395

ka-na-mčara   123

ka-na=šmo   120

ka-nayo   147

ka-nəmbri   375

ka-nəñamkhi 32

ka-nəNdza 153

ka-nəNgo 32

ka-nə-sat 113

ka-nəsə 193

ka-ṅəri 222

ka-ṅə-sat 114

ka-ñi 67, 394

ka-Nchok 26

ka-Nčar 26

ka-Nčhe 26

ka-Ndə 74, 76, 81

ka-Ndza 35, 121, 150, 155, 405, 406

ka-Ndzaṅ 26

ka-Ngo 66, 74, 76

ka-Nphar 32, 56, 363

ka-Nthen 26

kaNtse 356, 365

ka-pa 32, 41, 397

ka-pa kə-Nbat 46

ka-pa-ṅ 170

ka-pa꞊y 146

ka-pčo 403

ka-pram 111

ka-pri 25

ka-pši 68

ka-pṭe 151, 404

ka-phro 25

ka-phyis 25

ka-rasco 360

ka-rda 113

ka-rə-kram 111

karəkraʔm 111

ka-rə-pram 111

ka-ri 74, 76

ka-rṅa 49, 195

ka-rṅɐ 49

ka-ro 74, 76

ka-rwa 25

ka-rwas 219

ka-saǰa 191

ka-sar 108

ka-sat 113

ka-sə-nə-sat 113

ka-sə-ṅə-sat 114

ka-səNḍiNdit 26

ka-sə-sat 113

ka-sə-sna 65

ka-sə-zdar 47

ka-slap 32, 107, 133, 135

ka-sna 116, 161

ka-sna-skik 109

ka-stən 193, 382

kasto 193, 404

ka-šə-rṅa 111, 195

ka-ši 32

ka-šmo 32, 33, 120

kat [347] 408

ka-tɐ꞊ke 33

ka-top 31, 32

(ka-)tuw 106

ka-tho 74, 150, 394

ka-tsho 392

ka-wabde 146

ka-wa-kram   111

ka-waɴdzor   79, 112 < təɴdzor

ka-wa-rdə   113

ka-wa-rlak   113

ka-wa-rmuk   113

ka-was   144

ka-we   50, 61, 66, 381, 387

kawi   175, 406

ka-zdar   47

ka-žu   31

kɐɴčhak   364, 373

ke (ATT)   84, 184, 370, 384, 395, 406

=ke (IDEF)   34, 80, 148, 360, 369, 383, 392

ke ka-čat   395

ke nuɴbyiṅ   184, 185

kepoti=zə   361

ke ta-rwas   184, 395

ke=y   399

kə-(1)   102, 141, 153, 163, 176-178, 197, 366, 399

kə-(3)   75, 88, 181, 194, 195, 210, 215, 357, 376, 391

kə-(PROG1/2)   86, 87, 112, 124, 168, 368, 381, 397, 398, 404

=kə (ERG)   60, 107, 166, 167, 203, 204, 209, 210, 216

=kə (NIF)   108, 109, 140, 225

kəbəm   36

kəci   23, 32, 43, 57, 124, 127, 356, 362, 374, 381, 394

kə-cwat   157

(kə-)—-č   91

kəčet   183, 391

kəčet=ǰə   144, 183

kə-čis   32

kə-čwat   66

kəčha   126, 161, 216

kə-čha   128, 150

kə-čhe   41

kə-čhem   44

kə-čhi   157

kə-gurgur   107

kə-hao   44

kə-ǰə   76

kəǰo   165

kəkəčhen   192

kəkor kə-ta   48

kəksal(=ke)   179

kəkšar   128

kə-kšin   137, 153, 359, 379

kə-kte   44, 64, 109

kə-kte-kte   44

kə-ktsi   44

kə-khut   148

kə-lək   401

kəltama   36

kə-mak   51, 58, 59, 61, 131, 385, 406

kəmamo(=tə)   183

kə-mbri   108

kə-mbro   44

kə-mbyoʔ   25

kəmča   55, 64, 67, 87, 92, 157, 187

kəmča=ǰə   143, 182

454　嘉戎語形態索引

kəmča=ke　141

kə-me　156

kə-mem　31, 89

kə-mə-na　116

kə-məne　182

kə-məNdə　117, 191, 219, 220, 376, 397

kə-mə-rmot　116

kə-mə-skruʔ　44, 116

kə-mə-štak　44, 116

kə-mə-štak=tə nə-mə-štak　176

kə-mə-šta-štak　44

kəmkha　125

kəmkhas　92

kə-mnam　32

kə-mne　113

kəmṅo　144, 159, 191, 358, 367, 393

kə-mo　44

kə-mpya　25

kəmphyar　36

kə-mšor　46

kə-mtsi　33

kə-mtso　385

kə-mtshar　388

kə-naṅa　41, 215

kə-na-Ndza　121, 122

kə-na-pyor　119

kə-na-pho　119

(kə-)na-ri　115

kə-naya　122, 399

kə-nɐk　30

kə-nɐñamkhi　392

kə-nɐšet　375

kə-nəmčara　87, 123, 173, 223, 224, 365, 385

kənəna　207

kə-nəna　186, 397

kə-nəñamkhi　32

kə-nəNdza　66, 156, 186, 191

kə-nə-Ngo　87

kə-nəNgo　32, 143, 178

kə-nə-Ngri　117

kənəpso=tsə　376

kə-nə-scar　47

kə-nəsə　195, 382

kə-nə-smeNba　398

kə-nə-top　117

kə-nəya　120, 216

(kə-)——-ṅ　91

kəṅanak　69, 192, 196, 216, 219, 220, 222

kəṅanak(=tsə)　179, 192

kə-ṅarwok　25

kəṅasdə　141, 221

kə-ṅasrak　25

kə(ṅa)sto　193

(kə-)ṅə-čat　106

(kə-)ṅə-tow　106

kə-ṅos　51, 58, 124, 131

(kə-)——-ñ　91

kə-ñi　31, 148, 149

kəñis　23, 30, 35, 159, 161, 220, 223

kəñis-čha　381

kəñis=tsə　170

kəñis tsəla　160

kəñis zje kəñis   159

kə-ɴbat   30, 41, 207

kə-ɴbi   85

(kə-)— -ɴč   91

kə-ɴdə   117

kə-ɴdo   72, 173

kə-ɴdo-ñ   92

kə-ɴdo=tə ɴdo   110, 175

kə-ɴdo-yn   92, 188

kə-ɴdza=tə kə-ɴdza-ṅ   176

kə-ɴgo   149

kəɴgon   69, 196, 221

kə-ɴgri   117

kəɴgu   159, 375

kə-ɴǰip=ke   109

kə-ɴkhruṅ   25, 26

kə-ɴtap   26

kə-ɴtshəp   26

kə-ɴtship   26

kəpa   32, 132, 356

kəpoti   36

kə-pram   44

kə-pra-pram   44

kə-pso-s   215

kəpši   36, 361

kə-ra   59, 128

kə-ram   111

kə-raɴtsik   26

kə-ra=tə   215

kəraʔm   111

kərətha   225

kərəyo   220

kərgɐ   87, 126, 159, 161, 396

kərgɐkərgi   114, 180

kərgɐ=zə   361

kərgu   138, 140, 174

kərjak   402

kə-rmot   116

kə-rmuk   113

kərñop   399

kərok=ǰi   176

kərṭi   43, 85, 150, 152, 202, 215, 366,
     393, 397

kə-ruk   226

kə-sakhɐ   128

kəsam   30, 104, 128, 139, 155, 159, 396,
     397, 406, 407

kəsam-pa   143

kəsam təlok   160

kə-sar   59, 60

kəscɐ   226

kəscɐ=y   155, 165, 187

kə-scə   195

kə-sə-kte   109

kə-sə-mo   44

kə-sə-pa   108

kə-səscit   123

kə-səyok-ṅ   153

kəsəyoṅ   153

kə-sko   194, 218

kəskokayi   194

kə-skos   60

kə-skren   44, 50, 113, 165

kə-sna   43, 361

456 嘉戎語形態索引

kəsnaṅa 30

kə-snəya 176

kə-sot 393

kəšapki 383

kə-šə-mərmot 116

kə-šə-s 41

kə-ši 32

kə-šik 358, 359

kəšmo 32, 120, 218

kəšñis 159, 218, 361

kəšur 182, 221, 383

kə-ta 383

kətak=tsə 179

kətek 159, 358

kətek-slama 355

kətə 42, 215, 366

kətəpa 193

kətəpa=y 193, 405

kətət 43, 45, 133, 174, 355

kə-tho 76

kəṭok 22, 159, 191, 361, 367, 375

kəṭok-zje kəɴgu 357

kətsitsi 46, 185, 392

kətsitsi=ke 182, 222, 380

kətsitsi=zə 376

kətshar 370

kə-wa-mne 113

kə-wardo 155

kə-wa-skren 113

kəwɐ 404

kə-wɐbde 398

kə-wɐški 35

kəwdi 35, 126, 159, 161, 190, 396, 403

kə-we 49, 69, 85, 152, 196, 222

kə-wə-məɴdə 104

kə-wərne 45

kə-wi 33, 41, 49, 137, 186, 218, 220,
    225, 366, 367, 372, 381, 397

kə-wu 102

(kə-)——-y 91

kəyam 165

kə-yok 153

kə-zdar 47

kə-zglat 25

kəzok 169, 182, 217, 219, 407

kəzok=zə 403

kə-zor 164

(kə-)——-∅ 91

ki [695] 22, 35, 64, 173

ko [1] 124

ko-(DIR) 74

ko-(PST) 55, 81

koho=ke 115, 206

koɴkri kə-pa [328] 25, 26

kor [575, 733] 48, 59, 156, 220, 370,
    382, 383, 395, 408

=kor 110, 175, 176, 223, 226

krašis 131, 354, 359, 369, 374

krogo 374, 375

kšin [852] 153, 154

kšit [134] 409

kšot [916] 107

kšut [18, 281, 873] 218

kte [1182] 30, 77, 78, 218, 401, 407

ktsa [174] 171

k-tsum [343] 106

ku- (DIR) 68, 73, 74, 81, 207

ku-(2>1) 69, 196, 209, 220, 222, 382,
386, 393

ku—č 102

kuk 173

kuku [1305] 189

kumkhas 188

kumṅo 154, 381

kunayoṅ 383

ku—ṅ 102

kuṅčoṭe 218

kuṇṭen 65

kupa 58

kuru 142

kuruʔ 54, 133, 165, 172, 177

ku—y 102

KH

kha [32, 373] 408

khabži 226, 371

khali 400

khapži 224

khedu 79

khəməndi 186

khəna 170

khəndi 186, 393

khəza 141-143, 174

kho [679] 30

khorlo 22, 41

khorlo ka-lat 32

khorlo kə-lat 32

khos [399, 401] 121

=khoz 176

khrətso kərgɐ 159

khrətso sce 159

khri 25, 61

khuṅ 119

khut [953] 149-151, 172, 183, 187,
220, 359, 360, 387, 393, 394, 405

khyaṅ 24, 25

khyuṅ 24, 25

L

lakčhɐ 120, 161, 401

laskiy 370

lat [797, 848] 26, 32, 48, 51, 55, 79,
109, 136, 145, 163, 176, 223, 380, 409

lɐwur 179

lelas 180, 384

lelas=tsə 180

lithaṅ 366

lǰaṅku 44

lo [21, 80, 228] 66, 126, 128, 143, 157,
161

logyus 135

lok [1163] 24

lopsaṅ 357, 370

lopṭa 65

lorñen 178

lot 111

loto 60, 65

-lu 178, 359, 379

luṅba   156

Ł

łamo   373

łasa   24

M

ma-   35, 51, 53-56, 58, 59, 65, 66, 167

ma-hao   120

maǰu   172, 185, 191, 192, 222, 362, 370, 392

maǰu ke   184

maǰumaǰu   53

mak   23, 61, 130, 136, 194, 355

makmə   68

makmi   88, 156

makmi-yo   88

mak-n   132

mak-ṅ   132

mak ru   389

ma-khut   149, 151

man   132

ma-nə-rut   380

ma-no-rtak   145

maṅ   132

ma-ɴphar   56

ma-ra   148, 386

ma-we   61

ma-wučikak   220

ma-yok   66, 149

mbiyas [115]   112

mbola   140, 174

mbro   137

mča   41, 176

mčara   35

mdok   171, 176, 391

me [111, 114]   409

me (AUX) [1548]   69, 138-142, 170, 177, 196, 221, 361, 403, 409

mem [262]   30, 31, 89, 124

men [1184, 1296]

me-ṅ   142

meɴkor   63, 125

metok   45

mə (3s)   38

mə-(Q)   66, 68, 69, 90, 115, 168, 172, 204, 373

məma   115, 206, 207

məmphat   125

mə-mphat   78, 115, 116, 126

mə-no-ṅos   222

mə-no-ɴdo-s   222

məñe   369

məñeyo   369, 371, 374

məɴdə   49, 69, 90, 175, 190, 374, 375, 396, 398

məɴkhu   382, 396

mər [914]   195, 382

mərə   133, 139, 168, 170, 204, 389

mə-rə   133, 204

mərkha   362

mərme   363

mərmot [853, 859]   116

mərtsap   116, 118

məru   45, 140, 146, 174, 198, 357

mə-ru/rut   382

məs [153]   384

məsñi   132, 156, 172, 186, 187, 203,
   356, 358, 362, 375, 405

məšer   35, 128, 142, 154, 172, 174, 178,
   186, 187, 356, 366, 397

məšo   375

məštak [1018]   400, 401

məšthit [40]   77

məza   51, 57, 168

məza꞊puʔ   34

mə-žir [615, 638]   408

-mi   34

mišer   401

mišesñi   135, 187

mišeṭi   187

mǰup   55

mkhas   225, 373

mṅam   208

mñak [14]   54, 75, 106

mo [258, 259]   405

-mo   34

mot [252]   392, 405

mphat [255]   77, 78, 115, 125

mšor [1261]   166, 171, 177, 210

mto [142]   57, 106, 112, 176, 215, 372,
   373

mtso [734, 741, 911]   69, 196, 222

mu [725]

mžir [615, 638]   408

N

-n   43, 67-70, 91, 92, 103, 144, 170, 204,
   206, 207, 354, 357, 364, 373, 404

na-(APP)   36, 82, 88, 118, 119, 123, 163,
   193, 209, 216, 365, 367, 405

na-(DIR)   68, 177

na-(PFV)   82, 114, 360, 362, 409

na-(PROG:PST)   54, 56, 87, 109, 116,
   172, 176, 375

na-(REP)   115

na-kə-čin   158

na-kə-skren   158

na-mem   89

na-mərtsap   118

namño [140]   226, 367

namomi   123

naṅa   99, 224, 389, 391, 392

naɴdə [947]   389

naɴdos   155, 372

na-ɴdza   122

na-ɴdzor   124

na-pšit   390

na-saksɐ   121

na-slot   123

na-šmo   118, 121

natho   174

natsa   406

naya [611]   82, 122, 399, 400

na-ya-s   169

nayo [722]   122, 147, 182, 383, 394,
   407

460 嘉戎語形態索引

na-zdar 119, 120

nazok 122

nɐ-(EST) 59, 60, 123, 124, 218, 367, 386, 388

nɐčey 67

nɐ-mnəm 124

nɐ-mṅam 124

nɐ-Ndzor 124

nɐ-səmṅa 124

nɐ-səscit 123

nɐsəso 388

nɐšet 390, 408

-ne 165

nə-(2) 139, 142, 150, 169, 170, 208, 354, 356, 362, 370, 371, 379-382, 394

nə-(DIF) 58, 60, 64, 65, 195, 398

nə-(DIR) 74, 165

nə-(EVI) 41, 43, 46, 54, 55, 59, 61, 88, 89, 92, 110, 111, 131, 135, 137, 143, 148, 151, 152, 156, 171, 176, 177, 185, 187-189, 191, 194, 203, 353, 354, 357, 358, 366, 374, 382-387, 390-393, 396, 399-403, 406-410

nə-(NonV) 68, 72, 87, 187, 219

nə-(PFV) 175, 379, 404, 408

nə-(PROG3) 55, 86, 87, 172, 190, 363, 369-371, 400, 408

nə-(PST) 53, 56, 58, 60, 67, 75, 81, 82, 84, 85, 106, 108, 112, 114, 115, 122, 123, 127, 128, 131, 142, 143, 154, 164, 169, 172, 175, 176, 179, 180, 215, 217, 221, 223, 224, 226, 369, 372, 373, 388

nə-(REF) 107, 113, 117, 408

nəči 69, 374, 376, 402

nəčipat 390, 393

nə-čha-ṅ 143

nə-čha-s 128

nə-dət 185, 407

nəji 140, 174, 220

nəji nə-poṅyi 139

nəjo 41, 43, 63, 92, 354, 355

nəjojis 92

nəjo nə-poṅyi 139

nəjo rə 379

nəjoyo 370

nəkon 386

nə-kšin꞊zə 221

nə-khut 148

nəmbri 374, 375

nəmčara [139, 673] 173, 178, 188, 223, 225

nə-mem 89

nə-məNdə-n꞊ren 404

nəna [560] 221, 226, 381, 399

nə-nɐšet 387

꞊nəne 82, 137, 165, 169

nəno 409

(nə)noṅoy 197

nə-ṅo 60, 111

nə-ṅos 92

nə-ṅo꞊y 59

nəñelwɐ 193, 382, 382, 386

nəNdza 87

nəNgo 172

nəra 223

nərə 362, 363

nəru 170

nə-sakhɐ-s 128

ṅəsca 389

nəsə [956] 390

nə-səscit 123

nəsəso 152, 367, 368, 385, 391, 392

nəsəso-ṅ 151

nəskor 395

nəsṅo 93

nə-šas 370

nətə 42, 150, 151, 157, 222, 354, 384, 385, 405

nətət 217, 391, 393

nə-ṭi 404

n-əwa 392

nəwɐ 220

nəya 217

ni- 81

ni/nini [1306] 404

no-(EVI) 33, 41, 44, 57, 61, 64, 67-69, 89, 124, 132, 141, 148, 151, 154, 172, 174, 176, 177, 187, 192, 196, 220-223, 225, 355, 356, 359, 360, 362, 367, 369, 376, 379, 383, 385, 386, 388, 389, 391-393, 398, 400, 403, 406

no-(PFV) 173, 386, 405

no-(PST) 54, 56, 57, 64, 76-80, 112, 115, 121, 127, 128, 135, 136, 145, 147, 151, 161, 166, 169, 173-176, 182, 183, 194, 209, 210, 216, 218, 220, 222, 223,

225, 367, 369, 376, 380, 381, 384, 388, 401

no-khut 151

no-mak-ṅ 136

no-maṅ 136

no-mem 89

nomes 154, 155, 372, 393

no-me-s꞊zə 221

nono 189

no-ṅo-ṅ 136, 356

no-ṅos 61

no-ṅo꞊tsə 172

no-ṅo꞊y 57, 64, 67, 68, 177

noɴdos 154, 155, 173, 372, 381

no-ɴdo-s꞊zə 222

no-ɴdo꞊y 69, 196, 221

no-ɴdzor 124

no-ra 392

no-ra-ṅ 148

no-ra-s 128, 147

no-rtak 145, 389

no-sci-ṅ 127

noto 23, 33, 107, 126, 138, 142, 143, 170, 183, 191, 362, 363

no-thal 77

no-we 121

no-we no-we 135, 189

no-wi nə-mak 135

nusto 374

-n-y 93

462　嘉戎語形態索引

Ṅ

-ṅ　35, 57-59, 65-67, 72, 75, 79, 80, 83,
　　84, 86, 91, 106-110, 112, 116, 117, 119,
　　121, 141, 144, 216, 373, 379, 386, 406

ṅa　[1449]　23, 35, 41, 43, 58, 69, 83, 91

ṅa-(PROG2/3)　86, 87, 178

ṅa=y　42, 166

ṅačhes　223

ṅamčok　[1166]　358

ṅanak　[627, 893, 969]　46, 396

ṅa ṅə-poṅyi　139

ṅa ṅə-šas　386, 392

ṅaɴĵak　[988]　400

ṅapa　358

ṅapki [781]　111

ṅari　216

ṅašo　403

ṅathəɴthən　409

ṅawardo　[829]　179, 393, 394

ṅawardo-y　191, 192, 379

ṅə-(IMPS)　63, 107, 125, 126, 226, 362,
　　409

ṅə-(RCP)　114, 179, 180, 222

ṅə-colo　107, 114, 126

ṅə-mphat　126

ṅəri　222

ṅə-sɐ-ñi　137

ṅ-əsem　177

ṅə-šas　131, 166, 176, 354

ṅə-top　114

ṅə-tuw　125

(ṅə-)wardo　114

(ṅə-)yidzum　114

ṅə-yok　125

ṅo　59, 130, 153, 379

ṅon　132, 133, 177, 202

ṅoṅ　132, 133, 170, 202, 359

ṅoñ　132

ṅos　32, 41-43, 81, 108, 120, 123, 127,
　　130, 131, 136, 137, 153, 166, 170, 191,
　　197, 359, 362, 374, 383, 397

ṅos-n　132, 177, 202

ṅos-ṅ　130, 132, 202

ṅos-ñ　132

ṅu-　126, 161

Ñ

ñ-　39

-ñ　58, 79, 80, 83, 91-93, 103, 206, 361,
　　367, 374

ñe（病む）　222

ñe（杖）[406]

ñe (p)　34, 161

ñəĵoyo　374, 376

ñi　[320, 609]　57, 79, 87, 164, 192, 399

ñi-　60, 64, 142

ñiĵo　106, 112

ñispa　160

ñis zje　159

ñiyoñe　78, 79

ño　92

N

ɴ-/m-ǰup 106

ɴbat [1248] 388, 403

ɴbe꞊y 207, 208, 216, 365, 369, 370, 398

ɴbə 98

ɴbi [608] 68, 85, 207

ɴbre [404, 552, 809] 211

ɴbri 225

ɴbro (高い) [1183] 45, 174

ɴbroʔ (馬) [1090] 40, 137, 142

ɴbyi 185, 369

-ɴč 76, 81, 85, 91-93, 137, 166, 209, 366

-ɴ-čh 93

ɴdə 63, 74, 90

ɴdo 35, 128, 138, 140, 217, 361, 394

ɴdo-n 142

ɴdor 222

ɴdo-s 142, 362

ɴdo-s꞊zə 221

ɴdut 216

ɴḍit [745] 191

ɴḍiʔ [522] 118, 186, 397

ɴdza [249] 61, 80, 203

ɴdzań [954] 380, 405

ɴdzok 43-45

ɴdzok kə-ɴbro 45

ɴdzok kə-skren 44

ɴdzor (痛い) [2, 433] 124, 164, 383

ɴga [805] 383

ɴgɐ [158] 108

ɴgər [589] 217

ɴgla 78

ɴgle [655, 727] 26, 218

ɴgo [424] 68, 72, 87, 172, 187, 208

ɴgro [1282] 409

ɴgu꞊y 35, 43, 57, 66, 141, 142, 157, 178,
    197, 215, 217, 225

ɴjur [896] 105, 388

ɴǰ- 39

ɴǰis 34, 161

ɴǰop [315, 808] 408

ɴ-kor 105

ɴ-krə [819] 105

ɴkhu (後) [1270, 1334] 41, 88, 192,
    382

ɴkhu (うなじ) [64]

ɴməs [431] 116, 118

ɴpo꞊y 399

ɴphya 382, 393

ɴthen [764, 766] 26, 83

ɴthun 211

ɴtshamṭi ka-žu 26

ɴtshem 390

ɴtshok [868] 216, 221

ɴdziɴda 133, 355

O

otsi 199

P

pa (年) [1354] 128, 155, 157, 161,
    381, 399

pa (する、作る) [802, 847] 35, 48,

77, 80, 87, 110, 146, 169, 175, 211, 225

pakši 89

pak tə-rgɐ 30

palbo 198

palis 360

paoṭi 87

parmi [1355] 218, 357

pɐ 29, 40, 108, 381

pɐ-ma 87, 181

pčupa 160

pepe 30

pewa 55, 123, 359

pewa=ren 357

pəryɐ [1403] 25, 143, 159

pəryɐ w-əнbe-y 161

pəyis 217

pəzar 123, 392

pi [620] 49, 88, 90

piy [1518, 1519] 155, 156, 188, 195, 371, 392, 393

pǰa [748] 68

pka [257] 77, 80, 406

pkas [461] 88

pki （灰色）[1205]

po [607] 164

poǰo 205

pok [86] 22, 244

poňyi 69, 72, 110, 120, 137, 139, 196

poti 361

potpa 163

pram （ka-: 乾かす）[885] 77, 106

pram （kə-: 白い）[1204] 44

pse=y 150, 367, 394

pso 87, 141

psok [1006, 1311] 371

pšat [648] 183

pšɐr [99] 409

pše [20, 95] 409

pšit [256, 750, 752, 778] 35, 77, 171, 224, 390, 408

ptse [785] 220

ptshe [256] 80, 169

puʔ [480] 108, 112, 139, 357

-puʔ [481, 482] 34

pya （ka-: 引く）[765] 81

pya （妻）[511] 108

pyiao 32, 401

PH

phak [1424] 161, 183, 185

phalam 176

phari [1287] 404

pheнdzokhaṅ 35, 224, 365

phep [109] 22

phəya [509] 379

pho （逃げる）[463] 119

phot [10, 444, 564, 837] 169, 182

R

ra （必要がある）[1244] 24, 146, 147, 219, 368, 384, 385

ra(yo) （話、予定）[591] 393

ra-čak 115

raǰak [436] 409

ra-khrok [438] 115

ram [883] 106

raṅpas [1512] 181

ra-sco [666] 115

rɛmsi [966] 383

rdo [141] 106, 112

=ren 51, 53, 56, 110, 168, 174, 175, 182, 218, 220, 221, 225, 388

rere 189

-rə 178, 205

rəsñiṅɛ [930] 172, 388

rəyo [645] 175, 369, 370, 388, 389

rəyok [590] 367

rga [685] 369, 370

rgoɴba 92, 188

rguba 160

ri- 74, 82-84

rimo 224

ri-na-ya-s 82

ri-ri-ya-s 82

rjak [1318] 402

rjaməndi [1350] 186

rjap [510, 512, 517] 53, 54, 59, 60, 71, 72, 112, 381, 383

rjatpa 160

rka=y 33, 362

rko [367, 751, 796] 79, 407

rlak [312, 313] 113

rma [326] 144, 195, 378

rme [681] 363, 380

rmi [475] 30, 41, 57, 86, 106, 114, 115, 120, 124, 130, 210, 218, 220

rmo [330] 112

rmot [758, 858] 116

rnamṭu 188

rni=tə 84

rnok [11, 12] 408

rṅa [712] 49, 110, 111, 195, 364

rṅapa 160

rño 67, 155, 405

ro- 67, 70, 74, 82, 83, 207

ro-na-ya-s 82

roro [1308] 189

ro-ro-ya-s 82

rpak [68] 83

rtak（あざ、印）[121, 680]

rtak（足りる、充分である） 144, 145, 359, 386, 407

r-to [136] 106

rtsi 68, 177, 197

rtsip [970] 398

rtsis 225

rtsu（搗く）[379, 720, 721] 79, 371

rtsu（這う）[631]

rtshos [47, 48] 408

ru 121, 147, 178, 370, 376, 382

rukna [152] 195

rut 380, 382

rwa [845]

rwak [624] 174

rwas [334, 335] 77, 78, 110, 184, 219, 375

466　嘉戎語形態索引

S

-s (PFV)　41, 48, 57, 69, 75, 79, 82, 85,
　　88, 122, 128, 142, 147, 156, 169, 179,
　　186, 192, 215, 221, 222, 362, 366, 367,
　　381, 383, 391, 393, 399
=s (ABL)　164
=s (LOC)　79, 127, 164
sačha （できる）[1550]　376
saǰa [851]　178, 191, 200
saksɐ [1312]　121, 195
saksɐɴkhu　121, 140, 157
sakšip [888]　356
salon [882]　401
samčhar [735]　382
saɴdi [1347]　186
sar [517, 786]　53, 54, 59, 60, 71, 72,
　　75, 381, 383
sarpa　44
saški [1016]　401
sat [448]　96, 113
sɐčha （場所）[1268]　183, 374
sɐ-ki　401
sɐ-lat　31, 32
sɐmbri　374
sɐ-mǰup　31
sɐ-mot [234]　53, 154
sɐmuy　154
sɐ-ñi　31, 220
sɐ-ɴphar [694]　32
sɐr [277]　30
sɐrama　147, 150, 178, 197

sɐ-rko　407
sɐrma　144, 378
sɐrma-y　378
sɐrmey　378
sɐ-tɐ　403
sɐ-top　31
scɐ=y [1319]　219, 220
sce [1466]　59, 137, 141, 149, 189, 395
scerscer [1421]　193
scə [714]　110, 175
sci [415]　127, 164
scit [931, 933, 934]　123
sco [719]　99
scor [660]　177, 215, 372
sem [977]　45, 68, 121, 175
semčhak kte [586]　45
semdes　148, 219, 226
semno [913]　372
sə [1475]　43, 57, 131, 132, 215, 353,
　　354, 356, 357, 362, 369
sə- (CAUS)　59, 60, 65, 69, 86, 106, 107,
　　109, 110, 113, 126, 175, 181, 195, 215,
　　217, 222, 384, 389
sə-colo [843]　22, 107, 126
sə-gurgur [613]　107
səǰurno [923]　407
səklik　409
səksɐɴkhu　393, 394
sə-kšot [916]　107
səmba　160
səmnor [901]　109
sə-mtso [734, 911]　69, 196, 217, 222,

370

sənəmčarɐ [143] 406

sə-ro 106

sə-rwas 110

səso(kə-)（生きている）[418] 23

səso(ka-nə-)（思う）[902] 59, 217, 218, 367, 389, 398

səški [425] 195

sə-wat [165] 108

səyoṅ 153, 371

s-jur [898] 105

skarma 404

skat [643] 58, 135, 144, 172, 194, 205, 225, 373

skərbo 371

skik [807] 109

sko [1514] 75, 391

skra [398] 25

skren [1189] 45, 113, 158, 379

s-krə [6, 818] 105

skruʔ [116] 45, 47, 116, 195, 220, 403, 409

sku 74, 179, 192

skyoktsa 24, 25

skhip [254] 78

s-khor [616] 105

slama 41, 153, 154, 170, 173, 176, 194, 219

slamakhaṅ [526] 219, 225, 362

slap [917] 32, 133, 135, 194, 355, 357, 372

slopən [523] 224, 355, 365, 369

slopṭa [527] 65, 219

smen [439] 80, 107, 126, 169, 182, 222

smeɴba 31

smeɴba təmi 34

smeɴba təza 34

smeɴkhaṅ 87, 147, 178, 182

sna（良い）[22, 441, 1235] 43, 60, 65, 109, 161, 359

snaktsa 354

snəya [929] 176, 223

sṅo [457, 726] 93, 167, 209

sñəwə [671] 30, 358-361

sñi [1352] 217, 366, 367, 393

sñiwu 363

so [1303]

soǰe [1358] 81

sokpo 172

somo 387

sonam 224

sosñi [1346] 35, 69, 84, 117, 134, 140, 141, 157, 173, 178, 186, 195, 197, 202, 393, 394

spa [1551] 144, 205, 373

spak [260] 405

spap [421] 175, 376, 379

spər [723] 173, 176

spu [126]

s-roṅ [145] 105

sta 120

=stas [1541] 50, 157, 164, 165, 399

stəṅ [1419] 44, 392

468　嘉戎語形態索引

stəṅ kə-skren　44

sto（上へ）　74

sto（まっすぐ）［1173］　71, 193, 208, 404

stolor　158, 171, 177

stoṅsñi　41, 192

stoṅtso　159

sṭe［127］　22

stshe［1015］　112

suwe［198］　118

Š

ša［132］　172, 176, 187

šamdu［473］　64, 87

šapki［781］　223

šar　165

šas［742, 746］　131, 166, 176, 354, 386

šci［814］　122, 362, 368, 371, 403

šə［909］　41, 57, 58, 70, 131, 155, 173, 177, 215, 216, 223, 374, 376, 385, 398

šə-（CAUS）　105, 110, 111

šə-čhit　111

šə-lot　111

šənak　395

šə-pki［781］　111, 223

šərṅa［711］　110, 195, 212

šərpa［385］　23

šə-rwas　110

šə-scə　111

šəṭiṭup［853］　395

ši［449］　32, 85, 91, 127, 381

šimi［1520］　155, 405

šimomo［1325］　121, 172, 190

šiɴči　358

šmo［554, 555］　32, 33, 118, 120, 121, 218

šo［687］　222

šot［1339］　193, 382

štə［1458］　30, 41, 42, 51, 56, 58, 72, 84, 89, 166, 383, 407

štə=pso　360

štətren［1330］　150, 394

štət wu-pso　126, 161

štəṭe［1331］　191

šṭik［1557］　380

šubren　69, 157, 374

šuʝe　50, 185, 217, 373

T

ta（並べる）　192

ta-（PST）　375

ta-（PFV）　398, 406, 408

tabli［1362］　25

tadok［446］　107, 126

tama　48, 49, 55, 56, 60, 68, 72, 88, 108, 134, 175, 194, 226, 395

taṅbo　160

tapše kə-nəslik［97］　25

targa［685］　369, 370

tarnan［1564］　380

tartseɴdo　356, 367

ta-rwas　184

tascək［291］　403

tascor［667, 668, 669］　31, 87, 109, 111,

168, 176, 188, 216, 407

tascor ka-lat 31

tascor sɐ-lat 31

tasi 107

taṭho [1004] 403

tazus 181

tɐ（置く）[790] 125, 362

tɐ（脱ぐ）[166] 108

teɴbos [1034] 142

teɴhwa ka-lat 48, 71, 136, 207, 208, 398, 407

teɴtok [1152] 25

tepat [1068] 33, 125

tə-(1 > 2) 157, 167, 209, 370

tə-(2) 43, 68, 69, 80, 102, 127, 132, 137, 144, 147-149, 169, 170, 173, 182, 204-206, 355, 357, 359, 363, 364, 366, 373, 379, 391, 392, 394, 397

=tə 34, 42, 57-60, 107, 127, 137, 166, 178, 181, 210, 215, 216, 390, 392

təbu [200] 31, 203

təgrɐ [530] 25

təji 64, 79, 84, 107, 112, 114, 126, 146, 174, 176

təjim [269] 66, 80, 87, 110, 142, 148, 152, 175, 178, 197, 211, 217

təka 373

təkpar 143, 144, 152, 163, 394

təkpar ka-lat 152, 394

təkpar sɐ-lat 143

təkros 35, 69, 140, 196, 216, 397

təkhu [237] 405

təkhu ka-mot [252] 149, 152

tələ ka-zgril [568] 25

təlok 160

tə-lpek 30

təmi [477] 30, 34, 170, 183

təmña [557] 64

təmñama [562] 55

təmño [789] 54, 55

təmñok [207] 121

tə-mo [492] 38

təmor [1317] 164, 165, 187, 401

təmtsi [576] 33, 187, 359

təmu [990] 51, 55, 64, 72, 168, 172, 190, 208, 218, 225, 376, 400

tə-——-n 91, 102

tənam [1310] 144, 156, 165, 375, 401

tə-——-ñ 91, 102

tə-——-ɴč 91, 102

təɴḍi [120, 184] 121

təɴdzor [374]

təɴga [158] 368

təɴgle [655] 25, 26, 218

təɴkhu [1270] 189, 190

təɴtshok 222

tə-pa [1354] 30

təpak 30

təpak kəsam [1105, 1375] 30

təpuʔ [480] 35, 106

təphak [1424] 161

tərgoʔ [199] 112

tərit [815] 132

tərit kəpa 356

tərjap [510, 512, 517]　53, 54, 59, 60,
　71, 72, 75, 381, 383

tərmi [475]　30, 106, 124

tərmi kəñis　161

tərmi-ñe　161

tərmi-ɴǰis　161

tərmi tə-rgɐ　30

tərmi-yo　161

tərna bakčak　45

tərtsis　225, 356

tərtshot [411]　46, 50, 104, 144, 393

tərtshot kərgɐ təphak　183

təsči? [101]　32

təskru? [116]　45, 47, 116, 195, 220,
　403, 409

təskru? sɐ-šci　403

təsla [656]　389

təsram [1069]　25

təsri [285]　25

təswa [38]　25

təšik w-əɴgu=y　160

tə-šmo　33

tətasi　107

tətha [664]　131, 141, 225, 353, 363

təthos [650]　150, 383

təyak [72]　122

təza [476]　23, 34, 170, 183

təza=pu? [481]　34

təzder　81

to- (PST)　53, 64, 77, 78, 80, 86, 88, 106,
　110, 137, 153

to-ka-žu　31

to-mə-mphat　116

to-mphat　116

toñis [1491]　373

toɴdak　177, 223, 384

toɴdzaṅ [1251]　26, 380, 405

top [729]　109, 114, 117, 167, 203

tor [753]　22

toru [1089]　170

toto [1276]　189

to-thal　77

to-tso-s　383

to=y　41

tu-(2 > 1, 3 > 2)　198, 369, 370, 406

tu—n　102

TH

tha [664]　35, 109, 111, 131, 133, 141,
　163, 223, 224, 353, 355, 357, 361, 363,
　364, 372

thakčhot　54

thal [605]　33, 43, 49, 54, 76, 77, 83,
　85, 135, 177, 193, 364, 374

thal-s [605]　179

tham [1324]　60, 81, 150, 178, 398

thamtham [1324]　191

thaṅhua　181

thapčha [1442]　152, 182

thebra [390]　25

thep [662]　111

thepkuk [663]　143, 173, 182

thə [1476]　41-43, 58, 86, 135, 215

thə ka-pa(=y)　365

thə=ke 146, 177

thə-ke=tsə 57

thə=ke=y 147

thə=kə 140, 141, 174

thə kə-sot [849, 1476] 389

thəni [1477] 43

thə no-ṅo=tsə 151

thə no-ṅo=y 151

thə no-pso 359, 379, 385, 391, 400

thə ndo-ndo 363

thə pso 393

thə-pso 124, 380

thəste [1485] 43, 50, 137, 185, 357, 358

thə w-əčhes 43, 384

tho（上がる）[871]

thokpat [219] 359

tho?（尋ねる）[649] 22, 56, 71, 217, 380, 394

thu ka-pa [455] 48

Ṭ

ṭak [761] 81, 83

ṭəkpa 160

ṭəla [634] 22, 50, 123, 165, 404

ṭəla kə-slot [618] 25

ṭi [1269] 208

ṭuṅko 387

ṬH

ṭha [231] 22, 107, 126, 146, 190, 392

ṭhəl [585] 64

ṭhətso kərgɐ 159

ṭhik [1503] 194, 195, 222, 374, 376

ṭhikci [1503] 134, 194, 195

TS

tsam [633, 717] 109

tsay 51

=tsə 171, 172, 177

tsəla [1353] 383

tsəngri [1002] 25

tsəri [771, 821] 22

tsi [708, 1246] 34

tso [414] 65, 122, 156, 157, 185, 384, 386, 392, 393

tsok [872] 165

tso-ṅ [414] 157

tso-s [414] 157, 366, 367, 381, 399

TSH

tshakpar 365

tshapey 141, 174

tshepa 358

tsheriṅ 41, 215, 217-219, 222, 225, 226, 362

tshə [222] 165

tshindzo 361

tshok 22

tshoṅ [698] 220

tshoṅ ka-pa [698] 48

tshonkhaṅ [696] 30, 51, 53

W

w- 35, 39, 59, 72

wa（空き時間）140, 394

wa (INT) 199, 365, 370

wa- (CAUS) 111-113, 371

wabli (kə-)tsi 34

wa-čin [1190] 158

wa-kte [1182] 158

wa-ktsi [1185] 158

walpo 165

wa-mbiyas [115] 112

wamčes-čha [1412] 223

waɳɖoɳɖo 183

waɴdzor [378] 79, 112

wapsey 171, 177

wardo [137] 57, 112, 173

wa-rmo [330] 112

warpi [602] 126, 161

waskren [1189] 113, 158

wastot [1492] 33, 55, 137, 172, 181, 208

wasun [1239] 391

wat [162, 164] 108

wʙ [495] 108

wʙški [125] 405, 409

we [606] 24, 43, 59, 67, 70, 177, 192, 197, 202, 357

wei 199

wə- (VPS) 104, 105, 396, 399

w-əčep 50, 164, 165

w-əčhes [958] 41, 54, 55, 64, 87, 88, 118, 150, 176-178, 181, 219, 394

w-əkey [1534, 1535] 41, 115, 122, 128, 143, 153, 155, 195, 206

wəmčas [1437] 367

w-əɴguᵈy [1280] 66, 107, 126, 149, 152

w-əɴkhuᵈy [1334, 1335] 41, 53, 80, 88, 169, 182, 189, 191, 192

w-ərkaᵈy [1275] 125

w-əšes [1558] 158

wətə [1461] 42, 166

wəžay 218 → žak

wi 137, 174, 186, 218, 221, 366, 381, 397

wos [532] 108

woʔ [84] 409

wu（与える）[689] 93, 96, 109, 209

wu-（その）52, 58-60, 64, 72, 80, 84, 87, 89, 92, 107, 121, 126, 133, 135, 142-144, 156-158, 161, 165, 169, 171, 175, 176, 178, 182, 188, 190, 194, 216, 220, 222-224, 354-356, 360, 365, 374, 384, 391, 402, 404

wu-(3, 3＞3) 55, 56, 59, 60, 87, 92, 114, 161, 210, 363, 369, 372

wu-(INV) 83, 108, 109, 120, 121, 176, 182, 185, 212, 217, 395

wučikak 220

wučhʙ [910] 223, 384, 389

wučhʙ kə-ra [910] 385

wučhes 197 ≒ w-əčhes [958]

(wu)deɴbey 195

wugras 180, 384

wuǰo 33, 43, 51, 53, 56, 59, 119, 173

wuǰoǰis 66, 157

wuǰoyo 55, 56, 58, 64, 194

wu-ka-slap꞊tə 32

wu-ka-top꞊tə 32

wu-kə-čis꞊tə 32

wukhoṅ [703] 30, 41, 43, 171, 177

wukhoṅ kte [706] 45

wulali꞊ǰə [1515] 194

wumə 38, 354, 363, 364

wuṅətop 114 → top [729]

wu-ɴbe꞊y [1281] 194

wuɴgra [697] 56

wu-ɴpho꞊y [1283] 172

wuɴphroɴphro [1416] 192

wupər [1524] 196, 221

wu-pso 185, 223

wupši [1284] 190

wuphak kte [1425] 183, 185

wurčhi [1508] 195

wure [1487] 374, 403

wure kə-ɴbat [1291] 45

wure kə-skren 45

wuri [147, 1214] 124

wuri kə-mnam [148] 45

wuro [1536] 396

wuryat [1380] 25, 159, 361, 376

wuscerscer [1421] 193

wusem kə-sdək [941] 45

wusem kə-tsi 45

wuskuʔ kə-thaṅ [423] 45

wusne kte [1247] 45

wuspɐ [1181] 406

wustar [1054] 407

wutshik [1213] 225

wuyaṅ [1212] 225

wuyoǰis 76, 114, 180

wuyoñe 83

wuzə [308] 146

wužak 219, 220

Y

-y（複数マーカー） 59, 60, 68, 91, 92, 103, 104, 192, 193, 219, 220, 375

꞊y (POSS) 42, 131, 137, 165, 166, 354, 357

꞊y (LOC) 56-58, 64, 67, 72, 88, 131, 140, 150, 156, 163, 164, 182, 188, 192, 193, 354, 359, 360, 365

ya-（yi- の変種） 86, 119, 225, 365, 374

yargyes 64

ye (SFP) 178, 380, 383

yi- (DIR) 41, 74, 84, 85, 88

꞊yi/꞊y(i)（も） 172, 355, 368, 385

yidzum [867] 85, 86, 106, 114

yiǰi 368

yiǰo [1450] 41, 80, 178, 179, 193, 219, 220, 379, 392

yi-kə-wi꞊tə 33

yimər 85, 86

yiño 60, 374

yiñoǰis 383

yiñoyo 370

yiro 84

yi=s [1543] 164

yiši [449] 85

yi-thal 77, 86, 182

yithan 366

yithaṅ 366

yiṭhul 60

yo (SFP) 178, 378

-yo （複数マーカー） 60, 87, 115, 356, 363

yok （挙げる、掛ける）[795] 166, 210

yok (AUX) 66, 152, 394

yoṅtsha [103] 32, 141, 402

Z

zapasaṅ 358

zdar [918] 119, 216

zdəm 400 ＜[987]

(z)dor [1497] 157, 158

=zə 68, 69, 72, 172, 190, 196, 222

zəm-sɐ 379

zgak [1502] 190, 398, 406

zgrə 225

ziṅkam [574] 54, 67, 165, 187

zje [1382] 154, 157, 159, 357, 358, 399

zje-čam [1559] 404

zje ñis 159

zje tek 159

zje təšik w-əNgu=y kəsam 161

zjo-pṭok 218

zlawa ñispa 160

zoḍa 183, 187

zowa 87, 161

Ž

žak 41, 69, 157, 170, 175, 196, 218, 221, 358, 379, 392

žasñu 30

žə 185, 406

žimpa 60

žuṅ 60, 64

ʔ

ʔa- 22, 71

ʔa-ji- 72, 168

ʔa-ji-lat 51, 168, 208

ʔa-kə-lat 71, 207

ʔa-kə-sar 71

ʔa-ku 188, 364

ʔa-ku-lat 207

ʔa-las 180

ʔa-las yo 180, 380

ʔa-na 31

ʔa-na-me 72, 208

ʔa-na-ṅasto 71, 208

ʔa-na-ṅos 71, 173, 207

ʔa-na-šə-ṅ 216

ʔane 364

ʔa-nə-čha 208

ʔa-nə-čha-ṅ 71

ʔa-ṅə-nak 63, 125

ʔare 363, 364

ʔa-ta 31

ʔa-ta-ṅos 72

ʔato 364

ʔato-sce=ke 364

ʔa-to-štə 188

著者紹介

長野　泰彦（ながの　やすひこ）

　1946年埼玉生まれ。東京外国語大学外国語学部フランス語学科卒業。東京大学大学院、カリフォルニア大学（バークレイ）大学院（言語学部）修了。Ph.D. 取得。東洋文庫奨励研究員、カリフォルニア大学講師、国立民族学博物館教授、人間文化研究機構理事、総合研究大学院大学理事を経て、現在国立民族学博物館及び総合研究大学院大学名誉教授。

　専門はチベット語及び嘉戎（ギャロン）語を中心とするチベット・ビルマ系諸語の歴史研究。著書に、*A Historical Study of the rGyarong Verb System*、*A Morphological Index of Classical Tibetan*。 共 著 に『現代チベット分類辞典』、共編著に *New Horizons in Bon Studies*、*New Research on Zhangzhung and Related Himalayan Languages*、*A Lexicon of Zhangzhung and Bonpo Terms*、*A Catalogue of the New Collection of Bonpo Katen Texts*、*Mandalas of the Bon Religion* など。

嘉戎語文法研究

2018年10月16日　初版発行

著　者	長　野　泰　彦		
発行者	三　井　久　人		
組　版	津　曲　真　一		
印　刷	富士リプロ㈱		
発行所	汲　古　書　院		

〒102-0072 東京都千代田区飯田橋 2-5-4
電話 03（3265）9764　FAX03（3222）1845

ISBN978 - 4 - 7629 - 1227 - 6　C3087
Yasuhiko NAGANO ©2018
KYUKO-SHOIN. CO., LTD. TOKYO.